Ich liebe einen Borderliner

Eine ausführliche Präsentation sämtlicher lieferbaren und geplanten Titel unseres Verlages finden Sie im Internet unter *www.gp-probst.de*

Shari Y. Manning

Ich liebe einen Borderliner

Hilfen für Betroffene

Eine Persönlichkeitsstörung
mit vielen Gesichtern

Mit einem Vorwort von Marsha M. Linehan

Aus dem amerikanischen Englisch von
Theo Kierdorf & Hildegard Höhr

G. P. PROBST VERLAG
Lichtenau/Westfalen

Für die Inhalte der im Buch angegebenen externen Webseiten übernehmen wir trotz sorgfältiger inhaltlicher Prüfung keinerlei Haftung. Für die Inhalte dieser Seiten sind ausschließlich deren Betreiber verantwortlich.

Weder der Verlag noch die Autorin dieses Buches beabsichtigt, die Leser fachlich zu beraten. Die Ideen, Verfahrensweisen und Empfehlungen, die darin beschrieben werden, ersparen keine Beratung durch einen kompetenten Facharzt. Alle die Gesundheit betreffenden Fragen sollten grundsätzlich mit einem Arzt besprochen werden. Autorin und Verlag übernehmen keine Verantwortung für Verluste oder Schädigungen, die angeblich durch Informationen oder Empfehlungen aus diesem Buch entstanden sind.

Die Originalausgabe (»LOVING SOMEONE WITH BORDERLINE PERSONALITY DISORDER. How to Keep Out-of-Control Emotions from Destroying Your Relationship«) erschien bei The Guilford Press, New York/London
Published by arrangement with The Guilford Press

Übersetzung aus dem amerikanischen Englisch: Theo Kierdorf & Hildegard Höhr, Köln
Umschlaggestaltung: Mareile Gropengießer (Paderborn)
Coverfoto: © aletia2011 – Fotolia.com
Satz: SpaceType, Köln
Druck & Bindung: MediaPrint, Paderborn
Gedruckt in Deutschland

ISBN 978-3-944476-26-1

Bibliographische Information der Deutschen Nationalbibliothek
Die Deutsche Nationalbibliothek verzeichnet diese Publikation in der Deutschen Nationalbibliografie; detaillierte bibliografische Daten sind im Internet über *http://dnb.d-nb.de* abrufbar.

Inhalt

Teil 3

Der Umgang mit einer Krise, und wie man Hilfe bekommt

Für Elizabeth Younis Bush (Mama),
die immer genau die Mutter war,
die ich brauchte.

Vorwort

Die Borderline-Persönlichkeitsstörung (BPS) ist eine der am stärksten stigmatisierten psychischen Störungen. Populäre Beschreibungen der BPS lassen Leser in Entsetzen erstarren und lösen bei ihnen den Impuls aus, vor Menschen, die die Kriterien für das Vorliegen dieser Störung erfüllen, grundsätzlich wegzulaufen. Psychiater und Psychotherapeuten weigern sich häufig, mit Patienten zu arbeiten, bei denen eine BPS diagnostiziert wurde. Selbst in normalen medizinischen Einrichtungen kann die BPS-Diagnose der »Todeskuß« sein, der Betroffene von jeder liebevollen Zuwendung abschneidet.

In meiner Forschungsklinik erreichen uns ständig Anrufe von Müttern und Vätern, Töchtern und Söhnen, Brüdern und Schwestern, Ehepartnern, momentanen und früheren Geliebten und sogar Arbeitskollegen von Menschen, bei denen die Anzeichen für eine BPS vorliegen. Die Fragen, die wir in solchen Fällen hören, lassen sich im wesentlichen in den folgenden beiden Standardfragen zusammenfassen: (1) »Wie können wir mit dieser Person zusammen sein?« und (2) »Wie können wir diesem Menschen, den wir lieben, helfen?« Manchmal geht es auch noch um eine dritte Art von Fragen, die sich wie folgt zusammenfassen lassen: »Bin ich ein schlechter Mensch? Warum kann ich sie [oder ihn] nicht glücklich machen?« Alldem liegt die Botschaft »HILF MIR!« zugrunde. Oft folgen ersten telefonischen Kontaktaufnahmen persönliche Beratungsgespräche, und manchmal erfordert es mehrere Sitzungen, den Ratsuchenden wirklich zu helfen.

In meiner Klinik an der University of Washington wird eine Skills-Trainingsgruppe speziell für die Familienangehörigen und Freunde von Menschen mit einer BPS angeboten. Die Fertigkeiten, die wir diesem Personenkreis vermitteln, entsprechen denjenigen, die wir im Rahmen unseres Dialektisch-behavioralen Behandlungsprogramms Patienten mit einer Borderline-Persönlichkeitsstörung beibringen. DBT-Skills (Achtsamkeit, Emotionsregulation, Umgang mit Krisensituationen, Akzeptieren der Realität und Effektivität im interpersonalen Umgang) wirken sich nachweislich positiv auf Emotionsdysregulation, Wut und impulsives Verhalten aus. Allerdings vermag ein solches Programm nur eine relativ kleine Zahl von Menschen zu erreichen. Um daran teilnehmen zu können, müssen diejenigen, die einem BPS-Patienten helfen wollen, sich selbst in eine solche Behandlung begeben – zweifellos eine anspruchsvolle Forderung, die zu erfüllen nicht jeder bereit ist.

Stellen Sie sich vor, statt sich in eine Therapie begeben zu müssen, um einem Menschen, der Ihnen wichtig ist, helfen zu können, würden Sie ein gutes Buch finden, das beschreibt, was Sie tun müssen? Vor Ihnen liegt solch ein Buch, geschrieben von einer Expertin für die Behandlung von BPS und für die Anwendung der Dialektisch-behavioralen Therapie – einer Frau, die einen großen Teil ihres Lebens damit zugebracht hat, anderen beizubringen, wie man Menschen mit einer BPS effektiv behandeln und, ja, wie man solche Menschen lieben kann. Shari Manning hat mit Angehörigen von BPS-Patienten gearbeitet, für die es ungeheuer wichtig war, eine Antwort auf die Frage »Sollte ich gehen oder bleiben?« zu finden. Oder auf die Frage »Sollte ich diesen Menschen wegschicken, damit er/sie sich anderswo therapeutisch behandeln lassen kann?« Sie weiß also, wovon sie redet.

Dr. Manning versucht zunächst, Ihnen zu helfen, die Person mit der BPS zu verstehen. Dies ist von zentraler Bedeutung, wenn Sie denjenigen, auf den Sie so oft wütend sind, wieder lieben können wollen. Anschließend stellt die Autorin die Validierungs-Skills der DBT vor, einen zentralen Bestandteil der Strategien, die Therapeuten erlernen, sowie einige wichtige Fertigkeiten, die Klienten und ihren Familienangehörigen vermittelt werden. Der Begriff *Validierung* beinhaltet, einem anderen Menschen auf nicht-urteilende Weise mitzuteilen, daß man ihn versteht. Sie zeigen so, daß Sie die andere Person ernst nehmen und Sinn und Zweck ihres Verhaltens verstehen. Anschließend erläutert Dr. Manning die sechs Stufen der DBT-Validierung und wie man sie sich zu eigen machen kann, verbunden mit vielen Beispielen und Erläuterungen dazu, wie die Validierung zur Verbesserung von Beziehungen beitragen kann.

Das Wunderbare an Teil 2 des Buches ist, daß Sie darin lernen werden, das Verhalten der Person, die Sie lieben, weitaus besser zu verstehen als jemals vorher. Noch wichtiger ist, daß es Dr. Manning gelingt, sehr schmerzhafte Verhaltensweisen so zu erklären, daß verurteilende Reaktionen darauf verringert, nicht verstärkt werden. Liebe erfordert zu akzeptieren.

In Teil 3 des Buches werden Leitlinien für den Umgang mit den schwierigsten Problemen beschrieben: wie Sie am besten mit Ihren eigenen Emotionen umgehen und wie Sie auf einen suizidalen Menschen, der Ihnen nahesteht, am besten reagieren. Mit diesen beiden Dingen werden selbst die erfahrensten

Therapeuten nur schwer fertig, und Sie erhalten diesbezüglich hier den Rat einer Expertin.

Wenn Sie Liebe und Mitgefühl erhalten und sogar dann anwenden wollen, wenn sie Ihnen als unerreichbar erscheinen, ist dies das richtige Buch für Sie. Ich bin überzeugt, daß es Ihnen helfen wird, sogar schwierige Beziehungen zu Menschen, die nicht unter einer BPS leiden, zu verbessern. Probieren Sie die Empfehlungen, die in diesem Buch gegeben werden, aus. Sie werden staunen, wie positiv sich dies auf Ihre Beziehungen auswirken wird.

Marsha M. Linehan, Ph.D.,
University of Washington, Seattle

Danksagung

Als ich 16 Jahre alt war, faßte ich den Entschluß, später im South Carolina State Hospital zu arbeiten. Ich hatte dort einmal Paul Van Wyke besucht, einen Freund unserer Familie, der als Psychologe am SCSH arbeitete. Was ich dort sah, faszinierte mich sofort. Als ich 18 Jahre alt war, kam der Film *Eine ganz normale Familie* in die Kinos, und nachdem ich ihn gesehen hatte, beschloß ich, mit suizidgefährdeten Menschen zu arbeiten. Im Alter von 25 Jahren arbeitete ich als Lehrerin in einer Schule und bereitete mich auf das Master-Examen vor. Ich entdeckte, daß die Anführerin der Cheerleader in dieser Schule eine »Ritzerin« war, und fing im Rahmen meines Praktikums an, mit ihr zu arbeiten. Nachdem sie eine Überdosis konsumiert hatte und deshalb in eine psychiatrische Einrichtung eingeliefert worden war, erklärte mir mein Supervisor, Carl Rak, Ph. D., die junge Frau leide unter einer Borderline-Persönlichkeitsstörung (BPS), und er erläuterte mir das Wesen dieser Störung. Insbesondere half er mir, Mitgefühl gegenüber Menschen mit einer BPS zu entwickeln. Nach diesem Jahr in der Schule hatte ich einen Plan für mein weiteres Leben: Ich wollte mit stark suizidalen Patienten arbeiten, die unter einer BPS litten.

Im Jahre 1993 arbeitete ich in einem kommunalen psychiatrischen Zentrum und bereitete mich auf meine Dissertation vor. Ich war in dieser Einrichtung bekannt dafür, daß ich zwar jederzeit bereit sei, mit BPS-Patienten zu arbeiten, sie aber nicht effektiv behandeln könne. Glücklicherweise bestätigte das Columbia Area Mental Health Center meine Ineffektivität und stellte Mittel für die Suche nach einer sinnvollen BPS-Behandlung zur Verfügung. Dies ermöglichte mir, an der Duke University einen sechsmonatigen Kurs bei Marsha Linehan, Ph. D., zu absolvieren, in dem eine hochinteressante neue Behandlung für BPS, die *Dialektisch-behaviorale Therapie* (DBT), gelehrt wurde. Marsha und ihre DBT-Arbeit haben seither mein Leben in persönlicher wie auch in beruflicher Hinsicht geprägt. Therapeuten, die DBT praktizieren, sind mitfühlend und tun alles, was in ihrer Macht steht, um das Wesen der BPS zu verstehen. Gleichzeitig glauben sie unerschütterlich daran, daß der höchste Ausdruck von Mitgefühl in ihrem Falle darin besteht, Patienten mit einer BPS zu helfen, sich zu verändern.

Marsha war für mich immer eine Kollegin, Mentorin und Freundin und neben meiner Mutter die Person, die mich in meinem Leben am stärksten beeinflußt hat. Mir fehlen die Worte, die angemessen zum Ausdruck bringen würden, wie sehr ich ihren Anteil an der Arbeit mit dieser Klientel und an der Entwicklung meiner Lebensaufgabe schätze. Obgleich Marsha wohl der vielbeschäftigtste Mensch ist, den ich jemals kennengelernt habe, hat sie sich Zeit genommen, um mit mir über Teile dieses Buches zu sprechen. Auf ihre ehrliche Kritik und ihre Ratschläge kann ich mich immer verlassen.

Auch meine Kollegen bei *Behavioral Tech* und *Behavioral Tech Research* (insbesondere Cindy Beil, Kathy Satre, Linda Dimeff und Sarah Schlossman) haben bei der Entstehung dieses Buches eine wichtige Rolle gespielt, indem sie mit mir über bestimmte Abschnitte gesprochen und dafür gesorgt haben, daß mir Wochenenden zum Schreiben (manchmal eingesperrt in Hotelzimmer) blieben, und indem sie mich bei jedem meiner Schritte auf dem Weg zum Ziel ermutigt haben. An einem Samstag während unserer jährlichen Verhaltenstherapie-Konferenz sprach Helen Best einige Stunden mit mir über das Buch und all die Hoffnungen, die ich mit seinem Erscheinen verband, sowie über die Ängste, die mich davon abhielten, den Prozeß der Arbeit daran abzuschließen. Hätte Helen nicht eingegriffen, wäre es wohl nie fertig geworden.

Julie Skutch war meine Cheerleaderin. Sie fragte immer wieder nach, ob ich mit dem Schreiben weiterkäme, und beschwor mich, das Buch fertigzustellen, und schließlich las sie auch die Endfassung des Manuskripts. Auf Julie konnte ich mich verlassen, wenn es darum ging, ob das, was ich geschrieben hatte, verurteilend oder abfällig klang; ich wußte, daß sie mich immer darauf aufmerksam machen würde.

Ich freue mich, Freundinnen zu haben, die mich unterstützen, ohne zuviel Druck auszuüben. Ann Dwyer, Debbie Peagler und Melissa Williams haben immer wieder nach meinen Fortschritten gefragt, mich zum Weitermachen ermutigt und mir das Gefühl gegeben, an einer wichtigen Aufgabe zu arbeiten. Danke auch für die Bootsausflüge mit euch und die Nachmittage, an denen ich ein wenig freie Zeit genießen konnte.

Wenn Marsha Linehan und die DBT das Fundament dieses Buches bilden, sind Kitty Moore und Chris Benton vom Verlag *The Guilford Press* sein Rahmen. Wenn ich drauf und dran war, mein Vorhaben aufzugeben, ließen sie das nicht zu. Wenn mir die Arbeit am Buch über den Kopf wuchs und ich darin zu versinken drohte, stellten sie mich zur Rede und brachten mich dazu weiterzuarbeiten. Wenn vielfältige Dinge in meinem Leben mir die Arbeit an meinem Buch unmöglich machten, arbeiteten sie daran, ihm zur Realisation zu verhelfen. Wir hatten etliche wundervolle Telefongespräche, in deren Verlauf Chris und Kitty beispielsweise sagten: »Wie machst du das?« oder: »Was denkst du darüber?« Im Anschluß daran sprachen wir stundenlang über die Dinge, die ich auszudrücken versuchte. Die beiden übernahmen eine wichtige Rolle in meinem Leben, und ich werde unsere Gespräche am Telefon ganz sicher vermissen.

Die Beschreibungen aus dem Leben von Klienten und Familien in diesem Buch basieren alle auf den Erlebnissen realer Menschen (deren Privatsphäre ich geschützt habe, indem ich ihre Namen und andere Details, anhand derer man sie identifizieren könnte, verändert und die Erlebnisse verschiedener Personen oft zu einer Geschichte zusammengefaßt habe). Sie alle hatten zwar Schwierigkeiten, aber sie verfügten auch alle über Liebe und Durchhaltevermögen. Durch die DBT habe ich gelernt, wie therapeutische Arbeit vonstatten geht, und meine Patienten und Familien haben mich gelehrt, welche Macht bei dem Bemühen, eine Grundlage für Veränderung zu schaffen, die Liebe hat.

Mein Mann, Jim Manning, hat immer an mich geglaubt. Schon vor Jahren hat er mir klarzumachen versucht, daß dieses Buch in meinem Inneren schlummere. Er hat mir Zeit gelassen, Tage geopfert, die er auf dem Boot hätte verbringen wollen, während ich in meinem Arbeitszimmer saß und schrieb, und hat sich nicht ein einziges Mal über die Situation beschwert. Er ist sehr zuverlässig und hat mir gezeigt, wie wichtig es ist, jemanden zu haben, der felsenfest von einem überzeugt ist. Ohne seine Liebe und Unterstützung wäre dieses Buch niemals entstanden.

Einleitung

»Wie konnte sie das mir – und sich selbst – immer wieder antun?«
»Warum würde sich jemand so verhalten?«
»Ich weiß nicht, wieviel ich noch aushalten kann. Ich bin ja auch vorher schon weggegangen, und ich komme doch immer wieder zurück. Was ist nur mit *mir* nicht in Ordnung?«
»Wie soll ich ihm helfen, wenn ich nicht die geringste Ahnung habe, wo ich beginnen könnte?«

Wenn Sie einen Menschen mit einer Borderline-Persönlichkeitsstörung (BPS) lieben, haben Sie sich wahrscheinlich alle diese Fragen schon einmal gestellt, vielleicht sogar schon mehrfach. Ob Sie nun der Mann oder die Frau oder der Partner eines solchen Menschen sind, dessen Vater oder Mutter, Bruder oder Schwester oder sein enger Freund, die Beziehung zu jemandem, der mit diesem Problem kämpft, kann sehr erschöpfen und verzweifeln lassen. Menschen mit einer BPS sind impulsiv und unberechenbar. Sie können diejenigen, die ihnen nahestehen, erschrecken, und sie verhalten sich mit Sicherheit auch selbstschädigend. Wo sie gehen und stehen, scheinen sie vom Chaos umgeben, und indem sie von Krise zu Krise schlittern, ziehen sie die Menschen, die sie lieben, oft in ihr eigenes Chaos hinein.

Warum haben Sie zu diesem Buch gegriffen? Warum sind Sie nicht einfach weitergegangen und haben das Buch links liegen gelassen?

Wahrscheinlich weil Menschen mit einer BPS auch sehr mitfühlend und liebevoll sind. Sie lieben Menschen und Tiere und sind meist klug und witzig. Wenn wir Menschen mit einer BPS lieben, sehen wir in der Regel das Potential in ihnen. Wir wissen genau, daß sie wunderbar sein könnten, *wenn* es ihnen nur gelänge, in ihrem Leben ein paar Dinge zu ändern.

Deshalb bleiben wir bei ihnen, auch wenn wir häufig denken, wir sollten eigentlich gehen. Vielleicht fühlen Sie sich aber auch durch Blutsverwandschaft an einen Menschen gebunden und sehen sich nicht in der Lage, Ihre Tochter oder Ihren Bruder im Stich zu lassen. Oder Sie sehen bei jemandem immer noch viele der Dinge, die Ihnen besonders attraktiv erschienen, als Sie sich bewußt entschieden, sich auf diese Beziehung einzulassen, und wollen deshalb an diesem Menschen festhalten.

Das vorliegende Buch versucht Ihnen zu helfen, genau das zu tun. Ich erhebe nicht den Anspruch, Ihnen in zehn leicht nachvollziehbaren Schritten beibringen zu wollen, wie Sie die Person, die Sie lieben, so verändern können, wie es alle Menschen in ihrer Umgebung für dringend notwendig halten. Ich werde Ihnen keinen Zauberspruch empfehlen, der dafür sorgt, daß Ihr nächstes Ultimatum endlich zum Ziel führt, daß Sie nicht mehr um drei Uhr morgens vom Läuten Ihres Telefons aus dem Schlaf gerissen werden oder daß der Mensch, den Sie lieben, endlich begreift, daß auch Sie Gefühle haben.

Ich werde Ihnen in diesem Buch zu erklären versuchen, wie eine BPS Menschen mit vielen Vorzügen zu rätselhaft destruktiven und selbstschädigenden Verhaltensweisen veranlassen kann. Ihrem Leben kann es in kaum vorstellbarem Maße zugute kommen, wenn Sie wissen, was im Inneren eines solchen Menschen, den Sie lieben, tatsächlich vor sich geht. Ihr mitfühlendes Verständnis kann Sie mit neuen Interaktionsweisen bekannt machen, die es Ihnen ermöglichen könnten, eine Beziehung zu erhalten, die Ihnen schon viel Energie und Hingabe abverlangt hat. Wenn Sie lernen, einige der in diesem Buch beschriebenen ziemlich simplen neuen Arten des Umgangs mit dem geliebten Menschen zu nutzen, wird es Ihnen möglich, die Nachwirkungen früherer schmerzhafter und frustrierender Begegnungen zu revidieren. Diese einfachen Strategien könnten dem Menschen, der Ihnen so nahe steht, helfen, einige Auswirkungen seiner BPS zu überwinden, und Ihnen ermöglichen, mit ihm gemeinsam die Beziehung zu genießen, die Sie sich immer gewünscht haben.

Weil ich in diesem Buch davon ausgehe, daß der Mensch mit einer Borderline-Persönlichkeitsstörung in Ihrem Leben männlich oder weiblich sein kann, habe ich dem in den Beschreibungen durch die Benutzung sowohl des weiblichen als auch des männlichen Pronomens Rechnung zu tragen versucht. Ebenso sind im gesamten Buch Anekdoten und Szenarien mit Frauen und Männern zu finden, weil dies die Realität meiner beruflichen Erfahrungen spiegelt. Einige sind der Auffassung, die Borderline-Persönlichkeitsstörung sei unter Frauen deutlich stärker verbreitet als unter Männern. Die darüber momentan vorliegenden Erkenntnisse sind jedoch nicht eindeutig, und sowohl aufgrund der mir bekannten Forschungsergebnisse als auch aufgrund meiner klinischen Beobachtungen neige ich zu der Auffassung, daß die Störung auch unter Männern zunimmt. Neueren Untersuchungen zufolge sind 50 Prozent der Patienten, bei denen eine BPS diagnostiziert wurde, Männer.

Mir ist klar, daß die Belastungen, mit denen Sie durch Ihren Kontakt mit einem BPS-Patienten konfrontiert sind, wahrscheinlich schon sehr stark sind, wenn Sie zu diesem Buch greifen. Viele, die einen Menschen mit diesem Problem lieben, entwickeln das Gefühl, auf das, was mit ihnen geschieht, keinen Einfluß zu haben, und eben dieses Gefühl kann eine besonders verheerende Wirkung haben. Deshalb möchte ich Ihnen versichern, daß eines meiner wichtigsten Ziele ist, Ihnen zu helfen, für Ihr eigenes Wohlbefinden zu sorgen. Sie können niemandem helfen, sich zu verändern, und Sie können nicht um den Erhalt einer Beziehung kämpfen, wenn Sie sich nicht um Ihr eigenes Wohl kümmern. Glücklicherweise werden Sie feststellen, daß die neuen Interaktionsarten, die in diesem Buch beschrieben werden, Sie schützen und sogar Ihr Selbstempfinden und Ihr Gefühl dessen, was für Sie wichtig ist, wiederherzustellen vermögen. Sie können viel tun, um nicht zum Opfer der Krankheit des Menschen, den Sie lieben, zu werden. Es gibt auch eine rationale Methode herauszufinden, ob Sie den Punkt erreicht haben, an dem »genug« wirklich »genug ist« – eine Methode, die voraussetzt, daß Sie Ihr eigenes Herz und Ihren Geist kennen, statt sich auf die Sichtweise wohlmeinender anderer zu verlassen, die darauf beharren, daß Sie »manipuliert« und »ausgebeutet« werden.

Wie Ihnen dieses Buch verständlich machen wird, ist der Mensch, den Sie lieben, in Wahrheit nicht entsetzlich, auch wenn er sich einige unbestreitbar entsetzliche Verhaltensweisen zu eigen gemacht hat. Ihr Partner oder das Mitglied Ihrer Familie, das unter einer BPS leidet, kreiert nicht *absichtlich* Chaos und sorgt nicht *absichtlich* dafür, daß sich jemand anderes schlecht fühlt. Vielmehr *kann* dieser Mensch das Richtige einfach nicht tun, er *kann* mit anderen nicht zurechtkommen, und er *kann* auch keine Entscheidungen treffen, die alle anderen als schlicht korrekt und naheliegend ansehen – *weil er nicht weiß, wie er das machen soll.* Dies zu begreifen kann als entsetzlich schwer erscheinen. Hat denn nicht jeder Mensch ein Gefühl dafür, was man tun muß, um eine berufliche Position oder einen Freund zu behalten, oder dafür, was zuviel ist, als daß man es Nahestehenden abverlangen könnte, und dafür, wie man ein wenig Selbstkontrolle entwickeln kann? Wurde dieser Mensch, den Sie trotz allem lieben, denn nicht mit den gleichen Instinkten wie wir alle geboren, und hat er nicht die gleichen Chancen wie wir alle gehabt, zu lernen, sich in der Welt zu bewegen?

So schwer es zu glauben sein mag, die Antwort lautet nein. Menschen mit einer BPS sind mit einer unsichtbaren Differenz geboren worden, die für sie die

Umgebung, in der sie aufgewachsen sind, tiefreichend verändert hat. Wenn Sie diesen Unterschied verstehen, wird Ihnen das rätselhafte Verhalten dieser Menschen plötzlich sonnenklar. Was ich damit meine, wird Ihnen durch die Lektüre der ersten Kapitel dieses Buches klar werden.

Wie bereits erwähnt, gibt es keine narrensichere Methode, einen Menschen, der uns nahesteht, zu verändern, und Ihr Verstehen führt nicht automatisch zu einer umfassenden Transformation. Sie werden aber im weiteren Verlauf dieses Buches sehen, daß Ihr Verstehen einen wesentlich weitreichenderen Einfluß haben kann als beispielsweise die Antwort auf die Frage, warum ein Alkoholiker trinkt oder warum jemand, den Sie kennen, sich nicht im gleichen Raum wie eine Spinne aufhalten kann. Ich werde Ihnen zeigen, wie einige recht simple Veränderungen Ihrer Art, auf den Menschen, der Ihnen so wichtig ist, zu reagieren, Sie glücklicher machen und sogar viel krisenbedingtes Verhalten verhindern können, das Ihnen unablässig Kraft raubt und Ihre Bereitschaft mindert, bei dem Menschen zu bleiben, den Sie im Grunde Ihres Herzens lieben.

Die praktischen Empfehlungen in diesem Buch basieren auf der Behandlungsmethode, die sich als bei BPS-Patienten am wirksamsten erwiesen hat. Es handelt sich um die *Dialektisch-behaviorale Therapie* (DBT), die von Marsha M. Linehan an der University of Washington entwickelt wurde. Sie ist gründlich getestet worden, und man hat festgestellt, daß sie Patienten mit dieser Störung sehr wirksame Fertigkeiten vermittelt, über die sie bisher nicht verfügten und die wir als nicht von der Störung Betroffene oft für selbstverständlich halten. Sie können als jemand, der einem BPS-Patienten nahesteht, nicht als dessen Therapeut fungieren – und sollten es auch gar nicht erst versuchen; aber Sie können sich natürlich die gleichen Prinzipien zunutze machen wie ein ausgebildeter DBT-Therapeut. Bei dem Betroffenen kann eine BPS diagnostiziert worden sein, es können sich aber auch einige der für die Krankheit typischen Symptome zeigen, und vielleicht wird sogar schon eine entsprechende Behandlung durchgeführt.

Sie können dieses Buch zur Selbsthilfe in Ihrer Beziehung nutzen, auch wenn sich der Mensch, den Sie lieben, nicht in einer Behandlung befindet. Allerdings möchte ich allen Betroffenen mit einer BPS-Diagnose oder entsprechenden Symptomen dringend eine DBT-Behandlung ans Herz legen. Gegen Ende des Buches finden Sie Informationen über die DBT und darüber, wie sie hilft.

Inzwischen sollten Sie zunächst Selbstfürsorge betreiben, indem Sie dieses Buch lesen. Ich hoffe, daß es Ihnen hilft, eine Verbindung zu erhalten, die Ihnen so wichtig ist, und dadurch sich selbst und dem Menschen, den Sie lieben, den Weg in eine glücklichere Zukunft zu ebnen.

TEIL 1

Wie Sie einen geliebten Menschen und Ihre Beziehung zu ihm besser verstehen

KAPITEL 1

»Warum fühle ich mich in dieser Beziehung so verloren?«

Ein Freund von mir erfüllte sich kürzlich einen langjährigen Traum: Er heiratete eine wunderschöne Frau. Ungefähr zwei Monate später veränderte sich seine Situation plötzlich sehr negativ. Seine Frau bat ihn um einen ziemlich großen Geldbetrag und erklärte, sie wolle damit ein eigenes Unternehmen aufbauen. Er antwortete ihr, er habe soviel Geld nicht. Die emotionale Reaktion, die er dadurch auslöste, traf ihn völlig unvorbereitet. Seine Frau wurde sehr wütend, schimpfte, er liebe sie nicht genug, und nahm dann einen Briefbeschwerer und drohte, ihn nach ihrem Mann zu werfen. Später verfiel sie in einen Zustand tiefer Niedergeschlagenheit und erklärte, sie verdiene es nicht zu leben. Und schließlich trank sie eine ganz Flasche Wein und fügte sich mehrmals an einem Arm mit einer Zigarette Brandwunden zu.

Der Abend wurde zu einem Wendepunkt in der Beziehung der beiden. Die Frau kündigte ihre Arbeit, setzte ihren Mann fortan einem Wechselbad von stundenlangem Schweigen und endlosen Vorwürfen aus und versuchte ihm klarzumachen, was für ein schlechter Mensch er sei. Oft trank sie an einem Abend allein zwei Flaschen Wein und erklärte immer wieder ausführlich, wie wertlos sie sei. Mein Freund bemühte sich um Hilfe für seine Frau, aber sie weigerte sich in der Regel, diese anzunehmen. Nachdem er mehrfach das Haus hatte verlassen müssen, weil seine Frau völlig die Kontrolle verloren hatte, rieten seine Freunde und Familienangehörigen ihm, die Frau zu verlassen. Von dieser Konsequenz hielt ihn die Tatsache zurück, daß seine Frau nicht immer verzweifelt, betrunken und wütend war, sondern manchmal auch so, wie die Frau, in die er sich verliebt hatte: eine kluge, geistreiche, liebevolle und anregende Frau – eben die Frau, mit der er zusammen sein wollte.

Unterdessen erklärte der Psychiater, den die Frau einige Male aufgesucht hatte, meinem Freund, seine Frau erfülle die Kriterien für eine Borderline-Persönlichkeitsstörung (BPS). Die Einschätzung des Psychiaters klang ziemlich entmutigend. Er war fest davon überzeugt, daß der Frau nicht zu helfen sei und daß mein

Freund die Beziehung zu ihr besser beende, bevor das Zusammenleben noch unerträglicher werde. Mein Freund ist zwar immer noch mit seiner Frau zusammen, er ist aber oft sehr erschöpft und gestreßt und wird dem aufgeschlossenen und optimistischen Menschen, als den ich ihn kennengelernt hatte, immer unähnlicher.

Wie Sie durch das für eine Borderline-Persönlichkeitsstörung typische Verhalten die innere Balance verlieren können

Mein Freund Brad bezeichnet sich heute als jemanden, der sich ziemlich verloren fühlt. Obwohl ich ihn als einen Menschen mit einem beneidenswerten Geschick darin kenne, in praktisch jeder Situation genau das Richtige zu sagen oder zu tun, erklärt er inzwischen, daß alles, was er bezogen auf seine Frau Sadie tut, falsch zu sein scheint. Brad vertraut seinen sozialen Instinkten nicht mehr, und seine Freunde haben beobachtet, daß er, der in früheren Zeiten bei gemeinsamen Aktivitäten regelmäßig im Mittelpunkt stand, sich inzwischen oft in eine Ecke zurückzieht. Nach dem schicksalhaften Gespräch, in dem er seiner Frau klar zu machen versucht hatte, daß er ihr nicht Tausende von Dollars geben könne, hatte er sich die ganze Nacht den Kopf darüber zerbrochen, ob er nicht vielleicht doch einfach nur zu geizig sei und seine tatsächlichen finanziellen Möglichkeiten unterschätzt hatte. Aber dies war nur die erste von vielen schlaflosen Nächten gewesen, in denen er über simple Entscheidungen grübelte, die ihm, als er sie getroffen hatte, als völlig plausibel erschienen waren, die Sadie aber zu Schuldzuweisungen ihm gegenüber veranlaßt hatte. Er vergegenwärtigte sich solche Vorfälle immer und immer wieder, um eine Erklärung für Sadies Reaktion zu finden, ohne daß er jemals eine plausible Position zwischen der Vorstellung, er sei tatsächlich der schreckliche Mensch, als den Sadie ihn dargestellt hatte, und dem Gedanken, daß *sie* diese entsetzliche Person war, bezogen hätte. Er war sich nicht einmal mehr ganz sicher, wer er war, und schon gar nicht wußte er zu sagen, wer Sadie war.

Wenn alles, was man tut, falsch zu sein scheint, kann man leicht das Selbstbewußtsein verlieren.

Brads Verwirrung wurde noch dadurch verstärkt, daß Sadie manchmal genau so war, wie er sich seine Frau in seinen kühnsten Träumen vorgestellt hatte. Nachdem sie einmal Mutlosigkeit in seiner Stimme bemerkt hatte, als sie ihn an seinem Arbeitsplatz angerufen und ihn gefragt hatte, wie es ihm gehe, überraschte sie ihn am Abend mit einem Essen bei Kerzenlicht und der DVD von einem alten Film, den er Monate vorher einmal erwähnt hatte, er wolle ihn unbedingt einmal sehen. Als Brads Mutter sich nach einer Operation erholen mußte und ihr Sohn ausgerechnet zu dieser Zeit beruflich sehr beschäftigt war, hatte Sadie sich liebevoll um die Mutter gekümmert, so daß Brad sich nicht zu sorgen brauchte, wie sie allein zurechtkommen würde. Zwei Freunde fragten Brad immer wieder, wann sie noch einmal zusammen essen gehen könnten, denn beim letzten Anlaß dieser Art hatte Sadie die ganze Gesellschaft mit vielen köstlichen Geschichten unterhalten. Manchmal hatte Brad das Gefühl, mit zwei völlig verschiedenen Frauen zusammenzuleben, weshalb er sich fragte, ob er selbst auf dem besten Weg sei, den Verstand zu verlieren.

Natürlich war er das nicht. Es gibt viele gute Gründe, Menschen mit einer BPS zu lieben. Die meisten von ihnen sind freundlich und großmütig. Als ich einmal nach einer Operation zu einer Gruppe von acht Frauen mit BPS-Diagnose zurückkehrte und beiläufig erwähnte, mein Mann koche nicht besonders gut, und ich müßte mich noch schonen, brachte mir jede der Frauen in der folgenden Woche irgendeine Art von Auflauf mit.

Bei jemandem, der sich so fürsorglich verhalten kann, kommt man leicht auf den Gedanken zu hinterfragen, ob die eigene Wut auf das aggressive und beängstigende Verhalten des Partners, dem man in anderen Situationen ausgesetzt ist, wirklich verhältnismäßig ist – so erging es Brad. Möglicherweise denken Sie dann, daß Sie nicht besonders kompetent in der Beurteilung des menschlichen Charakters sind. Oder Sie verstricken sich zu sehr in die Situation. In Therapeutenausbildungen habe ich oft festgestellt, daß Teilnehmer, die BPS-Patienten behandeln, leicht aus dem Blick verlieren, worum es geht, weil ihre Klienten so freundlich und so gute Zuhörer sind, daß sie als Therapeuten das Gefühl bekommen, die Klienten würden sich um sie kümmern, statt umgekehrt. Sie verspüren dann den unwiderstehlichen Drang, es den Klienten gleich zu tun, was dazu führt, daß sie sich unverhältnismäßig verausgaben. Beispielsweise habe ich gehört, daß einmal ein Therapeut einem Klienten eine große Summe Geld lieh. In einem anderen Fall rief eine Therapeutin, die mir bekannt ist, ihren Klienten an, als sie selbst sich in einer schwierigen emotionalen Situation befand. Eine andere Therapeutin adoptierte die Tochter einer Klientin. Diese Verhaltensweisen gelten in unserem Beruf als fragwürdig oder ethisch nicht vertretbar, und ich bin mir sicher, daß die betroffenen Therapeuten nicht im Sinn hatten, sich unethisch zu verhalten. Irgendwie bewirkten für BPS-Patienten typische Verhaltensweisen, daß sie aus dem Blick verloren, worum es bei ihrer Arbeit ging.

Zwischen Extremen oszillierendes Verhalten kann Menschen stark verwirren und ihr Gefühl für die Verhältnismäßigkeit ihres Tuns und für Anstand stören.

Wahrscheinlich haben Sie ähnliches erlebt. Familienangehörige, Partner und andere, die Menschen mit einer BPS besonders nahestehen, versuchen oft, diese zu »retten«. Nach einer sehr angenehmen Phase mit Sadie ertappte sich Brad plötzlich dabei, daß er einen Scheck für die Realisation ihrer nicht besonders fundierten Geschäftsidee ausstellte, obwohl er dazu seinen Pensionsrückstellungen Geld entnehmen mußte. Monate nach ihrer Hochzeit stellte Brad fest, daß eine ältere Schwester Sadie jahrelang vor finanziellen Katastrophen gerettet hatte, obwohl sie sich mehrmals geschworen hatte, dies nicht mehr zu tun. Und Sadies Mutter war von ihrem Arzt dazu angehalten worden, den Streß zu reduzieren, den alle Kontakte mit ihrer Tochter bei ihr verursachten, aber sie konnte sich nicht dazu durchringen, das Telefon klingeln zu lassen, wenn sie wußte, daß nur Sadie sie mitten in der Nacht anrufen würde, auch wenn sie es, wie so oft, zum dritten oder vierten Mal innerhalb einer Stunde tat. Menschen, die eine Person mit einer BPS lieben, geben dieser oft Geld, Zeit und Unterstützung und kümmern sich so intensiv um sie, daß sie selbst sich dadurch völlig erschöpfen. Manchmal kommen sie dadurch an einen Punkt, an dem ihnen die Beziehung als unerträglich erscheint. Viele Patienten mit einer BPS haben die meisten oder sogar alle Menschen, die ihnen nahestanden, verloren. Oder ihr soziales und familiäres Umfeld verschwindet periodisch durch eine Art großer Drehtür und kehrt später wieder zurück.

Vielleicht kennen Sie das folgende Szenario: Sie befinden sich mit dem unter einer BPS leidenden Menschen, den Sie lieben, in einem Raum. Sie fühlen sich großartig, und dem anderen scheint es genauso zu gehen. Es wird viel gelacht und geredet, und beide Beteiligten scheinen einander gut zu verstehen. Dann geht die andere Person, die Ihnen nahesteht – nehmen wir einmal an, es ist Ihr Bruder – nach Hause, und Sie bleiben mit einem durch und durch guten Gefühl zurück. Stunden später ruft Ihr Bruder Sie plötzlich an und überfällt Sie mit einer langen Liste von Dingen, die Sie angeblich gesagt und die ihn sehr verletzt haben. Sie sind völlig verwirrt und fragen sich, ob Sie und Ihr Bruder auch nur im gleichen Raum zusammen waren. Existiert die Begegnung nur in Ihrer

Vorstellung? Sollte Ihnen tatsächlich völlig entgangen sein, daß Ihr Bruder während des Treffens mit Ihnen sehr aufgebracht war? Kein Wunder, daß Sie sich verwirrt fühlen. Vielleicht sind Sie auch wütend und fühlen sich schuldig. Sie reagieren also aufgrund Ihrer eigenen Emotionen. Oder Sie brüllen und legen den Telefonhörer auf. Vielleicht ziehen Sie sich auch nur zurück und erklären Ihrem Bruder, daß Sie ein wenig Zeit und Abstand brauchen.

Aber das verschlimmert die Situation nur, denn daraufhin ruft Ihr Bruder Sie ständig an, verflucht Sie manchmal, bedroht Sie, versucht, Sie durch Tränen und Bestürzung zu überzeugen, was Sie dazu bringt, immer und immer wieder das Gespräch abzubrechen und sich noch viel stärker zurückzuziehen.

Das Nächste, was Sie von ihm hören, ist, daß er wegen Konsums einer Überdosis in ein psychiatrisches Krankenhaus eingeliefert worden ist. Aus Verärgerung darüber, daß Sie nicht mit ihm kommunizieren wollten, hatte er versucht, sich umzubringen. Deswegen fühlen Sie sich so schuldig, daß Sie Ihrem Bruder schwören, ihn nie mehr im Stich zu lassen.

Natürlich erweist sich dieses Versprechen schon bald als unerfüllbar, weil Sie Ihren Bruder ein paar Wochen später erneut »verletzen« ... und er Sie wieder mit Telefonanrufen bombardiert.

Wie Brad in unserem Beispielfall weiter oben entwickeln Sie das Gefühl, daß Sie alles falsch machen. Nun sorgen Sie sich ständig, daß sich Ihr Bruder, wenn Sie ihn das nächste Mal beunruhigen, tatsächlich umbringen wird. Und Sie entwickeln ihm gegenüber einen tiefen Groll. Sie erhalten die Beziehung zwar aufrecht, fühlen sich aber wie ein Yo-yo, weil Sie ständig zwischen der Furcht, Ihre Beziehung könnte außer Kontrolle geraten, und der Hoffnung darauf, daß sich die Situation bessern könnte, schwanken. Viele Menschen, denen ein BPS-Patient nahesteht, haben das Gefühl, ständig ihr Gleichgewicht zu verlieren.

Die geschilderte Ereignissequenz erlebt fast jeder, der eine enge Beziehung zu einem Menschen mit einer BPS unterhält. So ergeht es Therapeuten, Familienangehörigen und Freunden von BPS-Patienten. Die Beziehungen werden beendet, beginnen später wieder und werden erneut beendet, immer und immer wieder.

Wenn Sie eine enge Beziehung zu einer Person mit einer BPS unterhalten, fühlen Sie sich möglicherweise hilflos, weil Sie das Gefühl haben, nie etwas anderes tun zu können, als zu reagieren. Sie wechseln von einem Extrem zum anderen und versuchen entweder dafür zu sorgen, daß die geliebte Person auf keinen Fall durch irgend etwas aufgebracht wird, oder sich von ihr um jeden Preis zu distanzieren. In diesem Dilemma fühlen Sie sich wie in einer Brandung gefangen, weil Sie nicht wissen, wann das Verhalten, das Sie in Aufregung versetzt, enden wird und wo Sie schließlich landen werden.

> *Wenn das Verhalten eines Menschen, den Sie lieben, Ihre Aufmerksamkeit erfordert, kann sich bei Ihnen das Gefühl einstellen, nicht mehr selbst entscheiden zu können, weil Sie Ihre Zeit hauptsächlich damit zubringen, auf Aktivitäten der anderen beteiligten Person zu reagieren.*

Gleichzeitig kann die Beziehung so hohe Wellen schlagen, daß Sie sich darin nicht wiederfinden können. Ich brauche Ihnen wohl nicht zu erklären, daß Beziehungen zu Menschen mit einer BPS in der Regel nicht ruhig und problemlos verlaufen. Es gibt immer wieder sehr intensive Situationen, in denen das Verhalten aufmerksam verfolgt werden muß, in denen Vorwürfe zur Sprache kommen, auf die man sofort eingehen muß, und in denen Bitten vorgetragen werden, die selbst in den ängstlichsten unter uns den einsamen Helden zutage treten lassen.

Wahrscheinlich brauche ich Ihnen auch nicht zu erklären, daß die Emotionen von Menschen mit einer BPS Tornados ähneln. Diese tauchen wie aus dem Nichts auf, gewinnen schnell an Kraft und richten verheerenden Schaden an. Daß sich die emotionalen Zustände von Menschen mit einer BPS blitzschnell verändern, erschwert es uns erheblich, uns darauf einzustellen und auf sie einzugehen. Diese Emotionen befinden sich im Zentrum des von BPS-Patienten ausgehenden Chaos. Weil sie oft keine Kontrolle über ihre Emotionen haben, haben sie auch nur wenig Einfluß auf ihr Verhalten. Sie werden in diesem Buch lernen, daß vieles von dem, was Menschen mit einer BPS tun – ihre impulsiven Entscheidungen, Wutanfälle, plötzlichen Stimmungsumschwünge –, darauf abzielt, mit unbändigen, überwältigenden Emotionen fertig zu werden. Die Tatsache, daß man in solcher Gesellschaft entweder zum Prügelknaben wird oder sich im Reinigungsteam wiederfindet, hat viele Autoren zu der Äußerung veranlaßt, daß man sich in Beziehungen zu emotional besonders sensiblen Menschen schützen müsse. Ihnen wird vorgeworfen, sie seien voller Wut (was manchmal zutrifft), unberechenbar (was gewöhnlich zutrifft) und sprunghaft (und das sind sie ganz sicher). Deshalb ist es manchmal durchaus sinnvoll, sich zu schützen. Aber auch wenn man dies tut, sollte man sich darüber im klaren sein, daß die extremen Emotionen und die mit diesen verbundenen Verhaltensweisen in der Regel nicht der Absicht entspringen, Beziehungen aufs Spiel zu setzen, Probleme zu kreieren oder das Leben eines anderen Menschen zu ruinieren.

Zu verstehen, woher diese extremen Emotionen und die mit ihnen verbundenen Verhaltensweisen stammen, ist ein besseres Gegenmittel, als einfach zu versuchen, sich selbst zu schützen. Fehlen jemandem die Kenntnisse, die erforderlich sind, um eine bessere Alternative aufzuzeigen, bedeutet dies oft, daß die einzig mögliche Lösung darin zu bestehen scheint, die Beziehung zu beenden. Deshalb klärt dieses Buch über das Wesen der Verhaltensweisen auf, die mit der Diagnose einer BPS verbunden werden. Nur durch umfassende Informationen kann man eine Beziehung so gestalten, daß es allen Beteiligten ermöglicht wird, eine bessere Balance zu erreichen.

> *Wenn man es müde ist, immer wieder mit unangenehmen Überraschungen konfrontiert zu werden, verliert man leicht das Mitgefühl.*

Was beinhaltet eine Borderline-Persönlichkeitsstörung?

Diese Frage ist schwer zu beantworten. Die meisten Menschen ahnen, was der Begriff *Depression* und sogar der Begriff *Schizophrenie* beinhaltet. Aber was kommt in den Begriffen *Borderline* und *Persönlichkeitsstörung* zum Ausdruck? Beginnen wir mit dem Begriff *Borderline.* Er wurde zu Beginn des 20. Jahrhunderts geprägt. Er sollte darauf hinweisen, daß die so genannte Borderline-Störung einen Bereich zwischen zwei wichtigen psychiatrischen diagnostischen Kategorien, nämlich Neurosen und Psychosen, abdeckt. Mehr möchte ich hier nicht zu dieser Thematik sagen, weil dies ziemlich irrelevant ist, wenn man einen geliebten Menschen verstehen will, obwohl es andererseits einen Eindruck davon vermittelt, wie schwer es ist, diese Störung zu verstehen und sie richtig zu diagnostizieren. Der Begriff *Persönlichkeitsstörung* beinhaltet, daß der Mensch, den Sie lieben, ein chronisches Verhaltensmuster erkennen läßt, in dem seine Persönlichkeit zum Ausdruck kommt, was im Grunde bedeutet, daß diese Verhaltensweisen Stimmungen, Handlungen und Beziehungen gleichermaßen betreffen. Wahrscheinlich können Sie dies recht gut selbst beobachten.

Damit wir uns dies noch ein wenig genauer anschauen können, ziehen wir das *Diagnostische und Statistische Manual psychischer Störungen* (DSM-IV-TR) zu Rate (ein Handbuch, an dem sich Psychiater und Psychotherapeuten bei der Diagnose einer BPS und anderer Störungen orientieren), wo wir neun diagnostische Kriterien finden, die von suizidalen und selbstschädigenden Verhaltensweisen über psychotische Verhaltensweisen bis zum Vermeiden des Verlassenwerdens reichen. Oft lassen sich diese Kriterien nur schwer genau lokalisieren, weshalb es viele Psychiater und Psychotherapeuten als schwierig empfinden, die Störung mit Hilfe dieser Kriterien festzustellen, weil sie so weitreichend sind und weil die BPS in so vielfältigen Formen zum Ausdruck kommen kann. Vielleicht neigt der Mensch, um den Sie sich sorgen, zu dramatischem Verhalten und ist darüber hinaus impulsiv und emotional – eine ziemlich häufig vorkommende Charakteristik, auf die im bisherigen Verlauf dieses Kapitels immer wieder hingewiesen wurde. Es kann aber auch dann eine BPS vorliegen, wenn die betroffene Person oft emotionslos oder wie betäubt wirkt (darauf gehe ich später in diesem Kapitel ein). Manche Menschen mit einer BPS sind als Eltern und Freunde wunderbar, haben aber Schwierigkeiten, ihre Arbeit zu behalten; andere konsumieren viel Alkohol und/oder Drogen und sind ganz generell nicht in der Lage, in einem Lebensbereich normal funktionsfähig zu bleiben. Leider erleichtern die im DSM aufgeführten Kriterien für eine BPS es nicht unbedingt zu erkennen, daß diese Menschen im Grunde alle unter dem gleichen Problem leiden.

Außerdem erwecken die Ausführungen über die BPS im DSM meines Erachtens den Eindruck, eine BPS sei nicht behandelbar, was wiederum eine Atmosphäre der Niedergeschlagenheit angesichts dieser Diagnose begünstigt. Der Psychiater, der Sadie diagnostizierte und lediglich bewirkte, daß sich Brad noch schlechter fühlte, veranschaulicht diesen Aspekt sehr gut.

Dr. Marsha M. Linehan, die Entwicklerin der Dialektisch-behavioralen Therapie (DBT) – der Behandlungsmethode, die ich benutze, um Menschen mit einer BPS zu helfen –, glaubte, es müsse eine bessere Möglichkeit geben, zu erfassen und zu beschreiben, was bei dieser Störung geschehe, als die Beschreibung im DSM. Deshalb gliederte sie die Diagnose in fünf Bereiche von Dysregulation. Sie identifizierte fünf unterschiedliche Arten von Schwierigkeiten, die Menschen mit einer BPS haben können, ihr Verhalten, ihre Emotionen und ihre Gedanken zu steuern, so wie andere Menschen es können. Die Einteilung der diagnostischen »Symptome« in diese fünf Untergruppen macht die Verhaltensweisen des Menschen mit einer BPS, den Sie lieben, sowie das völlig anders wirkende Verhalten vieler von dieser Störung Geplagter verständlich und behandelbar.

Vertrautheit mit diesen Untergruppen kann es Ihnen außerdem sehr erleichtern zu verstehen, warum Sie sich in Ihrer Beziehung so verwirrt fühlen. Ihnen wird dann klarer, warum es Ihnen so schwer fällt, sich zu vergegenwärtigen, was Sie tun können, um Ihre Beziehung zu verbessern und weiter an deren Erhalt zu arbeiten. Wenn Sie im folgenden über die fünf genannten Bereiche informiert werden, sollten Sie sich fragen, ob Sie diese Probleme bei dem Menschen, um den es Ihnen speziell geht, erkennen. Sie sollen nicht eine Art Amateurdiagnose erstellen, und ich will Sie auch nicht dazu bringen, ein Urteil zu fällen. Schauen Sie sich die Verhaltensweisen einfach an. Der Schlüssel zum Erfolg ist, daß Sie eine gewisse Distanz wahren und die Verhaltensweisen so beobachten, als schauten Sie sich eine Fernsehsendung an. Auch wenn es Ihnen schwerfällt, sich nicht in eine Reinszenierung schmerzhafter Erlebnisse zu verstricken, sollten Sie sich bemühen, jede Deutung der in die Untergruppen passenden Verhaltensweisen zu unterlassen. Versuchen Sie statt dessen, sich im Erkennen von Mustern zu üben. Dies ist ein erster Schritt auf dem Weg zur Wiedererlangung der inneren Balance und der Auflösung des Zustandes der Verwirrung.

Besondere Sensibilität und stark reaktive Emotionen

Jill wacht jeden Morgen auf und nimmt sich vor: »Ich werde heute nicht überreagieren.« Dann geht sie die Treppe hinunter, um das Frühstück für ihre Kinder vorzubereiten, und schon bald wird ihr klar, daß diese nicht rechtzeitig zur Schule kommen werden – was sie augenblicklich in einen gereizten Zustand versetzt. In der Schule führt sie mit einem der Lehrer ihrer Kinder ein Gespräch. Dieser berichtet, ihre Tochter habe im Lesekurs Schwierigkeiten. Augenblicklich fühlt sich Jill sehr traurig wegen ihrer Tochter und glaubt sogleich, dies alles sei ihre Schuld. Ihre Scham- und Schuldgefühle werden allmählich so stark, daß sie den Drang verspürt, etwas zu tun, um sich besser zu fühlen. Deshalb sucht sie ein lokales Kaufhaus auf und kauft sich dort Kleider, deren Preise heruntergesetzt sind. Zu Hause wird ihr klar, wieviel Geld sie ausgegeben hat, und sie schämt sich deswegen. Sie beschimpft sich: »Ich Idiotin, ich bin völlig wertlos!« Dann schaltet Jill das Fernsehen ein und schaut sich schluchzend eine Talkshow an. Nach einer Weile nimmt sie eine Flasche Wodka zur Hand. Sie will nur ein Glas trinken, weil sie sich dann besser fühlen wird. …

Jills Geschichte veranschaulicht sehr gut, daß Menschen, die unter *emotionaler Dysregulation* leiden, im Grunde ständig ihrem eigenen überzüchteten emotionalen System ausgeliefert sind. Sicher haben auch Sie das Gefühl, diesem System ausgeliefert zu sein. Sie können mir glauben, daß das weder für Sie noch für die andere Person, an der Ihnen so viel liegt, angenehm ist. Emotionale Dysregulation kann sich anfühlen, wie wenn man eine Tasse kochend heißen Kaffee trinkt, während alle anderen Anwesenden behaupten, dieser sei höchstens lauwarm. Wo Sie selbst nur eine leichte Gereiztheit verspüren, empfindet ein unter emotionaler Dysregulation Leidender augenblicklich Wut. Wenn Sie selbst nur einen winzigen Funken von Attraktion wahrnehmen, verspürt ein Mensch mit einer BPS möglicherweise ein unbändiges Verlangen. Ein Ereignis, das bei Ihnen einen leichten Anflug von Scham auslöst, kann einen unter Emotionsdysregulation leidenden Menschen dazu bringen, sich wiederholt Schnittverletzungen zuzufügen oder sich den fünften Bourbon zu genehmigen.

Vielleicht überrascht es Sie nicht zu hören, daß die emotionale Dysregulation bei Menschen mit einer BPS der wichtigste von einer Dysregulation betroffene Bereich ist. Die übrigen vier Dysregulationsarten lassen sich auf die schnell auflodernden und extrem starken Emotionen eines BPS-Patienten zurückführen, oder es handelt sich um den Versuch, Emotionen zu lindern oder zu vermeiden.

Wenn ich hier schreibe, daß Menschen mit einer BPS »schnell auflodernde« Emotionen haben, meine ich damit, daß diese schnell zum Ausdruck kommen und sich schnell verändern. Dies geschieht so plötzlich, daß Sie vermutlich nicht die geringste Vorstellung davon haben, was bei dem Menschen, der Ihnen so wichtig ist, eine emotionale Veränderung verursacht hat, weil der Trigger, der dies bewirkt hat, sehr subtil sein kann. Ihre Frau oder Ihr Schwager sind in kürzester Zeit vom Lachen und allem Anschein nach von einem Zustand des Glücks zu tiefer Scham gewechselt ist und von dort weiter zu Wut und schließlich Traurigkeit. Und wenn ich schreibe, daß Menschen mit einer BPS »extreme« Emotionen haben, meine ich, daß diese Emotionen meist sehr stark sind. Dies bedeutet für Sie, daß die Emotionen des geliebten Menschen unberechenbar sind.

Vor der Verabschiedung von einer Dinner-Party bei seiner Schwägerin lächelt Mike und bedankt sich herzlich für die Einladung. Darüber regt sich Sandy sofort auf, was Mike völlig irritiert: Ist es nicht ein Gebot der Schicklichkeit, sich für eine Essenseinladung zu bedanken? Unbeholfen versucht er, seinen Fehler auszubügeln, wobei er protestiert, er verstehe Sandys Reaktion nicht. Sandy wird daraufhin noch wütender und wirft Mike vor, er »verstehe sie nicht«. Mike wird immer nervöser, und sein Geist läuft auf Hochtouren, während er verzweifelt überlegt, was er sagen könnte, um Sandy davon abzuhalten, vor seinen Freunden und in Anwesenheit seiner Familie einen Totalzusammenbruch hinzulegen. Als er aufbricht, fühlt er sich entsetzlich und wirft sich vor, »das Falsche« gesagt zu haben, woraufhin er sich im Geiste selbst antwortet und Sandy beschuldigt, deren starke emotionale Reaktion wir »emotionale Labilität« nennen.

Wahrscheinlich wissen Sie aus eigener Erfahrung, daß es sich hier um jene Art von Unvorhersehbarkeit handelt, mit der man bei emotional labilen Menschen mit ziemlicher Sicherheit konfrontiert wird – wenn jemand emotional extrem stark reagiert und sich diese Reaktionen sehr schnell verändern, ist es nahezu unmöglich vorauszusehen, welche Reaktion man auslösen wird. In einer anderen Situation hätte Mikes Verwirrung angesichts der anfänglichen Wut Sandys bei ihr nicht noch mehr Wut evoziert, sondern Selbstekel und Scham, wenn ihr klar geworden wäre, daß sie (schon wieder) das Falsche getan hatte.

Scham ist der Todfeind aller BPS-Patienten. Sie verstärkt von innen die Invalidierung (Entwertung) ihres emotionalen Erlebens, die auch schon von außen erfolgt. Wenn die Person, die Sie lieben, jenseits der Zwanziger ist, werden Sie möglicherweise mit einem irritierenden Produkt der Scham und mit katastrophalen Konsequenzen starker Emotionalität konfrontiert: mit Situationen, in denen die betroffene Person emotionslos wirkt. Dies ist das Resultat eines Lernprozesses. In seiner Jugend hat dieser Mensch wiederholt die katastrophalen Folgen seiner extremen Emotionen erlebt: Bei emotional besonders sensiblen Menschen können dann leicht Beziehungen scheitern, sie können aus sozialen Zusammenhängen ausgeschlossen werden und können sowohl ihre bezahlte als auch ehrenamtliche Arbeit verlieren. (Ich kenne eine Frau, deren AA-Gruppe sich einen neuen Versammlungsort suchte, um sie auszuschließen.) Mit der Zeit lernt ein Mensch mit einer BPS etwas in folgender Art: »Weil Emotionen schlecht sind, sollte ich sie nicht haben.« Dies kann einen Menschen dazu bringen, seine Emotionen übertrieben stark zu kontrollieren (wohingegen er sie in jüngeren Jahren zu wenig unter Kontrolle gehalten hat). Er erweckt dann manchmal sogar den Eindruck, daß er überhaupt keine Emotionen hat, auch wenn eine aktuelle Situation Emotionen rechtfertigt. Natürlich ist das Problem, daß Emotionen, die unterdrückt werden, sich irgendwann entladen, was oft zu einem problematischen gewaltigen Emotionsausbruch führt.

Ein solcher emotionaler Aufruhr ist vielen Menschen, die selbst Emotionen weniger intensiv empfinden, sehr unangenehm. Wenn Sie ständig vor dem nächsten Emotionsausbruch auf der Hut sind, kann bei Ihnen das Gefühl entstehen, daß Sie nicht mehr die Kontrolle über Ihr Leben haben. Möglicherweise fällt es Ihnen dann sehr schwer, den Menschen, den Sie lieben, nicht zu verurteilen, weil ihm die Selbstkontrolle fehlt, über die alle anderen zu verfügen scheinen. Verstehen Sie emotionale Sensibilität hingegen schlicht als eine Eigenart, nicht als einen Charakterfehler, haben Sie wahrscheinlich weniger stark das Gefühl, daß Sie den Emotionen dieses anderen Menschen ständig auf Gedeih und Verderb ausgeliefert sind – und Sie empfinden vielleicht auch weniger stark Groll darüber, daß der andere diese Emotionen nicht zu kontrollieren vermag, obwohl dies eigentlich von jedem Menschen erwartet wird.

Schwierigkeiten, mit anderen Menschen zurechtzukommen

Shauna denkt unablässig darüber nach, daß ihre Schwester eine Verabredung zum Lunch für den morgigen Tag abgesagt hat, weil ihre Kindergärtnerin erkrankt ist. Sie kann nicht schlafen, weil sie grübelt, ob ihre Schwester sich die Entschuldigung nur ausgedacht hat, um ein Treffen mit ihr vermeiden zu können. Es dauert nicht lange, bis ihr die Tränen kommen und sie ihre Schwester anruft, ohne auch nur einen Moment darüber nachzudenken, daß es vier Uhr morgens ist und vielleicht nicht der ideale Zeitpunkt für einen Telefonanruf. Als ihre Schwester sich am Telefon meldet, schluchzt Shauna und schreit: »Du bist einfach nie eine gute Schwester für mich gewesen, so wie ich es für dich immer war! Ich hasse dich!« Ihre Schwester, die solche Emotionsausbrüche gewöhnt ist, bestätigt Shauna sanft, sie sei tatsächlich eine gute Schwester, und auch sie selbst werde sich in Zukunft größere Mühe geben, ihr eine gute Schwester zu sein. Dann legt sie auf, aber bevor sie es geschafft hat, ihren Kopf wieder auf das Kopfkissen zu legen, ruft Shauna erneut an. Diesmal reagiert ihre Schwester gereizt und versucht ihr klarzumachen, daß sie ein wenig schlafen muß, bevor sie wieder mit ihr reden kann. Aber Shauna ruft dann doch noch ein drittes Mal an, und ihre Schwester schimpft sie aus, bevor sie wieder auflegt. Shauna versucht später noch einmal anzurufen, aber ihre Schwester nimmt das Gespräch gar nicht erst an; mittlerweile hat sie das Telefon ausgeschaltet.

Es ist wohl nicht schwer zu begreifen, warum die in diesen Schnappschüssen deutlich werdenden Probleme im DSM als *interpersonales Chaos* bezeichnet werden. Menschen mit einer BPS haben in Beziehungen große Schwierigkeiten. Sie sehnen sich nach Beziehungen, sehen sie sogar als das Allerwichtigste auf der Welt an und fürchten sich davor, von anderen Menschen verlassen zu werden. Sie sind ja tatsächlich schon von Menschen verlassen worden, und ihre Ängste sind keineswegs unbegründet.

Außenstehende werden deshalb wahrscheinlich nur schwer verstehen, daß Menschen mit einer BPS immer wieder Dinge tun, durch die sie andere Menschen von sich weg treiben. Gewöhnlich tun sie das deshalb, weil sie im Grunde nicht wissen, wie sie sich in einer Beziehung am besten verhalten. Und wenn zu der emotionalen Dysregulation auch noch ein Mangel an interpersonalen Fertigkeiten kommt, so sind chaotische Interaktionen mit anderen Menschen praktisch vorprogrammiert.

Als Shauna ihre Schwester anrief, waren ihre Emotionen hyperaktiviert. Sie hatte so entsetzliche Angst davor, daß ihre Schwester sie verlassen könnte, daß sie zu einer Zeit zum Telefon gegriffen hatte, zu der die meisten Menschen dies nicht tun würden, weil ihnen klar wäre, daß sie unter diesen Umständen bzw. zu dieser Zeit bei ihrem Gesprächspartner kaum eine positive, konstruktive Reaktion hervorrufen würden. Außerdem war Shauna aufgrund mangelnder Fähigkeiten zur interpersonalen Kommunikation nicht in der Lage, ihrer Schwester verständlich zu machen, daß sie bei der Absage des geplanten Treffens aufgrund des Klangs der Stimme den Verdacht entwickelt hatte, ihre Schwester sage nicht die Wahrheit, und dies verletze sie. Statt dessen fuhr Shauna die Schwester an und warf ihr vor, nicht die zu sein, die sie sich wünsche und die sie brauche. Daraufhin versuchte die Schwester, das Telefongespräch (durch Beschwichtigungsversuche, wütende Reaktionen und schlichtes Auflegen) möglichst rasch zu beenden; aus Erfahrung wußte sie, daß bei einem Versuch, mit Shauna ein klärendes Gespräch zu führen, nichts Gutes herauskommen würde. Daraufhin überfiel Shauna schreckliche Angst, sie könnte ihre Schwester völlig verlieren. Sie sorgte sich, geriet in Panik und rief deshalb immer wieder an. Ihr war nicht klar, daß dieses Verhalten ihre Beziehung zu ihrer Schwester noch stärker gefährdete und möglicherweise genau das bewirken würde, was sie am meisten fürchtete: daß ihre Schwester sie völlig meiden würde.

Vielen Menschen mit einer BPS fällt es sehr schwer, eine berufliche Position nicht zu gefährden – was in der Regel nichts damit zu tun hat, daß sie nicht über die für die Arbeit erforderliche Intelligenz verfügen. Während Brad selbst sich nicht sicher war, versuchten seine Familienangehörigen und Freunde, ihn davon zu überzeugen, daß Sadie ihn »ausnutze«. Nahe Verwandte von Menschen, die immer wieder ihre Arbeit verlieren, äußern oft die Auffassung, die Betreffenden verhielten sich unverantwortlich oder seien faul und manipulativ – sie ließen sich lieber von anderen Menschen finanziell unterstützen, als sich den für Erwachsene normalen Pflichten zu stellen. Wenn Sie wissen, daß es dem an einer BPS leidenden Menschen, den Sie lieben, an solchen Fertigkeiten mangelt und daß dieser Mangel massive Konsequenzen haben kann, wenn er in Kombination mit emotionaler Dysregulation zutage tritt, gelingt es Ihnen vielleicht, sich aller Urteile, die den Riß in Ihrer Beziehung noch vergrößern würden, zu enthalten.

Impulsiv handeln, auch wenn es gefährlich ist

Linda hatte einen stürmischen Tag hinter sich. Sie war mit dem falschen Fuß aus dem Bett aufgestanden und hatte Migräne. Deshalb ging sie in die Notfallambulanz, wo sie vier Stunden ausharren mußte, bis sie endlich an der Reihe war. Die

Krankenschwester war ruppig, und Linda fühlte sich vom Krankenhauspersonal wie eine Drogensüchtige behandelt. Sie verließ die Ambulanz, bevor sie Hilfe erhalten hatte, und suchte statt dessen ein Spielcasino in der Nähe auf. Sie verlor alles Geld, das sie bei sich hatte, und hob am Pokertisch außerdem Geld von ihrem Bankkonto ab. Später mietete sie ein Hotelzimmer, bestellte sich eine Flasche Bourbon und schluckte ihren ganzen Tablettenvorrat. Dann redete sie sehr laut mit sich selbst, was zur Folge hatte, daß der Hotelmanager kam, um nach dem Rechten zu sehen. Schließlich wurde Linda erneut in die Notfallambulanz gebracht, diesmal in Handschellen.

Joe geriet mit seinem Manager in Streit. Er ging zurück an seinen Schreibtisch, war aber so wütend, daß er sich nicht konzentrieren konnte. Statt dessen verließ er seinen Arbeitsplatz. Als er sich in sein Auto setzte, wurde ihm plötzlich klar, was er getan hatte. Von Scham überwältigt, ging er zur nächsten Brükke und wollte hinunterspringen.

Caroline besucht das College. Sie ist wunderschön, klug und talentiert. Aber sie wird vor Prüfungen sehr ängstlich. Sie hat sich vorgenommen, sich auf einen bevorstehenden Test gut vorzubereiten, aber selbst wenn sie den Stoff gut kennt, wird ihre Angst in solchen Situationen immer stärker. Unmittelbar vor dem Test fügt sie sich vier- oder fünfmal mit einem Rasiermesser Schnittverletzungen zu. Das verringert ihre Angst so, daß sie damit umgehen kann.

Falls Ihnen diese Geschichten vertraut vorkommen, wissen Sie, daß der dritte Bereich der Dysregulation bei Menschen, die jemanden mit einer BPS lieben, die stärkste Furcht hervorruft. Es handelt sich um die sogenannte *Verhaltensdysregulation,* die Menschen dazu bringt, immer wieder impulsiv zu handeln, ohne aus den negativen Konsequenzen ihres Handelns zu lernen. Manchmal entsteht der Eindruck, daß sie nie um sich schauen, bevor sie sich in gefährliche Aktivitäten stürzen. In anderen Fällen scheinen sie zwar hinzuschauen, den Sprung aber unabhängig von dem, was sie beobachten, ohnehin zu vollziehen. Das impulsive Verhalten kann zur zwangsweisen Einlieferung in eine psychiatrische Institution, zu einer Gefängnisstrafe sowie zur Obdachlosigkeit oder Mittellosigkeit führen.

Impulsgesteuertes Handeln

Wenn der Mensch mit einer BPS, den Sie lieben, seine Arbeit aufgibt oder Beziehungen beendet, ständig zuviel ißt oder sich zwanghaft entleert, trinkt, Drogen konsumiert, in Läden stiehlt, Verbrechen begeht, wegläuft oder etwas anderes impulsiv tut, handelt es sich um dysreguliertes Verhalten, das sehr oft dazu dient, das Gefühl zu vermitteln, daß man sich besser fühlt, oder zumindest dazu, starke Emotionen auszuschalten. Indem der geliebte Mensch diese Verhaltensweisen praktiziert, kann er Emotionen meiden oder ausschalten und so sein Unbehagen verringern. Diese Linderung wirkt jedoch nur eine begrenzte Zeit. Man fühlt sich kurzzeitig besser, aber dann treten in Reaktion auf das impulsive Verhalten neue schmerzhafte Emotionen auf, meist Scham und Schuldgefühle. Sie belasten den Betroffenen oft so sehr, daß er sie ausblenden muß, wodurch ein Teufelskreis entsteht. Der Drang aller, die unter einer BPS leiden, schmerzhafte Emotionen zu unterdrücken, macht Geist und Körper verändernde Substanzen für sie zu einer beliebten Zuflucht. Das gleiche gilt auch für selbstzerstörerische Verhaltensweisen wie das Sich-selbst-Zufügen von Schnittverletzungen und andere Formen der Selbstschädigung, von denen im folgenden die Rede sein wird.

Menschen mit einer Borderline-Persönlichkeitsstörung scheinen insbesondere dann ihr Urteilsvermögen einzubüßen, wenn sie von starken Emotionen erschüttert werden. In mancherlei Hinsicht ist es leichter, Verständnis für unter emotionalen Zwängen entstandene schlechte Entscheidungen zu entwickeln, als impulsive Entscheidungen zu akzeptieren. So geben Menschen mit einer BPS oft auf unkluge Weise erotischen Impulsen nach (indem sie etwa mit einer völlig fremden Person, den sie in einer Bar kennengelernt haben, nach Hause gehen), sie geben häufig viel Geld aus, gehen spontan auf Reisen, beschimpfen ihren Chef oder eine andere Autoritätsperson, rufen mitten in der Nacht Bekannte an, laufen von zu Hause davon – was immer ihnen spontan einfällt (und manchmal scheinen ihre Handlungen nicht einmal die Folge einer spontanen Eingebung zu sein) und was die unangenehme Emotion, die sie gerade zufällig spüren, lindern könnte. Wenn die impulsiven Verhaltensweisen ihren Zweck erfüllen und die unangenehmen Emotionen lindern, werden sie im Laufe der Zeit zu fast automatischen Reaktionen. Demnach widmen sich Menschen mit einer BPS impulsiven Verhaltensweisen, bevor sie die schmerzhafte Emotion vollständig erleben und ohne daß sie sich bewußt für das impulsive Verhalten entscheiden.

Impulsives Verhalten wirkt *negativ verstärkend*, wie wir es nennen: Das Verhalten führt zur Neutralisierung der negativen Emotion. Es trifft nicht zu, daß Menschen mit einer BPS nicht aus ihren Fehlern lernen, wie oft behauptet wird. Das Problem ist vielmehr, daß entweder das Verhalten, das die Emotion »abschaltet«, schneller aktiviert wird, als die betroffene Person eine Entscheidung treffen kann, oder daß der Drang, das durch die Emotion verursachte Unbehagen zu lindern, stärker als alles andere ist. Wenn Sie sich außerdem vergegenwärtigen, daß diese Verhaltensweisen zumindest kurzzeitig einen Zweck erfüllen, wird es Ihnen leichter fallen zu verstehen, daß sich Menschen mit einer BPS nicht nur hartnäckig weigern, zu begreifen, was vor sich geht.

Wenn Sie impulsives Verhalten beobachten – und wenn es Sie trifft –, das einem Menschen, den Sie sehr lieben, soviel Unbehagen bereitet, kann es sein, daß Sie sich hilflos und im Chaos verloren fühlen. Sie möchten verstehen und helfen, aber Ihr Partner oder Bruder bzw. Ihre Schwester schießt sich immer wieder selbst ins Knie. Die DBT vermittelt Menschen mit einer BPS die Fertigkeiten, die sie brauchen, um im Sinne ihrer eigenen Interessen handeln zu können. Unterdessen können Sie Dinge tun, um sich besser geerdet zu fühlen, wie in späteren Kapiteln erläutert wird.

Suizidversuche und andere Arten der Selbstschädigung

Es ist erschreckend, daß viele Menschen mit einer BPS immer wieder Suizidversuche unternehmen. Außerdem neigen viele von ihnen zu selbstschädigenden Verhaltensweisen, die nicht auf Suizid zielen (beispielsweise zu Schnittverletzungen, zum Zerkratzen der Haut, zum absichtlichen Zufügen von Verbrennungen und zur Selbstentfernung von Wundnähten). Solche Verhaltensweisen wirken beängstigend. Falls Sie einen Menschen lieben, der zu solchen Verhaltensweisen neigt, sollten Sie wissen, daß die Bevorzugung nicht-suizidaler Selbstschädigungen *nicht* bedeutet, daß die Betroffenen nicht auch versuchen könnten, Suizid zu begehen. Im Gegensatz zu der in den letzten Jahren sehr verbreiteten Auffassung, BPS-Patienten brächten sich nicht um – sie »manipulierten« nur oder »agierten aus«, stürben aber nicht –, sterben in Wahrheit zehn Prozent der BPS-Patienten durch Suizid (Suizid ist bei diesen Menschen eine große Gefahr, und elf Prozent derjenigen, die anfangen, sich Schnittverletzungen zuzufügen, enden schließlich durch Suizid). Weil dies eine Realität ist, mit der Sie sich als einem solchen Kranken Nahestehender auseinandersetzen müssen, widme ich diesem schwierigen Thema Kapitel 12. Im Augenblick mag es genügen zu verstehen, warum der Impuls, Suizid zu begehen, unter Menschen mit einer BPS so verbreitet ist.

> *Bei BPS-Patienten kommen auch Suizide vor. Das Selbstzufügen von Schnittverletzungen und andere selbstschädigende Verhaltensweisen sind nicht immer als Suizidversuche zu werten.*

Selbstschädigungen sind Versuche, emotionale Dysregulation mittels einer anderen Art von Dysregulation zu lindern. Manchmal erleben Menschen mit einer BPS etwas, das bei ihnen unerträgliche Emotionen hervorruft. Diese bauen sich immer stärker auf, bis die Betroffenen fürchten, vor Schmerz zu zerspringen, und deshalb den Suizid für die einzige Möglichkeit halten, ihren emotionalen Schmerz zu stoppen. Manchmal nimmt eine als unerträglich empfundene Emotion schon ab oder verschwindet sogar völlig, weil die Betroffenen daran denken oder phantasieren, daß sie sich umbringen (oder daß sie schon tot sind). Tatsächlich zeigen vorliegende Untersuchungen, daß suizidales Verhalten und sogar der bloße Gedanke, tot zu sein, in Fällen starker emotionaler Erregung echte physische Linderung bringen. Das gleiche gilt auch für andere selbstschädigende Verhaltensweisen. Sie alle wirken auf starke emotionale Zustände beruhigend. Natürlich ist dies bei uns allen so. Nur ist das Bedürfnis nach einer Linderung durch selbstschädigendes Verhalten bei Menschen mit einer BPS wesentlich stärker als bei anderen Menschen, weil auch ihre emotionale Sensibilität deutlich stärker ausgeprägt ist und weil sie außerdem oft nicht in der Lage sind, sich mit Hilfe effektiverer Verhaltensweisen Linderung zu verschaffen.

Manchmal nehmen Menschen Zuflucht zu suizidalen oder selbstschädigenden Verhaltensweisen, um das Auftreten schmerzhafter Emotionen von vornherein zu verhindern. Falls der Mensch mit einer BPS, den Sie lieben, gelernt hat, sich so zu verhalten, kann die zur Selbstschädigung bzw. zu Suizidverhalten führende Reaktion bei ihm fast automatisch eintreten: Etwas geschieht, und der Betreffende nimmt daraufhin augenblicklich Zuflucht zu suizidalem oder selbstschädigendem Verhalten, allem Anschein nach ohne auch nur einen Augenblick lang darüber nachzudenken. Diese reflexartige Selbstschädigung wirkt auf Außenstehende oft sehr merkwürdig. Die meisten von uns verstehen zwar – zumindest theoretisch – den Drang, unerträglichen Schmerz zu unterbinden, aber die Vorstellung, daß sich jemand nach einem bestimmten Ereignis augenblicklich in selbstschädigendes Verhalten flüchtet, macht viele fassungslos. Deshalb ist es so wichtig, daß wir das innere Erleben eines Menschen, den wir lieben, verstehen. Es kann sein, daß wir uns wehrlos in eine Art surreales Universum versetzt fühlen, wenn wir solche Verhaltensweisen beobachten und versuchen, sie im Kontext unseres eigenen, völlig anders gearteten, aber eher typischen inneren Erlebens zu verstehen.

Bei dem Bemühen, suizidale Verhaltensweisen eines geliebten Menschen zu begreifen, müssen wir insbesondere urteilende Gedanken meiden, die beinhalten, daß diese Handlungen dazu dienen, uns selbst oder jemand anderen zu manipulieren. Manchmal suchen Menschen mit einer BPS (aber auch andere) ihr Heil in suizidalen Verhaltensweisen, um andere Menschen zu einer Reaktion zu veranlassen; doch das ist ihnen nicht immer klar. Und selbst wenn es ihnen klar ist, geht es ihnen in der Regel nicht darum, sich Ihre Sympathie zu sichern. Bedenken Sie auch, daß eine geliebte Person, die nicht über die interpersonalen Fertigkeiten verfügt, die sie braucht, um sich Hilfe zu sichern, deutlich weniger Möglichkeiten sieht, ihren eigenen Schmerz zu lindern.

Vor einigen Wochen war eine meiner Klientinnen allein zu Hause und langweilte sich. Sie fühlte sich sehr einsam und von ihrer Mutter ignoriert, die sich um ein krankes Kind mit besonderen Bedürfnissen kümmerte. Die Klientin fügte sich mehrmals tiefe Schnittwunden an den Beinen zu und landete schließlich in der lokalen Notfallambulanz. Als wir über ihr Verhalten sprachen, sagte sie, durch die Schnittverletzungen habe sie ihre Langeweile zu lindern versucht. Außerdem habe sie ihrer Mutter signalisieren wollen, daß diese auch ihr ein wenig Aufmerksamkeit schenken müsse.

Eine andere Klientin von mir glaubte, ihr Mann stehe ihr sehr kritisch gegenüber. Als wir ihr suizidales Verhalten auf Muster untersuchten, entdeckten wir, daß ihr Mann seine kritische Einstellung ihr gegenüber jeweils für einige Zeit aufgab, wenn sie eine Überdosis konsumiert hatte. Selbstschädigung mit dem Ziel, die Kritik zu unterbinden, war kein Bestandteil ihres offenkundigen Entscheidungsfindungsprozesses, aber ihr Verhalten hatte definitiv Auswirkungen auf das Verhalten ihres Ehemannes. Diesen Unterschied zu verstehen kann Menschen sehr schwerfallen. Die meisten von uns haben Schwierigkeiten zu verstehen, daß jemand durch sein Verhalten eine bestimmte Reaktion hervorrufen kann, ohne diese Reaktion beabsichtigt zu haben. Aber Tiere aller Arten tun genau dies ständig. Wenn ein Kind nicht zur Schule geht, weil ihm übel ist, und wenn Sie ihm dann sein Lieblingsessen kochen, wird es danach möglicherweise häufiger krank. Es denkt nicht: »Hmmm, wenn ich nicht in die Schule gehe, gibt mir meine Mutter Eiscreme.« Nur steigt die Zahl der Tage, an denen das Kind krank ist, sprunghaft an. Wenn ich mit meinem Mann jedesmal ins Kino gehe, um mir mit ihm einen Action-Film anzuschauen (ein Genre, das er besonders mag), wenn er im Haushalt ein wichtiges Vorhaben abgeschlossen hat, spornt ihn dies wahrscheinlich an, häufiger solche Vorhaben durchzuführen. Vielleicht ist ihm gar nicht bewußt, daß er die Projekte abschließt, um sich Action-Filme anschauen zu können, aber die Vorhaben werden Stück für Stück abgeschlossen.

Wir sollten uns darüber im klaren sein, daß selbstschädigende Verhaltensweisen erlernt werden. Suizid ist keine Verhaltensreaktion, mit der wir geboren werden. Irgendwann und irgendwo hat der Mensch, den Sie lieben, gelernt, daß ihm suizidale oder selbstschädigende Verhaltensweisen nützlich sein können. Manchmal reguliert dieses Verhalten Emotionen (so wie bei der Klientin, die mittels selbstschädigender Schnittverletzungen ihre Langeweile bekämpfte), oder es hat eine gewünschte Wirkung auf das Verhalten anderer (so wie bei der Frau, deren Mann sich eine Weile von seinem Drang, sie zu kritisieren, distanzierte). Es kann Menschen aber auch davon abhalten zu dissoziieren – womit wir uns später beschäftigen werden. Ganz gleich, welcher positive Effekt angestrebt oder welche positive Konsequenz mit der Neigung zu Selbstschädigungen verbunden werden mag, wahrscheinlich sind Sie von der Vorstellung beeindruckt, daß jemand Selbstschädigungen als eine gute Möglichkeit, Probleme zu lösen, verstehen könnte. Vielleicht haben Sie sich schon oft mit Grübeleien darüber gequält, warum der geliebte Mensch sein Heil in so drastischen und (in Ihren Augen so offensichtlich) üblen Handlungen suchen könnte, um irgendein Problem zu lösen. Es könnte Ihnen helfen, Ihre innere Balance wiederzufinden, wenn Sie sich vergegenwärtigen, daß Selbstschädigungen nur eine der Formen von Verhaltensdysregulation sind, ebenso wie impulsives Kündigen der Arbeitsstelle oder Sich-Einlassen auf eine sexuelle Begegnung mit einem völlig Fremden. Zum Glück lassen sich erlernte Verhaltensweisen auch wieder verlernen und durch positivere Möglichkeiten ersetzen – eines der Ziele der Dialektisch-behavioralen Therapie.

Verlust des Selbstwertgefühls oder Selbst-Dysregulation

Ich habe einmal mit einer Patientin gearbeitet, die nicht zu sagen vermochte, ob sie Schoko- oder Vanilleeis bevorzugte. Ich ging mit ihr zu einem Eiscafé, und sie konnte sich nicht entscheiden. Auf meine Frage »Was möchten Sie gerne?« antwortete sie aufrichtig: »Ich weiß es nicht.« Die meisten von uns brauchen über triviale Präferenzen dieser Art nicht einmal nachzudenken. Menschen mit einer BPS fehlt oft jedes Gefühl dafür, was Sie mögen, welche Werte sie vertreten oder wer sie sind.

Bei anderen Klienten von mir waren intime Beziehungen immer kurzlebig oder chaotisch, weil sie nicht wußten, was sie in einer Beziehung wollten, oder weil sie glaubten, es gebe für niemanden einen Grund, eine Beziehung zu ihnen aufrechtzuerhalten. Die Betreffenden wissen nicht, welche Art von Partner sie sich wünschen. Oft sind sie sich auch ihrer sexuellen Vorlieben unsicher. Sie fühlen sich leer und versuchen, andere dazu zu bringen, ihnen zu helfen, ihre innere Leere zu füllen; gleichzeitig ringen sie mit ihren Zweifeln daran, ob sie es wert sind, etwas anderes als Leere zu erleben. Einer meiner Klienten hat sich selbst einmal als einen Eimer mit durchlöchertem Boden bezeichnet. Nichts könne ihm helfen, sich anders als leer zu fühlen.

> *Wie könnten Menschen ohne jedes Bewußtsein ihrer persönlichen Präferenzen verstehen, wer sie wirklich sind?*

Die meisten Menschen haben zumindest eine ansatzweise Vorstellung davon, wer sie sind und wo in der Welt ihr Platz ist. Wir spielen bestimmte Rollen; wir haben ein persönliches Werteempfinden; und wir wissen, was wir mögen und was nicht. Wir haben Träume und Ziele. Menschen mit einer BPS haben kein Gefühl dafür, wer sie sind. Sie sind im Moment des Geschehens nicht in der Lage zu beschreiben, was sie erleben – was sie in ihrem Körper spüren und welche Gedanken und Emotionen sie haben. Sie urteilen oft sehr hart über sich und haben große Mühe, realistische Ziele für ihre Zukunft zu entwickeln. Sie kennen weder ihre persönlichen Werte noch ihre Vorlieben und Abneigungen.

Nicht zu wissen, wer man ist, ist eine Begleiterscheinung der extremen Emotionalität von BPS-Patienten. Wenn Menschen die meiste Zeit über mit starken Emotionen fertig werden müssen, können sie nicht auf ihr inneres Erleben und ihre Reaktionen auf Situationen achten. Es ist, als würden sie versuchen, mitten in einem Orkan ein Straßenschild zu entziffern, das sich ständig dreht. Sie wissen zwar, daß sie ein Straßenschild vor sich haben, erkennen aber nicht, was darauf steht. Menschen mit einer BPS sind sich darüber im klaren, daß es Werte und Präferenzen gibt, können diese aber nicht entziffern, weil ihre Emotionen ihnen dies unmöglich machen. Und weil sie nicht begreifen, wer sie sind, fühlen sie sich verloren und leer. Und dieses Gefühl des Verlorenseins und der Leere verstärkt ihre Scham – und so weiter.

Weil die Frau, die nicht zu sagen vermochte, welche Eiscremesorte sie bevorzuge, kein Selbstempfinden hatte, traf sie ihre Entscheidungen impulsiv; sie hatte keine zentralen Überzeugungen, und auch keine persönlichen Präferenzen und Werte, an denen sie sich hätte orientieren können. Aufgrund ihres mangelnden Selbstwertgefühls glaubte sie wie viele mir bekannte Menschen mit einer BPS, niemand könne sich eine Beziehung zu ihr wünschen – sie war sich über ihre positiven Eigenschaften nicht im klaren. Dies wirkte sich natürlich auf die Stabilität ihrer Beziehungen aus, was wiederum dazu führte, daß sie noch emotionaler reagierte, noch häufiger impulsive Entscheidungen traf und sich fragte, warum andere Menschen etwas mit ihr zu tun haben wollen könnten.

Was könnten sie denken?

»Was hast du gerade *gedacht?*« haben Sie den Menschen, den Sie lieben, vielleicht schon ziemlich oft gefragt. Rätselhaftes Verhalten, starke emotionale Reaktionen, Entgleisungen im interpersonalen Kontakt und starke Zweifel an der eigenen Identität können Außenstehende, die miterleben, wie BPS-Patienten ihr Leben gestalten, fassungslos machen. Die Antwort auf Ihre Frage lautet, daß der andere, der Ihnen so wichtig ist, anders als Sie denken könnte. Den letzten Bereich, in dem Dysregulation zum Ausdruck kommen kann, bezeichnen wir als *kognitive Dysregulation*. Ebenso wie in den übrigen Bereichen kann auch in diesem die Dysregulation bei unterschiedlichen Menschen und je nach konkreter Situation verschiedene Formen annehmen.

Schwierigkeiten mit der Aufmerksamkeit

Einigen Menschen mit einer kognitiven Dysregulation fällt es sehr schwer, ihre Aufmerksamkeit zu steuern. Weil Emotionen die Konzentrationsfähigkeit von uns allen beeinträchtigen können, führen natürlich auch die starken Emotionen von BPS-Patienten zu Konzentrationsproblemen. Vergegenwärtigen Sie sich einmal eine Situation, in der Sie mit einer sehr starken Emotion auf etwas reagiert haben. Vielleicht haben Sie in dieser Verfassung versucht, mit jemandem zu reden oder auch nur fernzusehen, konnten dem Gespräch oder der Fernsehsendung aber nicht folgen. Ihre Emotionen beeinflußten Ihre Fähigkeit, sich zu konzentrieren, negativ.

Einige (nicht alle) Menschen mit einer BPS verfallen zuweilen automatisch in das Verhalten, das wir *Dissoziation* nennen. Es gibt viele unterschiedliche Beschreibungen des Begriffs Dissoziation, aber Sie können sich dieses Phänomen einfach als »eine Art Abschalten« vorstellen. Wenn Sie schon einmal nach einer Heimfahrt im Auto plötzlich gemerkt haben, daß Sie gar nicht auf den Weg geachtet haben und sich im Grunde nicht erinnern können, wie Sie nach Hause gekommen sind, so haben Sie eine sehr leichte Dissoziation erlebt. Wir alle dissoziieren mehr oder weniger oft und stark. Menschen dissoziieren oft angesichts einer extrem starken emotionalen Reaktion, z. B. wenn sie über etwas für sie Schmerzhaftes reden oder sich an einem Ort befinden, der ihre Erinnerungen an ein schmerzhaftes Erlebnis weckt.

Manchmal beschreiben Patienten mit einer BPS Dissoziation sogar ausdrücklich als eine Art »Wegtreten«. Wenn der Mensch, den Sie lieben, dissoziiert, können Sie das eventuell daran erkennen, daß sein Gesicht völlig ausdruckslos wird und seine Stimme sehr »mechanisch« klingt. Es wirkt dann, als wäre der Betreffende nicht völlig präsent. In anderen Fällen ist eine Dissoziation so subtil, daß sie unbemerkt bleibt. Eine Dissoziation lindert ebenso wie selbstschädigendes Verhalten die Wirkung starker Emotionen. Es ist, als entstünde zwischen dem schmerzhaften Reiz und dem geliebten Menschen eine Mauer. Leider ist dies nur eine zeitweilige Lösung, und Menschen empfinden im dissoziierten Zustand keine Emotionen. Doch die Fähigkeit, Emotionen zu empfinden, ist eine unabdingbare Voraussetzung für ein funktionales Leben.

Paranoia

Menschen mit einer BPS können Augenblicke erleben, in denen sie paranoid sind. Meist ist die Paranoia bei ihnen mit einem extremen emotionalen Zustand und mit interpersonalem Chaos verbunden. Die Betroffenen grübeln dann möglicherweise darüber, ob ihre wichtigste Bezugsperson sie verlassen wird oder nicht. Natürlich verstärkt dies ihre emotionale Erregung und ihre Furcht davor, verlassen zu werden, und läßt sie nach Bestätigung dafür im Verhalten der Bezugsperson suchen. Sie haben eigentlich gar nicht daran gedacht, Ihre Partnerin zu verlassen, aber Sie reagieren natürlich darauf, daß sie Ihnen dies unterstellt. Aufgrund der ungerechtfertigten Anschuldigungen reagieren auch Sie emotional, und die andere Person sieht darin einen »Beweis« dafür, daß Sie sie verlassen wollen. So entsteht ein Teufelskreis, und Sie fangen an, sich tatsächlich zu fragen, warum Sie mit dieser Person, die Ihnen und Ihrer gemeinsamen Beziehung nicht vertraut, zusammen sind. Solche Zweifel an der eigenen Sicht können einen Menschen natürlich in Verwirrung versetzen. Das gleiche kann passieren, wenn Menschen mit einer BPS in schwierigen Situationen so mißtrauisch werden oder fürchten, daß jemand hinter ihnen her ist, daß man den Eindruck gewinnen kann, sie hätten den Kontakt zur Realität verloren. Sie könnten sich dann sorgen, daß diese Person, die Sie lieben, an einer psychotischen Störung (wie Schizophrenie) leidet. Verschwindet der Trigger der Paranoia (beispielsweise weil das auslösende Familientreffen vorüber ist), klingt auch die Paranoia ab. Auch wenn allgemeine Stressoren im Leben der betroffenen Person geringer werden, kann das die Paranoia verringern. Dies ist gewöhnlich eine ungeheure Entlastung, ändert aber nicht unbedingt etwas daran, daß Sie weiter in Furcht vor der nächsten Episode leben. Wichtig ist, sich zu vergegenwärtigen, daß die Paranoia nur für kurze Zeit besteht und durch Streß hervorgerufen wird. Starke Emotionalität in belastenden Situationen kann den geliebten Menschen unverhältnismäßig mißtrauisch machen.

Sehen Sie die Beziehungen zwischen allen diesen Verhaltensmustern?

Vielleicht verstehen Sie jetzt, wie durch die Interaktion der fünf Bereiche der Dysregulation ein ziemlich rätselhaftes Verhalten entsteht. Dies könnte Sie dazu anregen, einmal über die Möglichkeit nachzudenken, daß die Person mit der BPS, die Sie lieben, sich nicht absichtlich »verrückt« verhält, um bei Ihnen eine bestimmte Reaktion hervorzurufen, sondern daß sie sich auf dieser Achterbahn befindet, ohne zu wissen, wie sie dorthin gekommen ist. Wenn Menschen Emotionen sehr intensiv spüren und nicht wissen, wie sie regulierend darauf einwirken können, kann das zu Verzweiflungstaten veranlassen, deren Sinn und Zweck es ist, Schmerz zu lindern. Die negativen Auswirkungen solcher aus der Verzweiflung geborenen Handlungen können bei dem geliebten Menschen die Furcht wecken, in seinem beruflichen Umfeld abgelehnt oder in einer Liebesbeziehung verlassen zu werden. Ist ein BPS-Patient nicht gut in der Lage, sich zu konzentrieren und aus Fehlern zu lernen, kann es sein, daß er selbst zum Angriff übergeht, um zu verhindern, daß andere ihn verletzen – womit er auf dem besten Weg ist, eine sich selbst erfüllende Prophezeiung zu produzieren. Verlassen zu werden verursacht noch stärkeren Schmerz und bestätigt außerdem Gefühle der eigenen Wertlosigkeit, unter denen solche Menschen ohnehin leiden. Ohne Selbstempfinden schlägt die betroffene Person um sich, probiert neue Beziehungen aus, bemüht sich um neue Jobs und sucht neue Freunde, um herauszufinden, ob irgend etwas oder irgend jemand zu ihr paßt und ihr helfen kann, sich darüber klar zu werden, wer sie ist. Dies ist eindeutig ein Teufelskreis, der schwer zu durchbrechen ist, solange man nicht weiß, was ihn aufrechterhält. Die Dialektisch-behaviorale Therapie (DBT) kann Menschen in dieser Lage helfen, die Vorgänge zu verstehen und die Emotionen samt den damit verbundenen Verhaltensweisen zu regulieren. Indem Sie sich einige Prinzipien dieses Ansatzes zu eigen machen und so lernen, auf die Person, die Sie lieben, so zu reagieren, daß Ihr Verständnis der fünf Bereiche der Dysregulation zum Ausdruck kommt, können Sie Ihr inneres Gleichgewicht wiederfinden und eine Möglichkeit, Ihre Beziehung zu erhalten, entdecken.

KAPITEL 2

Wodurch wird ein Mensch so emotional?

Die BPS ist ein komplexes Phänomen und in ihrem Kern ein emotionales Problem. Doch erzeugt ein hypersensibles emotionales System Probleme, die alle Aspekte des Alltagslebens betreffen. Weil es Menschen mit einer BPS so schwer fällt, ihre Emotionen zu regulieren, sind ihre Beziehungen oft sehr gefährdet. Sie handeln, ohne vorher zu denken, und selbst wenn sie denken, bevor sie handeln, wird ihnen oft nicht klar, was in einer bestimmten Situation effektives Handeln wäre. Sie sind häufig abgelenkt und manchmal auch paranoid. Im Grunde kennen sie sich selbst nicht gut genug und wissen nicht, was sie tun oder sagen sollen, was eine Tatsache ist und was ihre Deutung der Fakten beinhaltet. Natürlich ist es schwer, ihre Orientierung oder ihr Ziel vorauszusagen oder zu erkennen, wann sie vom Ziel abkommen, mit jemandem zusammenstoßen oder zusammenbrechen werden. Quälende und unkontrollierbare Emotionen verursachen überall im Leben Probleme, was gewöhnlich zu Chaos führt.

Warum tut dann die betroffene Person nicht einfach das Notwendige, um diese Emotionen unter Kontrolle zu bringen und das Chaos aus ihrem Leben (und aus Ihrem) zu verbannen?

Weil das nicht so einfach ist. Menschen mit einer BPS sind von Geburt an besonders empfindlich für Emotionen, so wie andere Menschen mit rotem Haar, einer dunklen Haut oder einem musikalischen, sportlichen oder mathematischen Talent geboren werden. BPS-Patienten können ihre Emotionen ebensowenig einfach ausschalten, wie Menschen die Farbe ihrer Augen verändern oder Taubheit gegen ein absolutes Gehör austauschen können. Während sie aufwachsen, verursacht ihre angeborene emotionale Empfindsamkeit nicht nur in ihrem Inneren Schmerz, sondern trifft auch bei den Menschen in ihrer Umgebung auf viel Intoleranz und sogar Unverständnis. Aufgrund bestimmter Wechselwirkungen, die ich in diesem Kapitel beschreiben werde, mangelt es solchen Menschen erheblich an Fertigkeiten, die andere Menschen im Laufe ihrer Kindheit und Jugend ohne bewußte Anstrengung entwickeln.

Glücklicherweise können wir diese Fertigkeiten auch später noch entwikkeln; und genau darum geht es der Dialektisch-behavioralen Therapie. Darauf zu beharren, daß Menschen mit einer BPS »lernen müssen, ihre Emotionen unter Kontrolle zu behalten«, führt zu nichts, wie Sie wahrscheinlich schon selbst gemerkt haben. Bemühungen dieser Art verschlimmern die Situation sogar oft, weil es bei den Betroffenen schmerzhafte Emotionen weckt, darauf hingewiesen zu werden, daß bei ihnen irgend etwas nicht »in Ordnung« ist. Die DBT bietet eine Alternative hierzu in Form der Vermittlung spezifischer Fertigkeiten, die ihnen helfen, gute Beziehungen zu erhalten, Belastungen zu ertragen, Krisen durchzustehen und zu lernen, Emotionen als jene wichtige Ressource zu nutzen, die sie ihrer Natur gemäß sein sollen. Die Fähigkeit, die eigenen Emotionen unter Kontrolle zu behalten, entwickelt sich dann von selbst im Rahmen eines DBT-Trainings. Selbst wenn die Person, die Sie lieben, diese Art von Therapie nicht erhält, eröffnet das, was Sie in diesem Buch lernen werden, *Ihnen* Möglichkeiten, ihr zu helfen, sich vom Strudel der Emotionen fernzuhalten, ohne daß ihr etwas Unmögliches abverlangt wird, nämlich über die Tatsache der angeborenen emotionalen Verletzlichkeit hinwegzugehen. Sie werden feststellen, daß die Nutzung dieser Fertigkeiten auch bei Ihnen selbst Streß und Frustration verringert, weil sie Ihnen helfen, auch Ihre eigenen Emotionen nicht ausufern zu lassen.

> *Wenn Menschen mit einer BPS aufgefordert werden, »ihre Emotionen unter Kontrolle zu bringen«, verstärkt das die Emotionen nur. Insbesondere gilt dies für Scham, und Scham können die meisten Menschen kaum ertragen.*

Veranlagte starke Emotionalität

Für die Entstehung einer Borderline-Persönlichkeitsstörung müssen zwei Voraussetzungen erfüllt sein. Die erste ist eine angeborene, biologisch bedingte Neigung zur Entwicklung starker Emotionen. Wir können uns dies als eine Art genetisch veranlagte Vorgabe für unsere Art, Emotionen zu erleben, vorstellen. Wir alle verfügen über eine Anlage, Emotionen in einer bestimmten Intensität zu erleben. Vielleicht ist es für Sie ungewohnt, Emotionen so zu sehen. Einige glauben, wir alle würden Emotionen auf die gleiche Weise und in gleicher Intensität erleben. Dieser Auffassung gemäß unterscheiden sich Menschen, die

Emotionen intensiver erleben als andere, nur durch ihre schwächere Selbstkontrolle von allen anderen in ihrem Umfeld. Doch wissen wir aufgrund entsprechender wissenschaftlicher Untersuchungen, daß es nicht von persönlichen Entscheidungen abhängt, wie stark und wie häufig wir Emotionen empfinden. Beobachtungen der Reaktionen von Neugeborenen auf unterschiedliche Tests in den Säuglingsstationen von Krankenhäusern haben gezeigt, daß Menschen schon unterschiedlich emotional reagieren, bevor sie durch Lernprozesse beeinflußt worden sein können. Im Rahmen eines solchen Tests kitzelte man die Nasen der Kinder mit Federn. Bei einigen der Babys blieb daraufhin jede emotionale Reaktion aus (sie taten nichts), andere zeigten eine leichte emotionale Reaktion (sie bewegten sich), und wieder andere fingen an zu weinen und ließen sich kaum trösten. Diejenigen, bei denen eine intensive emotionale Reaktion zu erkennen war, wurden deshalb als »sensibel für emotionale Stimuli« kategorisiert; sie reagierten schneller und intensiver auf Erlebnisse, die oft irgendeine Art von Reaktion hervorrufen. Wir sind also offenbar von Geburt an darauf programmiert, Emotionen auf eine bestimmte Art zu erleben.

Wenn Sie sich Kinder vergegenwärtigen, die Sie kennen, werden Sie merken, daß vieles für das Zutreffen dieser Theorie spricht. Wir beschreiben in der Regel schon früh das emotionale Temperament eines Kindes, indem wir einige Babys beispielsweise als besonders »schwierig« und andere als »pflegeleicht« bezeichnen. Eltern bewundern oft einzigartige Veranlagungen, die ihr Nachwuchs schon am ersten Tag erkennen läßt – daß sich beispielsweise der kleine Johnny so stark von seiner älteren Schwester Jenny unterscheidet. Tatsächlich geht es bei solchen Einschätzungen um die frühen emotionalen Reaktionen des Kindes.

Denken Sie einmal an Ihre eigene Familie oder an enge Freunde von Ihnen. Wahrscheinlich erwarten Sie von diesen Menschen bestimmte Arten emotionaler Reaktionen. Ganz gleich, ob über etwas so Banales geredet wird wie die Frage, wohin man zum Essen ausgehen könnte, oder über etwas so Wichtiges wie den Umgang mit Großtante Emmas stärker werdender Alzheimer-Erkrankung, Cindy weiß in jedem Fall, wie der jeweils fällige Familienplausch verlaufen wird: Ihr Mann Bud wird ruhig dasitzen und keine emotionale Reaktion zeigen, egal, was passiert, sondern wohldurchdachte Einschätzungen formulieren, wenn er um seine Meinung gebeten wird. Cindys unbezähmbare Schwester Georgia wird lachen und selbst die ernstesten Äußerungen relativieren. Die Mutter wird den Raum verlassen, wenn alle miteinander zu streiten beginnen. Der Vater wird lautstark seiner Wut Ausdruck geben, wenn er sich von irgend jemandem respektlos behandelt fühlt. Einige Menschen haben viele und sehr starke Emotionen, andere nur sehr wenige. Bei einigen scheint das Spektrum der Emotionen ausgewogen zu sein. Und schließlich gibt es Menschen, die bestimmte Emotionen sehr stark empfinden und andere eher schwach.

Menschen mit einer BPS sind hinsichtlich ihrer Emotionen sehr empfindlich; diese waren auf der Kinderstation die Babys, die extrem stark reagierten, wenn sie mit einer Feder an der Nase gekitzelt wurden. Wenn Sie mit einem Menschen aufgewachsen sind, der später an einer BPS erkrankt ist, erinnern Sie sich sicher an ein Kind, das Sie heute als »emotional« bezeichnen würden. Leider sagt diese Charakterisierung nicht viel aus, das Ihnen helfen könnte, den betreffenden Menschen in der Gegenwart zu verstehen und mit ihm zusammenzuleben. Aber wenn wir uns die Emotionalität eines Menschen genauer anschauen, fällt es uns leichter zu sehen, daß besondere »Emotionalität« im Grunde kein Mangel an Kontrolle ist, sondern auf drei eigenständigen Tendenzen basiert, die auf unterschiedliche Weisen emotionale Erregung verursachen.

Emotionale Sensibilität: Der schnelle Finger am Abzug

Kürzlich kam eine Frau ganz ruhig in meine Praxis. Allem Anschein nach litt sie nicht unter irgendeiner Form von emotionalem Unbehagen. Sie sagte, im Grunde wolle sie nur über eine einzige Frage mit mir reden. Sie versuche sich darüber klar zu werden, ob sie ihren Beruf als Kunstlehrerin in einer Highschool mitten im Schuljahr aufgeben sollte. In unserem Gespräch versuchte ich, ihr herauszufinden zu helfen, womit wir uns beschäftigen müßten, um das Problem lösen zu können. Wollte sie ihren Beruf tatsächlich aufgeben? Hatte sie keine Lust mehr, Kunst zu unterrichten? Welche Auswirkungen hatte es, während eines Schuljahrs, in dem zu unterrichten man sich vertraglich verpflichtet hatte, plötzlich aufzugeben? Sie wurde sehr wütend auf mich. Ich hielt inne und sagte zu ihr, ich sähe meine Aufgabe darin, das zu tun, was ihr helfe, und ich würde versuchen, mit meinem Bemühen fortzufahren, herauszufinden, worin genau das Problem bestünde, und ihr verständlich zu machen, daß mir sehr wohl klar sei, wie sie sich fühle und welche Teile ihres Erlebens sinnvoll und klug seien. Daraufhin wurde sie noch wütender. Als ich sie fragte, ob sie wütend sei, weil ich ihr Problem nicht verstünde, verneinte sie dies. Sie sei wütend, weil ich ihr Problem verstünde, denn das bedeute, daß sie selbst dumm sei, denn ich hätte ja nur kurze Zeit gebraucht, um es herauszufinden. Daraufhin versuchte ich, ihr klarzumachen, daß es manchmal leichter sei, als Außenstehende Dinge zu verstehen, und daß es im allgemeinen frustrierend sei, wenn man versuche herauszufinden, wie man mit Problemen umgehen sollte. Nun wurde sie sehr niedergeschlagen und weinerlich. Meine Reaktionen schienen grundsätzlich falsch zu sein, was auch immer ich tat, und machten sie in jedem Fall noch wütender und aufgebrachter. Schließlich sagte ich: »Ich weiß einfach nicht, was ich zu Ihrem Fall sagen soll. Ich versuche, Ihnen zu helfen und Ihnen ein wenig Hoffnung zu vermitteln, aber das führt ja offensichtlich zu nichts. Was meinen Sie, was ich tun soll, um Ihnen zu helfen?« Daraufhin explodierte sie förmlich und sagte, sie sei wegen einer Antwort auf eine einzige Frage zu mir gekommen, und ich erfüllte die Aufgabe, die sie mir gestellt habe, offensichtlich nicht.

So kann emotionale Sensibilität von außen wirken. Dinge, die bei den meisten Menschen nur schwache oder keine Emotionen hervorrufen, können bei Menschen mit einer BPS sehr starke Emotionen produzieren. Von ihnen heißt es oft, sie »trügen das Herz auf der Zunge« oder sie seien »einfach zu sensibel«. Sie reagieren emotional auf jeden Trigger, ganz gleich, ob es sich um das handelt, was wir als »negative« Emotionen bezeichnen (Furcht, Traurigkeit, Wut, Scham und Schuldgefühle), oder eher um »positive« Emotionen (Freude, Glück, Liebe). Ganz gleich, ob es bei dem Menschen mit einer BPS, den Sie lieben, um positive oder negative Emotionen geht, wenn Sie selbst auf das, was bei der anderen Person soeben eine emotionale Reaktion hervorgerufen hat, niemals emotional reagieren würden, kann es für Sie sehr schwer sein, den Auslöser zu identifizieren, und es könnte sein, daß Sie sich deshalb oft überrumpelt fühlen. Wenn das bei Ihnen so ist, könnte es Sie interessieren zu wissen, daß die andere Person, die Sie lieben, von ihrer eigenen Sensibilität genauso verwirrt ist, wie Sie es sind. Menschen mit einer BPS sind sich oft unsicher, warum sie so stark emotional reagieren, und versuchen, ihre Emotionalität einzugrenzen. Unterdessen müssen Sie mit der etwas surrealen Situation fertig werden, daß zwei extrem unterschiedliche Erzählungen darüber, was geschieht oder geschehen ist, existieren.

Ich habe Ihnen die Geschichte gerade so erzählt, wie sie sich in meinem Behandlungsraum und aus meiner Perspektive darstellt. Nachdem die Emotionen meiner Klientin abgeklungen waren und wir uns wieder anderen Dingen zuwenden konnten, hörte ich mir ihre Darstellung dessen, was geschehen war, an: Sie war ein wenig zu früh in meine Praxis gekommen, als ich noch dabei war, eine eMail zu schreiben. Sie teilte mir auch gleich mit, daß sie fünf Minuten zu früh sei. Ich bedeutete ihr, sich zu setzen, und bat sie dann, mich in der Mail, an der ich arbeitete, noch einen Satz beenden zu lassen, damit ich sie abschicken könnte. Obwohl ich immer noch einige Minuten vor der vereinbarten Zeit mit der

Sitzung begann, empfand sie es als sehr verletzend, daß ich nicht sofort mit dem Schreiben der eMail aufgehört und die Sitzung begonnen hatte. Doch meine Klientin erklärte mir, sie habe in der Situation nicht die geringste Ahnung davon gehabt, wodurch der Ansturm der Emotionen bei ihr ausgelöst worden war, und je mehr Emotionen auftauchten, um so intensiver waren sie und um so mehr Emotionen wurden dadurch zusätzlich aktiviert.

Man muß wissen, daß Menschen, die so etwas erleben, ihre Emotionen nicht einfach abschalten können, weil diese »keinen Sinn ergeben«. Man kann leicht auf die Idee kommen zu glauben, es könne keinen Grund für die Emotionen geben, wenn es nicht möglich sei, den Finger auf etwas zu legen, das der Grund für die aktuellen Gefühle sei – und daß es für die Betroffenen, wenn man ihnen dies erklärt habe, leicht sein müsse, die Emotion nicht mehr zu spüren. Aber so ist es leider nicht. Wenn der Trigger nicht benennbar ist, bedeutet das nicht, daß er nicht existiert.

> *Um das Wesen besonderer emotionaler Sensibilität zu verstehen, kann man sich einen Menschen mit einer BPS als völlig schutzlos vorstellen. Weil seine »emotionalen Nervenenden« frei liegen, wird er von allen emotionalen Regungen akut betroffen.*

Haben Sie schon einmal erlebt, daß Ihr Partner oder jemand anders, der Ihnen sehr nahe steht, aus irgendeinem Grund sehr aufgebracht (oder wütend auf Sie) war und daß Ihnen völlig unklar war, was den anderen so aufgebracht haben mochte? Der Mann einer Frau, die ich kenne, beschreibt dieses Erlebnis wie folgt: »Ich glaubte, meine Frau sei aufgebracht, weil ich spät nach Hause zurückgekommen war, denn das war das Erste, was sie sagte; aber sie führte immer wieder neue Beschwerden an, und schließlich gab sie zu, daß ihr der Grund ihrer Aufgebrachtheit völlig schleierhaft sei und sie nur das Gefühl habe, vor lauter Wut aus ihrer Haut fahren zu müssen. Nachdem sie dies gestanden hatte, brach sie weinend zusammen.«

Falls Sie jemals einem Menschen begegnet sind, der unter einer BPS litt, und Sie dachten, bei Ihrem Treffen sei alles in bester Ordnung gewesen, und Sie zwei Stunden später einen Telefonanruf erhielten, in dem die andere Person erklärte, sie sei wegen etwas, das Sie getan hätten, völlig verzweifelt und sehr wütend, dann haben Sie erlebt, was besondere emotionale Sensibilität beinhalten kann. Manchmal wirkt ein Mensch mit einer BPS in einem bestimmten Augenblick so, als sei bei ihm alles in Ordnung, oder es ist sogar tatsächlich alles in Ordnung.

Später vergegenwärtigt er sich dann das Zusammensein mit Ihnen erneut, und im Zuge dieser Rekapitulation fängt er an, auf das, was während der Begegnung geschehen ist, zu reagieren – entweder auf das Gespräch oder auf seine Deutung seines eigenen Verhaltens oder Ihres Verhaltens – oder auf seine eigene anschließende Reaktion (»Ich habe unterreagiert«). Alle diese Aspekte können von der besonderen emotionalen Sensibilität betroffen sein. Diese bringt Menschen dazu, auf Hinweisreize und auf ihre eigenen Reaktionen zu reagieren. Manchmal scheint die andere Person ohne jeden für Sie erkennbaren Grund in einen Zustand des Unbehagens zu verfallen. Das Problem ist, daß Sie dadurch in Verwirrung geraten und aufgrund dessen nicht einmal mehr Ihrem eigenen Erleben trauen – was einer der Gründe dafür ist, daß Sie sich verloren fühlen können – ein Thema, mit dem wir uns in Kapitel 1 beschäftigt haben. Allmählich verlieren Sie jedes Vertrauen darauf, daß keine Reaktion auf etwas eintreten wird, das Sie im nächsten Moment sagen wollen oder das Sie schon gesagt haben. Sie fangen dann an, sich ganz genau zu überlegen, welche Informationen Sie der anderen Person mitteilen wollen und welche nicht. Es kann sogar sein, daß Sie eine gewisse Furcht verspüren, wenn Sie über etwas sprechen müssen, wovon Sie annehmen, daß es bei der anderen Person eine emotionale Reaktion hervorrufen wird. Dies bringt Ihre Beziehung zu dem anderen unter Druck und kann im Laufe der Zeit dazu führen, daß die Beziehung zerbricht.

- *Menschen mit einer Borderline-Persönlichkeitsstörung können an der Stärke der Emotionen, die sie empfinden, nichts ändern.*
- *Die andere Person, die Sie lieben, weiß wahrscheinlich ebensowenig wie Sie, was ihre Emotionen aktiviert.*
- *Wenn jemand keinen »guten Grund« für eine starke emotionale Reaktion hat, bedeutet das nicht, daß es für den Betreffenden leicht ist, die Emotion zu unterbinden.*

Übermäßig intensive emotionale Reaktionen

Bei einer meiner Klientinnen konnten Emotionen sehr leicht aktiviert werden und sich in höchste Höhen emporschwingen. Sie hatte viele verschiedene Therapiearten ausprobiert, und ihre Therapeuten hatten jeweils versucht, ihr zu erklären, warum bei ihr Emotionen so extrem stark angesprochen wurden. Ihren Therapeuten gelang es nicht, zum Zentrum ihrer Reaktionen vorzustoßen, weil sie auf alles reagierte, als müsse sie Kritik abwehren. Während der therapeutischen Arbeit mit mir stürmte sie manchmal aufgebracht aus dem Behandlungsraum, so wie sie es auch früher schon in Therapien getan hatte. Natürlich waren solche extremen emotionalen Reaktionen auch typisch für ihr Privatleben. Wenn ihr in ihrer Familie alles zuviel wurde, stürmte sie aus dem Haus und ließ ihren Mann und ihre Kinder allein zurück. Sie fuhr dann stundenlang umher und dachte daran, sich umzubringen. Dreimal hatte sie sich ein Hotelzimmer gemietet, eine Medikamentenüberdosis eingenommen und Unmengen Gin getrunken. Irgendwann war ihre Beziehung zu ihrem Mann am Ende gewesen, und sie war wieder in das Haus ihrer Eltern gezogen. Letztlich hatten die Tatsache, daß die Klientin das Haus ihrer Familie verlassen hatte, und die Sorgen, die ihre Eltern sich ihretwegen machten (sie fürchteten, ihre Tochter werde sich umbringen), die Beziehung zu ihrer Mutter zerstört, die kurze Zeit später plötzlich verstarb. Diese Klientin leidet nun darunter, daß sie keine Beziehung zu ihrer eigenen Familie mehr hat und daß sie sich von ihrer Mutter entfremdet hatte, als diese starb. Scham und Trauer haben bei ihr noch stärkere emotionale Reaktionen hervorgerufen.

Menschen wie diese Frau reagieren nicht nur emotional sehr sensibel auf bestimmte Signale, sondern ihre Reaktionen sind auch sehr stark und viel intensiver als die anderer Menschen. Was bei den meisten Menschen Traurigkeit hervorriefe, verursachte bei ihr überwältigende Gefühle der Verzweiflung. Wenn andere Wut empfanden, verfiel sie in Rage. Und wenn andere sich schämten, fühlte sie sich zutiefst gedemütigt. Die Intensität ihrer Emotionen steht in keinem nachvollziehbaren Verhältnis zu ihrer Ursache, und in der Regel gilt für den Emotionsausdruck das gleiche (beispielsweise können sich Menschen mit einer BPS tagelang ins Bett legen oder in der Öffentlichkeit weinen, schreien oder brüllen). Dies nennen wir *emotionale Reaktivität.*

Wahrscheinlich haben Sie sich schon einmal gefragt, warum der Mensch mit der BPS, den Sie lieben, soviel Aufhebens von in Ihren Augen relativ unwichtigen Situationen macht. Damit stellen Sie die Reaktionsweise dieses Menschen in Frage. Ebenso wie die emotionale Sensibilität des anderen können auch seine extremen emotionalen Reaktionen Sie treffen. Wie reagieren Sie darauf? Ziehen Sie sich in solchen Fällen zurück? Vermeiden Sie es, über Dinge zu reden oder Dinge zu tun, die Sie aufbringen könnten? Sorgen Sie sich wegen möglicher Reaktionen der anderen Person? Wenn ja, sind Sie in Sorgen über die Reaktivität des Ihnen nahestehenden Menschen verstrickt, und wie schon in Kapitel 1 erläutert wurde, kann dies dazu führen, daß Sie sich in der Beziehung sehr verloren fühlen.

Ich werde Ihnen beginnend in Kapitel 3 einige alternative Reaktionsmöglichkeiten erklären, die Ihr Unbehagen lindern und Ihnen helfen werden, Ihre Beziehung zu erhalten. Unterdessen sollten Sie versuchen, sich zu vergegenwärtigen, daß emotionale Reaktivität wie emotionale Sensibilität kein Indiz für Zügellosigkeit und auch kein Versuch zu »manipulieren« ist. Neuesten Erkenntnissen zufolge schlägt sich das, was wir schon lange bezüglich der besonderen Stärke der Sensibilität von BPS-Patienten vermutet haben, in Form einer erhöhten Grundlinie emotionaler Reaktionen nieder. Dies bedeutet: Wenn der grundlegende emotionale Zustand der meisten Menschen bei 20 auf einer von 0 bis 100 reichenden Skala liegt, liegt dieser Wert bei einem Menschen mit einer BPS ständig bei 80. Dennoch befinden sich letztere dauernd im Zustand emotionaler Erregung und reagieren deshalb auf jeden auch nur geringfügigen Anlaß stark emotional. Wenn andere in einer Situation gemessen anhand einer hundert Punkte umfassenden Skala von 20 auf 30 wechseln, wechselt ein Mensch mit einer BPS von 80 auf 90 und befindet sich damit fast auf der höchstmöglichen Stufe der Emotionalität.

In einem gewissen Sinne ist emotionale Reaktivität eine Folge dessen, daß man das Schlimmste erwartet. Menschen mit einer BPS sind es gewöhnt, abgelehnt zu werden und selbst viele Fehler zu machen. Jede noch so unbedeutende Erinnerung an eine Situation, in der etwas gründlich schiefgegangen ist, kann bei ihnen deshalb die gleiche Emotion abermals hervorbringen – insbesondere tiefe Scham oder unbezähmbare Wut oder das eine unmittelbar gefolgt vom anderen –, auch wenn die aktuelle Situation eine so extreme Reaktion nicht zu rechtfertigen scheint.

*Denken Sie einen Augenblick darüber nach, wie schwierig es sein muß, sich **ständig** in einem emotionalen Ausnahmezustand zu fühlen.*

Schauen wir uns die Wut von Menschen mit einer BPS einmal etwas genauer an. Einer typischen Sicht der Öffentlichkeit zufolge bekommen Menschen mit dieser Störung »Wutanfälle« – womit der Eindruck erweckt wird, ihre Wut sei völlig ungerechtfertigt, und es sei falsch, wenn sie sich so fühlten, wie sie sich fühlen. Wenn ein Beobachter nicht weiß, was die Wut aktiviert hat, ist sein Glaube, mit dem gesamten emotionalen Erleben sei etwas »nicht in Ordnung«, verständlich. Und daß Menschen mit einer BPS Wutprobleme haben, ist zweifellos zutreffend. Meiner Auffassung nach besteht das Problem jedoch nicht darin, daß sie Wut empfinden, sondern in der Intensität ihrer Wut und in der häufigen entsetzlichen Stärke der Konsequenzen ihrer Wut für die BPS-Patienten selbst und die Menschen, die ihnen nahestehen.

Schließlich empfinden wir alle gelegentlich Wut. Denken Sie einmal an den letzten Verkehrsstau, den Sie miterlebt haben. Hat Sie diese Situation zur Weißglut getrieben? Und was haben Sie empfunden, als Sie sich das letzte Mal ungerecht behandelt fühlten? Wut kann eine angemessene Emotion sein. Sie motiviert uns dazu, in unserem Leben erforderliche Veränderungen vorzunehmen. Wir vergessen die positive Funktion von Wut jedoch leicht, wenn jemand, der uns besonders nahe steht, so oft sehr wütend wird, daß es uns allmählich als erstrebenswert erscheint, mit dieser Emotion möglichst niemals konfrontiert zu werden. Allerdings wäre es sicherlich unfair, dies von einem anderen Menschen zu erwarten.

Das Problem ist also nicht, *daß* ein Mensch, der uns sehr nahe steht, Wut empfindet, sondern wie intensiv seine entsprechenden emotionalen Reaktionen sind. Wenn an meinem Arbeitsplatz ein Vorgesetzter zu mir käme und sich unsensibel über den Tod meiner Katze äußern würde, spürte ich zweifellos eine Emotion, und zwar vermutlich Wut. Ein BPS-Patient jedoch könnte in dieser Situation so wütend werden, daß er den Vorgesetzten verfluchen, ihn einen Deppen nennen und schließlich hemmungslos weinen würde.

Solche extremen emotionalen Reaktionen erschweren es Menschen mit einer BPS sehr, Beziehungen aufrechtzuerhalten. Die meisten Menschen kommen mit extremen emotionalen Reaktionen einfach nicht besonders gut zurecht. Wir haben gelernt, in einem gewissen Maße emotional auf bestimmte Ereignisse zu reagieren. Individuelle Unterschiede hinsichtlich solcher Reaktionen können wir in einem gewissen Maße akzeptieren; aber wenn die Reaktionen eines anderen Menschen das, was sich im Bereich unserer Erwartungen bewegt, deutlich übersteigt, empfinden wir das als Zumutung. Erwartet die andere Person etwa von uns, daß wir uns aktiv dafür einsetzen, um das Problem zu lösen, das ihre Emotion verursacht hat? Warum setzt sie sich über die soziale Konvention hinweg, derzufolge man seinen Chef nicht gleich anbrüllt, wenn er ein wenig taktlos war, oder man nicht gleich zu weinen anfängt, weil ein völlig Fremder sein geparktes Auto nicht findet? Kaum jemand von uns würde sich so verhalten. Es ist nun einmal eine Tatsache, daß es ziemlich üble Folgen haben kann, wenn man den Chef als Deppen bezeichnet, und ein Mensch mit einer BPS muß sich mit solchen Folgen auseinandersetzen. Allerdings sollten Sie sich klarmachen, daß dieser andere, der Ihnen sehr nahe steht, nicht absichtlich die Kontrolle verloren und sich unbedacht geäußert hat, da seine emotionalen Reaktionen generell unverhältnismäßig stark ausfallen; er ist einfach nicht in der Lage, seine von Natur aus stark reagierende Emotionalität daran zu hindern, über die Stränge zu schlagen.

Versuchen Sie einmal, sich einen Moment lang in die Situation eines solchen Menschen hineinzuversetzen: Sie haben ungeheuer starke Emotionen, die ständig aufflammen. Ihre Wut kann völlig außer Kontrolle geraten. Sie haben wegen Ihrer Emotionen und insbesondere wegen der Wut immer wieder die Arbeit verloren, ebenso Freunde oder sogar die Familie und Ihre Lebensziele. Wie sieht wohl die völlig verständliche Reaktion auf all dies aus? Sie sind frustriert, hauptsächlich wegen Ihrer eigenen Reaktionen. Sie bezeichnen sich als »dämlich« oder »unzulänglich«. Und durch all Ihre Verlusterlebnisse und Selbstverurteilungen werden Ihre Emotionen noch stärker.

So ergeht es Menschen mit einer BPS. Die meisten von ihnen wissen, daß ihre Emotionen unverhältnismäßig sind, und dies zu wissen verstärkt die Emotionen noch, oft in Form starker Scham- und Schuldgefühle. Diese sekundären Emotionen, die die ursprüngliche Wut überlagern, werden als unerträglich empfunden, und die Furcht der Betroffenen vor all ihren Emotionen weckt weitere Emotionen – beispielsweise Wut auf Sie, weil Sie Ihrem Partner, Verwandten oder Freund aus irgendeinem Grund, der nicht zum Ausdruck kommt, »nicht helfen«. Weil die andere Person nicht in der Lage ist, ihre Emotionen zu zügeln, kann sie weinend zusammenbrechen, irgendwohin davonlaufen, als könnte man Emotionen durch physischen Abstand hinter sich lassen, oder sie unternimmt einen verzweifelten Versuch, ihre Emotionen durch selbstschädigendes Verhalten (wie in Kapitel 1 beschrieben) zum Verstummen zu bringen. Sie stehen dann verwundert da und fragen sich, was Ihnen widerfährt.

- *Wenn die Emotionen eines geliebten Menschen in schädlichem Maße intensiv sind, sind diese Emotionen deshalb nicht unbedingt auch »falsch«.*
- *Menschen mit einer BPS verlieren nicht absichtlich die Kontrolle, wenn sie überreagieren; sie wissen einfach nicht, wie sie Emotionen mäßigen können, die aus ihrer Sicht von normaler Intensität sind.*

Langsame Rückkehr zur Ausgangssituation: Emotionen, die uns länger als vorgesehen begleiten

Der dritte Bereich emotionaler Verletzlichkeit bei Menschen mit einer BPS ist eine Verlangsamung der physiologischen Rückkehr zum emotionalen Ausgangszustand. Sie reagieren nicht nur unverhältnismäßig auf eigentlich unproblematische Ereignisse, und dies mit einer Intensität, die andere Menschen schockiert, sondern beruhigen sich anschließend auch nur sehr zögerlich wieder. Emotionen sind in ihrem Gehirn deutlich länger als bei anderen Menschen aktiv. Bei Menschen mit Emotionen von normaler Intensität ist eine Emotion im Gehirn ca. zwölf Sekunden lang aktiv. Es gibt Anhaltspunkte dafür, daß die Emotionen von BPS-Patienten im Gehirn zwanzig Prozent länger aktiv sind. Denken Sie einmal an eine intensive Emotion, die Sie hatten, zurück, und vergegenwärtigen Sie sich, wie lange Sie gebraucht haben, um sich von ihr wieder zu lösen. Versuchen Sie, sich anschließend vorzustellen, daß diese Emotion zwanzig Prozent länger als bei Ihnen angehalten hätte. Nun stellen Sie sich eine andere Emotion vor, die vor dem Abklingen der ersten auftrat und noch länger anhielt. Und so weiter.

Ein BPS-Patient verweilt längere Zeit in einem aufgebrachten Zustand. Natürlich handelt solch ein Mensch auch aufgebracht und verärgert durch seine Äußerungen leicht andere – er beschuldigt entweder sich selbst oder andere oder bringt extreme Verzweiflung oder Selbsthaß zum Ausdruck. Wenn Sie mit solchen Äußerungen konfrontiert werden, ist eine aufgebrachte Reaktion darauf verständlich. Im übrigen möchte ich wetten, daß fast keine Reaktion, die Sie in solch einem Fall haben könnten, die Emotionen Ihres Partners nicht erneut auf den Siedepunkt treiben wird, was die Möglichkeit, daß Sie gar nicht reagieren, einschließt.

Lisa wartete darauf, zu einem Date abgeholt zu werden, aber der Mann, mit dem sie ausgehen wollte, tauchte nie auf. Das verletzte sie sehr. Sie lag zusammengerollt auf dem Sofa und weinte, als ihre Mutter ins Zimmer kam und sie zu trösten versuchte. Die Mutter sagte, sie verstehe sehr gut, daß es äußerst schmerzhaft sei, von einem Mann versetzt zu werden. Daraufhin weinte Lisa noch stärker und erwiderte ihrer Mutter, sie könne unmöglich verstehen, wie es ihr gehe. Als sie sich ein wenig beruhigt hatte, betrat ihr Vater den Raum und sagte, der Kerl, der sie versetzt habe, sei ein Trottel und habe sie gar nicht verdient. Daraufhin wurde Lisa wütend und fing an, den Mann zu verteidigen. Die Situation gelangte einfach nicht zu einem Abschluß. Nichts von dem, was Lisas Eltern taten, vermochte die Tochter zu beruhigen.

Von außen können Sie leider nicht erkennen, daß der Mensch, den Sie trotz seiner BPS lieben, sich unabsichtlich auf einer Art außer Kontrolle geratener Achterbahn befindet. Für Sie mag es so aussehen, als sei es Ihnen dauerhaft unmöglich, diesem Menschen zu helfen. Manche glauben, Menschen mit einer

BPS würden es genießen, außer Kontrolle zu sein, und würden diesen Zustand absichtlich aufrechterhalten, ganz gleich, was Sie als Außenstehender in solch einer Situation sagen oder tun. Ich werde in Kapitel 4 näher darauf eingehen, wie Sie selbst sich aus solch einer Situation befreien können, aber eine Methode, die manchmal diesen Zweck erfüllt, besteht darin, der anderen Person Zeit zu geben, ihre Emotionen abklingen zu lassen, indem man eine Weile gar nicht darauf reagiert. Jene Frau, die in meinem Behandlungsraum alle Äußerungen als Kritik an ihr verstand und die immer aufgebrachter wurde, ganz gleich, was ich sagte, spürte schließlich, als ich einfach still wurde, daß ihre Emotionen abklangen.

Vor einigen Wochen kam ein Klient zu mir in die Praxis und sagte, er sei seit der vorigen Sitzung so wütend auf mich, daß er die ganze Woche darüber nachgedacht habe, entweder die Therapie abzubrechen oder sich umzubringen, »um Ihnen zu zeigen, wie wütend ich auf Sie bin!« Mich verblüffte, daß dieses Gefühl bei ihm eine ganze Woche lang angehalten hatte. Ich weiß, daß Wut nur dann so lange anhalten kann, wenn der Betroffene die Emotion immer wieder neu aktiviert. Wie ich schon früher erwähnte, halten Emotionen in der Regel ca. zwölf Sekunden lang an; man kann sie aber aufrechterhalten, wenn man sie im Gehirn erneut anfacht. Stellen Sie sich vor, jemand schneidet im Straßenverkehr. Sie können dann zwei Stunden später erneut auf ihn wütend werden, wenn Sie denken: »Dieser Idiot! Ich kann einfach nicht glauben, daß er das getan hat.« Ihre Wut kann aber auch ganz ohne Ihr Zutun immer wieder angefacht werden, wenn Sie ein Auto sehen.

Wir können Wut jederzeit reaktivieren, indem wir an eine Person, die uns wütend gemacht hat, denken. Wir alle haben so etwas schon einmal getan – indem wir uns eine Beleidigung nach einer Weile noch einmal vergegenwärtigt haben und daraufhin erneut wütend geworden sind. Ich bin mir sicher, daß der weiter oben erwähnte Mann während der ganzen Woche viel Zeit damit verbracht hat, sich immer wieder darauf zu besinnen, was ich zu ihm gesagt hatte. Seine Emotionen waren wegen der Ereignisse in unserer vorherigen Sitzung die ganze Woche über sehr stark. Der gesamte Vorgang verläuft wie folgt: Emotionen lodern auf, weil etwas Bestimmtes geschieht (jemand schneidet Sie im Straßenverkehr); aufgrund dessen werden Sie empfindlich für Gedanken und Signale (»Was für ein Trottel!«), die Ihre Emotion intensivieren, was Sie noch empfindlicher für diese Reize macht (»Das hat er absichtlich getan!« oder wenige Parkmöglichkeiten am Arbeitsplatz) usw. Auf eingehendere Befragung hin gab mein Klient zu, daß er genau genommen im Laufe der Woche nicht nur

Wut auf mich empfunden habe, daß seine Wut aber, wenn sie aufgekommen sei, stundenlang angehalten hätte und daß sie immer wieder aufgetaucht sei. Im Laufe der Woche hatte es ziemlich viele Situationen gegeben, die seine Wut neu angefacht hatten. Ich hatte ihm für die nächste Therapiesitzung Hausaufgaben gegeben, und bei jedem Blick auf das Blatt mit den Hausaufgaben war seine Wut wieder aufgeflammt. Ebenso war es gewesen, wenn jemand meinen (ziemlich weit verbreiteten) Vornamen genannt hatte. Auch abends im Bett hatte er immer wieder daran gedacht, wie wütend er auf mich war. Die Auslöser für seine Wut waren sowohl äußerlich (wenn er irgendwo meinen Namen gehört oder wenn er auf das Papier mit den Hausaufgaben geschaut hatte) als auch innerlich (wenn er an mich gedacht oder sich an die vorherige Therapiesitzung erinnert hatte) gewesen, und sie alle hatten zur Aufrechterhaltung der Emotion im Laufe der Woche beigetragen. Die Emotion wurde für ihn so unerträglich, daß er glaubte, mich nicht mehr treffen zu können, weil er nicht ertragen zu können glaubte, einen Raum zu betreten, in dem ich mich befand.

- *Wenn Sie sich das »normale« emotionale Empfinden wie eine Welle vorstellen, die sich auf und ab bewegt, müssen Sie sich die Emotionen eines Menschen mit einer BPS wie eine Gipfelkette vorstellen.*
- *Emotionen, die nicht zu stoppen sind, gleichen einer Fahrt in einem Zug, der sich nicht aufhalten läßt. Menschen mit einer BPS wollen nicht, daß sich dieser Zug nicht stoppen läßt; sie wissen nur nicht, wie sie ihn stoppen können.*

Emotionale Verletzlichkeit verletzt

Ich möchte, daß Sie nun etwas tun, das Ihnen zu verstehen helfen soll, was extreme emotionale Verletzlichkeit beinhaltet. Denken Sie an eine Situation, in der es in Ihrem Leben nicht »rund« lief und Sie viele Emotionen hatten. Bei mir war das vor einigen Jahren der Fall, als die Firma, für die ich damals arbeitete, in Konkurs ging, ich nicht schlafen konnte und alle von dieser Situation Betroffenen sehr aufgebracht waren. Ich fühlte mich damals ziemlich am Rande meiner Möglichkeiten, mit meinen Emotionen zurechtzukommen. Dann starb auch noch ein Freund von mir. An diesem Punkt hatte ich das Gefühl, jede meiner Emotionen berühre meine Haut. Ich glaubte, ich würde vor lauter Emotionen explodieren, wenn noch irgend etwas Belastendes geschähe. Ich wollte weder Sympathie- noch Verständnisbekundungen hören, weil ich fürchtete, wenn jemand sich mir gegenüber verständnisvoll oder gütig äußerte, würde ich zusammenbrechen. In dieser Phase konnte ich beim geringsten Anlaß aus der Haut fahren. Ich hatte starke Ängste wegen meiner Zukunft und war traurig über den Tod meines Freundes. Ich war eine Art emotionaler Schwamm. *Eines Tages wurde mir inmitten all dieser Emotionen, während meine Haut buchstäblich brannte von all dem emotionalen Schmerz, den ich empfand, klar, daß meine Klienten, die an einer BPS litten, an jedem Tag ihres Lebens genau das gleiche erlebten.*

Stellen Sie sich also die längste emotional kaum erträgliche Situation in Ihrem Leben vor. Erinnern Sie sich daran, wie Sie sich in dieser Situation emotional und physisch gefühlt haben. Erinnern Sie sich, wie es sich anfühlte, daß sich bei Ihnen eine Emotion auf die andere stapelte. Denken Sie auch daran, wie es für Sie war, daß niemand in Ihrem Umfeld verstand, wie unerträglich Ihre Situation war und wie stark Sie emotional darauf reagierten. *Und sagen Sie sich dann, daß dies exakt dem entspricht, was der Mensch, den Sie lieben, in jedem Augenblick jedes Tages erlebt.*

Vielleicht wollen Sie sich nicht jedesmal an solche schmerzhaften Augenblikke im eigenen Leben erinnern, wenn Sie mit Ihrem Partner die Geduld verlieren. In solch einem Fall können Sie versuchen, sich folgendes vorzustellen: Emotionaler Verletzlichkeit ausgeliefert zu sein ist so, als könnten Sie Ihre Autoschlüssel nicht finden, wenn Sie möglichst schnell wegfahren wollen. Sie müssen zu einem wichtigen Termin, haben überall nach den Schlüsseln gesucht und werden immer unruhiger. Sie haben nicht die geringste Ahnung, was Sie als nächstes tun sollen, und Ihnen ist, als stünden Sie kurz davor zu explodieren. Dies ist eine Beschreibung der BPS gemäß der Sicht aus dem Inneren der Betroffenen.

Die Wahrheit ist, daß Emotionen für Menschen mit einer BPS so intensiv sind, so leicht angefacht werden können und so lange anhalten, daß die Betroffenen sich erbärmlich fühlen. Oft erlernen sie jedoch Techniken, ihre Emotionen zu reduzieren. Dies gelingt ihnen, indem sie sich Schnittverletzungen zufügen, Suizidversuche unternehmen, viel Alkohol oder Drogen konsumieren, sich zwanghaft überfressen und anschließend entleeren und indem sie andere tendenziell problematische Verhaltensweisen benutzen, die Emotionen allerdings tatsächlich rasch verringern und den Betreffenden so Linderung verschaffen können. Es ist kaum verwunderlich, daß BPS-Patienten diese Möglichkeiten nutzen, weil sie ihren Zweck erfüllen. Für Sie als Außenstehende ist der Schaden, den diese Dinge anrichten, so offenkundig, daß Sie kaum verstehen, warum Ihr Partner, Verwandter oder Freund zu ihnen greift. Aber da sie zumindest zeitweise

Schmerz lindern, ist es sehr schwer, Menschen klarzumachen, daß sie von diesen Möglichkeiten besser Abstand nehmen sollten.

Es geht um folgendes: Viele von uns sind emotional sensible Menschen. Wir weinen vor dem Fernsehen, man kann uns leicht zum Lachen bringen, und wir empfinden große Freude (all dies ist die positive Oberseite emotionaler Sensibilität). In der Regel sind wir sehr empathisch, weil wir die Emotionen anderer gut nachempfinden können. Aber wir leiden nicht alle unter einer Borderline-Persönlichkeitsstörung. Eine starke Emotionalität ist also nicht das einzige, was für die Entstehung einer BPS erforderlich ist. Die andere wichtige Zutat ist eine entwertende Umgebung.

Eine entwertende Umgebung

Emotionale Verletzlichkeit ist die erste Zutat für die Entstehung einer BPS; die zweite ist eine entwertende Umgebung; und Zeit ist das, was diese beiden Zutaten miteinander verbindet. Wenn wir also von einer entwertenden Umgebung sprechen, die zur Entstehung einer BPS beiträgt, meinen wir damit im allgemeinen die Umgebung, in der die betroffene Person aufgewachsen ist.

Wenn ich diesen Punkt meiner Erklärung erreiche, seufzen die nächsten Familienangehörigen eines BPS-Patienten gewöhnlich auf, weil sie annehmen, ich wollte ihnen die Schuld dafür zuschreiben, daß ihr Verwandter unter einer BPS leidet. So zu urteilen liegt mir jedoch fern, und auch Sie sollten dies nicht tun. Eltern, Partner, Brüder und Schwestern tun alle ihr Bestes, und mit einem emotional besonders sensiblen Menschen zusammenzuleben ist sicher nicht leicht. Wie Sie noch sehen werden, kann eine entwertende Umgebung vieles beinhalten.

Wir alle werden nicht mit dem Wissen darüber geboren, wie wir mit Emotionen umgehen sollten. Wir werden zwar mit der Fähigkeit zu emotionalem Erleben geboren, aber nicht mit der Fähigkeit, mit Emotionen irgend etwas anzufangen. Wir lernen in unserer Kindheit und Jugend, unsere Emotionen zu regulieren; dies ist ein Prozeß mit vielen Facetten, den ich gegen Ende dieses Kapitels beschreiben werde. Die Menschen in unserer Umgebung bringen uns durch ihr Handeln bei, mit Emotionen umzugehen. Manche Familienmitglieder instruieren Kinder explizit, mit Emotionen umzugehen, während andere dies nicht tun. Weniger stark emotionale Kinder benötigen weniger Anleitung im Umgang mit Emotionen, und besonders emotionale Kinder benötigen viel Hilfe beim Erlernen des Umgangs mit ihrer ausgeprägten Emotionalität.

Aus verschiedenen Gründen gehen bestimmte Arten familiärer Umgebungen nicht so auf Kinder ein, wie es eigentlich notwendig wäre. Diese bezeichnen wir als entwertende oder auch *invalidierende* Umgebungen. Eine psychologische Definition einer Umgebung dieser Art könnte lauten: Es handelt sich um eine Umgebung, in der die Reaktionen des Kindes grundsätzlich als unsachgemäß, unrealistisch, belanglos oder pathologisch dargestellt werden, ungeachtet der tatsächlichen Validität dieses Verhaltens. Dies mag ziemlich theoretisch oder gar unverständlich klingen, aber die folgenden Beispiele für invalidierende Reaktionen sind vielleicht geeignet, das Gemeinte zu verdeutlichen:

Das Kind sagt, es mag keine grünen Bohnen: »Natürlich magst du grüne Bohnen. Jeder mag grüne Bohnen.«

Das Kind kommt mit einem Testergebnis von 98 von 100 Punkten nach Hause. »Warum hast du denn keine 100 Punkte bekommen? Ich weiß, daß du 100 Punkte hättest erreichen können.«

Das Kind sagt, es sei hungrig. »Du bist nicht hungrig. Du hast doch gerade gegessen.«

Das Kind kommt nach einer Prügelei mit einem Freund weinend nach Hause. »Du brauchst ihn sowieso nicht als Freund.«

Der Teenager kommt nach einem schrecklichen Tag in der Highschool nach Hause. »Beklage dich nicht. Das sind die besten Tage in deinem Leben.« (Seien Sie ehrlich: Würden *Sie* gern noch einmal die Highschool besuchen?)

Sicher haben Sie beim Lesen einiger dieser Beispiele gelächelt und sind bei der Lektüre anderer erschaudert. Tatsächlich sagen wohl alle Eltern gelegentlich Dinge dieser Art. Von einer invalidierenden Umgebung kann man aber erst sprechen, wenn Botschaften dieser Art allgegenwärtig waren und immer wieder vermittelt wurden. Solche Äußerungen entwerten das subjektive Erleben des Kindes massiv. Wenn beispielsweise im »Hunger«-Beispiel das Kind spürt, daß sein Magen knurrt, und wenn es dann an Essen denkt, Speichelfluß wahrnimmt und selbst glaubt, es habe Hunger, aber von einem älteren Menschen gesagt bekommt, es könne gar keinen Hunger haben, dann glaubt es irgendwann seinen eigenen Hungerempfindungen nicht mehr. Zwar wird angenommen, daß Eßstörungen weitaus kompliziertere Ursachen haben, aber diese Art der Invalidierung von Empfindungen, die normalerweise mit Hunger assoziiert werden, ist sicherlich einer der Faktoren, die zu Störungen des Eßverhaltens führen können.

Die Invalidierung muß dem Erleben des Kindes entgegengerichtet sein, und sie muß in starkem Maße und ständig erfolgen.

Denken Sie daran, daß Zeit bei der Entstehung einer BPS ein wichtiger Faktor ist. Eine Umgebung nimmt nur dann einen invalidierenden Charakter an, wenn die entsprechenden Botschaften allgegenwärtig sind und immer wieder vermittelt werden.

Bevor Sie weiterlesen, möchte ich etwas klarstellen: Eltern können zur Entstehung einer invalidierenden Umgebung beitragen, auch wenn sie keine entsetzlichen, gewalttätigen und unsensiblen Menschen sind, und wenn sie ihrem Kind gegenüber die besten Absichten hegen. Ich habe BPS-Patienten kennengelernt, deren Eltern nur viel weniger emotional als sie waren. Die Eltern meinten es gut mit ihnen, wußten aber nicht, was ihr emotional besonders sensibles Kind brauchte. Ihnen war nicht klar, daß es nicht anders konnte, als emotional besonders sensibel und extrem stark zu reagieren und daß seine Emotionen generell länger anhielten. Deshalb konnten sie ihrem Kind nicht helfen, seine Emotionen zu steuern. Dies ist mit hoher Wahrscheinlichkeit der Fall, wenn andere Kinder der Familie eher das emotionale Temperament ihrer Eltern geerbt haben.

Allerdings ist die Ursprungsfamilie eines Kindes zwar ein wichtiger, aber nicht der einzige Faktor, der seine Umgebung prägt. Kinder können auch durch eine invalidierende schulische Umgebung stark beeinflußt werden – wenn sie von Klassenkameraden abgelehnt und von Lehrern, die nicht wissen, was diese Kinder brauchen, falsch behandelt werden. Die westliche Gesellschaft neigt generell zu der Vorstellung, daß Menschen selbstsicher, autonom, rational und logisch sein und ihre Emotionen ständig unter Kontrolle haben sollten. Auf ein Kind mit einem hochsensiblen emotionalen System können Botschaften, die von allen diesen Aspekten seiner Umgebung ausgehen, sehr beeinträchtigend wirken.

Vor diesem Hintergrund werden wir uns nun mit jenen Arten invalidierender Umstände befassen, denen die Person, die Sie lieben, ausgesetzt gewesen sein könnte.

Wo die »Anpassungsgüte« fehlt

Vor einigen Jahrzehnten befaßten sich Alexander Thomas und Stella Chess ausführlich mit der »Anpassungsgüte« *(goodness of fit)* in Familien. Eine Familie mit hoher Anpassungsgüte ist nach unserer Auffassung in der Lage, Kindern bestimmte Verhaltensweisen beizubringen und sie ihnen beispielhaft zu demonstrieren. Dies setzt eine gewisse Ähnlichkeit der Emotionalität des Kindes und seiner Eltern voraus, wie bereits weiter oben kurz erwähnt wurde. Manchmal wächst ein emotional extrem sensibles Kind in einer deutlich weniger emotionalen Familie auf. In solchen Fällen können die Eltern dem Kind nicht beibringen, wie es adäquat mit seiner besonderen emotionalen Sensibilität umgehen kann, selbst wenn sie ihre eigenen Emotionen in angemessener Weise regulieren können.

Ich erkläre Klienten oft, daß ihre Situation derjenigen eines Schwans ähnelt, der in einer Entenfamilie aufwächst. Enten können einem Schwan nicht erklären, wie man sich als Schwan verhält; sie können ihm nur beibringen, eine Ente zu sein. Enten sind nicht besser als Schwäne, und Schwäne sind nicht besser als Enten, sondern einfach nur unterschiedlich. Das Problem ist, daß sich der Schwan anders fühlt als die Enten, und wenn die Enten nicht zumindest anerkennen, daß der Schwan anders ist als sie, wird jede Bemühung des Schwans zu lernen, wie man sich als Ente verhält, für ihn zu einem entsetzlich beeinträchtigenden Erlebnis.

Ein emotional besonders sensibles Kind, das in einer Familie aufwächst, deren übrige Mitglieder emotional weniger sensibel sind, fühlt sich in dieser Umgebung möglicherweise von Anfang an fehl am Platz. Obwohl solch eine Familie nicht merkt, daß das betreffende Kind anders ist, oder auch wenn sie nicht weiß, wie sie mit diesem Anderssein umgehen soll, obwohl sie die besonders starke Emotionalität des Kindes erkennt, versteht sie unter Umständen, mit ihrer eigenen, schwächeren Emotionalität adäquat umzugehen. Hingegen sind sie nicht in der Lage, ihrem Kind einen angemessenen Umgang mit seinen wesentlich stärkeren und länger anhaltenden Emotionen beizubringen. Sie sind entweder einfach fassungslos, wenn sie damit konfrontiert werden – oder, was noch schlimmer ist, sie fühlen sich durch diese Eigenschaft gekränkt oder gedemütigt, wodurch sie dem Kind eine Botschaft übermitteln, die es als inakzeptabel erscheinen läßt.

Falls Sie erwachsener Partner eines Menschen mit einer Borderline-Persönlichkeitsstörung sind, kann es durchaus sein, daß Sie anders als die Ursprungsfamilie des Betreffenden in der Lage sind, Ihrem Partner gegenüber Wertschätzung zum Ausdruck zu bringen. Ich habe informell beobachten können, daß Menschen mit einer BPS sich oft mittels äußerer Einflüsse regulieren: Sie verlassen sich in einem gewissen Maße darauf, daß andere sie mit etwas versorgen, das sie, wie ihnen klar ist, nicht für sich selbst tun können. So verlieben sich viele Menschen mit einer BPS in mitfühlende und empathische Partner – *Menschen, die mit hoher Wahrscheinlichkeit in der Lage sind, Strategien wie die in diesem Buch beschriebenen zu nutzen, um die gemeinsame Beziehung zu erhalten und in einer solchen Partnerschaft viele erfüllende Jahre zu verbringen.*

Der entscheidende Merksatz für Sie als Vater, Mutter oder Partner eines Menschen mit einer BPS lautet: Beeinträchtigende Umgebungen müssen ein Kind nicht zwangsläufig für immer schädigen. Sie brauchen sich nicht vorzuwerfen, daß Sie für Ihr Kind etwas nicht tun konnten, und es ist auch nicht zwingend gerechtfertigt, der Familie Ihres Partners die Schuld an allen Problemen, die Ihnen und Ihrem Partner heute zu schaffen machen, zu geben.

Eine Ursprungsfamilie kann das Erleben eines Kindes auf subtile Weisen negieren oder sich damit abmühen, das Kind zu einem Menschen zu machen, der zu sein ihm in emotionaler Hinsicht nicht möglich ist. Ich hatte einmal eine Klientin, die mir sagte, sie habe kein nennenswertes Trauma erlebt. Sie kämpfte allerdings mit starken Suizidtendenzen und mit ihrer Impulsivität, sie liebte ihren Ehemann nicht und hatte in ihrem Leben kaum eine Orientierung. Diese Frau war sehr gebildet und intelligent, und sie erklärte, ihre Invalidierung beruhe darauf, daß ihre Eltern sie gezwungen hätten, Cello zu spielen. In jener Zeit hatte ich ca. 15 Klienten mit BPS, die eine entsetzliche Kindheit hinter sich hatten. Und ich muß gestehen, daß auch ich mich gegenüber dieser Klientin invalidierend verhalten habe, weil ich nicht verstand, warum sie das erzwungene Cellospiel als so invalidierend empfunden hatte.

Schließlich fragte ich die Klientin einfach, was am Cellospiel für sie so schwierig gewesen sei. Sie wußte genau, worin das Problem bestand. Sie haßte das Aussehen und den Klang des Cellos. Andere Kinder hatten sich darüber lustig gemacht, wie sie Cello spielte, und hatten gesagt, sie sehe »komisch« aus, wenn sie das große Instrument zwischen den Beinen halte. Außerdem gefiel es der Klientin ganz und gar nicht, vor Publikum aufzutreten. Als sie das ihren Eltern gestand, erklärten sie, das spiele keine Rolle. Sie solle das Cello spielen, weil sie Geld für das Instrument ausgegeben und entschieden hätten, daß ihre Tochter Cellistin werden solle. Das Resultat war, daß die junge Frau glaubte, ihre Eltern interessierten sich nicht für sie als Person und würden ihre eigenen Wünsche nicht ernst genug nehmen.

Nachdem ich diese junge Frau besser kennengelernt hatte, wurde mir klar, daß ihr ganzes bisheriges Leben in einem gewissen Sinne eine Fortsetzung des Zwangs, »Cello zu spielen« gewesen war. Ihre Eltern, ihr Mann und andere

Menschen in ihrer Umgebung hatten sie immer wieder gezwungen, Dinge zu tun, die Sie nicht tun wollte oder tun mochte. Sie hatte Pharmazie studieren wollen, aber ihre Eltern, ihr Mann und ihre Lehrer hatten sie zu einem Medizinstudium gedrängt, das sie prompt abbrach. Ihren Ehemann hatte sie selbst niemals heiraten wollen und dies nur auf Wunsch ihrer Familie getan. Sie hatte immer wieder die Erfahrung gemacht, daß niemand ihr zuhörte, daß ihre Äußerungen darüber, was sie wollte und brauchte, negiert wurden, und daß es ihr abgesprochen und unmöglich gemacht wurde, eigene Entscheidungen zu treffen. Mit zunehmendem Alter wurde sie sehr sensibel dafür, daß andere ihr nahelegten, Dinge zu tun, die sie nicht tun wollte oder die zu tun nach ihrer eigenen Auffassung nicht ratsam war. Sie empfand Panik beim Gedanken daran, irgendeine Art von Arbeit zu verrichten, bei der andere sie beobachteten. Dies verursachte Probleme in unserer Beziehung, weil ich sie immer wieder aufforderte, mit mir gemeinsam Rollenspiele auszuführen und andere Dinge zu tun, die sie nicht tun wollte. Andererseits sah sie sich nicht in der Lage aufzuhören, Dinge zu tun, die andere von ihr verlangten, weil sie glaubte, sie habe es nicht verdient, sich dagegen wehren zu können. Deshalb erhielt sie die Beziehung zu ihrem Ehemann aufrecht und widmete sich weiter beruflichen Tätigkeiten, die sie haßte, und dies führte dazu, daß sie jede Hoffnung verlor und schließlich suizidal wurde.

»Lasse andere niemals sehen, daß du weinst«

In manchen Umgebungen empfinden Menschen es als schwierig, starke Emotionen zu tolerieren, weshalb sie diese zu unterdrücken versuchen. Das kann verschiedene Gründe haben. Vielleicht wurde ihren Eltern beigebracht, den Ausdruck von Emotionen als unangenehm zu empfinden, und diese Einstellung wurde auf jedes Erleben von Emotionen ausgeweitet, also nicht nur auf deren Ausdruck bezogen. Sie können sich in solch einer Umgebung eine Situation vorstellen, in der ein Kind aufgebracht aus der Schule nach Hause kommt, weil es eine schlechte Zensur erhalten hat, woraufhin ihm gesagt wird, es reagiere übertrieben, müsse das Erlebte »hinunterschlucken« und solle zum Essen kommen. Dem Kind wird also nicht vermittelt, daß sein Verhalten verständlich ist. Das »Herunterschlucken« wirkt in diesem Zusammenhang fast wie eine Art Zaubermittel, über das andere verfügen, nur das Kind nicht. Eine solche Umgebung bewirkt, daß das betroffene Kind unzulängliche Problemlösungsfertigkeiten entwickelt.

Ich kannte einmal einen Teenager, ein wunderhübsches Mädchen, das aus einer sehr reichen Familie stammte. Seine beiden Eltern waren wunderschön, und die Schwester war Mannequin. Der Teenager hielt sich für das häßliche Entlein der Familie. Diese Selbstwahrnehmung wurde von der Mutter verstärkt, die ständig kritisierte, was ihre jüngere Tochter aß und wie sie aussah, und die beklagte, daß sie nicht wie ihre ältere Schwester aussehe. Die Jüngere beschloß, das Tennisspiel zu erlernen, und nahm deshalb den ganzen Sommer lang Tennisunterricht. Tennis zu spielen machte ihr viel Freude, aber sie hatte starke Angst vor dem Tag des ersten Tennismatchs, das sie leider jämmerlich verlor. Als sie vom Platz ging, gestand sie ihrer Mutter, wie schrecklich sie sich fühle. Die Mutter antwortete: »Liebling, alles wäre in Ordnung gewesen, wenn du nur gelächelt hättest.« Darüber, wie schwer es ist, etwas den ganzen Sommer lang zu üben und dann von der eigenen Leistung enttäuscht zu werden und sich gedemütigt zu fühlen, fand keinerlei Kommunikation statt. Auf diese Weise lernte das Mädchen, daß sich alle Probleme mit einem Lächeln lösen lassen.

»Das hast du dir doch nur ausgedacht«

Ein anderes Resultat einer invalidierenden Umgebung kann sein, daß das Verhalten eines Kindes als inakzeptabel oder »verrückt« angesehen wird. Einem Kind in dieser Situation wird gesagt, es wisse nicht, worüber es spreche, und es wird wegen der Intensität seiner Emotionen kritisiert. Oft hört es den Vorwurf, es reagiere übertrieben stark und versuche, andere Menschen durch sein Verhalten zu »manipulieren« und sie dazu zu bringen, ihm bestimmte Dinge, beispielsweise Aufmerksamkeit, zu schenken, oder sich Dinge, die ihm unangenehm sind, zu ersparen, beispielsweise zum Sportunterricht gehen zu müssen. Solch ein Kind lernt nicht, mit seinen Emotionen umzugehen; ihm wird nur eingetrichtert, daß es »schlecht« sei, sie zu haben. Wenn solche Kinder mit ihren Eltern ins Theater gehen, kann es sein, daß sie zu zappeln anfangen. Wird es dann von seinen Eltern aufgefordert, sich zu beruhigen, zappeln sie noch mehr und bringen die Eltern so dazu, es noch energischer zum Stillsein aufzufordern. Sie werfen dem Kind vor, daß es sich schlecht benehme, und fordern es auf, damit aufzuhören. Schließlich zieht die Mutter das Kind aus dem Saal und schimpft es im Foyer aus, woraufhin es sich übergibt. Das Kind hat gezappelt, weil ihm schlecht war.

Ein solcher Vorgang führt gewöhnlich dazu, daß entweder die betroffene Person noch emotionaler wird und noch stärker die Kontrolle verliert oder daß sie anfängt, ihre Emotionen übertrieben stark zu kontrollieren und sie zu verdecken. Dies kann zu einer »Dissoziation« oder zu einem »Abschneiden« der Emotion führen, wie in Kapitel 1 beschrieben – was bedeutet, daß die betroffene Person ihre Emotionen völlig unterdrückt. Oder sie schafft es, ihre Emotionen so lange zu unterdrücken, bis sie schließlich explodieren, was meist in Form eines selbstschädigenden Ereignisses (durch Selbstzufügen von Schnittverletzungen oder in Form eines Suizidversuchs) oder eines Wutausbruchs geschieht.

Abwesende Eltern

Für eine invalidierende Umgebung kann auch die Abwesenheit der Eltern ausschlaggebend sein. Dies kann die Folge einer freiwilligen Entscheidung sein (wenn ein Elternteil ständig arbeitet und sich deshalb nie zu Hause um das Kind kümmert) oder von außen aufgezwungen werden (wenn ein Elternteil zum Militärdienst in einem Kriegsgebiet versetzt wird). Tatsächlich können Kinder nicht lernen, ihre Emotionen zu regulieren, wenn es in ihrer Umgebung keine Erwachsenen gibt, die für sie als Vorbilder fungieren können. Eine Klientin fragte mich einmal nach den Gründen für die Entstehung einer BPS. Sie sei nie mißbraucht oder mißhandelt worden und habe eine gute Beziehung zu ihren Eltern, leide aber unter extremer Einsamkeit, habe viele körperliche Beschwerden und sei seit zehn Jahren suizidal und anorektisch. Ein wichtiges Problem in ihrer Ursprungsfamilie war gewesen, daß ihr zwei Jahre jüngerer Bruder als kleines Kind an einem Gehirntumor erkrankte. Deshalb hatten ihre Eltern den Jungen einige Jahre lang immer wieder in verschiedene Kliniken gebracht. Wegen der traumatischen Operationen, die das Kind durchstehen mußte, blieben die Eltern manchmal über Wochen in diesen Kliniken. Niemand könnte Eltern wegen dem, was sie getan hatten, einen Vorwurf machen; sie hatten es tun müssen. Das Mädchen war unter der Obhut von Kinderfrauen und Verwandten, die es abwechselnd betreut hatten, zu Hause geblieben. So hatte das kleine, sehr sensible Mädchen gelernt, daß es weniger wichtig war als ein krankes Kind, und es war nicht mit einem in sich stimmigen Verhaltensmodell bekannt gemacht worden, anhand dessen es hätte lernen können, mit den vielfältigen Emotionen fertig zu werden, die im Laufe seiner Entwicklung und durch die Konfrontation mit dem unheilbar kranken Bruder bei ihm aufkamen.

Sexueller Mißbrauch

Natürlich ist eine Situation, in der ein Kind sexuell belästigt oder sogar mißbraucht wird, die am stärksten invalidierende Umgebung überhaupt. Das Kind wird in solchen Fällen von einem Erwachsenen auf Weisen behandelt, die, wie das Kind selbst intuitiv weiß, schädlich sind, und der erwachsene Täter versucht dem Kind dann auch noch einzureden, daß es dieses Erlebnis geheim halten muß oder daß ihm das, was geschehen ist, Freude gemacht habe. Möglicherweise versucht das Kind dem Erwachsenen klarzumachen, daß es nicht will, was er tut, oder daß es ihm weh tut, aber der Erwachsene reagiert nicht darauf und fährt mit der sexuellen Belästigung oder Mißhandlung fort. Manchmal droht er sogar, dem Kind oder anderen Menschen, die dem Kind nahestehen, etwas anzutun. Darauf reagiert das Kind, indem es seine natürlichen Reaktionen unterdrückt und sich einredet, der Erwachsene wisse mehr, als er sagt, und es fängt an, sein eigenes Erleben der Wirklichkeit zu negieren.

In diesem Zusammenhang sollte allerdings klar festgestellt werden, daß nicht alle Menschen, die an einer BPS erkranken, sexuell belästigt oder mißbraucht worden sind. In verschiedenen Studien bewegen sich die Zahlen der in ihrer Kindheit sexuell Traumatisierten mit einer BPS zwischen 40 und 75 Prozent und die Zahlen der in ihrer Kindheit körperlich mißhandelten BPS-Patienten zwischen 25 und 75 Prozent.

Noch verheerender wirkt es sich aus, wenn jemand als Kind oder später als Erwachsener Familienmitgliedern oder anderen von eigenen Mißbrauchs- oder Mißhandlungserlebnissen in der Kindheit erzählt und dann entweder ignoriert oder bezichtigt wird, sich die Vorwürfe ausgedacht zu haben. Ich habe dies viele Male erlebt: Ein Erwachsener mit einer BPS beschließt, »reinen Tisch zu machen« und seiner Familie zu offenbaren, von wem er oder sie als Kind sexuell mißbraucht wurde. Die Familie implodiert daraufhin förmlich, und der betroffenen Person wird vorgeworfen, sie lüge, und es gehe ihr nur darum, die Aufmerksamkeit aller auf sich zu ziehen, oder sie versuche, die Familie zu entzweien. Die Konsequenz einer solchen Situation ist eine noch umfassendere Invalidierung. Meiner Meinung nach ist diese gesamte Thematik deshalb so schwierig, weil das Kind in der Situation des Mißbrauchs und auch danach noch oft versucht, sich zu schützen, indem es denkt, daß seine Eltern bzw. seine Familie unmöglich hätten wissen können, was geschehen sei, weil sie es andernfalls wohl unterbunden hätten. Wird der betroffenen Person später klar, daß man ihr nicht geglaubt hätte, erreicht die Desillusionierung ihren Gipfel. Ich habe als Zeugin miterlebt, daß sich viele Betroffene umzubringen versuchten, nachdem sie dies hatten feststellen müssen.

Andere Arten von Mißhandlungen und kriminellen Verhaltensweisen

In anderen invalidierenden Umgebungen können körperliche oder emotionale Mißhandlungen stattfinden, und Eltern können substanzabhängig sein oder sich kriminellen Aktivitäten widmen. In solchen Zusammenhängen bestrafen Eltern ein Kind häufig oder bagatellisieren dessen Probleme. In solchen Familien sind Bemerkungen typisch wie: »Hör' auf zu heulen, sonst bekommst du von mir etwas, damit du wirklich Grund zu heulen hast!« Denken Sie bitte einen Moment über diese Äußerung nach. Das Kind zeigt eine emotionale Reaktion auf eine Situation (vielleicht hat jemand etwas gesagt, das seine Gefühle verletzt hat). Dadurch wird es traurig, und weil Tränen der physiologische Ausdruck von Traurigkeit sind, treten ihm Tränen in die Augen. Dann äußert ein anwesender Erwachsener, es sei nicht gerechtfertigt, traurig zu sein. Somit wird das innere Empfinden des Kindes negiert. Wegen seiner besonderen emotionalen Sensibilität lernt es aufgrund dieses Feedbacks nicht, keine Emotionen zu haben; vielmehr lernt es, daß es seinen eigenen emotionalen Erlebnissen nicht trauen kann, daß sie falsch sind. Das bewirkt, daß seine Emotionen stärker, nicht schwächer werden. Und es entwickelt sich aufgrund dessen zu einem Menschen, der seine eigenen Emotionen nicht kennt, sie nicht bezeichnen kann, sie zu unterdrücken versucht und/oder sie als schlecht oder falsch beurteilt.

Das emotional sensible Kind wirkt auch selbst auf seine Umgebung ein

Die Entstehung einer BPS erfordert somit zwei Faktoren: eine angeborene starke Emotionalität und eine invalidierende Umgebung, die das innere Empfinden des betroffenen Kindes bestraft, bagatellisiert oder ignoriert und ihm nicht beibringt, seine Emotionen zu regulieren. Es verhält sich damit ähnlich wie mit dem berühmten Problem, ob zuerst die Henne oder das Ei da war: Die Antwort auf diese Frage spielt genau genommen keine Rolle. Es ist schwer, ein emotional besonders sensibles Kind zu sein, und es ist schwer, zur Familie eines emotional sensiblen Kindes zu gehören. Wenn Sie in der Ursprungsfamilie eines Menschen mit einer BPS gelebt haben, wissen Sie wohl, was ich damit meine: Die starke Emotionalität eines besonders sensiblen Kindes beeinflußt auch seine Umgebung.

Billy befindet sich mit seiner Mutter und seiner Schwester in einem Lebensmittelgeschäft. Am Regal mit den Frühstücksflocken sagt Billy seiner Mutter, daß er ein bestimmtes Produkt möchte. Die Mutter will ihm dieses nicht kaufen. Billy fängt an zu weinen und beharrt darauf, daß er *diese* Getreideflocken will. Der Mutter ist die Situation peinlich, und sie versucht, Billy zum Schweigen zu bringen. Aber daraufhin weint Billy noch lauter. Schließlich packt die Mutter den Jungen und verläßt mit ihm den Laden. Wenn Sie als Schwester so etwas miterleben, empfinden Sie die Situation im Laden plötzlich völlig anders. Sie folgen dann Billy und der Mutter verwirrt aus dem Laden und fragen sich, was nun wohl aus dem ziemlich vollen Einkaufswagen werden wird. Mit dem Einkaufen ist es erst einmal vorbei. Im Laden fand eine Transaktion zwischen der Mutter und Billy statt. Billys Emotionen beeinflußten die Emotionen der Mutter, und diese wirkten sich auf Billys Emotionen aus. So etwas passiert in Familien ständig. Das Kind und seine Umgebung beeinflussen einander permanent.

- *Wenn das innere Erleben eines emotional besonders empfindlichen Kindes negiert wird, lernt es, daß es seinen Emotionen nicht vertrauen kann, und wächst zu einem Menschen heran, der seine Emotionen nicht versteht und sie auch nicht richtig benennen kann. Das Kind versteht seine Emotionen dann als schlecht oder falsch, und es weint und brüllt immer lauter, um verstanden zu werden, oder tut alles ihm Mögliche, um seine Emotionen zu unterdrücken.*
- *Familien können schon allein dadurch eine invalidierende Umgebung schaffen, daß sie emotional anders sind als eines ihrer Kinder und dem Kind nicht beibringen können, wie es am besten mit seinen Emotionen umgeht.*
- *Familien werden durch die Emotionen ihrer Kinder ebenso beeinflußt, wie die Kinder durch die Emotionen in der Familie beeinflußt werden.*

Versuchen Sie sich nun einmal vorzustellen, was Billy als nächstes widerfahren könnte. Was passiert, wenn Billys Heulen der Mutter peinlich ist und sie ihn um jeden Preis zum Schweigen bringen will – weshalb sie die Sorte Getreideflocken, die er haben will, aus dem Regal nimmt und ihm unwirsch hinwirft? Billy hört dann auf zu weinen, und sie setzen ihren Einkauf fort. Im beschriebenen Fall ist Billys Weinen im Lebensmittelgeschäft verstärkt worden. Ohne daß es ihm klar ist, lernt er so, daß er bekommt, was er will, wenn er nur seine emotionale Reaktion verstärkt. So entwickeln sich im Laufe der Zeit das Kind und seine Umgebung. Die Umgebung reagiert auf die Emotionen, und die Emotionen verändern die Umgebung. Wenn das emotional besonders sensible Kind das innere Empfinden hat, sich wie ein Patient mit Brandverletzungen zu fühlen, kann das für die betreffende Familie so sein, als kratzte jemand mit Fingernägeln über eine Schiefertafel. Ist das Kind dann wegen irgend etwas aufgebracht, und die Familie reagiert darauf ganz normal, wird die Aufgebrachtheit des Kindes noch stärker, und die Familie entwickelt auch darauf wieder eine stärkere Reaktion, und so geht es immer weiter.

Was jetzt?

Die entscheidende Frage lautet: Was können Sie *jetzt* tun? In Ihrem Leben gibt es diese Frau, die Sie lieben, die unter einer BPS leidet, und vielleicht können Sie sich sogar mittlerweile in etwa vorstellen, wie die BPS bei ihr entstanden sein könnte. Das ändert aber nichts an der Tatsache, daß die Frau leicht aus der Haut fährt. Sie glauben, alles sei in Ordnung, und dann klingelt mitten in der Nacht das Telefon, und sie sagt, sie werde sich umbringen, weil sie sich sicher sei, daß Sie sie nicht lieben, und weil sie ein schlechter Mensch sei, der es nicht verdiene zu leben. Sie bemühen sich zwar unablässig, Dinge zu sagen, die ihr helfen, aber all das scheint die Situation nur noch zu verschlimmern.

Später in diesem Buch werde ich detaillierter darauf eingehen, was Sie tun können, um Ihre Beziehung in solch einem Fall zu verbessern und der Person mit den BPS-Symptomen vielleicht sogar zu helfen. Doch zunächst werden wir uns damit befassen, wie das Verstehen dessen, wie eine BPS Menschen verändert, zur Grundlage für eine wirksame Behandlung und für neue Arten des Umgangs mit den Betroffenen werden kann.

Leitlinien aus dem Bereich der biosozialen Theorie

Die Erklärung der Entstehung einer BPS, die Sie soeben gelesen haben, wird *biosoziale Theorie der Borderline-Persönlichkeitsstörung* genannt: Der Mensch, den Sie lieben, hat dieses Problem aufgrund bestimmter angeborener Eigenschaften in Verbindung mit einer Umgebung entwickelt, die seine emotionalen Erlebnisse in der Kindheit absichtlich oder unabsichtlich entwertet hat. Sie müssen über diese Theorie wissen, daß sie einen direkten Weg zur besten Behandlungsmethode bahnt und zu neuen, förderlichen Arten der Interaktion mit der Person, die Ihnen so wichtig ist.

Versuchen Sie niemals, der geliebten Person auszureden, sich so zu fühlen, wie sie sich fühlt

Zunächst müssen Sie sich ständig vergegenwärtigen, was Sie über emotionale Sensibilität wissen. Vergessen Sie nie, was das für Ihr Verhalten bedeutet. Und sagen Sie der Person, die Sie lieben, nie, daß sie überreagiert oder daß sie nicht aufgebracht sein »sollte«, auch wenn Sie dies zu tun beabsichtigen, weil Sie ihr helfen wollen, sich besser zu fühlen. Da sie ein hypersensibles Emotionsregulationssystem hat, »sollte« sie wahrscheinlich aufgebracht sein. Jeder Versuch, sie zu beschwichtigen, macht die Situation nur noch schwieriger. Versuchen Sie niemals, ihr klarzumachen, daß sie nicht so aufgebracht sein *sollte* oder daß ihre Situation gar nicht so katastrophal ist, wie sie ihr vielleicht erscheint. Denn indem Sie so etwas sagen, zweifeln Sie die Intensität ihrer emotionalen Reaktion an. Was könnte das bewirken? Es könnte die Reaktion eskalieren lassen.

Versuchen Sie nicht, Ihre Welt so zu verändern, daß sie auf die emotionale »Fragilität« der geliebten Person eingeht

Wenn Ihnen eine unter einer BPS leidende Person wichtig ist, können Sie sich durch deren starke Emotionalität bestraft fühlen. Oft versuchen Sie dann, ihr zu helfen, wenn sie wegen irgend etwas aufgebracht ist, und diese Bemühungen bewirken das Gegenteil dessen, was Sie damit beabsichtigt hatten. Sie wird dann noch aufgebrachter oder reagiert zu allem Überfluß auch noch aufgebracht auf Sie. Das kann im Laufe der Zeit so zermürben und die Furcht vor der Emotion so verstärken, daß Sie eine Welt zu erschaffen versuchen, die den geliebten Menschen nicht in Aufruhr versetzt. Dies mag zuvorkommend wirken, aber Sie sollten es trotzdem nicht versuchen. Man sollte Menschen mit einer BPS grundsätzlich nicht behandeln, als seien sie besonders »zerbrechlich«, weil sie das nicht sind; und man sollte auch nicht versuchen, eine Welt zu kreieren, die sie nicht in Aufregung versetzt, insbesondere nicht, wenn sie sich in einer Dialektisch-behavioralen Therapie befinden. Menschen mit einer BPS haben nur eine Chance, wenn sie lernen, in dieser Welt, so wie sie ist, zu leben, also nicht in einer künstlichen Welt, die bewußt so gestaltet worden ist, daß es darin möglich ist, die Emotionen unter Kontrolle zu halten. Außerdem ist es wichtig, daß Sie sich ein wenig Zeit dafür reservieren, sich um Ihre eigenen Emotionen zu kümmern. Dies kann bedeuten, daß Sie sich eine Zeitlang (in der Regel reicht etwa eine Stunde, damit sich Emotionen wieder beruhigen) distanzieren, während Sie darauf warten, daß sich die lange anhaltenden Emotionen des Menschen, den Sie lieben, wieder abkühlen.

Sie müssen sich darüber im klaren sein, welche mit der Emotionsregulation zusammenhängenden Aufgaben die geliebte Person ausführen können muß

Sie wissen mittlerweile schon eine Menge darüber, wie der Mensch, den Sie lieben, an den Punkt gekommen ist, an dem er sich heute befindet. Bevor wir uns der Frage zuwenden, wie Sie durch die Arten Ihrer Interaktion sich selbst und Ihrem Partner gute Dienste leisten können, sollten Sie genau verstehen, was Emotionsregulation beinhaltet und was der Mensch, den Sie lieben, lernen muß, um ein erfüllendes Leben führen zu können und damit die Beziehung für ihn weiterhin so wichtig wie bisher bleibt. Um unsere Emotionen regulieren zu können, müssen wir alle zu den im folgenden aufgeführten Dingen in der Lage sein:

- **Wir müssen unsere Aufmerksamkeit reorientieren** – etwas tun, das nichts mit dem zu tun hat, was uns in einen aufgebrachten Zustand versetzt (d. h., wir müssen uns ablenken können).
- **Wir müssen unseren physiologischen Erregungszustand willentlich verstärken *(up-regulate)* und verringern *(down-regulate)* können.** Emotionen können unsere physiologische Erregung entweder verstärken – wie bei Wut, die unsere sämtlichen inneren Systeme stärker aktiviert – oder sie verringern – wie bei Traurigkeit, die bewirkt, daß unsere sämtlichen inneren Systeme ihre Aktivität verlangsamen. Für die Emotionsregulation müssen wir unsere Erregung verringern können, wenn wir aufgebracht (wütend, ängstlich, angeekelt) sind, und sie verstärken können, wenn sie (aufgrund von Traurigkeit oder Scham) schwach ist.
- **Wir müssen uns davon abbringen, immer das zu tun, was zu tun uns unsere Emotion oder Stimmung nahelegt.** Wenn wir uns an unserer jeweiligen Stimmung zu orientieren pflegen, so ist dies »stimmungsabhängiges Verhalten«, was im Grunde bedeutet, daß wir nicht Herr unserer Situation sind, sondern von unseren Stimmungen getrieben werden.
- **Verfolgen Sie in Ihrem Leben Ziele, die von Emotionen unabhängig sind.** Es geht hier um Ziele, auf die wir uns fokussieren können, wenn es schwierig

wird, beispielsweise in Form von ehrenamtlicher Arbeit oder der Vorbereitung auf einen neuen Job.

Wir werden nun zu dem Szenario zurückkehren, in dem die Person, die Sie lieben, nach Hause kommt, wütend auf ihren Chef ist und sich wegen ihrer schrecklichen Erlebnisse an diesem Tag nicht beruhigen kann. Sie sollen versuchen, mit Hilfe Ihres neu entwickelten Verständnisses mit dieser Situation umzugehen.

1. Fragen Sie, was genau passiert ist, und hören Sie zu, ohne zu widersprechen, zu urteilen und die Intensität der Reaktion Ihres Partners zu kommentieren.
2. Wählen Sie aus dem, was die geliebte Person gesagt hat, etwas aus, dessen Plausibilität Sie bestätigen können. Das kann beispielsweise in einem Satz wie dem folgenden zum Ausdruck kommen: »Ich wäre wahrscheinlich auch wütend, wenn ich mich von meinem Chef kritisiert fühlte.« Es kann aber auch eine allgemeinere Aussage sein: »Es klingt, als hättest du einen ziemlich üblen Tag hinter dir. Ich kann gut verstehen, wenn du nach alldem ein wenig Zeit brauchst, um dich zu entspannen.«
3. Anschließend können Sie fragen, ob Sie helfen können, indem Sie für ein wenig Ablenkung sorgen – durch ein gemeinsames Essen, ein Spiel oder gemeinsames Anschauen eines Lieblingsfilms. Es sollte etwas sein, das die Emotion nicht erneut anfacht – deshalb sollten Sie das, was geschehen ist, nicht reaktivieren. Sie können die geliebte Person auch darin unterstützen, etwas zu tun, das ihre Nerven beruhigt (falls ihre Aufgebrachtheit in Form von Wut oder Furcht, nicht in Form von Traurigkeit, zum Ausdruck kommt), beispielsweise ein Bad zu nehmen, sich beruhigende Musik anzuhören oder, ob Sie es glauben oder nicht, das Gesicht in kaltes Wasser zu stecken (was zu einer raschen und starken Beruhigung der körpereigenen Arousalsysteme führt). Sie können der anderen Person auch zu vermeiden helfen, dem Impuls zu folgen, Dinge zu tun, zu denen ihre Emotion sie treibt, beispielsweise jemanden anzurufen, auf etwas zu schlagen usw. Oder Sie können sie dazu bringen, über ihre langfristigen Ziele zu sprechen (die sie hoffentlich hat, denn dies wäre nicht der richtige Zeitpunkt, solche Ziele festzulegen).

Doch was ist, wenn die Person, die Sie lieben, sich nicht in einer Verfassung befindet, in der sie sich von Ihnen helfen lassen will, und Sie ihr deshalb nichts vorschlagen können, das ihr als nützlich erscheint? Wird sie Vorschläge von Ihnen als invalidierend empfinden, weil sie das Gefühl hat, Sie würden sie so behandeln, als ob sie nicht in der Lage wäre, selbst herauszufinden, was gut für sie ist? Lassen Sie sie wenn möglich in Ruhe. Dabei sollten Sie bedenken, daß die Emotionen emotional besonders sensibler Menschen länger anhalten als die anderer Menschen. Aber so lange ihre emotionale Reaktion auch anhalten mag, irgendwann endet sie – nämlich dann, wenn keine Auslöserreize mehr eintreffen. Sie können in solchen Situationen nichts weiter tun, als die andere Person nicht noch stärker zu invalidieren, indem Sie ihr beispielsweise sagen, sie hätte über das Erlebte längst hinwegkommen müssen, sie habe überreagiert oder sei »aus der Reihe getanzt«.

Wenn Sie den Eindruck gewinnen, daß Sie der geliebten Person nicht helfen können, sich zu beruhigen, und Sie nicht die geringste Ahnung haben, was sie so sehr aufregt, ist der Schlüssel zu einer adäquaten Reaktion ein *Assessment*: Sie müssen ihr dann Fragen nach ihrem inneren Erleben stellen und sich die Antworten anhören, ohne das, was gesagt wird, zu filtern oder zu beurteilen. Meiner Patientin, die das Gefühl hatte, für ihr ganzes Leben sei kennzeichnend gewesen, daß man sie gezwungen habe, Cello zu spielen, stellte ich zunächst die simple Frage: »Mir ist aufgefallen, daß Sie jedesmal sehr emotional werden, wenn ich Sie bitte, hier etwas zu üben. Können Sie beschreiben, was dann passiert?«

Sie müssen sich darüber im klaren sein, daß jede Veränderung für den Menschen, den Sie lieben, schmerzhaft sein wird

Stellen Sie sich die starke Emotionalität von Menschen mit einer BPS wie die Situation von jemandem vor, der unter starken Verbrennungen leidet. Obwohl die Verbrennungen durch Salbe und Verbände überdeckt sind, kann Ihre Umgebung die Verletzungen wahrnehmen. Nicht nur jede Ihrer Bewegungen ist sehr schmerzhaft, sondern sogar der Luftzug, den das vorübergehende Pflegepersonal des Krankenhauses erzeugt, ruft bei Ihnen Schmerzen hervor, und diese Schmerzen können Sie unabsehbar lange heimsuchen. Ebenso verhält es sich mit der emotionalen Situation von Menschen mit einer BPS: Sie haben sehr starke emotionale Reaktionen, die sehr lange anhalten.

Das Problem bei Patienten mit Verbrennungen ist natürlich, daß das Schmerzhafteste, was sie erleben, die Behandlung selbst ist. Alles, was letztlich ihre Heilung fördert, verursacht zunächst entsetzliche Schmerzen. Leider gilt dies auch für Menschen mit einer BPS. Auch bei ihnen verursachen die wirksamsten Behandlungen oft längere Zeit Schmerzen. Die Dialektisch-behaviorale Therapie fordert von Patienten, die nach ihren Prinzipien behandelt werden, auf alles zu verzichten, wodurch sie bisher ihren Schmerz zu lindern versucht haben, und das möglicherweise jahrelang – egal, ob es sich dabei um Alkohol, Drogen, das Zufügen von Schnittverletzungen oder Suizidversuche handelt, um ungeschützten Sex oder um Angriffe auf ihnen nahestehende Menschen. Als Gegenleistung vermittelt die DBT ihnen Fertigkeiten, die sie brauchen, um ihre Emotionen regulieren zu können. Allerdings kann dies eine langwierige Prozedur sein, in deren Verlauf die Patienten eben jene Emotionen wiedererleben müssen, die ihnen so viel Schmerz bereitet haben. Glücklicherweise erschließt die DBT ihnen zahlreiche gesunde Möglichkeiten, sich abzulenken, und viele Methoden der Abwendung schädigender impulsiver Verhaltensweisen. Allerdings halte ich es für angebracht, darauf hinzuweisen, daß all dies nicht leicht ist. Ich bin mir sicher, daß sich Ihre Situation bessern wird, wenn Sie die Möglichkeiten nutzen, die in diesem Buch beschrieben werden, und daß Sie dieses Ziel schneller erreichen, wenn die Person, die Sie lieben, einen qualifizierten DBT-Praktiker konsultieren kann; ausführlichere Informationen hierzu finden Sie in Kapitel 13.

Ich habe Ihnen in diesem Kapitel viel Stoff zum Nachdenken gegeben. Deshalb möchte ich all dies nun ein wenig zusammenfassen. *Erstens* nutzen wir eine biosoziale Theorie, um die Entwicklung einer BPS zu erklären. Dies beinhaltet, daß Menschen mit einer BPS mit einer biologisch veranlagten emotionalen Verletzlichkeit geboren werden. Sie haben starke Emotionen, die oft und sehr leicht auftreten und lange anhalten. Aber nicht jeder Mensch mit einer besonderen emotionalen Verletzlichkeit entwickelt zwingend eine BPS. Die *zweite* dazu erforderliche Zutat ist eine invalidierende Umgebung: eine Umgebung, in der die privaten (und öffentlichen) Erlebnisse des Kindes bestraft, als unzutreffend dargestellt, ignoriert oder negiert werden und/oder in der das Kind nicht lernt, seine Emotionen zu regulieren. Um zur Emotionsregulation in der Lage zu sein, müssen Menschen (1) Dinge tun können, die mit dem, was die Emotion verursacht, nicht zusammenhängen, (2) ihren körperlichen Erregungszustand verringern (wenn eine Emotion ihre physiologische Erregung verstärkt) oder verstärken können (wenn eine Emotion den körperlichen Erregungszustand verringert), (3) Verhalten meiden können, das mit der aktuellen Stimmung oder Emotion verbunden ist (d. h., sie dürfen die Emotion nicht verstärken), und (4) ein Leben führen, das auf Ziele gerichtet ist, die von der Emotion unabhängig sind, so daß sie im gegenwärtigen Augenblick auf diese Ziele fokussieren können. Und *drittens* schließlich sollten Sie sich, wenn der Mensch, den Sie lieben, emotional aufgebracht ist, daran erinnern, daß die biosoziale Theorie die Antwort darauf gibt, weshalb die andere Person auf eine bestimmte Weise reagiert.

Es folgt eine kurze Zusammenfassung von Dingen, die Sie im Einklang mit der biosozialen Theorie tun können:

1. Assessment: Fragen Sie, was geschehen ist.
2. Hören Sie aktiv zu; widersprechen Sie nicht, urteilen Sie nicht, und sagen Sie der anderen Person nicht, daß sie überreagiert.
3. Bestätigen: Halten Sie in dem, was geschehen ist, nach etwas Ausschau, das sinnvoll war und verständlich ist, so daß Sie sich darauf beziehen können; und sprechen Sie darüber.
4. Fragen Sie, ob Sie helfen können – nicht um das Problem zu lösen, sondern um den problematischen Augenblick durchzustehen.
5. Wenn die geliebte Person dies ablehnt, dann lassen Sie ihr Raum, und bedenken Sie, daß Emotionen bei emotional besonders empfindlichen Menschen länger anhalten.

All dies mag simpel klingen, aber offensichtlich ist es nicht immer leicht, es in der Hitze des Gefechts anzuwenden. Deshalb werde ich Ihnen in Kapitel 4 Schritt für Schritt und unter Einbeziehung vieler Beispiele beschreiben, wie genau Sie mit dem Menschen, den Sie lieben, umgehen können, um ihm und Ihnen selbst zu helfen. Im ganzen weiteren Verlauf dieses Buches werden Sie immer wieder Empfehlungen finden, die Sie in die Tat umsetzen können. Der Anfang jedoch ist immer der gleiche: Assessment (objektive Fragen stellen), sich die Antwort anhören und validieren. Wenn Sie damit beginnen, werden die Emotionen der geliebten Person häufig ein wenig abklingen, einfach nur weil Sie ihr zuhören, ohne ihre Sicht der Dinge in ihrer Bedeutung zu schmälern. In Kapitel 3 wird erklärt, wie der Prozeß der Validierung im Detail wirkt.

KAPITEL 3

Die verborgene Macht der Validierung

Was geschieht, wenn Sie für einen Menschen mit einer BPS, den Sie lieben, etwas Nettes tun? Eine mir bekannte Frau versuchte immer wieder, ihrer Tochter zu geben, was sie brauchte, um in ihrem Beruf erfolgreich zu sein, weil diese junge Frau davon überzeugt war, daß eine gute berufliche Position alle übrigen Probleme in ihrem Leben lösen werde. Die Mutter ermöglichte der Tochter in der College-Zeit Nachhilfe, kaufte ihr eine repräsentative Garderobe, bot ihr später an, sie zur Arbeit zu fahren, und versuchte, der Tochter beizubringen, gut mit Kollegen zurechtzukommen. Doch bei jeder dieser großzügigen Gesten brach die Tochter in Tränen aus, griff sie die Mutter wütend an und machte ihr Vorwürfe oder verfiel in depressives Schweigen. Irgendwann stellte die Mutter ihre Bemühungen um das Wohl der Tochter dann völlig ein.

Ein mir bekannter Mann bemühte sich immer wieder um Hilfe für seine substanzabhängige Schwester. Er machte sie mit Menschen bekannt, von denen er annahm, daß sie ihr mehr Unterstützung bieten würden als diejenigen, die sie in Bars kennenlernte, und er bot ihr an, sie zu Therapiesitzungen zu begleiten, um ihr den Weg dorthin zu erleichtern. Aber die Schwester ignorierte seine Angebote entweder oder sagte, »Klar, danke auch« und kam nie darauf zurück. Nach einigen Jahren gab der Bruder diese Versuche, seiner Schwester zu helfen, auf.

Ein anderer Mann, den ich kenne, fungiert seit Jahren als »Hüter« seiner Frau. Er arrangiert gesellige Treffen grundsätzlich so, daß sie nicht auf Menschen trifft, die sie »aufregen«. Nötigenfalls beendet er seine Arbeit früher und geht nach Hause, um sie zu beruhigen, wenn sie mit ihrer Situation nicht zurechtkommt. Er kümmert sich auch um alle finanziellen Angelegenheiten, damit sie sich keine Arbeit zu suchen braucht, die ihr die Finanzierung ihrer teuren Impulskäufe ermöglicht. Die Frau bedankt sich jedesmal überschwenglich bei ihm, wenn er für sie ein Problem löst oder ihr aus der Klemme hilft. Deshalb nimmt er an, er befinde sich auf dem richtigen Weg, und denkt sich jede Woche neue Möglichkeiten, ihr zu »helfen«, aus.

Reaktionen spielen eine Rolle – manchmal eine wesentlich wichtigere, als wir glauben

Es ist eine grundlegende Tatsache menschlichen Verhaltens, daß wir alle den Prinzipien der Verstärkung, Löschung und Bestrafung unterliegen. Dies bedeutet: Wenn Sie versuchen, sich gegenüber einem Ihnen nahestehenden Menschen liebevoll zu verhalten, und der Betreffende reagiert negativ darauf, werden Sie Ihre liebevollen Handlungen irgendwann einstellen (Bestrafung). Sie werden es dann geradezu vermeiden, sich dieser Person gegenüber liebevoll zu verhalten, um sich ihre Reaktionen zu ersparen. Es bedeutet auch, daß Sie, wenn Sie jemandem zu helfen versuchen und die andere Person Ihre Bemühungen ignoriert, diese schließlich einstellen (Löschung: Weil die Person nicht verstärkend reagiert, wird Ihr um Hilfe bemühtes Verhalten gelöscht). Vielleicht wollen Sie ihr dann zwar immer noch helfen, aber Ihr hilfsbereites Verhalten versagt einfach seinen Dienst. Wenn Sie intervenieren und alles in der Welt so zu arrangieren versuchen, daß die Person, die Sie lieben, sich nicht aufregt, und wenn diese Sie dann mit Dankbarkeit überhäuft (in der Annahme, sie könne Sie durch Dankesbekundungen motivieren), fahren Sie fort zu intervenieren und verstärken Ihre Interventionen möglicherweise sogar noch (Verstärkung).

Die drei Menschen, deren Situation ich soeben geschildert habe, hörten auf, etwas zu tun, das sie vorher getan hatten, oder sie fuhren *wegen der Reaktionen, die sie auf diese Weise hervorriefen,* eben damit fort. Die Reaktionen der BPS-Patienten, die ihnen nahestanden, waren nicht unbedingt sinnvoll und zielten auch nicht unbedingt darauf ab, diejenigen zu verletzen, die sich so große Mühe gaben, ihnen zu helfen. Doch riefen diese Reaktionen bei den betroffenen Helfern zwangsläufig eigene Reaktionen hervor: Eine Mutter und ein Bruder gaben daraufhin ihre besten Absichten entspringenden Bemühungen zu helfen auf, und ein Ehemann animierte seine Frau unabsichtlich dazu, Gefangene ihrer unkontrollierten Emotionen zu bleiben, statt sie zu meistern zu lernen. Die unvermeidliche Lektion aus alldem lautet, daß wir im Umgang mit anderen Menschen unbedingt auf unsere Reaktionen achten müssen.

Tatsächlich kann das Verhalten eines Menschen mit einer BPS strafenden Charakter haben. Das bedeutet nicht, daß diese Person (bewußt) *versucht,* Sie zu bestrafen, sondern daß die emotionalen Reaktionen solcher Menschen bei uns Gefühle der Mutlosigkeit, Wut, Hoffnungslosigkeit und Hilflosigkeit und dergleichen mehr hervorrufen können. Natürlich können wir als menschliche Wesen auf diese Emotionen reagieren. Tiere unterlassen Verhaltensweisen, die bestraft worden sind. Denken Sie etwa an Ratten in einem Labyrinth. Sie drükken auf einen Hebel, um Nahrung zu bekommen. Doch was ist, wenn sie den Hebel des Nahrungsspenders drücken und dann einen Elektroschock bekommen? Sie hören dann auf zu essen und sterben schließlich, weil sie die Bestrafung durch den Elektroschock vermeiden. Genau das passiert auch in Beziehungen. Wenn unser Verhalten in einer Beziehung bestraft wird, geben wir dieses Verhalten auf. Wir reagieren. Und die Person mit der BPS reagiert daraufhin auf unsere Reaktion. Ich nehme an, Sie verstehen, worauf dies hinausläuft, denn Sie haben es sicherlich schon viele Male erlebt.

Wir brauchen eine Möglichkeit, am Anfang zu beginnen und dann mit der Kaskade der Reaktionen fertig zu werden. Die besten Chancen, dies zu schaffen, haben wir, wenn wir einen Teil der Emotionen neutralisieren, die in unseren Interaktionen mit Menschen, die uns nahestehen, zum Ausdruck gelangten. Dies bedeutet, daß wir unsere eigenen Emotionen regulieren müssen, aber auch der anderen Person, die mit besonders starken Emotionen zu kämpfen hat, helfen müssen, ihre Emotionen zu verringern. Gelingt uns dies nicht, verlaufen unsere Interaktionen wahrscheinlich anders, als wir es uns wünschen. Menschen, deren Emotionen nicht reguliert sind, können nicht gut aufmerksam sein oder sich an Gesprächen beteiligen.

Die übliche Kaskade der Reaktionen zu unterbrechen bedeutet nicht nur, daß wir unsere eigenen Emotionen regulieren müssen, sondern auch, daß wir der Person mit der BPS bei der Regulierung ihrer Emotionen helfen müssen.

Solche Bemühungen schlagen allerdings leider oft fehl: Etwas passiert, das die Emotionen der Person mit der BPS augenblicklich aufwallen läßt. Emotional besonders sensible Menschen, wie diejenigen mit einer BPS es sind, empfinden nicht nur die Emotion selbst, sondern auch, daß sie diese nicht mehr unter Kontrolle haben. Es handelt sich also um eine Art Doppeleffekt. Die eigentliche Emotion wird durch das Gefühl, die Kontrolle verloren zu haben, noch verstärkt – selbst wenn die Emotionen, um die es geht, in ihrer Intensität und ihrem Ausdruck tatsächlich »normal« sind. Sobald die betroffene Person das Gefühl hat, sie habe die Kontrolle eingebüßt, greift sie in der Regel verbal oder physisch an, wodurch sie entweder sich selbst oder Sie schädigen kann, oder sie zieht sich zurück, indem sie die Situation entweder real physisch verläßt (wobei sie oft die Tür hinter sich zuknallt) oder indem sie dissoziiert (was wie

»Abschalten« wirkt). Wenn dies passiert, leidet natürlich Ihre gemeinsame Beziehung darunter, und falls die Lösung eines Problems anstand, geschieht nichts, was das Problem lösen würde.

Die Emotionen von Menschen mit einer BPS wirken aversiv, insofern sie bei uns selbst weitere Emotionen hervorrufen; sie sind außerdem nicht vorhersehbar, oder wir vermögen einfach keinen Sinn darin auszumachen. Denken Sie einmal an die Person, die Sie lieben. Wüßten Sie zu sagen, wie sie Emotionen erlebt? Manifestieren sich ihre Emotionen auf Weisen, die Sie häufig nicht verstehen, beispielsweise indem sie in Reaktion auf etwas zutage treten, worauf Sie nicht emotional reagieren würden, oder bleiben sie für lange Zeit bestehen? Es könnte Ihnen nützlich sein, wenn Sie jetzt etwas darüber aufschreiben, was Ihnen bezüglich der Emotionen des geliebten Menschen aufgefallen ist. Die folgenden Aufzeichnungen habe ich selbst über die Situation bei einer Klientin gemacht:

1. Meine Reaktionen führen leicht dazu, daß sie sich verletzt fühlt. Ich denke, ich helfe ihr, während sie denkt, daß ich sie kritisiere.
2. Nach Therapiesitzungen wirkt sie oft, als sei bei ihr emotional alles in Ordnung. Ein paar Stunden (oder einige Tage) später ruft sie an, um mir zu sagen, sie hasse mich, weil ich gemein zu ihr sei. Wenn ich sie dann frage, was ich denn getan habe, kann ich mich an die Dinge, über die sie berichtet, normalerweise nicht einmal erinnern, und wenn wir uns später gemeinsam Aufnahmen von der betreffenden Sitzung anhören, stellt sich oft heraus, daß ich das, was sie gehört hat, gar nicht gesagt habe.
3. Wenn ich etwas nicht mitbekomme (beispielsweise wenn ich eine Emotion von ihr nicht bemerke), denkt sie, sie sei mir gleichgültig, weshalb sie entmutigt reagiert.
4. Sie bleibt mir gegenüber wochenlang aufgebracht, so sehr ich mich auch bemühen mag, die Situation zwischen uns wieder ins Lot zu bringen.
5. Sie deutet meine Reaktionen auf sie als den Versuch, ihr zu vermitteln, daß sie »dumm, wertlos und schlecht« usw. sei.

Wenn ich keine Möglichkeiten sähe, Emotionen zu entschärfen oder zu Beginn unserer Interaktionen irgendwie ihren Tenor zu verändern, was glauben Sie, könnte dann zwischen mir und dieser Klientin passieren? Wir könnten uns in gewaltige Streitereien verwickeln. Ich könnte zu der Überzeugung kommen, daß diese Person einfach »verrückt« ist, und sie aufgrund dieser Einschätzung wie einen »hoffnungslosen Fall« behandeln. Außerdem könnte ich die ganze Mühe bereuen, die ich mir bei ihr gegeben habe, und mich über ihren Mangel an Dankbarkeit dafür ärgern. Ich könnte unsere Beziehung im Sande verlaufen lassen und erleichtert sein, wenn ich von ihr nichts mehr hörte, weil sie auf mich wütend wäre. Ich könnte unsere Beziehung auch auf verschiedene Arten eingrenzen, um mein Recht auf eine Privatsphäre und auf Frieden zu schützen, womit ich in Kauf nähme, daß sie dies als Zurückweisung empfände. Möglicherweise würde ich die Klientin auch ganz aufgeben. Auch Sie könnten eine Beziehung zu einer Person mit einer BPS schließlich aufgeben.

Validierung verringert die emotionale Intensität

Weil mir klar ist, daß Sie im Moment nicht bereit sind, Ihre Beziehung aufzugeben, werde ich mehrere Abschnitte der Validierung widmen. Diese Art der Reaktion können Sie in jeder Interaktion mit der geliebten Person nutzen. Sie werden feststellen, daß die Wirkkraft der Validierung alles andere übertrifft, wenn Sie Emotionen auf ein erträgliches Maß zurückführen wollen, um einen fruchtbareren Verlauf der Begegnung zu ermöglichen. Die Kunst des Validierens steht im Mittelpunkt jeder konstruktiven Reaktion auf das Verhalten von Menschen mit einer BPS.

Manchmal reicht es schon, wenn Sie jemandem über eine Situation und die Emotionen, die sie bei Ihnen hervorruft, berichten, um die betreffenden Emotionen erneut aufwallen zu lassen. Denken Sie einmal an Situationen zurück, in denen Ihnen jemand ein Unrecht getan hatte und sich Ihre Wut darüber nach einer Weile ein wenig beruhigt hatte, bis Sie nach Hause kamen und einem Mitglied Ihrer Familie über den Vorfall berichteten. Plötzlich fühlten Sie sich wieder genauso wütend wie im Augenblick des Geschehens. Das bloße Reden über ein Erlebnis dieser Art kann die damit verbundenen Emotionen in voller Stärke reaktivieren.

Stellen Sie sich nun vor, daß das Familienmitglied, dem Sie Ihr Erlebnis berichten, etwas sagen würde wie: »Ich verstehe, was du sagst« oder: »Mir ist klar, was dir daran nicht gefällt« oder: »Es ist kein Wunder, daß du dich so fühlst. Jedem würde es so gehen.« Wenn Sie solch eine Bemerkung hören, spüren Sie dann nicht physisch, daß die Emotion ein wenig schwächer wird? Sagt die andere Person hingegen etwas wie: »So solltest du dich nicht fühlen« oder tut sie das, was Sie gesagt haben, mit einer anderen Bemerkung ab, wie wirkt sich das dann auf Ihre Emotion aus? Sie wird stärker, und Ihre Fähigkeit, der anderen Person zuzuhören, läßt nach.

Validierung hilft, Emotionen zu besänftigen und allen Betroffenen den Umgang mit ihnen zu erleichtern, also nicht nur der Person mit der BPS.

Eine Validierung bestätigt einen Teil des inneren Erlebens eines anderen Menschen

Das Konzept der Validierung spielt in unserer Kultur vielerorts eine Rolle. Wenn Sie Ihren Wagen in ein Parkhaus fahren, das einen Vertrag mit einem bestimmten Restaurant hat, erhalten Sie oft einen Parkschein, den Sie im Restaurant abstempeln und so »validieren« (bestätigen lassen) können, um in den Genuß einer Ermäßigung der Parkgebühr zu kommen. Ein Mitarbeiter des Restaurants, der den Parkschein abstempelt, bestätigt so, daß Sie das Restaurant besucht haben. Der Parkschein belegt, daß Sie im Parkhaus waren, um im Restaurant zu essen. Die Validierung in der Dialektisch-behavioralen Therapie erfüllt die gleiche Funktion: Sie bestätigt, was und wie ein anderer Mensch erlebt.

An der University of Texas erforscht ein Professor namens Bill Swann die Interaktion von Menschen. Gemäß der von ihm entwickelten Theorie verfügen wir alle über etwas, das er »Selbstkonstrukte« nennt. Diese geben Aufschluß darüber, wie wir uns selbst sehen. Es gibt einige grundlegende Selbstkonstrukte, die beinhalten, wer wir sind, wohin wir in unserem Leben streben, was uns schwerfällt und was für uns leicht ist. Die Selbstkonstrukte von Menschen mit einer BPS besagen oft, daß die Betreffenden keine Kontrolle haben, daß sie unter starken emotionalen Schmerzen leiden, daß sie emotionalen Schmerz nicht ertragen können, daß ihnen Dinge, die andere tun können, nicht möglich sind, daß sie nicht empfinden, wer sie sind – im Grunde handelt es sich also um eine Repräsentation der fünf Bereiche der Dysregulation, mit denen wir uns in Kapitel 1 beschäftigt haben. Auch wenn unsere Selbstkonstrukte negativ sein mögen, entspricht es unserer menschlichen Natur, bei anderen Menschen eine Bestätigung für sie zu suchen. Wir fühlen uns zu Menschen hingezogen, die unsere Überzeugungen, die uns selbst betreffen, nicht in Frage stellen. Ich bin ein Mensch mit heller Haut und Sommersprossen. Weil ich aber als Kind die meiste Zeit am Strand verbracht habe und andere Mitglieder meiner Familie nicht so hellhäutig sind, glaubte ich, ich hätte olivfarbene Haut. Als ich sechzehn Jahre alt war, wies mich ein Strandwächter darauf hin, daß ich mich wegen meiner hellen Haut mit Sonnencreme eincremen müsse. Darüber war ich nicht nur erbost, sondern ich verbrachte danach auch eine ganze Woche damit, überall in Hawaii Menschen zu fragen, ob sie der Meinung seien, daß ich helle Haut hätte. Ich versuchte so, jemanden zu finden, der meine Ansicht bestätigte, ich hätte olivfarbene Haut, damit ich mich weiterhin unbehelligt am Strand aufhalten könnte. Es ging mir um die Validierung meines Selbstkonstrukts, dem zufolge ich eine olivfarbene Haut hatte. Darüber hinaus war ich so beunruhigt, weil jemand mir gesagt hatte, ich hätte helle Haut, daß die ganze Reise nach Hawaii für mich ruiniert war und sich das mit Sicherheit auch auf die Stimmung in meiner Familie auswirkte.

Ein Selbstkonstrukt muß nicht »wahr« oder »realitätskonform« sein. Es handelt sich dabei um eine Überzeugung bezüglich dessen, wer wir sind und wie wir die Welt erleben. Wenn die Person, die Sie lieben, eine Identität hat, der zufolge sie unter anderem wertlos ist und keine Liebe verdient, und Sie ihr (natürlich aus Liebe) immer wieder klarzumachen versuchen, daß das nicht zutrifft, könnte sie Ihnen gegenüber deutlich emotionaler werden und sich verstärkt ihrer Beziehung zu einem gewalttätigen Drogenabhängigen zuwenden, der sie tatsächlich so behandelt, als wäre sie völlig wertlos, und ihr dies manchmal auch direkt ins Gesicht sagt. Dieses Verhalten ist keineswegs ein Selbstschädigungsversuch der geliebten Person, sondern illustriert die Suche nach der Nähe von Menschen, die sie so behandeln, wie es ihrer eigenen Vorstellung darüber entspricht, wer sie ist, wo sie ist und worum es bei ihr geht.

Dadurch entsteht für diejenigen unter uns, die einen Menschen mit einer BPS lieben, eine Art Zwickmühle. Wir wollen der geliebten Person versichern, daß sie okay sei und die Kontrolle über ihr Leben zurückerlangen kann und daß ihr Leben einen Sinn hat. Aber wenn wir etwas Derartiges zu ihr sagen, kann das bei ihr zum erneuten Aufwallen von Emotionen führen.

Manchmal wird der Begriff »validieren« im Sinne von »einverstanden sein« benutzt. Was ich hier mit *Validierung* meine, hat jedoch einen etwas anderen Sinn: Ich meine damit, daß Sie ein (manchmal sehr kleines) authentisches und für Sie verständliches Verhalten (und aus meiner Sicht als Behavioristin schließt das Gedanken, Gefühle und/oder Handlungen ein) finden und der anderen Person mitteilen, daß Sie dieses Verhalten als verständlich oder plausibel ansehen. Sie brauchen das Verhalten nicht unbedingt gutzuheißen, müssen es nur ehrlich als verständlich bestätigen können. Ist es für Sie nicht verständlich, sollten Sie es nicht validieren. Täten Sie dies trotzdem, würden Sie etwas in Ihren Augen Unzutreffendes bestätigen, und das ist oft gefährlich – Sie könnten auf diese Weise durch Ihre eigene Reaktion ein Verhalten verstärken, das eindeutig schädlich ist.

Etwas zu finden, das Sie validieren können, ist manchmal sehr schwierig. Stellen Sie sich eine Frau vor, die 35 Kilo wiegt und behauptet, sie sei fett. Wahrscheinlich hat sie ein Selbstkonstrukt, demzufolge sie tatsächlich fett ist. Würden Sie in solch einem Fall validieren, daß sie fett ist, würden Sie etwas Unzutreffendes bestätigen. Glücklicherweise gibt es immer Dinge, die wir validieren können. Wir alle haben schon Tage erlebt, an denen wir uns völlig unabhängig von unserem realen Gewicht fett *fühlten*, oder wir machen uns nach einem viel zu üppigen Abendessen Sorgen, wir könnten zunehmen. Wenn Sie im geschilderten Fall etwas sagen, das diese Aspekte thematisiert, etwa: »Ich weiß, daß du dich fett fühlst« oder: »Aufgedunsen zu sein, ist nicht angenehm« oder: »Ich kann verstehen, daß du dir Sorgen machst, du könntest zunehmen, aber du weißt selbst, daß du genau das mußt«, so ist das eine Validierung. Es beinhaltet die Mitteilung, daß *etwas* von dem, was die andere Person gesagt hat, sinnvoll und für uns verständlich ist.

- *Eine Validierung ist nicht zwingend das gleiche wie Einverständnis (kann es aber sein).*
- *Wir validieren niemals etwas Unzutreffendes.*

Nun denken Sie einmal darüber nach, was ich gerade über Validierung und vorher über Selbstkonstrukte gesagt habe. Wenn wir die Selbstkonstrukte von Menschen in Frage stellen, kann das eine so dysregulierende Wirkung haben, daß die Betroffenen nichts anderes von dem, was Sie sagen, mehr zu hören vermögen. Ich habe kürzlich eine Gruppe von Therapeuten in der Anwendung der DBT ausgebildet. Einige unter den Teilnehmern waren im Auftrag des Unternehmens, für das sie arbeiteten, gekommen. Sie waren völlig davon überzeugt, daß sie ihren Klienten eine DBT-Behandlung anböten (dies war ihr Selbstkonstrukt). Ich begann meine Konsultation mit der Feststellung: »Das ist keine DBT.« Weil ich ihnen erklärte, daß sie nicht die seien, die zu sein sie glaubten, gerieten sie in einen so starken Zustand der Dysregulation, daß sie nichts von den Informationen, die ich ihnen vermitteln wollte, verarbeiten konnten. Ich mußte deshalb ein wenig zurückrudern und sagte ihnen: »Ich weiß, daß Sie glauben, das, was Sie anbieten, sei DBT, und mir ist auch klar, daß Sie eine DBT anbieten *wollen*.« Anschließend mußte ich ihnen auch noch versichern, daß ihre Arbeitsweise Bestandteile der DBT enthalte. Daraufhin beruhigten sie sich emotional und waren in der Lage, sich mein Feedback anzuhören. Sie mögen mit den Selbstkonstrukten eines geliebten Menschen, denen zufolge er wertlos ist und keine Liebe verdient, nicht einverstanden sein, aber das ist die Realität des Betreffenden. Was würde geschehen, wenn Sie zu ihm sagen würden: »Du bist nicht wertlos, und du verdienst es, geliebt zu werden«, womit Sie die Selbstkonstrukte dieses Menschen kritisieren würden? Wahrscheinlich wäre er sehr aufgebracht. Weil der Betreffende Ihnen so wichtig ist, wollen Sie nicht antworten: »Du hast recht. Du bist wertlos und verdienst es nicht, geliebt zu werden.« Im Sinne einer Validierung könnten Sie zunächst sagen: »Mir ist ja klar, daß du dich wertlos und nicht liebenswert fühlst. Und tatsächlich hast du ja ein paar Dinge getan, derentwegen du dich jetzt so fühlst. Ich weiß, daß du dich wegen der Fehler, die du in deinem Leben gemacht hast, schlecht fühlst. Aber ich weiß auch folgendes über dich: …« An dieser Stelle können Sie dann all das sagen, was Sie über diese Person wirklich sagen wollen – daß sie als Mensch Respekt und Achtung verdient, daß jeder Mensch Liebe verdient usw. Ist Ihnen jetzt klar, daß Sie zunächst validieren sollen, wie die Person sich selbst erlebt, und erst danach sagen sollen, was Sie ihr sagen wollen? Die Validierung wirkt wie ein Löffel Zucker, der hilft, eine bittere Medizin zu schlucken. Sie kommuniziert Verständnis für das und Anerkennung dessen, was die Person erlebt hat, und zwar auf eine Art, die die emotionale Erregung gering hält und Ihnen ermöglicht, auch das zu sagen, was Ihnen persönlich wichtig ist. Die Selbstkonstrukte von Menschen verändern sich manchmal im Laufe der Zeit und durch Erfahrungen. Es bleibt zu hoffen, daß sich die Überzeugungen des Menschen, den Sie lieben, bezüglich seiner eigenen Wertlosigkeit verändern, wenn er lernt, sich in seinem Leben anders als bisher zu verhalten.

Was man statt einer Validierung nicht versuchen sollte

Wenn Menschen starke Emotionen zeigen, machen wir alle einige grundlegende Fehler.

- *Fordern Sie die geliebte Person nicht auf, sich zu beruhigen.* Seien Sie ehrlich: Haben Sie jemals erlebt, daß das zum gewünschten Erfolg führte? Wenn Sie jemanden auffordern, er solle sich beruhigen, invalidieren Sie damit die Verstimmung des Betreffenden, und dadurch werden seine Emotionen stärker, nicht schwächer.

- *Versuchen Sie niemals, ein Problem zu lösen, bevor Sie ein klares Bild davon haben und sich sicher sind, daß der Mensch, den Sie lieben, tatsächlich möchte, daß Sie sein Problem lösen.* Ein weiterer Fehler besteht darin, daß wir überhaupt versuchen, das Problem zu lösen. Weil viele von uns im Lösen von Problemen gut sind, machen sie sich sofort daran, nach Lösungen zu suchen, wenn ihnen jemand berichtet, daß in seinem Leben etwas nicht gut läuft, und erläutern dann auch eifrig ihre guten Ideen. Das führt gewöhnlich dazu, daß die betroffene Person noch aufgebrachter wird. So ist es bei meinem Mann und mir oft gewesen. Wenn ich ihm von einer aktuellen Entwicklung erzählte und im Grunde nur wollte, daß er mir zuhörte und mir die Richtigkeit meiner Reaktion bestätigte, unterbrach er mich meist bei der erstbesten Gelegenheit und sagte etwas wie: »Du mußt folgendes tun ...« oder: »Ich würde diesem Kerl sagen ...« Ich spürte dann ein Erstarken der Emotionen in meinem Inneren – meist war es Frustration – und hatte das Gefühl, nicht verstanden zu werden. Ich war nicht nur wegen der Situation, die ich ihm schilderte, aufgebracht, sondern auch darüber, daß er mir nicht zuhörte. Validierung erfordert zuzuhören, ohne daß man gleich Probleme lösen will.
- *Behaupten Sie nicht, Sie würden etwas verstehen, wenn das nicht zutrifft.* Wenn Menschen etwas zu validieren versuchen, klingt das, was sie sagen oder tun, manchmal beschwichtigend und herablassend. Hat schon einmal jemand zu Ihnen gesagt: »Ich weiß genau, was Sie meinen«, und Sie haben dann sofort gedacht: »Das weißt du nicht; im Gegenteil, du hast nicht die geringste Ahnung«? Auch durch solche Bemerkungen können Emotionen stärker werden.

> *Wenn Sie jemanden validieren wollen, muß das, was Sie sagen, authentisch sein und der Realität entsprechen.*

Wie man validiert

Ich möchte an dieser Stelle noch einmal auf einen sehr wichtigen Punkt hinweisen: Eine Validierung beinhaltet nicht automatisch, daß man die Ansicht der anderen Person teilt. Wir sind mit dem, was ein Mensch mit einer BPS tut, oft nicht einverstanden. Beispielsweise heißen wir wahrscheinlich nicht gut, daß er Bars besucht, sich betrinkt, Intimpartner »abschleppt« und mit ihnen ungeschützt sexuell verkehrt, weil er mit seinem Chef gestritten hat. Taucht die geliebte Person jedoch später zu Hause auf, und versuchen Sie ihr dann sofort klarzumachen, was für einen Fehler sie gemacht hat, wie gefährlich ihr Verhalten war und wie problematisch ihr Bemühen, mit einem Problem fertig zu werden, ist, dann wird sie Ihnen nicht zuhören und noch stärker die Kontrolle verlieren. Entscheidend ist immer das Timing. Wenn Sie etwas finden, das zu validieren Ihnen als sinnvoll und möglich erscheint, können Sie Ihr Vorhaben, die geliebte Person darauf hinzuweisen, in welcher Hinsicht sie sich verändern muß, um sich selbst und andere zu schützen, zurückstellen, denn wenn später ein günstigerer Zeitpunkt kommt, werden Sie wahrscheinlich eher gehört.

Natürlich ist es nicht leicht, sich zurückzuhalten, um einen geeigneten Zeitpunkt abzuwarten, insbesondere wenn die Emotionen stärker werden. Deshalb gliedert die DBT die Validierung in sechs Ebenen, die Ihnen helfen sollen, selbst dann auf das Kontrollieren Ihrer eigenen Reaktion zu fokussieren, wenn die Person mit der BPS den Eindruck erweckt oder selbst das Gefühl hat, die Kontrolle verloren zu haben.

Die sechs Stufen der Validierung (nach Marsha Linehan)

Bevor ich anfange, Ihnen die Stufen der Validierung und ihre Nutzung zu erläutern, möchte ich klarstellen, daß ich zwar den größten Teil der Zeit darauf verwenden werde, Ihnen zu erklären, wie Sie eine Person mit einer BPS validieren können, daß es aber auch wichtig ist, sich selbst und andere Menschen, die die Person mit der BPS lieben, zu validieren. Befindet sich jemand in einem aufgebrachten Zustand, ist es immer sinnvoll, den Betreffenden zu validieren, bevor man irgend etwas anderes tut. Sogar wenn Ihr Partner nicht die an einer BPS leidende Person in Ihrem Leben ist, sollten Sie ihn validieren, wenn er von der Arbeit nach Hause kommt und wegen etwas, das an seinem Arbeitsplatz passiert ist, außer sich ist, weil die Validierung auf gefahrlose Weise ermöglicht, Konflikte nicht ausufern zu lassen. Selbstvalidierung ist ein wichtiger Aspekt der Regulierung eigener Emotionen; deshalb sollten Sie sich darin üben, nicht nur die geliebte Person mit der BPS, sondern auch sich selbst zu validieren. Am Ende dieses Kapitels werde ich noch ausführlicher auf die Selbstvalidierung eingehen.

Stufe 1: Wach bleiben

Einen emotional erregten Menschen zu validieren ist eine Kunst. Hingegen ist es relativ leicht, jemanden in einem ruhigen Zustand zu validieren. Sie brauchen nur zuzuhören und zu nicken. Aber auch wenn jemand aufgebracht ist, kann Zuhören und Nicken seinen Zweck erfüllen. Vielleicht haben Sie das selbst schon einmal erlebt: Sie hatten sich wegen etwas aufgeregt und haben jemand anderem davon erzählt. Vielleicht hatte der andere keinen glänzenden Einfall, aber schon allein daß er dasaß, Ihnen Zeit schenkte und Ihnen allem Anschein nach objektiv zuhörte, beruhigte Ihre Emotionen ein wenig. Dies bezeichnen wir als erste Stufe der Validierung: *wach bleiben.*

Wach zu bleiben erfordert Aufmerksamkeit und das Stellen objektiver, nachforschender Fragen – womit Sie im Grunde zeigen, daß Sie der Person, die spricht, Aufmerksamkeit schenken. Lehnen Sie sich vor, nicken Sie, und stellen Sie Fragen, die erkennen lassen, daß Sie dem Bericht Ihres Gegenübers aufmerksam folgen.

Ein wichtiger Aspekt des Wachbleibens (und auch aller übrigen Stufen der Validierung) besteht darin, über das, was die andere Person Ihnen mitteilt, nicht zu urteilen. Kehren wir noch einmal zu unserem Beispiel von dem Mann zurück, der sich betrinkt und dann sexuell mit Männern verkehrt, die er nicht kennt. Er kommt zu Ihnen – seiner Mutter, seinem Freund, seinem Vater –, wer auch immer Sie sein mögen. Er sieht schrecklich aus, ist verkatert und hat rote und geschwollene Augen. Offensichtlich verzweifelt berichtet er Ihnen, was am vorigen Abend passiert ist. Es wäre naheliegend und verständlich, wenn Sie denken würden: »Wie dämlich kann man eigentlich sein?« Es ist aber wichtig, solche Urteile, wenn Sie in Ihrem Geist auftauchen, nicht zuzulassen, weil Menschen mit einer BPS sehr empfindlich auf Kritik reagieren und in der Regel Veränderungen auf unserem Gesicht erkennen können, die verurteilende Gedanken spiegeln.

Wie können Sie sich von verurteilenden Gedanken lösen? Zunächst müssen Sie sich auf das konzentrieren, was die andere Person sagt. Wenn Sie Ihre Aufmerksamkeit völlig darauf konzentrieren (wir nennen dies Achtsamkeit), können Sie keine Urteile entwickeln. Der zweite Schritt besteht darin, auf die Fakten der Situation fokussiert zu bleiben und nicht zuzulassen, daß Sie eine Meinung oder ein Urteil entwickeln. Allerdings ist das sehr schwer. Unser Geist neigt nun einmal zum Urteilen, und oft entweichen unserem Mund Urteile, ohne daß wir auch nur einen Moment darüber nachgedacht haben. Versuchen Sie, sich im Nichturteilen zu üben, wenn Sie sich nicht in einer Krisensituation befinden. Achten Sie auf die Gedanken, die Ihnen durch den Sinn gehen. Handelt es sich dabei um Tatsachen oder um Wertungen? Versuchen Sie, Wörter wie *gut, schlecht, richtig, falsch, fair* und *unfair* aus Ihrem Wortschatz zu verbannen. Meiden Sie auch Bezeichnungen für Extreme wie *immer, nie, niemand* und *alle.* Dadurch schaffen Sie die Grundlage für eine nichturteilende Haltung. Vergegenwärtigen Sie sich auch, daß wir manchmal urteilen, ohne es zu wollen. Und verurteilen Sie nicht Ihr eigenes Urteilen. Lösen Sie sich von Urteilen, und richten Sie Ihre Aufmerksamkeit vollständig auf die Person, die Ihnen etwas mitteilt, während Sie zuhören.

Stufe 2: Akkurate Spiegelung

Akkurates Spiegeln erfordert zu kommunizieren, daß Sie die Botschaft der anderen Person richtig gehört haben. Manchmal wiederholen Zuhörer einfach wörtlich, was sie die andere Person haben sagen hören. Dies lernen Therapeuten in ihrer Ausbildung. Die Person in der Rolle des Klienten sagt: »Es war sehr schwer für mich, und ich habe sehr damit gerungen.« Die Person, die lernt, wie ein Therapeut darauf zu reagieren, antwortet: »Ich habe Sie sagen hören, daß es schwer für Sie war und daß Sie sehr damit gerungen haben.« Diese einfache Technik zu benutzen ist sinnvoll bei einem Menschen, der sehr aufgebracht oder sehr starr in seinem Denken ist. Allerdings halte ich es für angebracht, hier ausdrücklich darauf hinzuweisen, daß eine Reaktion dieser Art kontraproduktiv wirkt, wenn jemand sie bei mir anwendet, weil ich dann das Gefühl habe, mir sitzt ein Papagei gegenüber.

Sie können diese Stufe der Validierung trotzdem nutzen, wenn bei der Validierung eine möglichst akkurate Wiedergabe von Fakten erforderlich ist. Stellen Sie dann aber unbedingt die Wortfolge um, damit Ihr Gegenüber merkt, daß Sie das Wesentliche verstanden haben. Nehmen wir an, Ihr Gesprächspartner sagt: »Ich kann nicht glauben, daß ich gestern ausgegangen bin und mir die Kante gegeben habe. Ich mache mir Sorgen, was als nächstes passieren wird.« Darauf können Sie etwas entgegnen wie: »Hmm, Sie machen sich also Sorgen über Folgen des gestrigen Abends und fühlen sich schlecht, weil Sie sich betrunken haben.« Ganz gleich, ob Sie die Äußerung Ihres Klienten wörtlich oder sinngemäß wiederholen, das Resultat ist, daß Sie mit einer Person kommunizieren, die meist das Gefühl hat, daß ihre eigenen Reaktionen auf die Welt unlogisch sind und keinen Sinn ergeben und daß das, was sie erlebt, zumindest so allgemeinverständlich ist, daß Sie »es kapieren« können.

Stufe 3: Das Unausgesprochene darlegen

Ich nenne dies Gedankenlesen. Es erfordert, eine kleine Hypothese darüber zu entwickeln, was die andere Person Ihnen *nicht* sagt. In der Regel präsentiert man es am besten in Form einer Frage, oder man fragt, ob etwas Bestimmtes zutrifft, insbesondere wenn die Person sich in einem Zustand starker Dysregulation befindet. Im obigen Beispielfall könnte man also sagen: »Ich kann mir vorstellen, daß Sie sich sorgen, Sie könnten sich gestern Abend eine Geschlechtskrankheit eingehandelt haben. Ist das so?« Oder: »Wahrscheinlich könnten Sie sich selbst ohrfeigen, weil Sie etwas getan haben, das Sie eigentlich um jeden Preis vermeiden wollten, hmm?« Beim Gedankenlesen ist entscheidend, daß Sie bereit sind hinzunehmen, daß Sie Unrecht haben. Die andere Person könnte antworten: »Nein, ich mache mir überhaupt keine Sorgen wegen einer Geschlechtskrankheit. Ich kenne Leute, die eine Beziehung zu diesem Mann hatten, und nach dem, was sie sagten, ist er okay.« Die beste Reaktion auf eine solche Antwort ist, mit einer Frage fortzufahren, die eher der Stufe 1 (wach bleiben) entspricht: »Okay, was macht Ihnen denn in dieser Angelegenheit am meisten Sorgen? Was beinhalten die Konsequenzen, von denen Sie gesprochen haben?«

Die Stufen der Validierung sind fließend und werden häufig parallel genutzt.

Die nächsten beiden Validierungsstufen sind sehr wirkmächtig. Sie beinhalten, die Reaktionen des Klienten als normal darzustellen.

Stufe 4: Validieren hinsichtlich der persönlichen Geschichte oder Biologie

Weil wir in jedem Augenblick die Summe aller Augenblicke unseres Lebens sind, können wir auf einer bestimmten Ebene sagen, daß unser Verhalten einen Sinn ergibt. Im Kontext unserer Gesellschaft insgesamt mag es dysfunktional oder nicht sinnvoll sein, aber in Anbetracht dessen, wer wir sind und was in unserem Leben geschehen ist, erscheint es als plausibel. Beispielsweise kenne ich eine Frau, deren Haus während eines Sturms abbrannte, als sie ungefähr fünf Jahre alt war. Ihre Familie verlor durch das Feuer ihre gesamte Habe. Die Frau lebt an einem Ort, wo es im Sommer immer wieder heftige Stürme mit viel Donner und Blitz gibt. Wenn es blitzt, wird sie sehr ängstlich und setzt sich oft in einen möglichst abgeschlossenen Raum, bis der Sturm vorüber ist. Aufgrund ihres Berufes muß sie sich jedoch um andere Menschen kümmern, wenn es stürmt; deshalb verhält sie sich im Kontext ihrer aktuellen Lebenssituation dysfunktional, wenn sie sich während eines Sturms versteckt. Im Sinne einer Validierung der Stufe 4 könnte ich beispielsweise sagen: »Ich verstehe ja nur zu gut, daß Sie sich während eines Sturms in geschlossenen Räumen verstecken wollen. Schließlich ist das Haus Ihrer Familie während eines Sturms abgebrannt. Es ist absolut nachvollziehbar, daß Blitze Sie in starke Angst versetzen. Die Ursache liegt in Ihrer persönlichen Geschichte.« Anschließend könnte ich mich damit beschäftigen, daß ihr Verhalten (sich in einem geschlossenen Raum zu verstecken) in ihrer aktuellen Situation nicht mehr von Nutzen ist; aber zunächst würde ich erklären, daß ich aufgrund ihrer Lebensgeschichte Verständnis für dieses Verhalten habe, weil ihre Verlust- und Furchtempfindungen auch Einfluß darauf haben, wer sie im gegenwärtigen Augenblick ist.

Eine andere Validierung der Stufe 4 bezieht sich auf die biologische Befindlichkeit. Unsere Physiologie, unsere physischen Probleme, wie unser Körper auf die Welt reagiert – all dies wirkt sich darauf aus, wie wir mit Geschehnissen in der Welt umgehen. Beispielsweise fällt es Menschen mit einer Aufmerksamkeitsdefizit-/Hyperaktivitätsstörung (ADHS) schwer, während eines vierstündigen Kurses aufmerksam zu bleiben. Und Menschen mit Bandscheibenproblemen können in einer solchen Veranstaltung nur mit großen Schwierigkeiten vier Stunden sitzen. Beide Beispiele beziehen sich auf biologische Sachverhalte. Bei dieser Art der Validierung geht es darum, eine Möglichkeit zu finden, den Sinn des Verhaltens der Person zu verstehen, ohne sie zu pathologisieren und ohne den Eindruck zu vermitteln, sie sei in irgendeiner Hinsicht unzulänglich. Erinnern Sie sich noch an den Mann, der in die Bar ging? Ich könnte zu ihm sagen: »Ich verstehe ja, warum Sie in diese Bar gegangen sind. Nach einem schlechten Tag wird Ihr Verlangen nach Alkohol sehr stark. Damit hat die ganze Sache doch angefangen.« Wohl gemerkt, ich habe nicht gesagt, daß der Besuch in der Bar eine gute Sache war oder daß der Betreffende unbedingt in die Bar hätte gehen sollen. Ich weiß genug über die Wirkung von Alkohol auf das physiologische Verlangen, um mir darüber im klaren zu sein, wie das eine zum anderen führen kann. Ich könnte das Gespräch fortsetzen. Ich könnte auf die Sorgen wegen dem, was später geschah, eingehen: »Weil Alkohol Sie enthemmt, kann es leicht passieren, daß Sie eine Bar nicht allein verlassen, wenn Sie dort getrunken haben.«

Stufe 5: Auf die Normalität eines Zustandes verweisen

Stufe 5 ist deshalb so wichtig, weil sie klarstellt, daß andere (die nicht unter einer BPS leiden) genauso reagieren würden. Menschen mit einer BPS erleben permanent, daß sie anders sind – Außenseiter in ihrer eigenen Welt. In solch einer Situation auf die Normalität eines Zustandes zu verweisen bedeutet, daß man eine Möglichkeit finden muß zu vermitteln, daß das, was die Person mit einer BPS erlebt, dem Erleben des Menschseins entspricht – daß sich in der betreffenden Situation jeder genauso fühlen würde. Dies ist eine sehr wirkmächtige

Erkenntnis. Äußerungen, die man in diesem Zusammenhang benutzen kann, sind:

»Wir alle erleben Augenblicke, in denen wir uns so fühlen.«
»Natürlich denken Sie das; in Ihrer Situation würde das jeder denken.«
»Ich würde mich in Ihrer Lage genauso fühlen.«
»Sie wissen selbst, daß das eine völlig normale Reaktion ist.«
»Ich kann sehr gut verstehen, daß Sie das getan haben. Wir alle kennen solche Augenblicke.«

Vergleichen wir dies bezogen auf die Frau, die ein Problem mit Stürmen hatte, mit Stufe 4. Ich validierte die Furcht der Frau vor Stürmen aufgrund ihrer persönlichen Geschichte, indem ich sagte: »Ich verstehe ja nur zu gut, daß Sie sich während eines Sturms in geschlossenen Räumen verstecken wollen. Schließlich ist das Haus Ihrer Familie während eines Sturms abgebrannt. Es ist absolut nachvollziehbar, daß Blitze Sie in starke Angst versetzen. Die Ursache liegt in Ihrer persönlichen Geschichte.« Wollte ich das Verhalten der Frau als normal darstellen, würde ich etwas wie das folgende sagen: »Wissen Sie, Stürme sind immer beängstigend. Die meisten Menschen haben das Bedürfnis, etwas zu tun, um sich Blitz und Donner zu entziehen.« Wohl gemerkt habe ich nicht gesagt, diese Reaktion sei eine besondere Spezialität von ihr. Es ist völlig normal, sich vor einem Sturm zu fürchten.

Ebenso kann man mit den biologischen Befindlichkeiten auf Stufe 4 verfahren. Bei dem Klienten mit der ADHS würde ich statt »Menschen mit einer ADHS fällt es schwer, während eines vierstündigen Kurses aufmerksam zu bleiben« im Falle einer Validierung der Stufe 5 sagen: »Es ist immer schwer, während eines vierstündigen Kurses, der sich mit einem einzigen Thema befaßt, aufmerksam zu bleiben.« Und bei der Person mit dem Bandscheibenproblem würde ich nicht sagen: »Menschen mit Bandscheibenproblemen können einen vierstündigen Kurs nur mit großen Schwierigkeiten im Sitzen durchstehen«, sondern: »Diese Stühle sind für Ihren Rücken ganz sicher nicht besonders gut.« Erkennen Sie den Unterschied? Im einen Fall geht es um die konkrete Person, im anderen um Menschen im allgemeinen.

Manchmal ist es nicht möglich, ein Verhalten als normal zu beschreiben. Man kann nicht zu jemandem sagen: »Menschen werden nun einmal suizidal, wenn ihre Gefühle verletzt werden« oder: »Wir alle haben manchmal das Bedürfnis, uns zu schneiden, wenn wir einen besonders streßreichen Tag hinter uns haben.«

Versuchen Sie in keinem Fall, Verhalten als normal darzustellen, das nicht normal ist – dann würden Sie nämlich etwas, das inadäquat ist, als adäquat darstellen. Ist eine Person mit einer BPS sich über ihr inadäquates Verhalten im klaren, und man versucht dann, dieses Verhalten als normal hinzustellen, lodern die Emotionen des Betreffenden auf. In solchen Fällen versucht man es besser mit einer Validierung der Stufe 4: »Ich weiß, daß bei Ihnen suizidale Gedanken auftauchen, wenn Sie einen üblen Tag wie den heutigen erlebt haben. Das ist Ihre unmittelbare Reaktion auf solche Situationen.« Oder: »Mir ist klar, daß Sie nach einem schlechten Tag irgend etwas tun wollen, um sich besser zu fühlen, und in der Vergangenheit hat das Schneiden für Sie diesen Zweck erfüllt.«

Stufe 6: Radikale Authentizität

Der Schlüssel zu jeder Form von Validierung ist Authentizität. Manchmal höre ich, wenn Menschen jemanden zu validieren versuchen, daß sie zwar genau das Richtige sagen, ihre Stimme aber wie die von Eltern oder bevormundend klingt. Eine Validierung der Stufe 6 ist genau das, was die folgenden Worte beinhalten: Seien Sie gegenüber dem geliebten Menschen, der unter einer BPS leidet, radikal authentisch.

Zweifellos ist das sehr schwer. Man selbst zu sein, wenn man mit einer Bombe mit tickendem Zeitzünder konfrontiert ist, ist ganz sicher schwer. Sie sollten den geliebten Menschen mit der BPS nicht anders behandeln, als Sie jeden anderen in jeder erdenklichen Situation behandeln würden. Insbesondere in der Psychotherapie und Psychiatrie behandeln wir Menschen oft, als wären sie fragiler, als sie tatsächlich sind. Radikal authentisch zu sein bedeutet, andere nicht als fragiler zu behandeln, als sie sind, nicht herablassend zu wirken und die Person, die Sie eigentlich validieren wollen, nicht herabzuwürdigen.

Dies kann unmittelbar durch Worte oder durch Verhalten geschehen. Wenn mich beispielsweise eine Freundin anruft und sagt, sie habe gerade den schrecklichsten Tag ihres ganzen Lebens hinter sich – ihr droht der Verlust ihres Arbeitsplatzes; als sie nach Hause kommt, haben ihre Kinder sämtliche Wände beschrieben; und außerdem ist sie sicher, daß ihr Mann eine Affäre hat –, sage ich: »Du meine Güte! Wie entsetzlich! Was kann ich tun?« Ich frage sie nicht, ob Sie zu einer Notfallambulanz muß. Ich rede mit ihr auch nicht wie mit einem Kind. Ich schenke ihr meine Aufmerksamkeit und Sympathie und behandle sie wie eine kompetente und selbstständige Person.

Ich hatte einmal eine sehr kleine Klientin – sie maß ungefähr einen Meter dreißig. Sie war mit einem sehr großen Mann verheiratet, und ihr Psychiater war ebenfalls sehr groß, ein ehemaliger Football-Spieler. In mehreren Situationen beobachtete ich, wie diese beiden Männer (zweifellos stets mit den besten Absichten) mit dieser Frau, wenn sie aufgebracht war, in einer »Babystimme« sprachen. Ich habe beide in diesem Ton nie mit größeren Gesprächspartnern reden hören. Sie »fragilisierten« die Frau in solchen Augenblicken. Wenn sie mit dieser kindlichen Stimme mit ihr sprachen, wirkte das alles andere als beruhigend auf sie. In den Situationen, die ich miterlebte, wurde meine Klientin noch aufgebrachter, wenn die beiden Männer mit ihr sprachen.

Eine Validierung der Stufe 6 besteht kurz gesagt darin, daß Sie mit der geliebten Person genauso reden wie mit jedem anderen Menschen. Das Problem ist natürlich, daß diese Person in Ihrem Leben nicht ebenso kompetent wirkt wie andere Menschen (oder tatsächlich ist). Vielleicht mußten Sie sie in der Vergangenheit aufgrund bestimmter Umstände mehrfach »betreuen«. Und wenn Sie die Mutter oder der Vater eines solchen Menschen sind, passiert es sehr leicht, daß Sie ihr gegenüber in bevormundendes Verhalten verfallen. Sie sollten aber bedenken, daß es einige sehr gute Gründe für die Veränderung Ihrer Reaktionsweise gibt. *Erstens* hat sie vermutlich ihren Zweck nicht erfüllt. *Zweitens* hat die Validierung die Verringerung der emotionalen Erregung zum Ziel. Und *drittens* gibt es wirklich plausible Beweise dafür, daß Menschen sich genau so verhalten, wie Sie es von ihnen erwarten. Behandeln wir beispielsweise jemanden, als ob er besonders schwach sei, dann ist er schwach. Behandeln wir hingegen jemanden als kompetent, dann wird er kompetent.

Zusammenfassung der Validierungsstufen

Nun werden wir ein Szenario für den Anfang der Validierungsarbeit zusammenstellen. Die Person mit einer BPS werden wir für diesen Zweck Ray nennen. Ray ruft Sie morgens an. Er ist sehr aufgebracht; er spricht sehr laut, und seine Stimme klingt, als sei er den Tränen nahe.

Ray: Ich kann nicht fassen, was ich gestern Abend getan habe. Ich hatte einen sehr üblen Tag hinter mir. Bob und ich haben große Probleme. Weil ich nicht nach Hause gehen konnte, bin ich in die Bar gegangen. [stärker werdende Dysregulation]

Sie: Okay, Ray. Weil es um Ihre Beziehung zu Bob nicht gut steht, haben Sie die Bar aufgesucht, statt nach Hause zu gehen. [Stufe 2] Was ist dann passiert? [Stufe 1]

Ray: *(lauter)* Ich kann Ihnen sagen, was passiert ist. Ich habe mir die Kante gegeben und bin mit einem Unbekannten nach Hause gegangen. Dann hatte ich einen Blackout, und deshalb weiß ich nicht, was sonst noch passiert ist.

SIE: Das ist ja übel. [Stufe 5] Sie machen sich Sorgen, was Sie gestern Abend getan haben, richtig? [Stufe 3] Fürchten Sie, Sie könnten eine Krankheit eingefangen haben? Oder sorgt Sie, was Bob denken könnte? Ich persönlich wäre wahrscheinlich wegen beidem besorgt. [Stufe 5]

RAY: Ich will nicht mehr darüber reden. Es geht mir auf den Sack, auch nur darüber zu reden.

SIE: Ich kann verstehen, daß es schwer für Sie ist, darüber zu reden. [Stufe 5] Wahrscheinlich werden Sie momentan von ziemlich vielen Emotionen heimgesucht. [Stufe 3] Mir ist klar, daß Sie es auch schon in der Vergangenheit schwer gehabt haben und daß es Ihnen deshalb schwerfällt, mit mir über diese Dinge zu reden. [Stufe 4] Sind Sie sicher, daß Sie meine Hilfe nicht wollen?

Sich selbst und andere validieren

Wir alle brauchen Validierung, wenn wir Kummer haben. Bei den Familienangehörigen von Menschen mit einer BPS ist das Bedürfnis nach Validierung meist größer als bei den Mitgliedern anderer Familien. Verschiedene Gruppen von Wissenschaftlern, die sich mit der Funktion von Validierung in Beziehungen beschäftigen, haben herausgefunden, daß alle Beziehungen davon profitieren, wenn die Partner die Kunst der Validierung beherrschen. Auch bei der Validierung von Familienmitgliedern, die nicht unter einer BPS leiden, spielen die weiter oben beschriebenen sechs Stufen der Validierung eine wichtige Rolle.

Auch sich selbst zu validieren ist sehr wichtig, wenn ein Mensch, den Sie besonders lieben, unter einer BPS leidet. Wenn Sie merken, daß Sie in einen Zustand der Dysregulation verfallen, erfüllen die ersten drei Stufen (wachsam bleiben, akkurate Reflexion und Gedankenlesen) ihren Zweck nicht und würden eher unglaubwürdig wirken. Sie können dann aber die Stufen 4 und 5 auf sich selbst anwenden. Untersuchen Sie Ihre Reaktion, und stellen Sie fest, inwiefern Ihr Verhalten in Anbetracht Ihrer Lebensgeschichte, Ihrer biologischen Charakteristik oder Ihrer aktuellen Lebensumstände verständlich ist. Zu sich selbst zu sagen: »Du bist aufgebracht über ihn, weil er dir wichtig ist. Das ist bei Eltern normal«, ist ein Beispiel für die Darstellung des eigenen Verhaltens als normal. Wenn Sie sich die Mühe machen, das zu tun, ermöglichen Sie es Ihren Emotionen, eine stärkere Dysregulation zu vermeiden.

Sich im Validieren üben

Es gibt verschiedene Möglichkeiten zu validieren. Man kann es auf folgende Aspekte eines anderen Menschen beziehen:

Gedanken: »Ich verstehe, daß du dir deswegen Sorgen machst. Das ist zweifellos berechtigt.«
Emotionen: »Natürlich bist du wegen der Trennung traurig. So etwas zu erleben ist entsetzlich.«
Handlungen: »Ich kann verstehen, daß du von ihm weggegangen bist, statt deinen Standpunkt zu behaupten und darüber zu streiten.«
Sichtweise: »Natürlich brauchst du jetzt nicht darüber zu reden.«
Fähigkeiten: »Ich weiß, daß du das schaffen kannst. Du bist ganz sicher dazu in der Lage.«

Damit Sie zu erkennen lernen, ob eine Validierung erforderlich ist, sollten Sie jetzt einmal über kürzliche Erlebnisse mit dem Menschen, den Sie besonders lieben, nachdenken. Konzentrieren Sie sich auf eine Interaktion, in der die andere Person stärker emotional erregt war und in der eine Validierung zum Abklingen der Emotion beitragen könnte.

Beschreiben Sie im folgenden die Situation so ausführlich, daß Sie sich daran erinnern, worum es ging, und notieren Sie anschließend je eine Äußerung für jede Art von Validierung, die Sie in der betreffenden Situation hätten nutzen können.

Beschreiben Sie die Situation. ______________________________

____

____

____

Woran habe ich den Anstieg der emotionalen Erregung des geliebten Menschen erkannt? ______________________________

____

____

____

Beispiele für Validierungen. Ich könnte sagen:

Gedanken: ______________________________

____

____

____

____

Emotionen: ______________________________

____

____

____

____

Handlungen: ______________________________

____

____

____

____

Sichtweise: ______________________________

____

____

____

____

Fähigkeiten: ______________________________

____

____

____

Validierung in Aktion

Wenn Sie anders als bisher auf Borderline-Verhalten reagieren, handelt auch die geliebte Person anders, und die typischen Verhaltensmuster degenerieren mit erheblich geringerer Wahrscheinlichkeit zu krisenförderndem, destruktivem und selbstschädigendem Verhalten, das auslaugend wirken kann. Das Validieren ist ein zentrales Element bei der Entwicklung einer veränderten Reaktionsweise, die zu verhindern bemüht ist, daß Emotionen eskalieren, und die soeben beschriebene Übung hilft, dies zu einer fast automatischen Reaktion zu machen. Die Validierung ist aber nicht das einzige Werkzeug, das Ihnen hierfür zur Verfügung steht.

Am Ende von Kapitel 2 habe ich verschiedene Dinge genannt, die Sie tun können, um zu verhindern, daß Interaktionen mit dem Menschen, den Sie ganz besonders lieben, in einem Sturm der Emotionen entgleisen. In Kapitel 4 werde ich auf diese einfache Möglichkeit noch einmal eingehen und sie verfeinern. Zusammen können sie Ihnen helfen, das Gefühl zu entwickeln, daß es endlich etwas gibt, das Sie tun können, wenn Ihre Schwester wieder einmal um zwei Uhr morgens völlig aufgelöst anruft oder wenn plötzlich Ihr Sohn unangekündigt aufkreuzt und von Ihnen erwartet, daß Sie ihn zum x-ten Mal aus irgendwelchen selbstverschuldeten Schwierigkeiten erretten. Die neuartigen Reaktionsweisen basieren auf alldem, was Sie soeben über die fünf Bereiche der Dysregulation im Falle einer BPS gelesen haben; sie sind nicht nur in Krisensituationen von Nutzen, sondern auch, wenn Sie beispielsweise ein produktives Gespräch über ein altbekanntes Problem führen möchten, ohne daß rebellische Emotionen dies unmöglich machen.

KAPITEL 4

Fünf Schritte zu ausgewogenen Reaktionen und besseren Resultaten

Ich hoffe, Sie verstehen inzwischen einigermaßen, was hinter den Verhaltensweisen steckt, die bei BPS häufig zu beobachten sind, und warum es so wichtig ist, anders auf sie zu reagieren, als Sie das vermutlich bisher getan haben. Durch die Lektüre von Kapitel 3 ist Ihnen vielleicht klar geworden, warum die Validierung für die Abwendung einer emotionalen Dysregulation so wichtig ist. Doch etwas, das man verstanden hat, in Handlungen umzusetzen, ist wahrlich alles andere als leicht, insbesondere wenn Sie sich durch Ihre Unfähigkeit, einen Menschen, den Sie lieben, zu einer grundsätzlichen Veränderung zu veranlassen, erschöpft fühlen. Viele, die einen BPS-Patienten lieben, haben irgendwann das Gefühl, noch einen Anruf mitten in der Nacht oder eine andere unangenehme Überraschung nicht mehr verkraften zu können. Sie ertragen es nicht mitzuerleben, wie ein Mensch, den sie lieben, immer wieder so viel Schmerz erlebt. Was sollten sie in Anbetracht dessen tun?

Ich erkläre denjenigen, die einen BPS-Patienten lieben, daß es wirklich wichtig ist, den Ursprung der für Borderline-Störungen typischen Verhaltensweisen zu verstehen. Allerdings dauert es eine Weile, bis ein neues Verständnis zu einer Veränderung führt. Deshalb habe ich fünf simple Schritte entwickelt, die Sie sofort nutzen können, um hier und jetzt etwas zu verändern, wenn Sie sich von einer Krise überwältigt fühlen oder wenn Sie ein Gespräch produktiv erhalten wollen. Die Schritte sind leicht auswendig zu lernen. Üben Sie sie, bis sie Ihnen zur zweiten Natur geworden sind. Sie können sie dann jederzeit nutzen, wenn eine Emotion Ihnen hinderlich zu werden droht. Letztlich können Sie nur Ihr eigenes Verhalten verändern – Ihre Reaktionen auf die geliebte Person. Sie werden dann erleben, daß sich infolge Ihrer Verhaltensänderung manchmal auch das Verhalten der anderen Person verändert. Wahrscheinlich werden Sie staunen, in welchem Ausmaß ein Verhalten im Sinne der hier beschriebenen fünf Schritte das Resultat jeder einzelnen Interaktion verbessern und allmählich auch eine dauerhafte Wirkung entfalten kann.

Wie man inmitten einer Krise reagieren sollte

Wenn Sie immer wieder mitten in der Nacht SOS-Anrufe erhalten oder sich in einem zunächst völlig normalen Gespräch plötzlich angegriffen fühlen, werden Sie wahrscheinlich aus dem Gleichgewicht gebracht. Extrem dysfunktionales Verhalten trifft uns meist aus heiterem Himmel. Frustration und Groll oder Wut wallen in Ihnen auf, wenn Sie ohne Vorwarnung mit Vorwürfen, Forderungen oder quälendem Flehen konfrontiert werden. Nur sehr wenige Menschen reagieren in solchen Situationen gelassen. Wir benötigen dann am dringendsten eine schnelle, automatische Reaktion, um die Flammen der Emotion zu bekämpfen, statt sie weiter zu nähren. Die weiter unten beschriebene fünf Schritte umfassende Reaktion können Sie üben, bis sie zu einem Reflex geworden ist, der sogar dann augenblicklich aktiviert wird, wenn Sie um vier Uhr morgens ans Telefon gehen. Sie können die fünf Schritte aber auch vor oder nach einer Krise nutzen, beispielsweise wenn Sie mit der Person, die Sie lieben, über ein verletzendes Verhaltensmuster sprechen wollen. Wie man die fünf Schritte auch außerhalb von Krisensituationen nutzen kann, wird auf Seite 123 f. erläutert.

Bevor Sie sich mit den fünf Schritten beschäftigen, möchte ich Sie darauf hinweisen, daß der erste Schritt grundsätzlich der Regulierung der eigenen Emotionen dient. Sie können nicht adäquat reagieren, wenn Sie emotional sehr aufgebracht sind. Ihre Reaktionen sind dann nicht angemessen, und Sie sagen unabsichtlich Dinge, die Sie, wie Sie später merken werden, besser nicht gesagt hätten. Außerdem sind Sie in einem Zustand emotionaler Dysregulation kaum in der Lage, darüber nachzudenken, was Sie tun wollen. Deshalb sollten Sie, wenn Sie zu der geliebten Person in Beziehung treten, als Erstes Ihre eigenen Emotionen regulieren. Wahrscheinlich denken Sie nun, das sei leichter gesagt als getan. Es gibt aber Möglichkeiten, die eigenen Emotionen selbst dann zu regulieren, wenn eine Situation Sie völlig unvorbereitet trifft. Diese Möglichkeiten werden später beschrieben.

Die fünf Schritte, die Ihnen helfen sollen, mit dem Menschen, den Sie lieben, adäquat umzugehen, werden auf der folgenden Seite wiedergegeben. Sie können diese Seite kopieren und die Kopie an einem Ort aufbewahren, wo Sie sie immer wieder lesen und anschauen können, bis Sie sich die fünf Schritte und ihre Bedeutung eingeprägt haben, so daß Sie sich jederzeit vergegenwärtigen können, daß dies die beste Möglichkeit ist, in fast jeder Situation mit einem BPS-Patienten zu kommunizieren. Unmittelbar unter dem Kasten mit den fünf Schritten finden Sie detaillierte Beschreibungen für die Ausführung der einzelnen Schritte.

Fünf Schritte, die einen sinnvollen Umgang mit Borderline-Verhalten ermöglichen

1. Regulieren Sie Ihre eigenen Emotionen.
2. Validieren Sie (wiederholen Sie dies bei jedem Schritt).
3. Fragen/Einschätzen
4. Brainstorming/Troubleshooting
5. Verschaffen Sie sich Informationen über Ihre Rolle (falls Sie eine Rolle spielen) und darüber, was Sie planen können, sobald Sie über das Resultat informiert werden.

Durch Übung kann die Fünf-Schritte-Reaktion automatisiert werden

Alle fünf Schritte lassen sich besser umsetzen, wenn man sie außerhalb von Krisensituationen geübt hat:

- Üben Sie in Situationen Ihre Emotionen zu regulieren, an denen die Person mit der BPS, die Sie lieben, nicht beteiligt ist.
- Machen Sie sich mit der Kunst des Validierens vertraut, indem Sie sich im Geiste selbst validieren oder indem Sie jemanden, der nicht unter einer BPS leidet, validieren.
- Lernen Sie, danach zu fragen, was die andere Person braucht, indem Sie diese Frage jedesmal stellen, wenn sich Ihnen ein Freund anvertraut.
- Halten Sie in Bereichen nach Gelegenheiten zum Brainstorming oder Troubleshooting Ausschau, wo diese Fähigkeiten nützlich sein können, beispielsweise im Beruf.
- Machen Sie es sich zur Gewohnheit, Ihre Rolle zu konkretisieren, und sorgen Sie dafür, daß Sie über das Resultat informiert werden, wann immer ein Ziel definiert wurde (bezüglich eines Problems eines Freundes, bezüglich eines Projekts im häuslichen Bereich, bezüglich einer beruflichen Aufgabe usw.).

Schritt 1: Regulieren Sie Ihre eigenen Emotionen

Es gibt ein paar simple Methoden, die Ihnen helfen können, Ihre eigenen Emotionen in der Hitze des Gefechts unter Kontrolle zu bringen. Allerdings ist es leichter, diese Methoden in einer Krisensituation anzuwenden, wenn Sie sie zuvor anderweitig erprobt haben, z. B. bei einem frustrierenden Verkehrsstau oder einer schmerzhaften Erinnerung. Sie können den Kasten auf Seite 103 kopieren und ihn als Erinnerungshilfe ständig bei sich tragen, bis Ihnen die Schritte für die Regulierung Ihrer eigenen Emotionen zur zweiten Natur geworden sind.

- **Halten Sie inne:** Atmen Sie, achten Sie auf Ihre physischen Empfindungen, und bezeichnen Sie sie als die Emotion, die Sie erleben.

  »Oh nein, nicht schon wieder! Es ist vier Uhr morgens! Mein Herz pocht plötzlich wie wild; ich habe wie aus heiterem Himmel Bauchschmerzen, und mir geht eine Flut von Gedanken durch den Kopf. Die Emotion, die ich empfinde, ist WUT!«

- **Achten Sie auf Ihre Körperhaltung:** Öffnen Sie die Hände, und entspannen Sie die Gesichtsmuskeln. Sorgen Sie dafür, daß auch Ihre übrigen Muskeln entspannt sind.

  »Wenn meine Schwester mich um vier Uhr morgens anruft, atme ich ein paarmal tief, bevor ich das Telefon annehme (ich weiß immer, daß sie mich anruft), und nachdem ich mit ihr gesprochen habe, dehne ich den ganzen Körper. Das hilft mir, auf meine Muskeln statt auf meine Wut zu fokussieren.«

- **Praktizieren Sie ein Halblächeln:** Senden Sie Ihrem Gehirn beruhigende Botschaften.

  »Ich fasse es nicht, wie gut das funktioniert. In Verbindung mit dem Dehnen fühle ich mich danach sofort ruhiger.«

- **Validieren Sie sich, und feuern Sie sich an.**

  »Meine Emotionen sind in Anbetracht dessen, was los ist, verständlich.«

  »Weil ich diesen Menschen liebe, ist es normal, daß ich solche Emotionen habe.«

  »Emotionen bewirken, daß ich irgendwie helfen möchte.«

  »Ich akzeptiere, daß ich angesichts der Situation und weil ich diesen Menschen liebe, diese Emotionen habe.«

Wie Sie Ihre Emotionen in einem brisanten Augenblick regulieren können

- Halten Sie inne.
- Achten Sie auf Ihre Körperhaltung.
- Praktizieren Sie ein Halblächeln.
- Validieren Sie sich, und feuern Sie sich an.

Wenn es Ihnen nicht gelingt, Ihre Emotionen mit Hilfe der aufgeführten vier Schritte zu regulieren, können Sie es mit »gegenteiligem Handeln« versuchen, einem nützlichen Trick, der darin besteht, Handlungen zur Veränderung von Emotionen zu nutzen. Diese Möglichkeit wird im Kasten auf Seite 104 f. beschrieben.

Wenn Sie das Gefühl haben, Ihre eigenen Emotionen seien in Ihren Interaktionen mit einem geliebten Menschen selbst dann ein großes Problem, wenn Sie die Methoden zur Regulierung Ihrer eigenen Emotionen geübt haben, sollten Sie sich vielleicht ein wenig Zeit nehmen, um herauszufinden, welche Arten von Ereignissen bei Ihnen oft starke Emotionen hervorrufen.

Identifizieren Sie die Ereignisse, die bei Ihnen starke Emotionen hervorrufen

Uns alle emotionalisieren bestimmte Situationen stärker als andere. Und wir alle reagieren gelegentlich emotionaler auf eine Situation als normalerweise. Nutzen Sie das Wissen um diesen Sachverhalt, um die »Trigger« zu identifizieren, die bei Ihnen emotionale Reaktionen auf einen geliebten Menschen hervorrufen. Sobald Sie wissen, was Sie für Emotionen und für Situationen, die Emotionen hervorrufen, anfälliger macht, können Sie entscheiden, wie Sie Ihre Emotionen verändern wollen, sowie wann Sie mit der Person, die Sie lieben, nicht interagieren möchten.

1. Vergegenwärtigen Sie sich einige Situationen, in denen Interaktionen mit dem geliebten Menschen besonders unangenehm verlaufen sind.
2. Waren die Emotionen bei diesen Interaktionen von Anfang an stark, sind sie allmählich stärker geworden, oder ist es gar zu einer Gefühlsexplosion gekommen?

**Linehans Fertigkeit des gegenteiligen Handelns:
Wie man Emotionen durch Verhalten regulieren kann**

Jede Emotion steht in Beziehung zu einer Handlung – dem, was zu tun sie Menschen antreibt. Wollen Sie die betreffende Emotion in einem bestimmten Augenblick ein wenig dämpfen, können Sie dazu eine kleine gegenteilige Handlung nutzen: Die vier Emotionen, die Menschen in Zusammenhang mit interpersonalen Konflikten am häufigsten erleben, sind Angst, Wut, Schuld und Traurigkeit. Mit Angst und Schuld beschäftige ich mich in Kapitel 11 ausführlicher. Es folgen Empfehlungen für die Anwendung der Technik des gegenteiligen Handelns zur Regulierung von Wut und Traurigkeit.

WUT

Wut weckt den Wunsch anzugreifen (am Telefon, per eMail, persönlich, in Form einer SMS usw.). Will man Wut verringern, muß man sich vor allem davon LÖSEN. Entfernen Sie sich räumlich, legen Sie den Hörer auf, schreiben Sie keine SMS und keine eMail – aber gehen Sie bei alldem so sanft wie möglich vor, ohne das letzte Wort haben zu wollen und ohne Zorn. Schaffen Sie einfach Distanz. Bleibt die Verbindung bestehen, bleibt auch die Wut stark oder nimmt sogar noch zu. Nachdem es Ihnen gelungen ist, die Verbindung zu lösen, können Sie sich in Güte üben. Sehen Sie die Welt durch die Augen des geliebten Menschen; entdecken Sie Ihr Mitgefühl ihm gegenüber (hierzu mehr auf Seite 128 f.), und tun Sie etwas, das ihm gegenüber Ihre Güte zum Ausdruck bringt. *Angesichts von Mitgefühl Wut aufrechtzuerhalten ist nicht möglich.*

Bei Wut ist oft die Neigung zum Grübeln ein Problem. Weil die Auslöser für Wut immer wieder auftauchen, muß das Mitgefühl immer wieder genutzt werden, um die Wut einzugrenzen und zu verringern.

TRAURIGKEIT

Traurigkeit bringt uns dazu, uns zu isolieren, und bewirkt, daß wir aufgeben, uns ins Bett legen und die Decke über den Kopf ziehen wollen. Traurigkeit macht uns unfähig, etwas zu tun. Häufig verausgaben sich Angehörige in ihrem Bemühen, einem Menschen mit einer BPS zu helfen, und oft bleibt der Betreffende dann traurig und hoffnungslos. Irgendwann gelangen auch die sorgenden Angehörigen selbst an diesen Punkt. In solchen Fällen kann gegenteiliges Handeln aktivierend wirken (hier geht es nicht darum, die Emotion abzuschwächen, sondern die Physiologie des Körpers soll angeregt werden). Bringen Sie sich wieder in Bewegung. Wenn Sie Ihre aktuelle Traurigkeit verringern wollen, können Sie einen Spaziergang in einem forschen Tempo unternehmen. Oder spielen Sie Tennis. Oder gehen Sie schwimmen. Oder spielen Sie eine DVD für aerobisches Tanzen ab. Längerfristig sollten Sie sich darum kümmern, mit Menschen, die Sie unterstützen, angenehme Dinge zu unternehmen, die mit der Person, die Sie lieben, nichts zu tun haben (ich weiß selbst, daß das schwer ist; aber es hilft dem Menschen, den Sie lieben); außerdem sollten Sie herausfinden, was die geliebte Person selbst tun kann; Sie können nach einer Unterstützungsgruppe suchen, und Sie können sich an eines der in Kapitel 12 erwähnten Familienunterstützungsprogramme wenden. *Lassen Sie Ihren Körper und Ihre Emotionen nicht erstarren.*

3. Waren Sie an dem betreffenden Tag noch aus anderen Gründen emotionaler als sonst? Waren Sie müde, krank oder hatten Probleme im Beruf? Solche Einflüsse bergen die Gefahr, daß Sie selbst sehr emotional werden, und erschweren es Ihnen, mit der Person, die Sie lieben, adäquat umzugehen.

4. Analysieren Sie das Ereignis ein wenig.
   a. Wann begann es? Dieser Zeitpunkt markiert das auslösende Ereignis. Den meisten Problemen liegen bestimmte Muster zugrunde. Forschen Sie nach ähnlichen auslösenden Ereignissen.
   b. Wann wurde das Problem zwischen Ihnen und der geliebten Person unausweichlich? War irgendwann kein Zurück mehr möglich?
   c. Was geschah nach der Gefühlsexplosion? Haben Sie Ihr Verhalten verändert? Haben Sie einige Tage lang nicht miteinander geredet? Halten Sie nach Dingen Ausschau, welche die emotionale Reaktion der anderen Person verstärkt haben könnten (etwa daß Sie sich zurückgezogen haben), oder nach etwas, das Ihr eigenes Verhalten verstärkt haben könnte (etwa daß die andere Person so wütend wurde, daß sie ein paar Tage lang nicht

mit Ihnen geredet hat und Sie sich aufgrund dessen eine Weile nicht mit ihren Problemen zu beschäftigen brauchten).

Suchen Sie bei Interaktionen, die nicht gut verliefen, nach einem auslösenden Ereignis, und schauen Sie sich Ihre Reaktionen darauf an. Sehen Sie Möglichkeiten, Ihre Reaktionen in solch einem Augenblick zu verändern, um die Situation zu deeskalieren? War Ihre Emotion Ihnen hinderlich? Wenn ja, sollten Sie noch einmal üben, Ihre eigenen Emotionen zu regulieren. Haben Sie das Verhalten der geliebten Person verstärkt? Wenn ja, sollten Sie Ihre Reaktion so verändern, daß Sie nicht mehr verstärkend wirkt. Möglicherweise müssen Sie mehrmals daran arbeiten, bis Sie nicht verstärkend wirkende Reaktionen finden. Wurde bei Ihnen selbst eine Verstärkung wirksam, weil Sie die Interaktion haben eskalieren lassen? Wenn ja, sollten Sie über Möglichkeiten nachdenken, das gewünschte Resultat ohne Eskalation zu erreichen.

Schritt 2: Validieren Sie (wiederholen Sie dies bei jedem Schritt)

- **Beruhigen Sie die Emotionen des Menschen, den Sie lieben,** indem Sie nach etwas suchen, das Sie würdigen können (die Emotion, die Gedanken, die Handlungen).
- **Halten Sie inne, sobald Emotionen stärker werden, und validieren Sie erneut.**

Weitere Details und Beispiele für das Validieren samt entsprechenden Praxistipps finden Sie in Kapitel 3. Die folgenden »Regeln« sollten Sie sich unbedingt merken:

- Validieren Sie stets das emotionale Erleben: »Ich kann mir vorstellen, daß das ziemlich schmerzhaft ist.« – »Ich verstehe, daß du deswegen wütend bist.« (Sagen Sie nie etwas wie: »So solltest du dich aber nicht fühlen«, »So schlimm kann es nicht sein« oder: »Schau dir doch besser die positive Seite an ...«).
- Korrigieren Sie die geliebte Person nie, und widersprechen Sie ihr auch nicht, um sie zu beschwichtigen. Sagen Sie besser etwas wie: »Ich weiß, daß du dich ziemlich dämlich fühlst.« (Aber fahren Sie danach auf keinen Fall fort: »Aber das bist du nicht.«)
- Validieren Sie niemals etwas Unzutreffendes. Sagen Sie: »Du scheinst das Gefühl zu haben, daß es keine gute Idee war, gestern Abend so viel zu trinken«,

statt: »Oh, das ist schon okay. Trink einfach in Zukunft nicht mehr so viel.« (Diese Botschaft bestätigt nur die Angst des Menschen, den Sie lieben, vor seiner Inkompetenz oder vor seinem Mangel an »Selbstbeherrschung« und macht ihn unnötig anfällig. Sagen Sie statt dessen etwas wie: »Was könntest du anders machen, damit du beim nächsten Mal, wenn du dich so fühlst, nicht wieder in eine Bar gehst?«)

- Stellen Sie in Zweifelsfällen grundsätzlich eher eine Frage, als daß Sie eine Aussage machen: »Was würde in diesem Fall nach deiner Meinung gute Resultate bringen?« statt: »Du solltest …«, und: »Fühlst du dich enttäuscht?« statt: »Du bist offensichtlich enttäuscht.« (Menschen mit einer BPS lehnen es oft ab, sich von anderen sagen zu lassen, was sie denken und fühlen, weil sie so oft gehört haben, daß sie das Falsche fühlen, denken und tun.)

Schritt 3: Fragen/Einschätzen

► **Fragen Sie konkret, aber *sanft*:** »Wie möchtest du, daß ich dir helfe? Soll ich dir zuhören, dir einen Rat geben oder dir herauszufinden helfen, was du am besten tust?«

Lautet die Antwort: »Hör einfach zu«, können Sie Schritt 4 (Brainstorming/ Troubleshooting) überspringen und zu Schritt 5 (Beschaffen Sie sich Informationen über Ihre Rolle) übergehen.

Falls die andere Person sich Ihren Input wünscht, überprüfen Sie genau, was vor sich geht:

- Was ist passiert?
- Wann hat es angefangen?
- Was sieht der geliebte Mensch als das Problem an?
- Welches Ergebnis wünscht er sich nach der Lösung des Problems?

Schritt 4: Brainstorming/Troubleshooting

► **Stellen Sie eine Liste potentieller Lösungen zusammen,** und lassen Sie sich von der Person, die Sie lieben, dabei helfen.

► **Wählen Sie mit der Person, die Sie lieben, eine Option.**

► **Prognostizieren Sie, was die Umsetzung des Plans behindern könnte.**

Schritt 5: Verschaffen Sie sich Informationen über Ihre Rolle und darüber, was Sie planen können, sobald Sie über das Resultat informiert werden.

- **Gibt es Dinge, die Sie tun müssen, um der geliebten Person** bei der Ausführung des Plans **zu helfen und sie zu unterstützen?**
- **Bitten Sie um eine Benachrichtigung bzw. ein Follow-up,** wenn das für Sie wichtig ist. Teilen Sie der geliebten Person mit, daß Sie wirklich interessiert, was geschieht, und bitten Sie darum, von ihr auf dem Laufenden gehalten zu werden. Dies wirkt auf jemanden, der sich in einer Krise befindet, sehr validierend und macht Sie außerdem von Mutmaßungen unabhängig.

Eine reale Anwendung der fünf Schritte

Es folgt ein Beispielskript für die Anwendung der fünf Schritte. Das Szenario beschreibt, wie Susan aufgebracht zum Haus ihrer Mutter geht.

Mutter: Was ist los?

Susan: Im Grunde bin ich dir doch egal, und du glaubst, ich hätte all das, was mir passiert, verdient.

Mutter: (*hält inne und atmet; bemerkt den Drang, sich zu verteidigen, weiß aber, daß das nicht von Nutzen ist und Susans Emotionen nur verstärken wird*) [**Regulieren der eigenen Emotionen**] Susan, du bist wohl ziemlich aufgebracht. Ich bin bereit, dir zuzuhören oder dir zu helfen, wenn du das willst. Was möchtest du, das ich tun soll? [**Fragen**]

Susan: (*wütend*) Ich wünschte mir, daß du mein Leben besser machen würdest. Es nervt.

Mutter: Ich weiß das. [**Validierung**] Erzähl mir, was passiert ist.

Susan: Mein Freund spricht nicht mehr mit mir (*schluchzt*).

Mutter: Das tut sicher sehr weh. [**Validierung**] Das weiß ich nur zu gut. Möchtest du mir erzählen, was los ist? [**Fragen**]

Susan: Ich habe immer wieder versucht, ihn zu erreichen, aber er ruft einfach nicht zurück.

Mutter: Oh Mann! [**Validierung**] Laß uns darüber reden. Möchtest du, daß ich einfach nur zuhöre, oder sollen wir zusammen überlegen, was du als nächstes versuchen könntest? [**Frage**]

SUSAN: Ich möchte, daß du mir hilfst (*Emotion wird wieder stärker*).

MUTTER: (*lächelt*) [**Regulieren der eigenen Emotionen**]. Okay, dann erzähl mir mal ganz genau, was passiert ist. Wann hat das alles begonnen? Ich höre dir einfach zu. [**Einschätzung**]

SUSAN: Wir sind gestern Abend ausgegangen, und ich glaubte, daß er einem anderen Mädchen nachgeschaut hat. Ich habe gesagt, er sei ein Arsch. Da hat er mich stehen gelassen. Und jetzt ruft er nicht mehr zurück.

MUTTER: Okay, möchtest du, daß ich dir herauszufinden helfe, was du als nächstes tun kannst? [**Frage**]

SUSAN: Ich glaube nicht, daß du etwas tun kannst.

MUTTER: Da bin ich mir auch nicht sicher. [**Validierung**] Ich nehme an, die entscheidende Frage ist – du bist ja wohl die Expertin, was Bruce angeht –, glaubst du, es wäre sinnvoll zu versuchen, ihn heute zum Reden zu bringen, oder meinst du, man sollte ihm besser ein wenig Zeit lassen? [**Einschätzung**]

SUSAN: Wahrscheinlich wäre es besser, ihm etwas Zeit zu lassen. Aber ich glaube nicht, daß ich damit umgehen kann.

MUTTER: Wie wäre es, wenn wir beide ein paar Dinge zusammen unternehmen, während du ihm Zeit gibst? [**Frage**]

SUSAN: Was denn zum Beispiel? Ins Kino gehen?

MUTTER: Das wäre ein guter Anfang. Wir können eine Liste zusammenstellen und dann gemeinsam überlegen, was am besten geeignet ist. [**Lösungen entwickeln**]

Nach dem Zusammenstellen der Liste:

MUTTER: Also gut, möchtest du nun mit mir ins Kino gehen? [**Rollenklärung**] Oder willst du lieber deine Freundin Callie anrufen?

SUSAN: Ich rufe Callie an.

MUTTER: Und was ist, wenn sie keine Zeit hat? Was tust du dann? [**Troubleshooting**]

SUSAN: Würdest du mit mir gehen, wenn sie nicht kann?

MUTTER: Klar. Könntest du, wenn du mit Callie ins Kino gehst, mich danach anrufen, damit ich weiß, wie es dir geht? [**Was Sie gern über das Resultat wissen möchten**]

Was Sie tun können, wenn die geliebte Person sich nicht beteiligt

Einen Fünf-Schritte-Plan zu haben garantiert leider noch nicht, daß sich der Mensch, den Sie lieben, an diesem Programm beteiligt. Was können Sie tun, wenn er sich weigert mitzumachen? Nehmen wir einmal an, Sie haben ihn gefragt, wie Sie helfen können, und versucht, das Problem einzuschätzen, und dann sagt der andere: »Ich habe keine Zeit, dir alles genau zu erklären. Wenn du das jetzt nicht für mich regelst, bringe ich mich um.« (*Suiziddrohungen kommen leider bei BPS-Patienten häufig vor. Man sollte sie wie bei jedem Menschen sehr ernst nehmen. In Kapitel 12 wird erläutert, wie man am besten darauf reagiert.*) Es kann auch sein, daß die geliebte Person Sie unterbricht und nicht zuläßt, daß Sie Fragen stellen oder Hilfe anbieten.

In solchen Fällen ist ein positives Resultat Ihrer Bemühungen stark davon abhängig, *wie gut Sie sich selbst kennen* und ***wie gut Sie die andere Person kennen.*** Sich selbst zu kennen bedeutet zunächst, sich völlig darüber im klaren zu sein, wie sich diese Wendung der Ereignisse auf Sie auswirkt. Macht also die Person, die Sie lieben, keine Anstalten, sich zu beteiligen, müssen Sie Informationen über folgende Bereiche zusammentragen:

- **Halten Sie inne, und achten Sie auf verschiedene Aspekte Ihres Erlebens:**

- *physische Empfindungen*
  - *Ihr Bauch (ist er angespannt, verkrampft, in Unruhe, ruhig?)*
  - *Ihr Brustkorb (angespannt? Atmen Sie ruhig oder agitiert?)*
  - *Ihr Zwerchfell – der Bereich zwischen Ihren Rippen (fühlt er sich unruhig an?)*
  - *Ihre Muskeln (sind sie eher angespannt oder eher zu locker?)*
  - *Ihre Hände/Fäuste (geballt oder offen?)*
  - *Ihre Gesichtsmuskeln (faltig oder glatt?)*
  - *Ihr Herzschlag (langsam oder schnell?)*
- *Gedanken*
  - *»Ich habe gerade gedacht, daß du mir gar nicht zuhörst« statt: »Du zeigst keinerlei Respekt dafür, wie ich dir helfen kann.«*

- *Dränge* »Ich fühle mich danach, den Hörer auf das Telefon zu knallen.«

  »Ich würde gern brüllen, daß du mir zuhören sollst.«

  »Ich möchte jetzt auf der Stelle zu deinem Haus, um sicher zu sein, daß du dir nichts antust.«

- *Emotionen* »Ich empfinde Wut, Frustration und Furcht.«

Wenn Sie Ihr Erleben aufmerksam verfolgen und bezeichnen, was Ihnen auffällt, beginnt sofort die Regulierung Ihrer Emotionen. Außerdem wissen Sie dann auch mehr darüber, wie unwohl Sie sich in dieser Situation fühlen. Dies sagt Ihnen etwas, das Sie wissen müssen, um auf einen Menschen mit einer BPS angemessen reagieren zu können: Wo Ihre Grenzen liegen und wann sie überschritten werden.

Grenzen zu identifizieren und zu wissen, wann sie überschritten werden, bezeichne ich lieber als *Grenzen beachten*, weil ich darauf hinweisen möchte, daß man sich selbst und die Umstände objektiv beobachten sollte. Man macht es sich viel zu einfach, wenn man Menschen mit einer BPS als übertrieben anspruchsvoll und »manipulativ« bezeichnet und aus dieser Sicht ableitet, es sei notwendig, ihnen Ultimaten zu stellen und Grenzen zu setzen. Indem sie Ihr Gewahrsein vollständig auf Ihre physischen Empfindungen, Ihre Gedanken und Ihre Dränge fokussieren und dann die auftauchenden Emotionen bezeichnen, sammeln Sie allmählich immer mehr Informationen darüber, wo Ihre Grenzen tatsächlich liegen. Gleichzeitig erhalten Sie auch genug Informationen, um zu wissen, wann diese Grenze überschritten wird. Sie brauchen sich den Widrigkeiten nicht mehr auszusetzen, bis Sie genug davon haben und dem unter einer BPS leidenden geliebten Menschen eine Mauer vor die Nase bauen.

Die Fähigkeit, Grenzen strikt zu respektieren, entwickelt sich im Laufe der Zeit, aber man muß sie kultivieren, weil signifikante persönliche Präferenzen oft in emotionsgeladenen Interaktionen verlorengehen; weitere Einzelheiten hierzu finden Sie auf Seite 116 f. Kommt die Person, die Sie lieben, in einer Krise zu Ihnen, weigert sich dann aber, die Fünf-Schritte-Methode zu benutzen, um ihre Emotionen unter Kontrolle zu bringen, müssen Sie sich wahrscheinlich Gedanken darüber machen, ob eine Grenze verletzt wurde und was Sie in Reaktion darauf tun können. Nachdem Sie zu registrieren aufgehört haben, was Sie erleben, müssen Sie möglicherweise folgendes tun:

▸ **Teilen Sie der geliebten Person eine Grenze mit:**

▹ *Sagen Sie ihr, Sie werden das Gespräch beenden, wenn ________________ passiert* (beispielsweise wenn sie nicht leiser spricht, wenn sie Sie nicht zu Wort kommen läßt, wenn sie Sie immer wieder verflucht).

▹ *Geben Sie ihr eine Chance, zumindest eine kleine, ihr Verhalten zu modifizieren,* so daß sie auf eine für Sie akzeptable Weise interagiert. Diese Maßnahme ist sehr subjektiv. Wichtig ist dabei, sich Gedanken darüber zu machen, was in der konkreten Situation angemessen ist. Bezieht sich Ihre Grenze nur auf diese eine Interaktion (»Ich möchte, daß du aufhörst, mir immer wieder vorzuwerfen, du seist mir egal«), schränken Sie die Zahl der Chancen ein (»Du tust es ja schon wieder; ich möchte, daß du damit aufhörst«). Bezieht sich Ihre Grenze auf verschiedene Interaktionen (»Jedesmal wenn du anderer Meinung bist als ich, verläßt du den Raum und schlägst die Tür hinter dir zu«), gestehen Sie mehr Veränderungsmöglichkeiten zu. Manchmal müssen einige ähnliche Situationen entstehen, bevor es gelingt, jemanden dazu zu bringen, mit dem Türenschlagen aufzuhören. Entscheidend dabei ist, genügend Zeit für eine Verhaltensveränderung zu lassen.

▹ *Machen Sie unmißverständlich klar, daß Sie die Interaktion wegen Ihrer eigenen Reaktionen beenden und weil Sie sich etwas anderes davon versprochen haben.*

»Ich weiß, daß das für dich schmerzhaft ist, aber genau das muß ich tun, um unsere Beziehung aufrechterhalten zu können.«

»Ich kann das im Moment nicht, weil ich beruflich so belastet bin. Deshalb habe ich keine Zeit für dich übrig.«

»Bisher habe ich Anrufe von dir jederzeit angenommen, das weiß ich; aber jetzt rufst du mich zwanzig Mal am Tag an, und das ist für mich einfach zuviel.«

- ▹ *Sie müssen durchhalten.* Wenn Sie sagen, Sie werden das Gespräch beenden, falls sich das Verhalten nicht verändert, und es verändert sich dann nicht, müssen Sie tun, was Sie in Aussicht gestellt haben (andernfalls verstärken Sie unabsichtlich das Verhalten, das Sie unterbinden wollten).

- ▹ *Warum es so wichtig ist, die geliebte Person zu kennen.* Wenn mit der Weigerung der anderen Person, sich zu beteiligen, die Androhung von Selbstschädigungen verbunden ist, müssen Sie die Person natürlich so gründlich kennen, daß Sie wissen, was auf sie verstärkend wirkt, weil Sie nur dann eine Chance haben herauszufinden, wie Sie am besten reagieren. Sagen Sie niemals leichtfertig: »Ich werde nicht mehr mit dir reden« und legen dann den Hörer auf, wenn die andere Person Ihnen mitgeteilt hat, sie werde sich umbringen. Wissen Sie jedoch aus Erfahrung, daß Sie, wenn Sie zulassen, daß Grenzen, die Sie gesetzt haben, überschritten werden, ermutigen Sie die andere Person dazu, weiterhin etwas in Ihren Augen Untragbares zu tun, müssen Sie eine andere Reaktionsweise entwickeln. Der Frau, die gesagt hat: »Du mußt das jetzt sofort aus der Welt schaffen, sonst bringe ich mich um«, könnten Sie antworten: »Okay, dann rufe ich jetzt die Polizei.« Zieht die Betreffende tatsächlich ernsthaft in Erwägung, sich umzubringen, sollte man ohnehin die Polizei rufen. Doch oft behaupten BPS-Patienten zwar, sie würden sich umbringen, haben es aber im Grunde gar nicht vor. Dies gibt Ihnen die Möglichkeit, zum **Fragen** und **Einschätzen** zurückzukehren, wobei Sie Ihre Grenze neu definieren und gleichzeitig **validieren**, wie die andere Person es aufnimmt, daß Sie ihr diese neue Grenze mitgeteilt haben:

- ▸ **Validieren und besänftigen Sie die Emotionen der geliebten Person hinsichtlich der Festlegung einer Grenze.**

- ▸ **Versichern Sie der anderen Person, daß Sie zu einem anderen Zeitpunkt zur Verfügung stehen werden und dann zur Erörterung anderer Probleme bereit sind.**

Was es praktisch bedeutet, auf Nichtbeteiligung zu reagieren

Ich hatte einmal eine Klientin, die mich immer wieder anrief und am Telefon anbrüllte. Wenn ich etwas zu sagen versuchte, schnitt sie mir das Wort ab und verfluchte mich. Brach sie später das Telefongespräch ab, machte ich mir Sorgen, sie könnte sich umbringen. Nach einer Weile fiel mir auf, daß ich beim Ertönen des Klingeltons jedesmal Furcht empfand, und daß ich das dringende Bedürfnis verspürte aufzulegen, wenn die Frau mich anrief. Ich bezeichnete die Emotion, die ich in solchen Augenblicken empfand, als Frustration, und ich merkte, daß mich diese Erlebnisse sehr verletzten.

Zuerst führte ich mit der Klientin ein Gespräch, in dem ich erklärte, wie ich die Situation zwischen uns erlebte: »Bei jedem Ihrer Anrufe in letzter Zeit haben Sie mich angebrüllt, mich verflucht und schließlich das Gespräch abgebrochen. Nun merke ich, daß ich jedesmal, wenn das Telefon klingelt, fürchte, es könnte ein Anruf von Ihnen sein. Ich glaube zwar nicht, daß Sie schon mit der Absicht anrufen, später abrupt aufzulegen, und ich weiß, daß Sie sich in einem sehr aufgewühlten Zustand befinden, wenn Sie anrufen, aber Ihr Verhalten verletzt mich und vermittelt mir das Gefühl, ich sei eine unzulängliche Therapeutin. Wenn wir es nicht schaffen, mit den Anrufen so umzugehen, daß ich mich besser fühle, werde ich grundsätzlich keine Anrufe mehr von Ihnen annehmen.«

Daraufhin brach es aus ihr heraus, ich würde nur an mich selbst denken. Ich validierte diese Äußerung, sagte ihr die Wahrheit (daß es tatsächlich um mich gehe) und hielt den Prozeß im Gang. »Mir ist klar, daß Sie das nicht gerne hören. Schon wieder will jemand nicht mit Ihnen reden. Das scheint ein festes Muster in Ihrem Leben zu sein. Aber Sie haben Recht: Es geht tatsächlich um mich. Ich lasse mich weder gern unterbrechen noch verfluchen, und es gefällt mir ganz und gar nicht, wenn jemand, mit dem ich telefoniere, plötzlich und ohne jede Vorwarnung das Gespräch abbricht. Ich möchte, daß andere Menschen mir zuhören und mich schätzen. So bin ich nun einmal. Wir müssen diese Sache klären; wenn das nicht geht, nehme ich keine Telefongespräche mehr von Ihnen an.«

Nachdem ich sie dazu gebracht hatte, mir zuzuhören, sagte ich ihr genau, was ich wollte: Sie sollte mich reden lassen, mich nicht verfluchen und während eines Telefongesprächs nicht einfach den Hörer auflegen. Ich gestand ihr eine Frist von ein paar Wochen zu, in denen sie zumindest Fortschritte in Richtung des von mir vorgegebenen Ziels machen sollte. Ich bestätigte ihr mehrfach, mir sei klar, daß dies sehr schwer für sie sei, und erklärte ihr noch einmal, daß dies meine Bedingungen für weitere Telefonate seien. Letztlich gelang es ihr jedoch nicht, ihr Verhalten zu ändern. Daraufhin verbot ich ihr, mich nach 17.00 Uhr anzurufen, bis sie durch Anrufe vor diesem Zeitpunkt ein verändertes Verhalten demonstriert hätte (was ihr eine andere Möglichkeit des Zugangs zu mir eröffnete). Nach mehreren Monaten veränderte sich ihr Verhalten. Nachdem dies eingetreten war, gestattete ich ihr wieder, mich auch abends anzurufen, und fortan respektierte sie meine Grenzen.

Was Sie tun können, wenn die geliebte Person angreift oder extrem emotional wird

Denken Sie daran, daß ein wichtiges Ziel der Fünf-Schritte-Reaktion die Emotionsregulation ist. Weigert sich die Person, die Sie lieben, sich zu beteiligen, und hört sie Ihre Validierung nicht oder nimmt sich nicht die Zeit, Ihre Fragen zu beantworten, werden ihre Emotionen wahrscheinlich immer stärker und geraten schließlich außer Kontrolle. Manchmal werden Sie darüber hinaus trotz Ihrer Bemühungen zu helfen auch noch angegriffen. In solchen Fällen sollten Sie wie folgt vorgehen:

► **1. Halten Sie inne, und regulieren Sie Ihre Emotionen (siehe hierzu Seite 101).**

Halten Sie Eis in Händen, falls Sie es bekommen (es dämpft den Drang, den Angriff zu erwidern).

► **2. Widmen Sie sich einige Minuten lang ausschließlich dem Validieren:**

▹ *Formulieren Sie in eigenen Worten um, was die geliebte Person gesagt hat.*

»Du warst also bei der Arbeit, und dein Chef wollte mit dir reden. Du hattest sehr, sehr große Angst.«

▹ *Zeigen Sie durch Ihre Äußerungen Ihr Interesse und Ihre Fürsorglichkeit.*	»Ich verstehe; erzählen Sie mir mehr davon.«
▹ *Stellen Sie Fragen.*	»Was ist als Nächstes passiert?«
▹ *Beschreiben Sie* IRGEND ETWAS *an der Reaktion der geliebten Person als normal.*	»Es ist wirklich verstörend, einfach nur darüber zu reden. Das ist hart. Ich weiß, daß es hart ist. Es wäre für jeden schwer.«

▸ **3. Kehren Sie zu Ihrer Aktivität vor dem Ausbruch zurück (Probleme lösen, Rat geben usw.).**

▹ Der Schlüssel ist hier, innezuhalten und zu validieren, bis die Emotion nachläßt. Bei ausreichend intensiver Validierung beruhigt sich jede Emotion. Sie kann zwar kurz darauf wieder auflodern, aber wenn das passiert, halten Sie erneut inne und validieren abermals.

Wenn Sie das Gefühl haben, um einen Aspekt des Verhaltens der geliebten Person als normal darstellen zu können, müßten Sie es erfinden, ist es manchmal nützlich, sich zu vergegenwärtigen, daß es Dinge gibt, die wir aus natürlichen Regungen heraus tun, während andere strategischen Erwägungen entspringen.

Grenzen identifizieren und kommunizieren

Wir alle haben persönliche Grenzen, die wir schützen müssen. Die Krisen im Leben von BPS-Patienten und das Ausmaß, in dem wir Menschen, die wir lieben, zu helfen versuchen, führen oft zur Überdehnung und Überschreitung unserer Grenzen. Leider zeigen vorliegende wissenschaftliche Untersuchungen sehr klar, daß es bezüglich des Überschreitens von Grenzen einen Punkt gibt, an dem ein Zurück nicht mehr möglich ist. Werden sie zu großzügig ausgelegt, kommt es zu einer irreparablen Schädigung der Grenzen selbst sowie auch der Beziehung, die geschützt werden soll. Um dies zu verhindern, müssen wir zunächst einmal wissen, wo unsere Grenzen liegen. Die Schwierigkeit besteht darin, daß wir so lange nicht wissen, wo unsere Grenzen sind, bis jemand oder etwas gegen sie anrennt. Deshalb müssen wir beobachten, um unsere Grenzen kennenzulernen.

Die Schritte auf dem Weg zur Regulierung Ihrer eigenen Emotionen (s. S. 101) zeigen, wie Sie innere Prozesse beobachten können. Achten Sie auf Ihre physischen Empfindungen, Ihre Gedanken und Ihre Handlungsdränge. Ist Ihnen schon einmal aufgefallen, daß Ihr Körper sich in der Nähe einer bestimmten Person verkrampft und die Vorstellung, mit dieser Person zusammen zu sein, für Sie entsetzlich war oder daß Sie, wenn das Telefon klingelte, den Hörer nicht aufnehmen wollten? Sie beobachteten in jener Situation. Hätten Sie gewußt, was die Reaktion verursachte (die Person rief zu spät oder zu oft an, fluchte zu häufig in Ihrer Gegenwart, schimpfte oder kritisierte, sagte verletzende Dinge), so wäre Ihnen aufgefallen, daß es für Sie eine Grenze gab (Sie möchten nach 22.00 Uhr nicht mehr angerufen werden, Sie möchten höchstens viermal täglich Anrufe von der gleichen Person erhalten, und Sie wollen nicht verflucht, beschimpft oder kritisiert werden und reagieren im übrigen allergisch auf verletzende Äußerungen). Sie müßten entscheiden, ob Ihnen die Beziehung wichtig genug ist und ob Sie der anderen Person die damit verbundenen Grenzen mitteilen wollen.

Sich darin üben, die eigenen Grenzen zu erkennen

Wir alle haben viele Grenzen, die wir nicht klar zu erkennen geben. Bevor Sie anfangen, sich aktiv zu beobachten, um Grenzen zu erkennen, empfiehlt es sich zu versuchen, einige Grenzen, die Sie bisher nicht beschrieben haben, zu identifizieren, darunter auch solche, die mit der geliebten BPS-kranken Person nichts zu tun haben. Fragen Sie sich:

- Habe ich Grenzen, die sich darauf beziehen, ob oder unter welchen Umständen mich die Person, die ich liebe, zu Hause besuchen kann?
  - Wenn ja, wann ist es dann aus Ihrer Sicht in Ordnung, Sie zu besuchen?
  - In welchen Fällen ist es für Sie nicht in Ordnung, wenn der Mensch, der Sie liebt, Sie besuchen will?
- Habe ich Grenzen, die Telefongespräche mit Freunden betreffen?
  - Telefongespräche mit meiner Familie?
  - Mit dem unter einer BPS leidenden geliebten Menschen?
- Welche physischen Grenzen habe ich bezüglich Berührungen mit der Person, die ich liebe?
- Welche Grenzen gelten für mich hinsichtlich Sprache und Emotionalität (bin ich jemand, der Flüche, lautes Sprechen und körperliche Aufgebrachtheit tolerieren kann)?

Über die Nutzung von »Für und Wider«-Listen bei Entscheidungen darüber, wie kommuniziert werden sollte, daß eine Grenze überschritten worden ist

Die Dialektisch-behaviorale Therapie nutzt eine vierteilige Für-und-Wider-Analyse, um Klienten, die sich dieser Behandlung unterziehen, zu helfen, eine kluge Entscheidung zu treffen. Man könnte meinen, solche Entscheidungen würden sich wiederholen; aber tatsächlich führen die Argumente zu sehr unterschiedlichen Lösungen. Ich werde eine Für-und-Wider-Analyse darüber erstellen, ob ich an Freitagabenden Telefonanrufe von meiner Schwester annehmen soll, wenn sie in einer Bar war, sich dort betrunken hat und mich dann nach Mitternacht zu Hause anruft.

	Anrufe annehmen	**Anrufe nicht annehmen**
Für	Sie ist am Samstag nicht wütend. Das Telefon läutet nicht die ganze Nacht über. Ich weiß, daß sie zu Hause ist.	Ich werde nicht angebrüllt. Ich kann Zeit mit meinem Mann verbringen. Ich werde nicht wütend auf sie.
Wider	Vermiest mir den Abend. Mein Mann regt sich darüber auf. Habe das Gefühl, nicht über meine Zeit verfügen zu können.	Ich mache mir ihretwegen Sorgen. Sie wird dann meine Mutter anrufen. Sie wird 100 Nachrichten auf dem AB hinterlassen.

Es gibt keine richtige oder falsche Deutung von Für- und Wider-Argumenten, und es geht nicht darum, die einzelnen Quadranten zu addieren. Vielmehr geht es darum, daß Sie eine »weise« Antwort finden, die zu Ihnen paßt. Schaue ich mir die Für- und Wider-Argumente an, so konzentrieren sich nach meiner Auffassung die Wider-Argumente auf das Annehmen der Anrufe und die Für-Argumente auf das Nichtannehmen der Anrufe. Ich würde in Anbetracht dessen vorab ein Gespräch mit meiner Schwester führen und ihr erklären, wo meine Grenzen liegen und daß ich das Telefon nicht abnehmen werde, wenn sie freitags abends nach einem bestimmten Zeitpunkt anruft.

Der Prozeß des Identifizierens und Kommunizierens von Grenzen wird im folgenden noch einmal zusammengefaßt. Sie können ihn fotokopieren und die Kopie ständig bei sich führen, wenn Sie anfangen, Grenzen genau zu beobachten.

Identifizieren und Kommunizieren von Grenzen

- Beobachten Sie, was Sie erleben, um Ihre Grenzen zu erkennen.
- Stellen Sie fest, ob Ihre Grenzen überschritten werden.
- Entscheiden Sie, ob Sie kommunizieren wollen, daß Ihre Grenzen überschritten worden sind.
- Wenn ja, dann teilen Sie es der geliebten Person mit (wobei Sie nötigenfalls zunächst Ihre eigenen Emotionen regulieren).

Wie man eine Grenze vorab kommuniziert

Wie im Falle der nächtlichen Telefonanrufe meiner Schwester an Freitagabenden ist es auch sonst meist am besten, sich über eine Grenze, die man als wichtig erkannt hat, vorab zu äußern:

► 1. **Machen Sie sich mit Ihren eigenen Grenzen vertraut.**

► 2. **Sprechen Sie mit der geliebten Person nicht über Ihre Grenzen, wenn sie sich aus irgendeinem Grund in einem emotional belasteten Zustand befindet. Sie ist dann verletzlich, und ihre Reaktion ist wahrscheinlich negativ. Beschreiben Sie die Situation aufgrund der Fakten – meist ist es nützlich, sich auf ein Ereignis aus neuester Zeit zu beziehen, an das sich jeder erinnert.**

»Wenn du freitagabends zur Happy Hour unterwegs warst, rufst du mich oft spät von zu Hause aus an. Vorigen Freitagabend hast du mich viermal nach 22.00 Uhr angerufen.«

► 3. **Drücken Sie Ihre Gefühle über die Situation aus, und validieren und beruhigen Sie den geliebten Menschen gleichzeitig.**

»Es macht mir Freude, mit dir zu reden, aber ich möchte am Freitagabend Zeit für meinen Mann haben. Wenn du dann anrufst und zuviel getrunken hast, frustriert mich das ziemlich.«

▸ **4. Definieren Sie die Grenze.**	*»Ich möchte nicht, daß du mich freitagabends anrufst, wenn du aus der Bar kommst.«*
▸ **5. Antizipieren Sie eine Verstärkung der Emotionen, und beruhigen und validieren Sie die andere Person.**	*»Ich weiß, daß du dich einsam fühlst, wenn du freitagabends in das große alte Apartment zurückkommst und du niemanden hast, mit dem du reden kannst.«*
▸ **6. Sie können die fünf Schritte nun zunächst außerhalb einer Krise nutzen und sich überlegen, was der Mensch, den Sie lieben, tun kann, um Ihre Grenze nicht zu überschreiten, während er gleichzeitig etwas für ihn selbst Nützliches tut.**	*»Was meinst du, was du an Freitagabenden tun könntest, wenn du dich einsam fühlst?«*

Tipps für das effektive Mitteilen von Grenzen

- Ganz gleich, was als nächstes passiert, wiederholen Sie immer wieder Ihre Grenzsetzung (»Ich möchte nicht, daß du mich anrufst, wenn du aus der Bar kommst«), und verbinden Sie dies mit einer Validierung.
- Bedenken Sie stets, daß es bei den Grenzen, die Sie setzen, um Sie geht, nicht um die andere Person. *Kommunizieren Sie dies.* Erkennen Sie an, daß es Ihrer Schwester besser gehen könnte, wenn sie um 22.00 Uhr bei Ihnen anrufen dürfte, nachdem sie aus der Bar zurück und wieder zu Hause ist. Ganz sicher würde diese Möglichkeit ihre Situation nicht verschlechtern. Versuchen Sie nicht, den Eindruck zu erwecken, als ob die von Ihnen gesetzten Grenzen Ihrer Schwester zugute kommen würden. Das ist nicht der Fall. Ihre Grenzen dienen Ihren Interessen.
- Denken Sie daran, die geliebte Person zu besänftigen, wenn Sie ihr eine Grenze mitteilen. Es ist schwer, Grenzen zu akzeptieren, und es kann sogar verheerende Auswirkungen haben. Bieten Sie anstelle des Verbotenen möglichst etwas anderes an. Im Falle der Telefonanrufe an Freitagabenden könnten Sie sagen: »Ich weiß, daß du an Freitagabenden sehr gern mit mir reden würdest, und ich würde auch wirklich gern hören, wie es dir dann geht. Was hältst

du davon, mich am Samstagmorgen nach dem Aufwachen anzurufen? Dann könnten wir über den Vorabend sprechen.«

- Bestätigen Sie, daß es schwer ist zu akzeptieren, daß jemand einem etwas verweigert. Sagen Sie: »Ich weiß, daß es hart für dich ist, freitagabends nicht mit mir reden zu können. Es muß hart sein, von jemandem zu hören, daß er dir verbietet, etwas zu tun, das du tun möchtest.« Oder: »Es ist hart, wenn jemand einem sagt, man dürfe nicht anrufen, obwohl man es will.«
- Äußern Sie sich ehrlich über das, was Sie tun und warum Sie es tun. Sagen Sie nicht zu Ihrer Schwester, daß sie nicht anrufen soll, weil Ihr Mann das nicht will.

Wie Sie bei Äußerungen über Ihre Grenzen Ihren Prinzipien treu bleiben können

- Denken Sie stets daran, daß Nachgeben, falls die geliebte Person auf Ihre Mitteilungen über Ihre Grenzen aufgebracht reagiert, eskalierte Emotionen verstärken kann. (Ebenso verstärken Sie das Verhalten Ihrer Schwester, wenn Sie den unvermeidlichen Anruf am nächsten Freitagabend annehmen.)
- Bedenken Sie, daß es für den Menschen, den Sie lieben, wahrscheinlich schmerzhaft ist, von der Grenze, die Sie setzen, zu hören, und daß sein Schmerz bei Ihnen wahrscheinlich Emotionen heraufbeschwört, die in Ihnen den Wunsch, Ihren Entschluß zu revidieren, wecken. Nehmen wir an, Sie haben einige Monate lang für Ihren Bruder die Miete bezahlt, und nun merken Sie, daß Sie sich das eigentlich nicht leisten können. Sie haben also »beobachtet«, daß es für Sie ein Limit gibt, und Sie müssen Ihren Bruder darüber informieren. Wenn Sie ihm sagen, daß Sie seine Miete nicht mehr bezahlen können, reagiert er darauf zweifellos emotional. Er könnte wütend werden, weil Sie nicht mehr für ihn bezahlen, oder er konnte fürchten, keine Lösung zu finden, die Miete selbst zu bezahlen. Diese Emotionen könnten Sie zum Nachgeben bewegen und Sie dazu bringen, die Miete doch wieder für ihn zu bezahlen. Vielleicht entschließen Sie sich dann, die Grenzen, die Sie festgelegt haben, noch einmal zu überdenken. Vielleicht haben Sie ja doch noch etwas Geld übrig, und Sie können die Miete für Ihren Bruder noch einige Monate bezahlen. Oder es erscheint Ihnen plötzlich nicht mehr als völlig unmöglich, weiter mitten in der Nacht ein paar Telefongespräche anzunehmen. Meist besteht das Problem darin, daß die Emotionen der geliebten Person (und die sich daraus ergebenden Handlungen – Tränen, Drohungen) Ihre Emotionen beeinflussen.

Die typischen Emotionen, die Menschen empfinden, wenn sie sich über ihre Grenzen äußern, sind Schuldgefühle (»Das hätte ich nicht sagen sollen. Sie braucht das mehr als ich. Ich habe sie verletzt«), Scham (»Ich sollte ein besserer Vater, eine bessere Mutter, ein besserer Ehepartner/Freund sein«) und Angst (»Wenn ich das nicht tue, bringt sie sich vielleicht um«). Diese emotionalen Reaktionen werden in Kapitel 11 eingehender besprochen. Für den momentanen Zusammenhang ist entscheidend, daß Sie, wenn Sie hinsichtlich der von Ihnen festgelegten Grenzen, einen Rückzieher machen, die emotionale Reaktion der anderen Person verstärken. Noch fataler ist, daß Sie auf diese Weise einem völligen Verlust des Glaubens an die Beziehung sehr nahe kommen können. Wenn Sie immer wieder Ihre Grenzen neu definieren, breitet sich der Groll in Ihnen aus. Denken Sie einmal an eine Situation, in der Ihnen gar nicht gefiel, was jemand anders tat. Denken Sie darüber nach, was Sie dem Betreffenden wirklich hätten sagen wollen, oder denken Sie an eine Grenze, die Sie jemandem setzen wollten, was Sie dann aber doch nicht taten. Was ist daraus geworden? In den meisten Fällen kommt es irgendwann zu einer Explosion, wobei Sie Ihre Grenze durch Ihr Verhalten unmißverständlich klar machen. Und oft führt eine explosive Entladung dieser Art zum Ende der Beziehung.

Grenzen zu setzen mag schwer sein, es ermöglicht Ihnen aber, eine Beziehung zu erhalten.

- Nutzen Sie die »Sprung in der Schallplatte«-Technik, um jemandem eine eigene Grenze mitzuteilen. Dazu müssen Sie Ihr Anliegen wörtlich wiederholen. Das zwingt Sie, Ihre Aufmerksamkeit auf etwas zu fokussieren – nämlich auf die Wiederholung der Definition Ihrer Grenzen, auf die beruhigenden Äußerungen usw. –, und es zwingt Sie, Ihre Emotionen zu zügeln. Vergegenwärtigen Sie sich, welche Vorteile es hat, wenn Sie Ihre Grenzen kommunizieren. Führen Sie sich nach einer entsprechenden Für-und-Wider-Analyse wiederholt vor Augen, was für und was gegen ein bestimmtes Verhalten spricht. Entscheidend ist, sich wiederholt vorzustellen, was als Endergebnis zu erwarten ist, wenn Sie die Grenze nicht kommunizieren.
- Sie müssen den Unterschied zwischen dem Aufgeben einer Grenze und deren Veränderung infolge einer veränderten Situation kennen. Man kann eine Grenze als »in Stein gemeißelt« verstehen, und das haben Therapeuten bei Menschen mit einer Borderline-Persönlichkeit lange getan. Diesem Ver-

ständnis gemäß ist es nicht möglich, Grenzen zu verändern. Wir hingegen verstehen Grenzen als veränderten Umständen anpaßbar. Grenzen können sich im Laufe der Zeit in Abhängigkeit von den betroffenen Personen und der Situation verändern. Meine Grenzen meinem Mann gegenüber unterscheiden sich von den Grenzen, die ich meiner Mutter setze, und diese wiederum sind anders als meine Grenzen gegenüber Arbeitskollegen. Die Grenzen, die ich hinsichtlich meiner Kontaktbereitschaft gegenüber Klienten mit einer BPS definiere, sind in der Regel ziemlich flexibel; würde mein Partner jedoch am Rücken operiert und bräuchte danach einige Wochen lang meine Hilfe, wären meine Grenzen zeitweise strikter. Ich wäre dann weniger kontaktfreudig als normalerweise.

Grenzen können sich im Einklang mit äußeren Umständen verändern. Würde im Leben des Menschen, den Sie lieben, eine Katastrophe eintreten (beispielsweise wenn sein Arbeitgeber bankrott wäre und seine Mitarbeiter entlassen müßte), könnten Sie Ihre normalerweise gültigen Grenzen lockern. Hätten Sie beispielsweise als Grenze definiert: »Komme nie unangemeldet bei mir vorbei, sondern rufe mich vorher an«, könnten Sie die Grenze etwas weniger strikt handhaben, solange die betreffende Person arbeitslos ist und bis sie eine neue Arbeit gefunden hat. Gewöhnt sich die andere Person dann allerdings an, jeden Tag unangemeldet und in ungünstigen Situationen vorbeizuschauen, müssen Sie eventuell wieder striktere Grenzen festlegen, auch wenn die zeitweilig gelockerten Regeln dadurch wieder eingeschränkt werden. Es geht grundsätzlich darum, zwar Grenzen zu setzen, mit ihnen aber nötigenfalls flexibel umzugehen.

Wie man außerhalb von Krisensituationen agieren und reagieren sollte

Menschen mit einer BPS verfangen sich leicht in Mustern destruktiven oder selbstschädigenden Verhaltens. Wenn Sie regelmäßig mit einem solchen Menschen zu tun haben, ist es sehr schwer zu ertragen, daß der Betreffende die gleichen Fehler immer wieder macht. Allerdings ist es auch schwierig, über derlei Probleme zu sprechen, ohne bei dem Betroffenen einen emotionalen Aufruhr hervorzurufen. Vielleicht ist es für Sie unerträglich, wenn Ihr Bruder sich auf riskanten Sex einläßt, und Sie wollen ihm in einem ruhigen Augenblick erklären, wie er sich besser schützen könnte. Oder Ihre Tochter möchte mit Ihnen darüber reden, was mit ihrem Freund los ist. Unabhängig davon, ob dabei eine BPS im Spiel ist oder nicht, vermutlich würden Sie sich wünschen, mit dem Menschen, der Ihnen nahesteht, ein konstruktives Gespräch über die aktuellen Probleme zu führen. Ihr innigster Wunsch ist in solch einem Fall vielleicht, daß die andere Person ein Problem, das ihr Glück beeinträchtigt oder sogar ihre Sicherheit gefährdet, allmählich überwindet.

Leider können solche Gespräche selbst dann, wenn keine BPS im Spiel ist, viele wunde Punkte berühren und damit enden, daß sich an der Situation nichts bessert – oder sie sich sogar verschlechtert. Doch *wenn* eine BPS vorliegt, kann Ihr Bruder, falls er sich kritisiert fühlt, extrem stark emotional reagieren. Und wenn Sie mit Ihrer Tochter reden und das Gespräch mit ihr auf einem guten Weg sehen, kann plötzlich etwas sie wütend machen mit der Folge, daß sie Ihnen die Verantwortung für ihre sämtlichen Probleme zuschreibt, weil Sie ihren Freund sowieso nie gemocht hätten. Wegen der potentiell starken emotionalen Energie ist die Nutzung der weiter oben skizzierten fünf Schritte besonders wichtig, um durch die Art der Reaktion die Emotionen unter Kontrolle zu halten und so der Lösung der Probleme näher zu kommen.

Die fünf Schritte sind in diesem Fall die gleichen wie in einer Krisensituation. Doch wenn keine Krise vorliegt, erreichen Sie bei Schritt 3 eine Weggabelung:

▸ **Schritt 3: Fragen**
»Kann ich dir helfen?« Oder: »Möchtest du, daß ich dir helfe?«

»JA«	»NEIN«
↓	↓
Einschätzen: Was ist los? Verschaffen Sie sich ein genaues Bild davon, wo das Problem begann, wann es begann und wer/was erforderlich ist, um es zu lösen.	**Validieren** Sie die Sicht der anderen Person. **Akzeptieren** Sie, daß Sie nicht helfen können. **Sprechen Sie die andere Person später erneut auf das Problem hin an.** **Identifizieren und kommunizieren Sie eine Grenze**, wenn die Fortsetzung dieses Verhaltens es notwendig macht.

Wenn die geliebte Person Ihre Hilfe will …

Ihre Aufgabe besteht darin, mit den Schritten 4 und 5 fortzufahren, wobei Sie sich die größtmögliche Mühe geben, auf unterstützende und ermutigende Weise zu kommunizieren, ohne zu übertreiben: Ermutigen Sie die geliebte Person dazu, das zu tun, wozu Sie sie anregen wollen; aber übertreiben Sie den Zuspruch nicht, weil das kontraproduktiv sein kann. Verstehen Sie sich in der Rolle eines Coachs. Die geliebte Person ist immer noch der Sportler, der auch ohne Ihre Hilfe einen Wettkampf durchstehen könnte; es gelingt ihm allerdings deutlich besser, wenn Sie an der Seitenlinie stehen und ihn unterstützen.

Wenn Sie in Schritt 4 fragen, welche Rolle Sie spielen sollen, dann formulieren Sie das sehr klar:

»Soll ich dir direkt helfen?«
»Möchtest du, daß ich dich von der Seitenlinie aus anfeuere?«
»Möchtest du, daß ich einfach abwarte, wie sich die Dinge entwickeln?«

In Schritt 5 bringen Sie Ihr Interesse am Resultat zum Ausdruck:

»Ich würde wirklich gern hören, was bei dieser Sache herauskommt.«
»Könntest du mich kurz darüber informieren, wie es gelaufen ist?«

Wenn im Laufe des gesamten Fünf-Schritte-Prozesses die Emotionen des geliebten Menschen stärker werden, dann halten Sie sich ein wenig zurück, und validieren Sie häufig. Lassen die Emotionen nach, können Sie sich wieder stärker der Problemlösung widmen. Falls *Ihre* Emotionen stärker werden, sollten Sie auf die Tipps für die Regulierung eigener Emotionen (siehe Seite 101) zurückgreifen.

Wenn die geliebte Person Ihre Hilfe nicht annehmen will …

Möglicherweise müssen Sie daran arbeiten, das Akzeptieren zu kultivieren. Mitgefühl und Akzeptieren, mit denen wir uns im folgenden Abschnitt beschäftigen werden, sind für den Umgang mit Menschen, die unter einer BPS leiden, sehr nützlich.

Wenn Sie sehr traurig sind, weil die Hilfe, die Sie angeboten haben, abgelehnt wird, können Sie die »Technik des gegenteiligen Handelns« anwenden, die in dem Kasten auf Seite 104 f. beschrieben wird.

Es kann passieren, daß Sie alle Schritte zur Regulierung der eigenen Gefühle vollziehen und der geliebten Person Ihre Hilfe anbieten, diese aber die angebotene Hilfe nicht nur zurückweist, sondern außerdem selbst in einen Zustand noch stärkerer Dysregulation verfällt. In solch einem Fall können Akzeptieren und Selbstmitgefühl die Mittel sein, die es Ihnen ermöglichen, zu verhindern, daß Sie selbst und der Mensch, den Sie lieben, hinsichtlich der Emotionen und des Verhaltens in einen Abgrund fallen.

Akzeptieren und Selbstmitgefühl praktizieren

Wir hören oft, wir könnten andere Menschen nicht verändern. Als Behavioristin glaube ich, daß wir andere verändern können, indem wir unsere Reaktionen auf sie verändern. Der größte Teil dieses Buches beschäftigt sich damit, wie sich dies bewerkstelligen läßt. Doch letztlich erfordert der Umgang mit Menschen, die wir lieben, vor allem, daß wir vieles akzeptieren.

In der DBT lehren wir, daß Leid durch (emotionalen oder physischen) Schmerz in Kombination mit dem Nichtakzeptieren dieses Schmerzes verursacht wird. Schmerz gehört zum Leben und ist ganz sicher ein fester Bestandteil unseres Umgangs mit anderen Menschen. Beziehungen ohne Schmerz sind nicht möglich. Wenn wir die aktuelle Realität jedoch nicht akzeptieren, verstärken wir den Schmerz, und er wird zum Leid.

Stellen Sie sich vor, Sie legen eine Hand auf eine heiße Ofenplatte. Dadurch verbrennen Sie sich die Hand. Nichtakzeptieren beinhaltet im Sinne dieses Vergleichs, daß Sie Ihre Hand nicht bewegen und sie auf der heißen Ofenplatte liegen lassen. Sie schreien: »Meine Hand tut weh. Sie wird verbrannt.« Doch nichts ändert sich, bis Sie akzeptieren, daß Ihre Hand auf einer heißen Herdplatte liegt. Dann bewegen Sie Ihre Hand. Oft reden wir permanent darüber, wie sehr unsere Hand schmerzt, doch wir akzeptieren nicht, daß die Hand auf dem heißen Herd liegt.

Wir müssen die Realität in jedem Augenblick so akzeptieren, wie sie ist. Dazu zählen:

1. die geliebte Person, so wie sie in diesem Augenblick ist;
2. unsere Reaktionen auf die geliebte Person, wie sie in diesem Augenblick ist;
3. die Situation, um die es geht.

Um es noch einmal klarzustellen: Diese Dinge zu akzeptieren bedeutet nicht, daß wir sie uns nicht anders wünschen und daß wir nicht hart daran arbeiten, den nächsten Augenblick zu verändern. Es bedeutet vielmehr, daß wir die Realität ganz klar so sehen, wie sie ist.

Menschen denken oft, sie müßten die Zukunft akzeptieren. Sie sagen: »Ich muß akzeptieren, daß sie sich niemals verändern wird.« SIE BRAUCHEN DIE ZUKUNFT NICHT ZU AKZEPTIEREN: Sie brauchen nur den gegenwärtigen Augenblick zu akzeptieren. Ich habe einmal mit inhaftierten BPS-Patientinnen gearbeitet. Die meisten von ihnen hatten schwere Verbrechen begangen und waren zu lebenslänglichen Haftstrafen verurteilt worden. Sie fragten mich, wie sie es akzeptieren könnten, daß sie bis an ihr Lebensende im Gefängnis sitzen würden. Die Antwort lautete, daß sie nicht akzeptieren müßten, daß sie bis zu ihrem Tod im Gefängnis bleiben würden, sondern nur, daß sie zum gegenwärtigen Zeitpunkt im Gefängnis seien. An diesem einen Tag. Am nächsten Tag würden sie natürlich erneut akzeptieren müssen, daß sie im Gefängnis waren. Und am folgenden Tag abermals. Und am überübernächsten Tag wieder. Sie würden immer und immer wieder neu akzeptieren müssen.

Sie müssen die Person, die Sie lieben, dort akzeptieren, wo sie sich im Moment befindet. Und morgen müssen Sie sie auf die gleiche Weise erneut akzeptieren. Vielleicht hat sie sich morgen verändert: Dann müssen Sie sie dort akzeptieren, wo sie sich gerade befindet. Ebenso wichtig ist, daß Sie sich selbst dort akzeptieren, wo Sie sich jeweils befinden. Und morgen müssen Sie vielleicht akzeptieren, daß Sie genau dort sind, wo Sie heute stehen. Oder Sie sind morgen anders und müssen sich so akzeptieren, wie Sie dann sind.

Sich selbst zu akzeptieren bedeutet, daß Sie Ihre eigenen Emotionen akzeptieren. Sie werden wahrscheinlich viele Emotionen haben, die sich auf den Menschen, den Sie lieben, beziehen. Beispielsweise könnten Sie traurig darüber sein, daß sich sein Leben anders entwickelt hat, als Sie es sich gewünscht hätten. Sie können auch fürchten, daß er etwas Verhängnisvolles tun wird. Sie können wütend darüber sein, daß die andere Person sich selbst oder Sie verletzt. Sie können über ihre Situation enttäuscht sein. Sie können sich schuldig fühlen, weil Sie bestimmte Dinge nicht zu bestimmten Zeiten getan haben, um der Person, die Sie lieben, zu helfen. Ganz gleich, welche Emotionen sich manifestieren mögen, es ist wichtig, sie zu akzeptieren. Sie müssen ihre Existenz anerkennen. Nur wenn Sie dies tun, können Sie die Emotionen entweder weiterhin akzeptieren oder an ihrer Veränderung arbeiten.

Eine Anmerkung zum Wort *Üben* in Zusammenhang mit Akzeptieren. Einige Dinge akzeptieren wir einfach. Wenn Sie morgens aufwachen und nicht zur Arbeit gehen wollen, können Sie akzeptieren, daß Mittwoch ist und Sie zur Arbeit müssen. Dann stehen Sie auf und gehen zur Arbeit. Doch das Akzeptieren, mit dem wir uns hier beschäftigen, ist problematischer als das Akzeptieren der Tatsache, daß Mittwoch ist und wir zur Arbeit müssen. Es geht hier um das Akzeptieren schmerzhafter Dinge. Wir benutzen in diesem Zusammenhang das Wort *Üben*, um anzuerkennen, daß es keinen magischen Ort mit Namen »Akzeptieren« gibt, an dem die Dinge nicht so schmerzhaft sind wie anderswo. Vielmehr arbeiten wir permanent am Akzeptieren, und deshalb sprechen wir vom *Üben* des Akzeptierens, statt davon, daß wir zum Akzeptieren *gelangen*, womit wir anerkennen würden, daß es sich um eine Reise handelt.

Wie können wir uns im Akzeptieren üben?

Sie können sich in der Hitze des gegenwärtigen Augenblicks im Akzeptieren üben, wenn Ihnen bei der Kommunikation mit der geliebten Person auffällt, daß Sie an einer Idee oder einer Emotion festhalten und Ihnen dies Unbehagen bereitet. Sie können das Akzeptieren aber auch üben, wenn Sie nicht mit dem geliebten Menschen interagieren. Oft werden Sie Schmerzen infolge früherer Interaktionen empfinden oder durch eine aktuelle Lebenssituation erzeugtes Leid empfinden, die es erforderlich machen, sich im Akzeptieren zu üben.

1. Stellen Sie fest, was Sie nicht akzeptieren. Fragen Sie sich, weshalb Sie sich nicht wohlfühlen.
2. Sagen Sie: »Ich akzeptiere … .«
3. Achten Sie auf Ihre Köperhaltung. Sorgen Sie dafür, daß Sie sich in einer akzeptierenden Haltung befinden.
   a. Achten Sie darauf, daß Ihre Hände nicht verkrampft sind.
   b. Entspannen Sie Ihre Gesichtsmuskeln.

Mitgefühl als Akzeptieren

Eine der zuverlässigsten Methoden, die eigenen Emotionen unter Kontrolle zu halten, besteht darin, Mitgefühl zu üben – was natürlich voraussetzt, daß Sie sich selbst und die Person, die Sie lieben, akzeptieren. Es gibt eine formelle buddhistische Übung, die *Liebende-Güte-Meditation*, die hilft, Mitgefühl anderen gegenüber zu entwickeln. Sie können sich im Akzeptieren und in der Emotionsregulation üben, indem Sie Mitgefühl entwickeln. Mitgefühl ermöglicht, den Problemen anderer Menschen empathisch zu begegnen. Mitgefühl und Empathie sollte man nicht mit Mitleid verwechseln. Mitleid bewirkt, daß wir andere so behandeln, als seien diese »hoffnungslose Fälle« oder schwächlich, und das ist nicht besonders nützlich. Bei Mitleid ist oft irgendein Urteil im Spiel, und es handelt sich dann um das Gegenteil von Akzeptieren (»Sie tut mir so leid, weil …«). Mitgefühl ist tiefverwurzeltes Akzeptieren der Person, wie sie im betreffenden Augenblick ist.

Mitgefühl beginnt mit Selbstmitgefühl. Wir können einen anderen Menschen nicht akzeptieren und ihm gegenüber kein Mitgefühl haben, wenn wir uns selbst gegenüber kein Mitgefühl haben. Weil es schwer ist, in der Hitze des Geschehens Mitgefühl zu zeigen, müssen wir uns darin üben, bevor unsere Emotionen hohe Wellen schlagen.

Möglichkeiten, Mitgefühl zu üben

1. Beginnen Sie bei sich selbst:
   a. Visualisieren Sie sich als fröhlich und akzeptierend. Wie sieht das aus? Stellen Sie sich ein »Halblächeln« auf Ihrem Gesicht vor. Stellen Sie sich vor, daß Sie sich liebenswürdig verhalten. Stellen Sie sich vor, Sie reagieren geduldig und kompetent auf Situationen.
   b. Vergegenwärtigen Sie sich Ihre positiven Eigenschaften. Erinnern Sie sich an frühere Akte der Güte? Haben Sie schon einmal jemanden akzeptiert, obwohl der Betreffende sich unangenehm verhielt?
   c. Sprechen Sie mitfühlende Gedanken aus, mit denen Sie sich selbst akzeptieren. Dabei kann es sich um Affirmationen handeln, aber auch um Beschreibungen von Fakten, die sich auf frühere mitfühlende Augenblicke beziehen (»Ich habe mich in ihre Situation versetzt und so erkannt, wie schwer es für sie ist, das Gefühl zu haben, daß sie alles verliert, selbst wenn sie brüllt, daß sie mich haßt«). Entdecken Sie Aspekte an sich, die Sie lieben können, und wiederholen Sie diese Dinge immer wieder.
2. Verfahren Sie nun genauso mit der Person, die Sie lieben. Es kann nützlich sein, sich aufzuschreiben, welche der verschiedenen Arten, Mitgefühl zu üben, bei Ihnen am besten wirkt.
   a. Visualisieren Sie die geliebte Person in fröhlicher und unbeschwerter Verfassung. Wie sieht das aus?

b. Denken Sie an positive Eigenschaften der geliebten Person und an gütige und mitfühlende Dinge, die sie in ihrem Leben getan hat:

c. Bringen Sie hörbar Mitgefühl zum Ausdruck, indem Sie verbal formulieren, daß Sie die geliebte Person akzeptieren. Wählen Sie Äußerungen, die Ihnen Akzeptieren (ein Gefühl des Friedens) vermitteln, und machen Sie daraus Aussagen, die Sie sich merken können.

Selbstfürsorge als Selbstmitgefühl

Eine Möglichkeit, die Beziehung zu einem Menschen, den Sie lieben, zu pflegen, besteht darin, etwas für sich selbst zu tun. Dazu müssen Sie nicht nur eine akzeptierende, mitfühlende Haltung sich selbst gegenüber entwickeln, sondern auch gut für Ihren Körper sorgen und sich adäquat um Ihre Emotionen kümmern. Ein gesunder Körper macht Sie stärker und widerstandsfähiger gegenüber unangenehmen Emotionen, selbst wenn der geliebte Andere sehr emotional ist. Es gibt verschiedene Möglichkeiten der Selbstfürsorge:

- *Sorgen Sie zuallererst für Ihre körperliche Gesundheit.* Deshalb sollten Sie sich gut ernähren, genug schlafen und nicht zuviel Kaffee, Alkohol und Zucker konsumieren. Nehmen Sie sich nach der Arbeit genug Zeit, um sich zu erholen. Tun Sie Dinge, die Ihnen Freude machen und Ihnen das Gefühl geben, Ihr Leben im Griff zu haben; dies verringert Ihre emotionalen Reaktionen.
- *Beruhigen Sie Ihre Sinne.* Experten haben herausgefunden, daß Menschen, die jeden Tag etwas tun, um sich selbst zu beruhigen, weniger reizbar sind als

andere. Für die Beruhigung der eigenen Sinne zu sorgen ist eine Möglichkeit, Emotionen einzudämmen. Nehmen Sie sich ein wenig Zeit, um durch simple Maßnahmen die eigenen Emotionen zu besänftigen. Berücksichtigen Sie dabei alle fünf Sinne:

Berühren: Nehmen Sie ein warmes Bad, kuscheln Sie mit Ihrem Hund oder Ihrer Katze oder schmiegen Sie sich an weiche Tücher oder Decken.

Schmecken: Essen Sie beruhigende Speisen, kosten Sie beruhigende Geschmäcke (z. B. Karamell), und trinken Sie warmen Tee, Kakao oder Kaffee.

Riechen: Verbreiten Sie in Ihrem Haus oder Zimmer einen entspannenden Duft, beispielsweise den von Lavendel, Eukalyptus, Blüten, Zimt oder Kerzen.

Sehen: Schauen Sie sich Dinge an, die beruhigend auf Sie wirken: Wasser, Berge, Bilder, spielende Kinder.

Hören: Hören Sie beruhigende Musik, Meeresrauschen, Katzenschnurren.

- *Machen Sie ein paar Tage Urlaub.* Urlaube dienen der Heilung und Stärkung, so daß wir mit neuem Elan ins Leben zurückkehren können. Nehmen Sie sich ein paar Stunden Zeit für sich. Setzen Sie sich draußen auf einen Stuhl, schauen Sie sich Sportveranstaltungen an, oder lesen Sie einen Roman. Tun Sie etwas, wobei Sie sich nicht sorgen und nicht über Vergangenheit und Zukunft grübeln. Machen Sie einfach eine Pause. Danach sind Sie weniger anfällig für Emotionen.

Eine Möglichkeit, mit schwierigen Situationen fertig zu werden, besteht darin, sich selbst anzufeuern. Viele von uns können anderen sehr überzeugend erklären, wie man schwierige Situationen durchstehen kann, und sie können andere Menschen, die unter Streß stehen, sehr effektiv aufbauen; weniger gut oder gar nicht gelingt es ihnen, das gleiche für sich selbst zu tun. Falls es auch Ihnen so geht, können Sie folgendes tun:

1. Denken Sie darüber nach, was Sie sagen würden, wenn ein Freund Sie anriefe und Ihnen von einer Situation berichten würde, die Ihrer eigenen ähnelt.
2. Notieren Sie sich drei Dinge, die Sie Ihrem Freund sagen könnten, um ihn aufzumuntern.
3. Wiederholen Sie diese drei Dinge innerlich jeden Tag, bis Sie diese Äußerungen automatisch abrufen können.

Nachdem Sie nun Schritt-für-Schritt-Methoden kennengelernt haben, die helfen, auf problematische Verhaltensweisen und Emotionen eines geliebten Menschen zu reagieren, werden wir uns anschauen, was genau einige dieser Verhaltensweisen beinhalten. Im nächsten Abschnitt untersuchen wir sechs konkrete Verhaltensmuster, die bei Menschen mit einer BPS charakteristisch sind, und wir veranschaulichen, wie man in solchen Fällen regulierend wirken und das Akzeptieren nutzen kann.

TEIL 2

Die vielen Gesichter der Borderline-Persönlichkeitsstörung

KAPITEL 5

»Ich ertrage es nicht, mich so zu fühlen!«

»Ich bin drauf und dran, Jack zu verlieren! Ich bin mir *sicher*, daß das passieren wird. Daran zu denken schmerzt mich so sehr, daß ich es kaum ertragen kann. Ich werde es nicht überleben, ihn zu verlieren.«

Dies hörte Danas ältere Schwester eines Abends, als sie um 23.00 Uhr, dann noch einmal um 1.00 Uhr und schließlich noch einmal um 4.00 Uhr morgens ans Telefon ging. Dana war sich sicher, daß sie ihren Mann verlieren würde, weil sie ihn im Laufe des Tages mehrmals angebrüllt hatte, ihm vorgeworfen hatte, er habe Affären, geweint und schließlich gedroht hatte, sich umzubringen. Gail hatte Dana zu versichern versucht, daß Jack sie liebe und sie nicht verlassen werde. Sie hatte sich auch große Mühe gegeben, ihre Schwester mit anderen Themen abzulenken. Und sie hatte ihr viele Ratschläge gegeben, die, wie sie meinte, ihre Schwester beruhigen könnten. Doch Dana steigerte sich immer tiefer in ihre Verzweiflung hinein. Und weil sie keine Möglichkeit sah, sich aus diesem Zustand zu befreien, wandte sie sich immer wieder an Gail.

Aber Gail war erschöpft, nicht nur wegen Schlafmangels, sondern auch, weil sie all dies schon in früheren Situationen erlebt hatte. Irgend etwas schien Dana fast ohne Vorwarnung immer wieder zu überfallen und in einen Zustand zu versetzen, in dem sie von starken Emotionen geplagt wurde, und alles deutete darauf hin, daß dies in ihrem ganzen weiteren Leben so bleiben würde. Ihre Gefühle und Handlungen entglitten ihr dann, und sie war völlig hilflos. In diesem Zustand griff sie Gail oft an und warf ihr vor, ihre Schwester sei ihr gleichgültig; an solchen Vorwürfen änderte all die Unterstützung nichts, die Gail ihr zu geben versuchte. Wenn sie in diesem Zustand gefangen war, versank sie in die tiefsten Tiefen und sagte, ihr bleibe nichts anderes übrig, als all dies zu beenden – nichts werde sich jemals ändern, und sie könne diesen Zustand einfach nicht mehr ertragen.

Falls Sie einen Menschen mit einer BPS lieben, kommt Ihnen diese Manifestation der Störung möglicherweise sehr bekannt vor, weil emotionale Dysregulation ein so zentraler Aspekt des Bildes der BPS ist. Nun haben wir emotionale Dysregulation bisher so dargestellt, als sei sie bei Menschen mit einer BPS eine Konstante. In Wahrheit handelt es sich jedoch nicht um einen konstanten *Zustand*, sondern die Konstante besteht im Falle einer BPS in *emotionaler Verletzlichkeit*. Der Mensch, den Sie lieben, ist ständig in Gefahr, in einen Zustand emotionaler Dysregulation zu verfallen. Die meisten Menschen mit einer BPS erleben relativ ruhige emotionale Phasen. Sie werden aber häufig in einen Strudel der Emotionen hineingezogen und können Tage oder Wochen darin gefangen bleiben. Mit diesem Verhalten werde ich mich im vorliegenden Kapitel befassen. Wahrscheinlich wird es leichter für Sie, mit diesem primären BPS-Verhalten umzugehen, wenn Ihnen klar ist, wie diese zyklische Erscheinung entsteht.

Sie wissen aus Kapitel 2, daß Menschen mit einer BPS ganz generell sehr emotional sind und gelernt haben, ihren Emotionen zu mißtrauen und sie gering zu schätzen. Dieses doppelte Handicap macht sie nicht nur für extreme Emotionen anfällig, sondern auch für extreme *Reaktionen* auf das Gefühl, die Kontrolle über ihre Emotionen zu verlieren. Auf diese Weise entsteht der weiter oben erwähnte Strudel.

Gail wußte nicht, was Dana dazu gebracht hatte, ihre Reise in den Abgrund anzutreten. Und Dana selbst war es auch nicht klar. Doch sobald sie in das dunkle Loch fällt, werden ihre Emotionen immer stärker, und wenn sie sich in diesem Zustand befindet, wird sie immer aufgebrachter, und zwar nicht bezogen auf das, was ihre Emotionen angefacht hat, sondern *weil sie das Gefühl hat, sie nicht aufhalten zu können.*

Ich vergleiche dieses Phänomen gern mit einem Strudel oder mit Treibsand, weil es den betroffenen Menschen periodisch heimsucht – manchmal sogar sehr oft –, aber nicht sein permanenter Zustand ist. Das könnte es auch gar nicht sein. Ständiger emotionaler Schmerz dieser Stärke wäre kaum auszuhalten (deshalb ist Suizid bei Menschen mit einer BPS leider nicht selten; siehe hierzu Kapitel 12). Die meisten BPS-Patienten befreien sich aus dem Strudel und kehren in einen erträglicheren emotionalen Zustand zurück, wobei sie manchmal wieder zu funktionalem Verhalten in der Lage sind, in anderen Fällen bei dysfunktionalen Verhaltensweisen bleiben und sehr häufig in Selbstentwertung verfallen, mit der wir uns in Kapitel 6 befassen werden. Ich kenne BPS-Patienten, die kaum etwas anderes als Verzweiflung erleben, aber trotzdem in bestimmten Augenblicken glauben, daß sie sich aus diesem Zustand befreien können.

Weil Menschen mit einer BPS oft *nicht* wissen, was ihre Emotionen befeuert hat, nachdem sich der Strudel in Bewegung gesetzt hat, können Sie sich möglicherweise kaum vorstellen, worin für den Menschen, den Sie lieben, eine Gefahr bestehen könnte, sowohl generell in der Welt als auch in Ihren Interaktionen mit ihm. Vielleicht spielt das für Sie auch keine entscheidende Rolle. Herauszufinden, wie jene komplexe Verkettung von Emotionen und Verhaltensweisen entsteht, die BPS-Patienten gefangen hält, ist eine Aufgabe für ausgebildete Spezialisten. Vielleicht geben Sie sich große Mühe, die Aktivierung emotionaler Stimuli grundsätzlich zu vermeiden, doch der Strudel erfaßt den Betroffenen trotzdem häufiger, als Sie und er ertragen können. Zum Glück können Sie die emotionalen Brandherde, die bei der anderen Person aufflammen, eingrenzen, indem Sie *Ihre eigenen* Reaktionen verändern. Sie werden sehen, daß Sie durchaus etwas über die Themen und Muster lernen können, welche die Emotionen des anderen aktivieren.

Die Anatomie eines emotionalen Strudels

Wir werden uns nun diesen Strudel und wie der Mensch, den Sie lieben und später auch Sie in ihn hineingezogen werden, ein wenig genauer anschauen.

Was die geliebte Person erlebt

Meist passiert etwas für die Person mit der BPS Schmerzhaftes. Im Moment spielt es keine Rolle, ob dieses Ereignis auch für Sie oder für jemanden, der nicht an einer BPS leidet, schmerzhaft wäre. Entscheidend ist, daß das Ereignis bei der Person mit der BPS eine starke emotionale Reaktion auslöst. Der Schmerz bleibt permanent bestehen. Er scheint unkontrollierbar und unaufhaltbar. Dieses Erleben von Schmerz hat eine überwältigende Wirkung. In diesem Zustand befindet sich ein Mensch mit einer BPS, wenn er verzweifelt ist. Und wenn dies anhält, entsteht ein Gefühl der Hoffnungslosigkeit. Der geliebte Mensch hat dann das Gefühl, daß diese Emotionen im Nirgendwo verweilen. Er steht an einem Abgrund und sieht nichts anderes als eine unendliche Weite von Schmerz und Verzweiflung. Im Zustand der Hoffnungslosigkeit sieht Ihr Partner, Ihre Mutter/Ihr Vater, Ihr Kind oder Ihr Bruder keinen Ausweg aus der aktuellen Situation, und die Zukunft verheißt nichts als Schmerz.

Marie ist 45 Jahre alt und erfüllt die diagnostischen Kriterien für eine BPS. Sie und ihre Partnerin haben zusammen ein Kind. Marie sagt, sie sei von ihrer Partnerin und ihrem fünf Jahre alten Kind immer wieder verletzt worden. Ihre

Partnerin sagt, sie bemühe sich, Marie nicht zu verletzen, und tue alles ihr Mögliche, um nichts zu sagen, was sie verletzen könnte. Marie hält sich für emotional überlastet und empfindet alles, was geschieht, als Versuche anderer, sie zu verletzen. Sie glaubt, ihren Schmerz, von dem sie annimmt, er werde nie enden, nicht ertragen zu können, und sie ist bereit, alles in ihrer Macht Stehende zu tun, um den Schmerz zu unterbinden. Ganz gleich, was andere ihr zwecks Verringerung des Schmerzes zu tun empfehlen (ob sie ihr zu helfen versuchen, die Probleme zu lösen, die den Schmerz verursachen, oder ob sie ihr nur mitteilen wollen, daß sie ihren Schmerz verstehen), was geschieht, ist für sie schmerzhaft, und sie fängt an, ihrer Partnerin gegenüber zu äußern, daß sie den Schmerz nicht länger ertragen kann, den diese ihr zufügt. Sie empfindet gleichzeitig den Schmerz selbst und den Schmerz, Schmerz zu empfinden. Marie sieht keine Möglichkeit, sich davon zu befreien, und sie glaubt, sie werde sich immer so fühlen.

Hoffnungslosigkeit ist der Feind aller Menschen mit einer BPS und derjenigen, die sie lieben.

Der Strudel emotionaler Verletzlichkeit wird oft durch ein Ereignis in Gang gesetzt, das die Person, die Sie lieben, als schmerzlich, beängstigend, verwirrend oder auf andere Weise belastet erlebt. Wie ich schon sagte, müssen Sie, um diesen speziellen Mechanismus zu verstehen, im Grunde nicht genau wissen, worin das auslösende Ereignis bestand (allerdings müssen Menschen mit einer BPS, die ihre Probleme lösen wollen, das auslösende Ereignis irgendwann zumindest ansatzweise verstehen). Sie selbst müssen sich darüber im klaren sein, daß eine Emotion, die im Geiste eines nicht unter einer BPS leidenden Menschen allmählich nachlassen würde, im Geist des Menschen, den Sie lieben, perpetuiert wird. Der Strudel saugt andere Emotionen und Verhaltensweisen an und erzeugt so einen langen Strom von Verhaltensweisen, der damit endet, daß die Person mit der BPS in einem verzweifelten Versuch, ihren Schmerz abzutöten, ein impulsives Verhalten entwickelt. Marie greift manchmal zum Alkohol, und sie neigt zu übermäßigem Essen und anschließender Entleerung. Außerdem ruft ihr eigenes Verhalten eine andere unangenehme Emotion bei ihr hervor, oft Scham und Schuldgefühle: Zunächst kann sie ihre Emotionen und dann ihre Handlungen nicht kontrollieren. Ihrem eigenen Gefühl gemäß befindet sie sich in einem entsetzlichen Zustand.

Eine weitere häufige Sekundäremotion ist Wut. Nehmen wir einmal an, Ihr Vetter leidet an einer BPS und soll zum Abendessen zu Ihnen kommen. Doch er erscheint nicht. Er hat den ganzen Tag über allein zu Hause gesessen und fühlt sich nun nicht in der Lage, die Energie aufzubringen, sich anzuziehen und zu Ihnen zu kommen. Sie rufen ihn an und fragen ihn, wo er ist. Er empfindet Scham und Schuldgefühle, weil er nicht zu Ihnen gekommen ist, und er fühlte sich auch vorher schon sehr traurig und einsam. Nun kommt bei ihm die Emotion Wut sehr stark zum Ausdruck. Diese fungiert als Überdruckventil, das Scham- und Schuldgefühle, Traurigkeit und Einsamkeit neutralisiert, weil sie sehr mächtig und voller Energie ist. Die Wut ermöglicht Ihrem Vetter, die anderen genannten Emotionen zu meiden, die in seinen Augen wesentlich weniger akzeptabel – und deshalb viel schmerzhafter – sind als Wut. Doch dann fährt er Sie aus seiner Wut heraus an, und dieses Verhalten weckt bei ihm erneut Scham- und Schuldgefühle. Seine Emotionen eskalieren; der Strudel dreht sich immer schneller, und auch sein in die Tiefe ziehender Sog wird stärker. Er hat das Gefühl, zunehmend die Kontrolle zu verlieren, was seine Emotionen weiter anheizt.

Sie sehen, wie kompliziert dieser Zyklus ist und wie sehr er sich selbst perpetuiert. Diese Komplexität ist einer der Gründe dafür, daß der Mensch, den Sie lieben, Tage oder sogar Wochen in dem emotionalen Strudel gefangen bleiben kann. Gewöhnlich verursacht das impulsive Verhalten, das ein Versuch ist, schmerzhafte Emotionen zu vermeiden, selbst eine emotionale Reaktion und versetzt Menschen oft in einen permanenten Krisenzustand. Wenn die Krise – eine Fehde mit einem anderen Familienmitglied, ein Besäufnis oder ein Gelage, ein Kaufrausch oder ein Konflikt mit dem Gesetz – nicht aufgelöst wird, führt auch sie dem Strudel Energie zu.

Doch nicht nur Ereignisse und Emotionen können den Strudel in Gang setzen und aktiv halten, sondern auch Erinnerungen. Menschen mit einer BPS verfügen über eine aktive Erinnerung an Schmerz. Aufgrund der Plastizität ihres Gehirns neigen sie dazu, auf Jahrestage und Erinnerungen an schmerzhafte Ereignisse zu fokussieren. Wir alle lernen durch Erfahrung. Nehmen wir einmal an, Sie amüsieren sich im Karneval gut; Ihr Gehirn entwickelt dann eine positive Assoziation, die sich auf den Karneval bezieht. Werden Sie dann später mit etwas konfrontiert, das Sie an Karneval erinnert, sind Sie vermutlich glücklich und fühlen sich sehr wohl. Aber was wäre, wenn Sie auf einer Karnevalsveranstaltung von einem Clown verängstigt würden? Dann würde Ihr Gehirn eine negative Assoziation mit Karneval und Clowns entwickeln. Sähen Sie dann später ein Bild von einem Clown, könnte die Furcht bei Ihnen neu entfacht werden. Würden Sie danach irgendwann mit Straßenkarneval konfrontiert, könnte die

Furcht dadurch erneut aktiviert werden. Und diese Furcht könnte durchaus begründet sein, wenn der Karneval oder Clowns in Ihrem Leben eine echte Gefahr wären; hingegen wäre sie dysfunktional, wenn durch den Auftritt eines Clowns auf der Geburtstagsparty Ihres Kindes bei Ihnen eine Panikattacke ausgelöst würde. Ebenso wie angesichts des Karnevals oder eines Clowns entwickelt das Gehirn eines Menschen mit einer BPS negative Assoziationen mit Emotionen, die oft übermäßig stark und deshalb zumindest unangenehm sind. Außerdem ist ein Mensch mit einer BPS zu der Überzeugung gelangt, daß diese Emotionen inakzeptabel sind, was die damit verbundene negative Assoziation noch verstärkt. Auf diese Weise kann das Erleben einer negativen Emotion eine andere entfachen, so wie es bei dem Mann war, dessen Wut aktiviert wird, wenn er Scham empfindet, weil er nicht zu Ihnen zum Abendessen gekommen ist.

Emotionen lieben Emotionen. Negative Emotionen lieben negative Emotionen. Menschen mit einer BPS gleichen Schwämmen, die Schmerz aufsaugen. Sie absorbieren alles, was negativ ist, und nehmen wahr, daß sie keine Möglichkeit haben, sich der Tragödie, die ihr Leben darstellt, zu entziehen. Die Emotionen werden immer stärker, und der ultimative Zustand, der zu der Auftürmung negativer Emotionen geführt hat, ist Hoffnungslosigkeit. Diese ist der Feind der Person, die Sie lieben, und auch Ihr Feind: Die Gefahr eines Suizids steigt mit dem Zunehmen der Hoffnungslosigkeit und/oder Wut. Dies ist eine Art, auf die Menschen mit einer BPS sagen können: »Ich werde dir zeigen, wie stark ich leide.«

Ihre Reaktion – und wohin sie führt

Gewöhnlich verfallen Menschen, die beobachten, wie jemand, den sie lieben, in einen emotionalen Strudel hineingezogen wird, entweder in den Modus des »Reparierens« oder in den des »Beschützens«. Wir alle neigen dazu, uns einzumischen und zu versuchen, Dinge, die bei Menschen, die wir lieben, nicht funktionieren, in Ordnung zu bringen. Diese instinktive Reaktion ist noch stärker, wenn wir miterleben, daß die Person, die wir lieben, unter emotionalen Qualen leidet. Wahrscheinlich haben auch Sie schon übermenschliche Anstrengungen unternommen, um Dinge, die einen Menschen, den Sie lieben, verletzen könnten, zu »reparieren«. Aber warum scheinen alle Ihre Bemühungen zu scheitern – oder die aktuelle Situation sogar noch zu verschlimmern?

Wahrscheinlich haben Sie schon erlebt, daß alle Ihre Versuche, die andere Person »aufzuheitern«, zu nichts führten. Vielleicht haben Sie den Betreffenden sogar wütend gemacht. Haben Sie schon einmal völlig verwirrt dagestanden, wenn Sie einem Menschen, den Sie liebten, zahlreiche Bestätigungen und Empfehlungen gegeben hatten, mit den besten Absichten und aus Liebe? Der Grund für einen solchen Mißerfolg ist nicht, daß Sie nicht hilfsbereit und liebevoll genug waren. Meist sind Menschen mit einer BPS wütend, weil sie unterstellen, ihr Gegenüber verstehe nicht, wieviel Schmerz sie empfinden. Außerdem sind sie auf sich selbst wütend, weil sie so emotional reagieren und/oder weil sie das Problem nicht selbst lösen können. Ein BPS-Patient empfindet jede Reaktion, die sein Erleben von Schmerz nicht validiert, als verständnislos. Deshalb wirkt der Versuch, dem Betreffenden zu helfen, das Problem zu lösen, nur dann validierend, wenn Sie anerkennen, wieviel Schmerz das Problem verursacht. Hingegen wird jeder Versuch, das Ausmaß des Problems herunterzuspielen, als Relativierung des Schmerzes, den das Problem verursacht, verstanden. Andererseits kommt jeder Versuch, dem Betroffenen zu versichern, daß er sein Problem lösen kann, einer Entwertung der Scham oder Schuld gleich, die er empfindet, weil ihm dies bisher nicht gelungen ist. *Wie in den Kapiteln 3 und 4 erläutert wurde, ist die Validierung des emotionalen Erlebens das Wichtigste überhaupt.*

Vielleicht ist Ihnen der Vorgang vertraut, daß die Person, die Sie lieben, immer mutloser wird, Sie alle möglichen Vorschläge machen und Ihr Gegenüber Ihnen Mal um Mal nachzuweisen versucht, daß alle Ihre Ratschläge bei ihr zu nichts führen können. Falls Sie unter diesen Voraussetzungen sagen, daß sich die Situation mit Sicherheit wieder bessert, wird die andere Person wahrscheinlich wütend und sagt etwas im Sinne von: »Du hast doch überhaupt keine Ahnung!« Ließen Sie die geliebte Person jedoch in Ruhe, würde sie Ihnen Gleichgültigkeit ihrem starken Schmerz gegenüber vorwerfen.

Natürlich fangen Sie an, sich zu sorgen, weil Sie nichts sagen können, ohne Ärger zu verursachen; deshalb versuchen Sie, den Menschen, den Sie lieben, zu schützen – so wie Maries Partnerin es bei Marie versuchte –, indem Sie nichts mehr sagen. Aber damit riskieren Sie zu hören, daß es auch Schmerzen verursacht, wenn Sie nichts sagen. Sie befinden sich in der bekannten und für die BPS charakteristischen Zwickmühle.

Sind BPS-Patienten in einem extremen emotionalen Zustand, wollen Sie von anderen Menschen hören, daß die Stärke ihres Schmerzes nachvollziehbar ist. Was sie erlebt haben, läuft im allgemeinen auf das Gegenteil hinaus: Andere empfinden ihre Emotionen als überdimensioniert und somit als *nicht* nachvollziehbar. BPS-Patienten fürchten sich vor ihren Emotionen (und wir natürlich auch), und gleichzeitig sind sie sehr empfindlich gegenüber jeder Kommunikation, in der auch nur ansatzweise mitschwingt, daß sie überreagieren. Sie haben das Gefühl, jeder Kontrollmöglichkeit beraubt worden zu sein, und reagieren sehr sensibel auf auch nur implizite Aufforderungen, sich die Kontrolle wieder anzueignen. Sie selbst haben bezüglich ihrer Situation jede Hoffnung aufgegeben und fürchten darüber hinaus, daß auch Sie als wichtige Bezugsperson ihnen jede Aussicht auf Besserung absprechen. Menschen mit einer BPS ertrinken in ihren eigenen Emotionen und beobachten, wie sie sich mit ihrer Situation abquälen.

Falls solche Menschen an einer Dialektisch-behavioralen Therapie teilgenommen haben, ist ihnen möglicherweise völlig klar, daß sie in ihrem Leben immer wieder Invalidierungen erlebt haben. Sie wissen, daß sie ein Problem verursachen, daß sie einem herrenlosen Güterzug ähneln. Aber das bedeutet nicht, daß sie wissen, wie sie die Kontrolle über ihre Situation zurückgewinnen können, so wie ja auch ein Güterzug ohne Bremsen sich nicht zum Stillstand bringen kann.

Jeder Versuch, Menschen in diesem Zustand zu schützen, führt zu nichts und bewirkt nur, daß diejenigen, die es versuchen, irgendwann völlig erschöpft aufgeben müssen. Stacy lebte im Alter von dreißig Jahren noch bei ihren Eltern, als sie sich in Gefahr brachte, ihre Arbeit als Disponentin bei einem Rettungsdienst zu verlieren, weil sie im Kontakt mit ihrem Vorgesetzten mehrmals »ausgerastet« war. Sie reagierte sehr emotional auf die Geschichten, die sie bei ihrer Arbeit hörte, und ließ oft zu, daß die Emotionen, die ein Notruf bei ihr ausgelöst hatte, ihr Konzentrationsvermögen bei nachfolgenden Anrufen beeinträchtigte. Nachdem ihr Arbeitgeber ihr eine Abmahnung geschickt hatte, verbunden mit der Warnung, das Arbeitsverhältnis werde im Wiederholungsfall beendet, zog sie sich zu Hause in ihr Zimmer zurück und verließ es tagelang nicht. Ihre Eltern wußten nicht, wie sie sich verhalten sollten. Sie versuchten, ihre Tochter in Ruhe zu lassen, aber diese schien immer mutloser zu werden. Außerdem war sie wütend auf ihre Eltern, weil sie mit ihr nicht über ihre berufliche Situation redeten. Schließlich versuchten Stacys Eltern, mit ihrer Tochter ein Gespräch zu führen. Sie bemühten sich, sehr vorsichtig mit ihr zu reden. Daraufhin eskalierte Stacys Reaktion, und sie warf ihren Eltern vor, sie wie ein Kind zu behandeln.

Wenn Ihnen klar wird, daß alle Bemühungen, die Probleme eines Menschen, den Sie sehr lieben, zu lösen, dessen Emotionen nicht zu besänftigen vermögen und sie sogar noch verstärken, ist es nur zu verständlich, daß Sie sich damit begnügen, für den Betreffenden eine streßfreie, ruhige, nicht feindselige Umgebung zu kreieren. Das kann bedeuten, daß Sie alle schwierigen Aufgaben, die eine Familie bewältigen muß, selbst übernehmen – sich um Kranke kümmern, finanzielle Probleme lösen, interpersonale Konflikte entschärfen, Vorbereitungen für eine ungewisse Zukunft treffen. Dies auf sich zu nehmen erschöpft die physischen, finanziellen und emotionalen Ressourcen selbst der Stärksten unter uns.

Doch können nicht nur die Ereignisse im Leben des unter einer BPS leidenden Menschen, den wir lieben, Emotionen schüren und einen Malstrom erzeugen. Sie können den Betreffenden in keinem Fall davor schützen, Schmerz zu empfinden. Und wenn Sie nicht wissen, welche Gefühle bestimmte Ereignisse bei ihm hervorrufen, verwenden Sie möglicherweise viel Mühe darauf, ihn vor Dingen zu schützen, die ihn gar nicht betreffen, und setzen ihn gleichzeitig Ereignissen aus, die ihn noch stärker beunruhigen. Man bedenke, daß starke Emotionen die Art der Informationsverarbeitung beeinflussen. Dies birgt die Gefahr einer Fehldeutung von Fakten. Es ist nicht besonders sinnvoll, wenn Sie dieser Neigung entgegenzuwirken versuchen, indem Sie das Leben der geliebten Person so beeinflussen, daß alles, was bei *Ihnen* oder anderen, nicht an einer BPS leidenden Menschen emotionalen Schmerz verursachen würde, ausgeschaltet wird. Das wäre ungefähr so, als ließe man für ein Kind, das sich im Dunkeln fürchtet, nachts das Licht eingeschaltet: Sie können trotzdem nicht beeinflussen, wie der Schatten eines Möbelstücks auf das verängstigte kleine Kind wirkt, und das Kind lernt, wenn es so behandelt wird, nie, daß Dunkelheit nicht grundsätzlich bedrohlich ist.

> *Vielleicht können Sie nicht genau feststellen, was bei dem Menschen, den Sie lieben, emotionale Unruhe verursacht hat, aber es kann nützlich sein, sich bewußt zu machen, daß bestimmte Themen und Muster immer wieder auftauchen. Meist geht es bei Menschen mit einer BPS direkt oder indirekt um Invalidierung.*

Wenn Sie den Schmerz eines Menschen mit einer BPS nicht auflösen können, ziehen Sie sich entweder zurück oder bemühen sich erst recht, die Situation zu verbessern. Wenn Sie sich zurückziehen, fühlt sich der Betroffene noch verzweifelter und hoffnungsloser. Versuchen Sie hingegen, alles in Ordnung zu bringen, fördert er das Gefühl der Hilflosigkeit und Hoffnungslosigkeit. Wenn Sie versuchen, Ihren Partner vor allem zu schützen, was eine schmerzhafte Emotion aktivieren könnte, erschöpft Sie das und führt letztlich zu nichts. Aber was können Sie statt dessen tun?

Was Sie anders machen können, wenn ein Mensch, den Sie lieben, in einem emotionalen Strudel gefangen ist

Das Tückische an Strudeln und Treibsand ist, daß Sie bei dem Versuch, jemanden daraus zu befreien, wahrscheinlich selbst hineingezogen werden. Alles, was Sie tun, um jemanden vor den eigenen Emotionen zu »retten«, ruft eine weitere emotionale Reaktion hervor, die dann oft *Sie selbst* übermäßig stark emotional reagieren läßt.

1. **Fragen Sie sich, welche Emotion Sie selbst momentan erleben, und bemühen Sie sich, nicht auf der Grundlage dieser Emotion zu reagieren.** Wie Sie in Kapitel 4 gesehen haben, ist das Regulieren der eigenen Emotionen immer der erste Schritt auf dem Weg zu einer sinnvollen Reaktion auf das Verhalten eines Menschen mit einer BPS. Dies gilt für alle Spielarten der BPS, die im vorliegenden Teil 2 dieses Buches beschrieben werden. Besonders wichtig ist es jedoch, wenn Ihr Partner unter besonderer emotionaler Verletzlichkeit leidet. Nehmen wir einmal an, Ihr Ehepartner, ein Bruder oder eine Schwester oder Ihr bester Freund pendelt zwischen extremer Traurigkeit und Verzweiflung darüber, daß sein Leben so ist, wie es ist, und Wut auf Sie. Wenn Sie unter diesen Umständen emotional auf Angriffe reagieren, ist das nur menschlich. Im übrigen kann es beängstigend sein zu glauben, daß ein Mensch, der Ihnen sehr nahe steht, die Kontrolle über seine Emotionen verliert und daß dies fatale Konsequenzen für ihn haben könnte. Solche starken Emotionen, die bei Ihnen selbst geweckt werden, können Sie zu hektischen Bemühungen antreiben, die Dinge in Ordnung zu bringen, oder Sie distanzieren sich. Ersteres macht es, wie bereits erklärt, schwierig, klug zu reagieren und dabei dessen bewußt zu bleiben, was die andere Person erlebt. Die Folge ist, daß die andere Seite sich invalidiert fühlt und deshalb weiter angreift. Im zweiten Fall fühlt sich Ihr Partner verlassen und tut dann ganz sicher nichts Konstruktives, um die Beziehung zu Ihnen intakt zu halten. Deshalb müssen Sie zuallererst Ihre eigenen Emotionen regulieren.

   Erinnern Sie sich noch an die Klientin aus Kapitel 2, die unablässig wütend auf mich war, ganz gleich, was ich sagte, und die schließlich nach einem explosiven Wutausbruch erklärte, sie wolle nur, daß ich ihr bei der Lösung eines einzigen Problems helfe, und warum ich nicht endlich meine Arbeit erledigen würde. In diesem Moment wollte ich ehrlich gesagt nur die Sitzung auf der Stelle beenden; aber ich verstummte einfach. Ich wurde still, um meine eigenen Emotionen regulieren und herausfinden zu können, was ich als nächstes tun könnte. Nachdem ich selbst zu reden aufgehört hatte, verstummte auch meine Klientin. Wie bei mir wurden auch bei ihr daraufhin die Emotionen schwächer, so daß wir unsere Arbeit nach einigen Minuten fortsetzen konnten. Wir hatten natürlich die gesamte Sitzungszeit damit zugebracht, mit ihrer Aufgebrachtheit und Wut umzugehen, weil mir einfach nicht klar gewesen war, daß ich die Situation durch meine Art, auf ihre Angriffe zu reagieren, verschlimmert hatte.

Wenn Sie das Gefühl haben, die Kontrolle zu verlieren, oder wenn Sie nicht wissen, wie Sie auf die Emotionsausbrüche eines anderen Menschen reagieren sollen, sollten Sie innehalten und sich darüber klar werden, was Sie fühlen. Orientieren Sie sich dann an den in Kapitel 4 beschriebenen Schritten für die Emotionsregulierung, und achten Sie dabei auf Ihre physischen Empfindungen, Gedanken und Dränge. Falls Sie merken, daß Sie Magenschmerzen haben, daß Ihr Brustkorb angespannt ist, Ihre Hände verkrampft sind, Ihre Stirn gerunzelt ist und Sie das Bedürfnis verspüren, dem Menschen Ihnen gegenüber alles mitzuteilen, was Sie momentan über ihn denken, ist Ihnen wahrscheinlich auch klar, daß Sie momentan Wut empfinden.

Wenn die Empfehlungen für die Emotionsregulierung, die in Kapitel 4 beschrieben werden, ihren Zweck nicht erfüllen, können Sie versuchen, Ihre Emotionen zu akzeptieren. Falls Sie zu überreizt sind, um auch nur Ihr eigenes Erleben zu beobachten, sollten Sie zunächst still werden und bewußt atmen. Atmen Sie ein und aus. Dabei muß die Atmung weder besonders tief noch sehr langsam sein; beobachten Sie einfach eine Weile die Bewegungen Ihres Atmens. Konzentrieren Sie sich darauf, daß Sie weise reagieren können, statt emotional zu werden. Sollte es Ihnen nicht gelingen, Ihre Emotionen durch das Atmen zu beruhigen, können Sie in dem Raum, in dem Sie sich befinden, irgend etwas zählen. Falls es Ihnen an diesem Punkt gelingt, sich ein wenig von dem Problem zu lösen, sollten Sie diese Chance nutzen. Tun Sie etwas, um Ihre Sinne zu beruhigen, beispielsweise indem Sie ein Bad nehmen, sich beruhigende Musik anhören, draußen sitzen und die Natur auf sich wirken lassen oder etwas Wohltuendes essen. Entscheidend ist bei all diesen Aktivitäten, mit der gesamten Aufmerksamkeit bei dem zu sein, was Sie tun, und nicht über die andere Person nachzudenken. Ihre Gedanken kehren ohnehin zu dem Ereignis zurück, das Ihre Emotionen aufgewühlt oder Ihre Besorgnis geweckt hat. Falls Sie merken, daß Ihre Gedanken zu anderen Dingen abschweifen, fokussieren Sie Ihren Geist wieder auf das, was Sie getan haben.

Sobald sich Ihre Emotionen ein wenig beruhigt haben, können Sie versuchen, dem Menschen, den Sie lieben, zu helfen.

Schauen Sie sich den Kasten auf Seite 104 f. in Kapitel 4 noch einmal an, und denken Sie darüber nach, wie Sie die Fähigkeit des gegenteiligen Handelns nutzen könnten, falls es Ihnen nicht gelingt, Ihre Emotionen zu bändigen.

Menschen mit einer BPS unterliegen der Regulation von außen. Sie werden also durch Einflüsse aus der Umgebung reguliert, und dazu gehören auch Sie. Wirkt die Umgebung beruhigend, beruhigen auch sie sich. Wenn ihnen in einer Beziehung geholfen wird, kommen sie besser zurecht, als wenn sie auf sich gestellt sind. Sie können ihnen helfen, ihre Emotionen zu regulieren, indem Sie Ihre eigenen Emotionen regulieren – ein völlig anderer Ansatz, als ihnen *aufzutragen*, *ihre* Emotionen zu kontrollieren.

Hüten Sie sich, Menschen mit einer BPS wie Kinder anzusprechen. Das ist aus verschiedenen Gründen problematisch. *Erstens* werden ihre sowieso schon starken Emotionen, wenn sie sich herablassend behandelt fühlen, noch stärker. Wem würde es nicht so gehen? Auf eine herablassende Behandlung reagieren wir alle sehr stark. *Zweitens* kann die andere Person das Gefühl bekommen, als besonders fragil angesehen zu werden, obwohl sie das gar nicht ist. Dies versteht sie entweder als Entwertung ihrer Emotionen oder als Zuschreibung von Unfähigkeit.

2. **Vermeiden Sie entwertende »Tu nicht«-Aussagen.** Wenn die geliebte Person noch aufgebrachter wird, obwohl Sie ihr zu helfen versuchen, sollten Sie erwägen, der in einem emotionalen Strudel Gefangenen im Sinne der folgenden Regeln zu begegnen:

   - *Sagen Sie nichts*, bevor Sie versucht haben, dem emotionalen Erleben des geliebten Menschen gegenüber echtes Verständnis zum Ausdruck zu bringen. Grundsätzlich empfiehlt es sich, mindestens zwei validierende Äußerungen zu formulieren (z. B.: »Ich verstehe«, »Offensichtlich ist Ihnen das sehr wichtig«), bevor Sie das Problem zu lösen versuchen. Ratschläge zu geben, abzulenken oder zu behaupten, die Situation sei »doch gar nicht so schlimm«, werden allesamt als entwertend empfunden. Ihre Liebe und

Sorge gehen bei solchen Äußerungen unter; der andere hört nur, *daß Sie die Stärke seiner momentanen Schmerzen nicht mitbekommen.* Wenn Sie zu Menschen, die nicht an einer BPS leiden, in einem nicht anklagenden Ton sagen, daß Sie nicht verstehen, warum sie auf eine bestimmte Art reagieren, verstehen sie das wahrscheinlich als Einladung, offen mit Ihnen zu reden und es zu erklären. Bei BPS-Patienten hingegen werden dadurch häufig die Emotionen verstärkt.

> *Menschen mit einer BPS sind es leid, immer wieder zu hören, daß andere ihre Emotionen einfach nicht verstehen.*

- *Versuchen Sie nicht, Ihr Gegenüber aufzufordern, anders zu sein, als er oder sie ist.* BPS-Patienten reagieren sehr empfindlich auf alles, was klingt wie: »Zieh dich doch am eigenen Schopf aus dem Sumpf.« Wenn etwas, das Sie sagen, Worte wie *»nur«* oder *»einfach«* enthält, entsteht bei ihnen wahrscheinlich der Eindruck, Sie würden denken, die Betroffenen könnten sich mit einem Fingerschnippen verändern. Vermeiden Sie auch Äußerungen wie: »Steh einfach aus dem Bett auf« oder: »Hör einfach auf zu brüllen« oder: »Denke einfach mal anders als bisher.«
- *Behalten Sie die Lösung eines Problems nicht für sich, wenn Sie eine wissen … aber versuchen Sie andererseits auch nicht, Dinge »in Ordnung zu bringen«, wenn Sie nicht vorher gefragt haben, ob Ihre Hilfe erwünscht ist.* Das »Fragen« ist deshalb ein wichtiger Teil des in Kapitel 4 vorgestellten Fünf-Schritte-Prozesses, weil es den Schmerz eines Menschen mit einer BPS entwerten kann, wenn man unaufgefordert zu intervenieren und die Situation des Betreffenden zu verbessern versucht. Er könnte denken: »Wenn dir klar wäre, wie hoffnungslos ich mich fühle, würdest du gar nicht erst *versuchen*, meine Probleme zu lösen.« Ebenso kann eine unaufgeforderte Intervention den Eindruck vermitteln, die an einer BPS leidende Person habe so sehr die Kontrolle verloren, daß andere an ihrer Stelle die Initiative ergreifen müßten. Wenn Sie gar nicht erst fragen, ob Ihre Hilfe überhaupt erwünscht ist, könnten Sie den Eindruck vermitteln, daß Sie die Intensität der Emotionen des anderen anzweifeln oder ihm Inkompetenz zuschreiben. Es ist an der Zeit zu fragen, wenn Sie Ihre eigenen Emotionen reguliert und die des anderen Menschen angemessen validiert haben; siehe mehr hierzu unter Ziffer 6 weiter unten.

- *Sagen Sie nichts, was Sie nicht wirklich meinen.* BPS-Patienten sind keine Idioten. Und sie nehmen sehr sensibel wahr, was andere über sie denken. Mehrere Forscher, die sich mit der BPS beschäftigen, haben die Auffassung vertreten, daß BPS-Patienten die Emotionen ihrer Mitmenschen besser erfassen als der Rest von uns, und daß dies insbesondere für Wut gilt. Ich habe erlebt, daß Klienten mir sagten, ich sei wütend auf sie, obwohl ich selbst dies noch gar nicht gemerkt hatte. Aufgrund ihrer besonderen Sensibilität können sie Unaufrichtigkeit in der Regel zuverlässig erkennen. Wenn Sie mit einem Menschen, den Sie lieben, sprechen, sollten Sie keinesfalls den Therapeuten spielen. Seien Sie Sie selbst, sagen Sie nichts, was Sie nicht aufrichtig meinen, und benutzen Sie keine Wörter, die Sie in einem normalen Gespräch nicht verwenden würden.
- *Sagen Sie nicht: »**Wir** müssen …«, sondern sagen Sie: »Wäre es nicht nützlich, wenn **du** … ?«* Ein einziges Wort kann einem Menschen, den Sie lieben, schon viel sagen. Wenn die Emotionen hohe Wellen schlagen, klingt nichts herablassender – und ist somit entwertender – als das Wort *»wir«*, weil Sie dadurch den Eindruck erwecken, Sie hätten das Recht, nicht nur für sich selbst, sondern auch für den anderen zu sprechen.

3. **Untersuchen Sie die *aktuellen* Emotionen der anderen Person darauf hin, ob Sie etwas davon validieren können.** Drückt sie Wut aus, ist Ihnen selbst möglicherweise klar, daß die Wut eine sekundäre Reaktion auf eine andere Emotion ist. Versuchen Sie dann aber nicht, Ihrem Gegenüber zu erklären, daß unter der Wut Verletztheit, Schmerz, Scham oder eine andere Emotion verborgen ist und daß die Wut ermöglicht, diesen anderen Emotionen zu entfliehen. Validieren Sie statt dessen die Wut, und versuchen Sie sich bezüglich der anderen Emotion ein wenig im Gedankenlesen (siehe hierzu Validierungsstufe 3 in Kapitel 3, Seite 89 f.): »Du bist sehr wütend wegen deiner Arbeit, und das ist hart für dich, weil dir klar ist, daß du morgen wieder zur Arbeit gehen mußt. Ich nehme an, daß dich auch sehr verletzt hat, wie sie dich behandelt hat. Hab ich recht?« Teilen Sie mit, daß Sie verstehen, wie schmerzhaft das Leben für die andere Person ist.

4. **Validieren Sie das Gefühl der anderen Person, die eigenen Emotionen nicht kontrollieren zu können.** Sie könnten etwas sagen wie: »Hast du das Gefühl, daß du deine Wut nicht unter Kontrolle hast? Das muß sehr unan-

genehm sein.« Oder: »Es ist sehr unangenehm, wenn man das Gefühl hat, die Kontrolle verloren zu haben.« Oder: »Für mich ist es sehr schwer, wenn ich das Gefühl habe, die Kontrolle verloren zu haben.« Oder: »Hast du das Gefühl, die Kontrolle verloren zu haben, als würde dich die Wut völlig verzehren? Das ist sicher schwer zu ertragen.« Zunächst geht es nicht darum zu erklären, daß die andere Person ihre Emotionen kontrollieren kann oder daß sie dies können sollte, und auch nicht, daß sie eigentlich gar nicht die Kontrolle verloren hat. Vielmehr geht es darum, etwas zu sagen, woran die andere Person erkennt, daß Sie merken, daß sie das Gefühl hat, die Kontrolle verloren zu haben, und daß es für sie schmerzhaft und beängstigend ist, einen Kontrollverlust zu erleben.

5. **Als nächstes müssen Sie Ihre Hoffnung, daß die andere Person die Kontrolle wiedererlangen wird, und Ihren Glauben, daß sie dies schaffen kann, zum Ausdruck bringen.** Das bedeutet nicht, daß der Mensch, den Sie lieben, anderswo sein sollte, als er momentan ist, sondern daß Sie Vertrauen in seine Fähigkeit, seine Emotionen zu regulieren, haben. Dies bedeutet im Grunde, daß Sie den anderen in seinen Bemühungen bestärken. Wie ich bereits erwähnte, muß dies aufrichtig und mit Gewahrsein geschehen. Wenn Sie erklären, daß Sie sicher sind, daß der andere dies schaffen kann, da er es ja auch schon geschafft hat, und wenn Sie dann merken, daß seine Emotionen stärker werden, oder wenn er sagt: »Du weißt doch gar nicht, was ich kann. Ich kann das *nicht*. Ich habe schon alles ausprobiert, und ich kann mir so große Mühe nicht mehr geben«, sollten Sie zum Validieren der aktuellen Emotionen zurückkehren.

   Erinnern Sie den anderen an Situationen, in denen er sich schon wie jetzt gefühlt und die Situation trotzdem durchgestanden hat. Wenn er sagt: »Ich kann es nicht mehr ertragen, mich so zu fühlen«, können Sie antworten: »Ich weiß, daß du das Gefühl hast, es nicht schaffen zu können. Aber du hast unglaubliche Kraft, und ich habe selbst miterlebt, wie du mit ähnlichen Situationen fertig geworden bist. Ich habe volles Vertrauen in deine Fähigkeit, dies durchzustehen.« Interessiert Fragen zu stellen ist eine sehr gute Alternative zu Empfehlungen, die klingen können, als wollten Sie intervenieren und sich einmischen, weil Sie nicht an die Fähigkeiten des anderen glauben: »Erinnerst du dich noch an das Ende deiner Beziehung zu Bob? Wie bist du denn damit fertig geworden? Ich weiß, daß es schrecklich für dich war, aber du hast es trotzdem geschafft.« Oder Sie fragen: »Kannst du etwas tun, das dir schon einmal geholfen hat?«

> *Ich fordere meine Klienten auf, mich zum Hüter ihrer Hoffnung zu machen und auf mich zu bauen, sofern es um Hoffnung geht. Wenn auch Sie tatsächlich eine solche Hoffnung spüren, können Sie für einen Menschen, den Sie lieben, das gleiche tun.*

6. **Fragen Sie den Menschen, den Sie lieben, ob er sich bei der Lösung des Problems, das diesen Schmerz verursacht hat, Hilfe wünscht.** Wie bereits erwähnt, führt es eher zur Verstärkung als zur Besänftigung von Emotionen, wenn Sie erklären: »Du mußt folgendes tun«, ohne sich vorher vergewissert zu haben, ob die geliebte Person überhaupt einen Rat will. »Fragen/Assessment« ist ein wichtiger Teil der in Kapitel 4 beschriebenen fünf Schritte. Allerdings erhalten Sie nicht immer eine klare Antwort. Ihr Gegenüber könnte sich weigern, sich an dieser Art von Interaktion zu beteiligen. Seine Emotionen sind dafür vielleicht noch zu stark. In Kapitel 4 wurde empfohlen, zur Validierung zurückzukehren, wenn ein BPS-Patient auf die Frage »Wie kann ich dir helfen?« etwas antwortet wie: »Du kannst mir nicht helfen; niemand kann irgend etwas für mich tun.« Sagen Sie dann etwas wie: »Ich weiß, daß sich das für dich im Moment so anfühlt. Andererseits weiß ich nicht, ob ich wirklich helfen kann. Ich bin aber trotzdem bereit, es zu versuchen.« Bemühen Sie sich nicht, die geliebte Person zum Problemlösen zu animieren. Sie könnten ihr aber vorschlagen, gemeinsam ein Brainstorming durchzuführen. Bedenken Sie aber, daß ihre Fähigkeit, Ideen zu entwickeln, stark beeinträchtigt ist. Wir alle verlieren die Fähigkeit, zu fokussieren, Ideen zu entwickeln und uns für Möglichkeiten der Lösung unserer Probleme zu entscheiden, wenn wir emotional sehr aufgewühlt sind. Alle neurochemischen Prozesse und alle Veränderungen unseres Gehirnstoffwechsels in Reaktion auf Emotionen beeinträchtigen die Fähigkeit, Probleme zu lösen. Wenn Sie es also mit einem Brainstorming versuchen, und die Person, die Sie lieben, gibt auf und sagt: »Es gibt keine Lösung – ich kann einfach gar nichts tun«, dann schließen Sie daraus nicht, daß der andere passiv oder nicht kooperationsbereit ist. Oft sind einfach die Emotionen des anderen so stark, daß er sich in diesem Zustand keine Lösungen vorstellen kann. In diesem Fall schlagen Sie am besten vor, sich mit der Angelegenheit später noch einmal zu beschäftigen.

7. **Wenn alles andere fehlschlägt und es Ihnen nicht gelingt, Gedanken zu lesen, kehren Sie zum Validieren zurück.** Wie schon in Kapitel 4 erklärt wurde, geht es darum, während dieser Interaktionen der emotionalen Reaktionen des geliebten Menschen auf Sie gewahr zu bleiben. Wenn seine Emotionen intensiver werden, sollten Sie zum Validieren zurückkehren; wenn die Emotionen nachlassen, können Sie fragen, wie Sie helfen können.

Wenn die Emotionen des anderen stark auflodern, ist es schwer zu verhindern, daß auch die eigenen Emotionen geschürt werden, und wenn das passiert, werden Sie mit der unter einer BPS leidenden geliebten Person in den Strudel der Emotionen gezogen. Deshalb habe ich mich in diesem Kapitel nochmals so ausgiebig mit den Ideen befaßt, die schon in Kapitel 4 erläutert wurden, weil diese Ihnen ermöglichen sollen, mit Emotionen umzugehen, die der Mensch, den Sie lieben, als unerträglich empfindet. Wenn Sie verstehen, daß Ihre Schwester oder Freundin oder Ihr Sohn für starke und anhaltende Emotionen biologisch anfällig ist und gelernt hat, daß diese Emotionen inakzeptabel sind, werden Sie nicht mehr so viel Energie mit Versuchen vergeuden, diesen Menschen dazu zu bringen, etwas zu tun, das er momentan einfach nicht kann. Erlernen Sie die hier beschriebenen Fertigkeiten, wenden Sie sie an, befreien Sie sich so von einer emotionalen Last, und schaffen Sie gleichzeitig eine Umgebung, die dem Menschen, den Sie lieben, hilft, allmählich zu lernen, seine Emotionen zu regulieren. Bedenken Sie, daß seine Emotionen leicht noch stärker werden können, weil er glaubt, keinen Einfluß auf sie zu haben. Bedenken Sie auch, daß im Grunde niemand einem Menschen mit einer BPS so kritisch gegenübersteht und ihn so gnadenlos beschuldigt wie der Betreffende selbst. Wenn Ihnen dies bewußt ist, fällt es Ihnen mit Sicherheit leichter, das Mitgefühl zu zeigen, das Sie ohnehin empfinden. Im nächsten Kapitel geht es um die heimtückischen Selbstbeschuldigungen, die BPS-Patienten plagen, und darum, wie man am besten mit ihnen umgeht.

Wie Sie dem geliebten Menschen helfen können, die Technik des gegenteiligen Handelns für sich zu nutzen

Genauso wie Sie eine eigene emotionale Reaktion verändern können (siehe hierzu Kapitel 4), können Sie die Person, die Sie lieben, beobachten, um ihre Emotion zu identifizieren und sie dann vorsichtig dazu zu bringen, eine Handlung auszuführen, die der Emotion genau entgegengesetzt ist. Jede Emotion ist mit einem Drang, eine bestimmte Handlung auszuführen, verbunden. Bei kleinen Kindern können Sie die Wirkung von Emotionen besonders gut erkennen. Wenn sie sich ängstigen, laufen sie vor dem, was sie ängstigt, davon. Wenn sie auf jemanden wütend sind, greifen sie den Betreffenden entweder körperlich oder verbal an. Sind sie traurig, ziehen sie sich aus jedem Kontakt zurück. Fühlen sie sich schuldig, versuchen sie, die Situation zu entschärfen, indem sie sich beispielsweise entschuldigen. Ist für den primären emotionalen Zustand Ihres Verwandten oder Freundes eine Verstärkung der physiologischen Erregung (wie im Falle von Wut oder Furcht) oder eine verringerte physiologische Erregung (wie Traurigkeit) charakteristisch? Wenn Sie die Emotion nicht erkennen können, dann identifizieren Sie den Handlungsdrang des anderen und versuchen dann, diesen dazu zu bringen, das Gegenteil dessen zu tun, wozu es ihn drängt, um die emotionale Intensität zu verringern oder die Emotion zu verändern. Statt vor etwas Beängstigendem davonzulaufen, können Sie eine Möglichkeit, damit umzugehen, vorschlagen. Hat die geliebte andere Person beispielsweise Angst vor Bewerbungen, weil sie schon abgelehnt wurde, können Sie ihr sagen, Sie wüßten, daß sie Angst habe. Sie können anerkennen, daß Sie schon einmal abgelehnt wurde, und dann sagen: »Weißt du, die einzige Möglichkeit, diese Furcht zu überwinden, besteht darin, sich wieder zu bewerben. Mir ist klar, daß du Angst davor hast, auch nur daran zu denken. Die entscheidende Frage lautet wahrscheinlich: ›Möchtest du weniger Angst haben?‹« Ist die geliebte andere Person traurig, könnte gegenteiliges Handeln darin bestehen, sie aus dem Schlaf zu holen und ihr das Gefühl eigener Kompetenz und der Möglichkeit, ihre Emotionen und/oder ihr Leben zu beeinflussen, zu vermitteln.

KAPITEL 6

»Alles ist meine Schuld«

Laura hatte stundenlang geschluchzt und ihren Mann Steve um Verständnis für ihre ausufernde Traurigkeit angefleht. Sie wünschte sich, daß er etwas täte – *irgend etwas* –, das ihrem Schmerz ein Ende setzen würde. Steve hatte alles, was ihm in den Sinn gekommen war, getan, um Laura zu helfen. Er hatte sie zu trösten und zu beruhigen versucht und sich danach bemüht, dem, was seine Frau quälte, auf den Grund zu gehen. Doch alles, was er tat, schien Laura nur noch verzweifelter zu machen, und schon bald flehte *er* seine Frau an, *ihm* zu helfen, eine Möglichkeit, ihre Situation zu verbessern, zu finden. Völlig erschöpft verließ Laura schließlich den Raum, um ihr Gesicht zu waschen. Als sie zurückkehrte, waren ihre Tränen getrocknet. Sie sprach mit zitternder Stimme, weil es sie Mühe kostete, sich zu beherrschen. »Ich sollte mich nicht so fühlen, und jetzt verletze ich auch noch dich, den Menschen, den ich am meisten liebe«, sagte sie. »Aber ich komme schon zurecht. Mache dir meinetwegen keine Sorgen mehr, auch nicht eine Minute lang. Ich bin entsetzlich und habe es nicht verdient, dich zu haben. Ich brauche über diese Sache nicht mehr zu reden. Es ist gut so.«

Steve hätte Laura nur zu gern geglaubt, doch wußte er aus Erfahrung, daß in Wahrheit nichts gut oder in Ordnung war und daß sich diese Szene auch in Zukunft wiederholen würde, so wie sie sich seit Jahren unablässig wiederholt hatte. Er war sich nicht sicher, wie lange er dies noch würde ertragen können. Manchmal hatte er das Bedürfnis, Laura vorzuwerfen, sie lüge, lasse sich gehen und lebe in einer verrückten Phantasiewelt, in der sie ständig im Mittelpunkt stehe. Einige Male hatte er seine Gefühle tatsächlich unverhohlen geäußert, und das hatte katastrophale Folgen gehabt. Einmal hatte Laura danach eine halbe Flasche Gin getrunken und sich in diesem Zustand ins Auto gesetzt, und es war reine Glückssache gewesen, daß es ihm gelungen war, sie aufzuhalten, bevor sie hatte losfahren können. In einer anderen Situation hatte sie ihren Chef privat angerufen, um ihm mitzuteilen, sie wolle ihre Arbeit kündigen, weil sie inkompetent sei und den Kontakt zur Realität verloren habe.

Die Tatsache, daß sich Lauras Stimmung und ihr Verhalten so schnell und unvorhersehbar verändern konnten, vermittelte Steve das Gefühl, er habe keinerlei Einfluß auf sein Leben mit Laura und könne nichts tun, was den unerträglichen Zustand, in dem sich seine Frau befand, hätte verändern können. Wie Sie aus Kapitel 4 wissen, trifft es natürlich zu, daß Steve keinen unmittelbaren Einfluß darauf hatte, daß seine Frau sich so schlecht fühlte. Allerdings ist es nicht wahr, daß Laura sich nicht verändern kann. Aber dazu braucht sie Hilfe. Sie braucht Außenstehende, die ihr helfen, ihre selbstkritische innere Stimme zum Schweigen zu bringen.

Menschen mit einer BPS durchleben oft Zeiten, in denen sie sich selbst quälen und auf ihrer Wertlosigkeit, Unwürdigkeit und Inkompetenz beharren. Dieses Verhaltensmuster wird *Selbstinvalidierung* oder *Selbstentwertung* genannt. Wir alle erlernen unser Verhalten. Wenn Sie in einer Familie aufgewachsen sind, in der man Ihnen immer wieder gesagt hat: »Hör auf zu heulen, sonst gebe ich dir etwas, damit du wirklich einen Grund zum Heulen hast«, dann haben Sie gelernt, den Drang zu weinen zu unterdrücken. Das tun Sie vielleicht noch nicht, wenn Sie eine Äußerung wie die obige zum ersten Mal hören, aber irgendwann wird die Aufforderung, mit dem Heulen aufzuhören, verinnerlicht, und das reale Unterlassen des Weinens wird zu einem festen Bestandteil Ihres Verhaltens. Dann verhindern Sie in Situationen, in denen Ihnen danach ist zu weinen, automatisch, daß Sie zu weinen anfangen. Im Falle der Selbstinvalidierung hindert sich eine Person mit einer BPS wie Laura zu weinen, indem sie sich einredet, nichts sei es wert, deswegen zu heulen, und deshalb könne sie darauf verzichten. In anderen Kapiteln werden wir uns damit beschäftigen, wie eine Emotion automatisch unterbunden werden kann, ohne daß der Betroffene auch nur einen Augenblick lang darüber nachdenkt oder spricht.

Wenn wir uns vorstellen, daß der in Kapitel 4 beschriebene emotionale Strudel am einen Ende des Spektrums von Borderline-Verhaltensweisen zu lokalisieren ist, befindet sich die Selbstinvalidierung am anderen Ende. Allerdings kommen meist beide Muster bei ein und derselben Person vor. Der Mensch, den Sie lieben, kann in einen Strudel von Emotionen hineingezogen werden, von Emotionen, die einander überlagern, allmählich überwältigend wirken und die betroffene Person schließlich dazu bringen, diesen Zustand, weil sie ihn einfach nicht mehr ertragen kann, abzustreiten. Plötzlich werden dann die vorher so starken Emotionen irrelevant oder scheinen nicht mehr zu existieren; oder die

Probleme, durch welche sie entstanden sind, lassen sich angeblich leicht lösen. Manchmal reden Menschen mit einer BPS ihre Probleme klein, weil sie nicht adäquat darüber kommunizieren können. Oder sie verhalten sich so, um andere zu schützen, ein Verhalten, das *scheinbare Kompetenz* genannt (und in Kapitel 8 beschrieben) wird.

Wenn sich jemand lange genug selbst die Kompetenz abspricht, melden sich natürlich irgendwann die extremen Emotionen zurück. Während Laura sich selbst geißelt und sich einredet, sie habe überreagiert und solle besser einfach zusehen, daß sie »darüber hinwegkomme«, nimmt die Intensität ihrer Emotionen wieder zu. Hoffnungslosigkeit und Wut sind häufig die Folgen von Selbstinvalidierung. Ein Mensch mit einer BPS hat keine Hoffnung, daß es ihm jemals besser gehen wird, und gelangt zu der Überzeugung, daß er inkompetent ist und es nicht verdient zu leben. Die Wut richtet sich bei ihm entweder auf die eigene vermeintliche Wertlosigkeit und Inkompetenz oder auf andere Menschen, weil diese nicht erkennen, wie schlecht es ihm tatsächlich geht. Werden diese Emotionen stärker, fällt er in den Zustand emotionaler Verletzlichkeit zurück, wie in Kapitel 5 beschrieben wurde. Befindet er sich in diesem Zustand, ist es, als befände er sich auf einem Pendel, dessen Schwung nur schwer zu unterbrechen ist. Er schwingt dann von unerträglich starken Emotionen zu verzweifelten Versuchen, die Wirkung dieser Emotionen zu leugnen, und anschließend wieder zu der sehr starken Emotion zurück. Wenn Sie solche Umschwünge schon einmal miterlebt haben, wissen Sie, wie schmerzhaft es ist, diesen Vorgang zu beobachten, ohne eine Möglichkeit zu sehen, das Pendel zu stoppen. Und zweifellos können Sie sich dann auch unschwer vorstellen, wie qualvoll es sein muß, die Person, die auf dem Pendel hin und her schwingt, zu sein.

In der Beziehung zwischen Steve und Laura unterdrückt Laura alle ihre Emotionen und verspricht Steve, nie mehr die Kontrolle zu verlieren. Sie bestraft sich dafür, daß sie in der Familie »Probleme macht«. Sie formuliert sich unrealistische Ziele wie etwa: »Ich werde nie mehr aufgebracht reagieren.« Sie meint das wirklich so und verspricht allen Ernstes, sich nie mehr in eine Lage zu bringen, in der sie derart die Kontrolle über ihre Emotionen verliert. Leider kann Laura dieses Versprechen unmöglich halten, weil die Emotionen durch die Risse in ihrer Selbstinvalidierung nachwachsen. Weil sie sich verurteilt und sich mit unrealistischen Erwartungen an sich selbst belastet (»Ich werde einfach gar keine Emotionen mehr haben«), ist sie wegen ihres eigenen Verhaltens zunächst aufgebracht über sich selbst. Weil sie sich einredet, sie sei eine entsetzliche Partnerin, ein schrecklicher Mensch usw., erstarken ihre Schuldgefühle, ihre Scham und ihre Verzweiflung. Im Laufe der Zeit kehrt sie dieser Emotionen wegen in den Zustand emotionaler Verletzlichkeit zurück, und schließlich fällt sie wieder in den Abgrund unkontrollierbarer Emotionalität. Vielleicht ähnelt der Mensch mit einer BPS, den Sie besonders lieben, nicht Laura in unserem Beispiel, das allerdings auch nicht besonders detailliert ist. Aber das Phänomen der Selbstinvalidierung kann sich auch auf subtilere Weise manifestieren.

Einige Menschen invalidieren eigene emotionale Erlebnisse selbst dann, wenn ihre Reaktionen gerechtfertigt sind. Sie haben Laura sagen hören, daß sie die Emotionen, die sie nun einmal hat, nicht haben sollte. Vielleicht hatte sie damit sogar in einem gewissen Sinne Recht: Wenn sie stark darunter litt, einen Kugelschreiber verloren zu haben, waren ihre Emotionen den konkreten Umständen sicher nicht angemessen. Aber wie wäre es gewesen, wenn ihre geliebte Katze gerade gestorben wäre? Ihre emotionale Reaktion könnte dann absolut berechtigt gewesen sein. Problematisch an der Selbstinvalidierung bei einer BPS ist, daß die betroffene Person wahrscheinlich auf der Unangemessenheit ihrer Emotionen beharrt, obwohl alle Menschen in ihrer Umgebung diese für völlig berechtigt halten. Zur Selbstinvalidierung Neigende können sich beispielsweise einreden, es sei unangemessen, wegen eines Arbeitskollegen frustriert zu sein, obwohl sich alle in ihrem Umfeld Lebenden unter den gleichen Umständen frustriert fühlen würden. Erleiden sie einen Verlust, leugnen sie, Trauer zu empfinden. Sie hemmen das Erleben von Emotionen.

Möglicherweise erkennen Sie nicht, daß dieser Prozeß stattfindet. Aber Sie können beobachten, daß der Mensch, den Sie lieben, ruhig wirkt. Der Grund kann sein, daß er seine Emotionen unterdrückt und negiert. Dies ist ein Versuch, den Ausdruck von Emotionen durch Willenskraft zu verhindern. Wahrscheinlich hat der Betreffende dies schon früh im Leben gelernt; allerdings haben entsprechende wissenschaftliche Untersuchungen ergeben, daß Emotionen, die man zu unterdrücken versucht, später wieder zutage zu treten pflegen. Und wenn sie wieder auftauchen, geschieht das unerwartet und vehement.

Das Invalidieren der eigenen Emotionen, die gerechtfertigt sein mögen oder nicht, kann vielfältige Reaktionen auslösen, die noch mehr Schmerz und noch größere Schwierigkeiten nach sich ziehen, sowohl für die an einer BPS Leidenden selbst als auch für alle, die ihnen nahestehen. Möglicherweise reagiert die geliebte Person auf Emotionen, die sie spürt, mit Selbstkritik und Scham. Scham wird auf diese Weise zu einer eigenständigen starken Emotion, die von der betroffenen Person dann ebenfalls kritisiert wird, was das Gefühl der Scham weiter verstärkt. Wir bezeichnen Scham als den »Todfeind« von Menschen mit einer

BPS; sie ist für sie die wichtigste problematische Emotion. Zwischen ihr und Suizid, Selbstschädigungen und anderen impulsiven Verhaltensweisen besteht eine starke Korrelation. Scham wird sehr schnell stark und schneidet Menschen von anderen ab. Vergegenwärtigen Sie sich einmal, wie sich ein Mensch, der starke Scham empfindet, verhält: Er sitzt mit gesenktem Kopf da und rührt sich nicht. Diese Haltung verstärkt sowohl das Gefühl der Isolation als auch die Scham und führt letztlich zu noch problematischeren Verhaltensweisen.

> *Scham ist der größte Feind von BPS-Patienten. Hoffnungslosigkeit ist ihr zweitgrößter Feind.*

Der Mensch, den Sie lieben, kann auf die Invalidierung seiner eigenen Emotionen auch reagieren, indem er sich alle schmerzhaften Ereignisse der Welt zu eigen macht – die selbst erlebten ebenso wie diejenigen, die andere Menschen getroffen haben. Die Botschaft, die Menschen mit einer BPS so oft hören – daß ihr Schmerz inakzeptabel und irreal ist –, ertönt in ihrem Kopf so laut, daß sie nach Belegen für ihre Wertlosigkeit Ausschau halten. Schmerzhafte Ereignisse zu verinnerlichen ist für solche Menschen eine Methode, Informationen darüber zu sammeln, warum sie es wirklich nicht wert sind zu existieren. Sie glauben, all die schmerzhaften Ereignisse selbst verursacht zu haben, oder – so im Falle von 9/11 – sie glauben nicht, daß sie es verdient haben, weiter zu existieren, wenn andere gelitten haben. Obwohl sie es gewöhnlich nicht erkennen, ist das Resultat, wie schon in Kapitel 5 erwähnt wurde, oft Hoffnungslosigkeit. Und weil Hoffnungslosigkeit Suizidgedanken nähren kann, ist sie der zweitwichtigste Feind von Menschen mit einer BPS.

Einige Menschen trauen ihren eigenen emotionalen Reaktionen auf Situationen nicht. Menschen mit einer BPS, die zur Selbstinvalidierung neigen, halten sich für so unzulänglich, daß sie Emotionen nicht so wie andere Menschen erleben. Hat die Person, die Sie lieben, in einer Situation, die bei den meisten Menschen Emotionen hervorrufen würde, jemals gesagt: »Ich weiß nicht, was ich jetzt fühlen soll«? Hat sie jemals gefragt: »Was meinst *du*, wie ich mich bezüglich dieser Sache fühlen sollte?« Viele von uns haben schon einmal solche Zweifel zum Ausdruck gebracht, wenn sie widersprüchliche Emotionen empfanden oder wenn sie Grund hatten, sich wegen einer Überreaktion zu sorgen, Meist versuchen wir dann, unsere Gefühle im Geiste durchzuarbeiten, oder wir bitten jemanden, dem wir vertrauen, um eine Realitätsprüfung. BPS-Patienten hingegen zweifeln so stark am eigenen emotionalen Erleben, daß sie sich manchmal ausschließlich auf äußeren Input verlassen, wenn sie sich über ihr inneres Erleben klar werden wollen. Ihre Zweifel an ihrem eigenen inneren Erleben können sogar ihre Fähigkeit, ihre Emotionen überhaupt zu benennen, behindern. Die Selbstinvalidierung bringt sie dazu, etwas zu denken wie: »Was ich fühle, ist falsch, pathologisch und so verrückt, daß ich nicht einmal weiß, um was es sich dabei handelt.«

Und schließlich sind Menschen mit einer BPS oft übertrieben perfektionistisch. Dieses etwas paradoxe Verhaltensmuster kann Sie ins Schleudern bringen. Die geliebte Person kann unrealistische Ziele und Maßstäbe für sich festlegen. Allen anderen könnte das Anstreben von Zielen, die ziemlich eindeutig unerreichbar sind, als größenwahnsinnig erscheinen. Jemandem, der glaubt, er könne Ziele mit einem einzigen gigantischen Schritt erreichen, statt mittels vieler kleiner Schritte, könnte man einen Mangel an Demut bescheinigen. Für einen Menschen mit einer BPS jedoch beinhalten solche unrealistischen Bestrebungen das genaue Gegenteil. Um ihr eigenes Verhalten zu verändern, versuchen es Menschen mit einer BPS mit Selbstbestrafung – sie setzen sich unerreichbare Ziele und erklären sich dann für wertlos, *wie sie es erwartet hatten*, wenn sich ihre großartigen Bestrebungen nicht realisieren lassen.

Vielleicht haben Sie schon einmal erlebt, wie die Person, die Sie lieben, damit rang, ihr Verhalten über längere Zeit allmählich zu verändern. Statt zu sagen: »Ich wünsche mir eine Arbeit in der Werbeindustrie – das ist mein Ziel –, deshalb werde ich zunächst einmal am Empfang eines solchen Unternehmens arbeiten«, sagt sie: »Ich will in der Werbebranche arbeiten und werde mich deshalb als Direktor für Marketing bewerben. Bekomme ich den Job nicht, dann bin ich zu dumm dafür und habe es nicht verdient, einen guten Job zu bekommen.« Und da der Bewerber keinerlei Erfahrung auf diesem Gebiet hat, bekommt er die Stelle des Direktors für Marketing natürlich auch nicht. Nachdem sich dies herausgestellt hat, fängt er an, sich selbst zu schelten und sich als unfähig und wertlos und als hoffnungslosen Fall zu bezeichnen. Menschen, die in dieser Falle festsitzen, sagen sich oft, daß sich die Dinge niemals bessern werden und daß es allen anderen besser ginge, wenn sie selbst sich umbringen würden. Zumindest unterminiert ein solches Erlebnis des »Versagens« die Bereitschaft der betreffenden Person, Neues auszuprobieren, weil sie fürchtet, dann abermals zu »versagen«. Letztlich vermeidet sie es so vielleicht, genau die Risiken einzugehen, die ihr helfen würden, sich kompetent zu fühlen.

Cindy war eine Frau mit enormem Potential. Sie hatte die Highschool als eine der Jahrgangsbesten abgeschlossen und war dann auf ein College gewechselt.

Später verliebte sie sich, verlies das College und gründete eine Familie. Im Laufe der folgenden Jahre wurde sie mehrmals stationär behandelt und fing an, täglich zu trinken. Ihre Freunde und Bekannten ermahnten sie, sie solle sich aus diesem Sumpf befreien, sich eine Arbeit suchen, ehrenamtlich arbeiten – was auch immer ihr helfen könnte, sich besser zu fühlen. Cindy erwähnte immer wieder, sie wolle noch einmal zur Schule gehen und ihren Abschluß in Sozialarbeit machen. Alle, die sie kannten, waren sich sicher, daß sie, wenn sie erst einmal wieder eine Schule besuchen würde, die Kurve kriegen und einen guten Abschluß schaffen würde. Doch obwohl Cindy immer wieder davon zu reden anfing, gelang es ihr nie, ihren Plan in die Tat umzusetzen. Sie hielt sich für zu dumm und sah sich als »erledigt« an. Sie empfand so starke Scham, weil sie sich für nicht kompetent genug hielt, daß sie sich nie für den Schulabschluß anmeldete. Ihre Scham hielt sie davon ab, etwas zu tun, das ihr ermöglicht hätte, eine gewisse Meisterschaft zu erreichen, ein besseres Verhältnis zum eigenen Leben zu entwickeln und letztlich die empfundene Scham zu verringern.

Daß Menschen sich unrealistische Ziele setzen und diese dann nicht erreichen, ist bei impulsivem Verhalten wie Substanzmißbrauch keine Seltenheit. Unmittelbar nach dem Substanzkonsum versichert eine Person mit einer BPS mit dem Brustton der Überzeugung: »Ich habe genug von den Drogen. Ich werde sie nie mehr konsumieren. Ich brauche keine Hilfe, um dieses Ziel umzusetzen; ich tue es einfach.« Wichtigster Faktor bei dem Bemühen, den Drogenkonsum zu überwinden, ist hier die Willenskraft, ein Modell, das die geliebte Person in der frühen Kindheit erlernt hat – ein Modell nach dem Motto »Zieh dich an den eigenen Haaren aus dem Sumpf.« Irgendwann kehren solche Menschen zum Drogenkonsum zurück, und ihre Schuld- und Schamgefühle werden dann noch stärker. Sie bestrafen sich selbst, weil sie rückfällig geworden sind. Ihr Leben ist von Selbstbeschuldigungen und Selbstkritik geprägt. Ihr Selbsthaß nimmt Überhand. Sie versuchen, sich umzubringen, weil sie das Gefühl haben, sie hätten es nicht verdient weiterzuleben.

Auch Selbstschädigung ist ein impulsives Verhalten, dem Menschen mit einer BPS oft unrealistisch gegenüberstehen. Wenn ein geliebter Mensch sich Schnittverletzungen zufügt, erklärt er Ihnen anschließend, er werde sich nie mehr schneiden, und später weigert er sich, darüber zu reden. Falls der Mensch, den Sie lieben, so etwas gesagt hat, wie haben Sie dieses Verhalten dann gedeutet? Sie können leicht der Annahme zum Opfer fallen, der Betreffende versuche, Sie dazu zu bringen, ihn nicht mehr zu belästigen, oder er bettele um mehr Informationen. Vielleicht sind Sie auch zu der Überzeugung gekommen, daß der andere nicht über seine Gewohnheit, sich zu schneiden, sprechen will, weil ihm das unangenehm ist. Manchmal glauben solche Menschen im betreffenden Augenblick tatsächlich nicht, daß sie sich erneut schneiden werden. Verspüren sie dann später doch wieder einen entsprechenden Drang, werfen sie ihren Entschluß über Bord.

Über den Umgang mit Selbstinvalidierungen

Ich habe bereits früher erklärt, daß es Laura wohl erst besser gehen werde, wenn ihr geholfen werde, ihre Selbstinvalidierung zu überwinden, und daß sich die Szene zwischen ihr und Steve andernfalls unablässig wiederholen werde. Wie aber läßt sich die Selbstinvalidierung eines Menschen verändern? In einem gewissen Maße kann man das Verhalten eines anderen verändern, indem man das eigene Verhalten verändert. Schon in Kapitel 5 wurde erwähnt, daß Menschen mit einer BPS außengesteuert sind, was eine gewisse äußere Einflußnahme auf sie ermöglicht. Allerdings ist möglicherweise zusätzlich professionelle Hilfe erforderlich, um auch die Veränderung des Verhaltens in anderen Kontexten zu ermöglichen. Zu bedenken ist auch, daß Selbstinvalidierung und emotionale Verletzlichkeit dann immer noch existieren. In diesem Sinne sind die folgenden Empfehlungen zu verstehen.

Validieren Sie die Emotionen und das Erleben, nicht die Selbstinvalidierung

Was tun wir gewöhnlich, wenn Menschen, die wir lieben, sich selbst herabwürdigen? Wir sagen ihnen dann, sie seien weder dumm noch schlecht noch ungeschickt noch zudringlich noch was auch immer sie sich an negativen Eigenschaften selbst zugeschrieben haben. Es ist sehr schmerzhaft, wenn wir einen Menschen, der uns wichtig ist, von sich sagen hören, er sei wertlos, dumm, würdelos usw. Deshalb treten wir selbstentwertenden Äußerungen augenblicklich entgegen und vertreten die gegenteilige Auffassung. Ihr Partner sagt: »Ich hätte mit dieser Situation fertig werden müssen – ich bin unglaublich dämlich«, und Sie verspüren daraufhin den Drang zu sagen: »Du bist *nicht* dämlich!« Wir halten dies für die Art von Unterstützung und Bestätigung, die der andere sich von uns wünscht, und wenn er nicht unter einer BPS leidet, liegen wir damit vielleicht sogar völlig richtig. Aber wenn wir jemanden mit einer BPS vor uns

Die *richtige* Art, der Selbstinvalidierung entgegenzutreten

1. *Validieren Sie das Erleben der Person:* Sie hatte eine schwere Zeit, ihre Situation war schwierig, die Dinge entwickelten sich nicht so, wie sie erwartet hatte, und sie weiß nicht, was sie als nächstes tun soll.
2. *Validieren Sie die Emotionen der Person:* Sie wissen, daß sie sich dumm fühlt; sie fühlt sich wie eine Versagerin; sie fühlt sich, als werde sich ihre Situation nie bessern; sie fühlt sich beschämt und/oder hoffnungslos.
3. *Bieten Sie ihr an, bei der Lösung des Problems zu helfen, oder versichern Sie ihr, daß ihre Schlußfolgerungen bezüglich der eigenen Situation unzutreffend sind – sofern ihre Emotionen abzuklingen scheinen.*
4. *Wenn Sie Schritt 3 ausprobieren und merken, daß die Emotionen der anderen Person wieder stärker werden, kehren Sie zum Validieren zurück.*

haben, müssen wir ziemlich viel Geduld aufbringen und zu einer wirksamen Validierung bereit sein. Dabei geht es darum, die Erlebnisse und Emotionen des anderen zu validieren, die Selbstinvalidierung dabei jedoch auszuklammern.

Dies ist eine logische Folge der in Kapitel 3 formulierten »Regel«, der zufolge man etwas nicht Zutreffendes niemals validieren sollte. Das folgende mag ein wenig doppeldeutig klingen, aber wenn Sie zu einem Menschen schlicht sagen: »Du bist *nicht* dumm«, nachdem der Betreffende eben dies gerade von sich behauptet hat, negieren Sie sein emotionales Erleben, auch wenn Sie glauben mögen, nur einer falschen Schlußfolgerung des anderen über sich selbst entgegenzutreten. Der andere wird dann Ihre Äußerung als einen Versuch verstehen, seine Emotionen zu verändern, indem Sie deren Zutreffen bestreiten. Hingegen wird er Ihren Äußerungen nicht entnehmen, daß Sie ihn für wertvoll halten und ihn lieben. Der andere sagt, er *fühle* sich dumm, und Sie entgegnen ihm, er *solle* sich nicht so fühlen – was im Grunde beinhaltet, daß seine Emotionen nicht vertrauenswürdig, unzutreffend oder schlicht falsch sind. Und damit bestätigen Sie, was er ohnehin schon sein ganzes Leben lang gehört hat!

Sie müssen lernen, Ihre Reaktion auf das, was der geliebte Andere erlebt, von Ihrer Reaktion auf die Schlußfolgerung, die er aus seinem emotionalen Empfinden gezogen hat, zu trennen. Teilen Sie dem anderen mit, daß Ihnen klar ist, daß er eine schwere Zeit gehabt hat, daß die Situation für ihn hart war und daß

Sie wissen, daß er sich dumm fühlt. Anschließend können Sie, je nach Situation, ihm Hilfe bei der Lösung seines Problems anbieten oder ihm versichern, daß er *nicht* dumm ist. Falls Sie merken, daß die Emotionen der anderen Person aufzuwallen beginnen, sollten Sie sich zurückziehen und zum Validieren zurückkehren.

Spornen Sie zu langsamer Veränderung an

Menschen mit einer BPS müssen lernen, das gemächliche Tempo der Veränderung ihres Verhaltens und die Langsamkeit beim Erreichen von Zielen und bei der Realisation von Erwartungen zu ertragen. Wir bezeichnen solche langsamen Veränderungen als *Shaping* (»Ausgestalten«), womit eine allmähliche Annäherung an ein Ziel gemeint ist. Das Entscheidende ist dabei, daß man eine Veränderung in kleinen Schritten zuläßt und daß man jeden dieser Schritte verstärkt. Nun kann ich nicht behaupten, daß es leicht ist, Menschen mit einer BPS davon zu überzeugen, daß sie langsame Veränderungen akzeptieren und daß sie sich für neuartiges Verhalten belohnen, statt sich zu bestrafen, um neues Verhalten zu ermöglichen. Um dies zu ermöglichen, muß man als Therapeut lernen, die kleinen Schritte zu finden, die man validieren kann. Kehren wir noch einmal zu Cindy zurück. Sie glaubt, was einzig zähle, sei, in der Schule zu sein und gute Zensuren zu kassieren, und weil sie dazu nicht in der Lage zu sein glaubt, meldet sie sich erst gar nicht zu irgendwelchen Kursen an. Doch eines Tages findet sie im Internet die Website eines Colleges. Ihre Freunde und Verwandten könnten ihr helfen, indem sie diesen Impuls unterstützen. Beispielsweise könnten sie sagen: »Das finde ich sehr gut. Ich erinnere mich noch, wie ich mich für den Besuch eines Colleges zu interessieren begann, als ich mir die vielen verschiedenen Dinge, die Colleges zu bieten hatten, anschaute.« Oder: »Sind diese College-Websites nicht wunderbar? Man kann sich dort in die Bereiche, die einen besonders interessieren, vertiefen und alle möglichen Details finden, die in den gedruckten Prospekten des betreffenden Colleges gar nicht aufgeführt sind.« Es geht darum, sich ausschließlich auf das, was *jetzt* geschieht, zu konzentrieren, und sich nicht auf das Ziel zu fixieren. Verstärkt man auf diese Weise, was Cindy davon haben könnte, diesen einen Schritt auszuführen, statt sich darauf zu konzentrieren, wie dieser Schritt sie dem ultimativen Ziel näher bringt, so hilft ihr dies möglicherweise, von der Selbstinvalidierung abzukommen. Dies ist leichter, wenn es um handlungsorientierte Ziele wie die von Cindy oder um ein Ziel wie das Reinigen einer Garage geht, als wenn es sich um andere Arten von Verhalten handelt. Geht es konkret um Selbstinvalidierung, können Sie versuchen, die Aufmerksamkeit auf eine Situation zu lenken (und diese Situation anschließend zu verstärken), in der die Person mit der BPS von Selbstinvalidierung absieht oder ihre Selbstinvalidierung plötzlich unterbricht.

> *Wenn man kleine Schritte verstärkt, um langsame Veränderung zu fördern, ist authentisches Verhalten wichtig. Jeder Ansatz von Bevormundung verstärkt die Selbstinvalidierung.*

Die folgenden Empfehlungen können in diesem Zusammenhang nützlich sein.

- *Negieren Sie niemals die Ziele eines Menschen, den Sie lieben.* Selbst wenn Sie wissen, daß er seine Ziele niemals erreichen kann, sollten Sie bedenken, daß es nicht Ihre Aufgabe ist, ihm dies vorzuhalten. Diese Empfehlung zu beherzigen kann sehr schwierig sein, wenn die negativen Auswirkungen vergeblicher Bemühungen für Sie persönlich sehr belastend waren, denn dann wollen Sie dem anderen sicher nicht auch noch zugestehen, seine »verrückten« Bestrebungen weiterzuverfolgen, statt durch Erfolge Kompetenz zu entwickeln. Um sich dem instinktiven Drang zu widersetzen, dem geliebten Menschen zu sagen, er »träume« wohl, konzentrieren Sie sich am besten auf einen kleinen Aspekt. Will der andere den Drogenkonsum endgültig aufgeben, und Sie glauben nicht, daß ihm das gelingen wird, können Sie ihm sagen, er solle zunächst versuchen, heute keine Drogen zu konsumieren. Will jemand Präsident eines Software-Unternehmens werden, können Sie validieren, daß er Freude an Computern hat. Wenn Sie wirklich glauben, daß ein angestrebtes Ziel nicht erreichbar ist, dann lügen Sie nicht, sondern suchen Sie besser nach etwas anderem, das Sie validieren können.
- *Bringen Sie die Person, die Sie lieben, dazu, ihr Ziel in viele kleine Schritte zu unterteilen.* Solche potentiell erreichbaren Schritte weisen den Weg zum Erfolg. Sie ermöglichen aber auch, sich Zeit für die Überprüfung des Resultats von Bemühungen zu nehmen, die Situation neu zu überdenken und sich über das weitere Vorgehen klar zu werden. Macht der geliebte Mensch erste Fortschritte in Richtung eines größeren Ziels, kann die Zuversicht, die solche kleinen Erfolge erzeugen, als Panzer gegen die instinktive Reaktion fungieren, daß jeder kleine Mißerfolg jene »große Unzulänglichkeit« spiegelt, die ein Charakteristikum der Person selbst ist. Ein wenig Raum zum Atmen

zwischen den einzelnen Schritten ermöglicht außerdem, das Geschehene ein wenig zu durchdenken – »Was ich in *diesem* Zusammenhang geleistet habe, ist okay, aber mir macht *das* keine Freude [oder ich habe Schwierigkeiten damit], und ich müßte in *dieser* Hinsicht gut sein, um mein ultimatives Ziel zu erreichen.« Noch besser ist, wenn die Person etwas anderes entdeckt, worin sie wirklich gut ist, und wenn sie sich aufgrund dessen ein neues ultimatives Ziel setzt. Unterdessen haben *Sie* nicht entwertet, was der Mensch, den Sie lieben, in seinem Leben erreichen will.

Ich hatte einmal eine Klientin, die die Highschool hatte verlassen müssen, weil sie zu oft nicht am Unterricht teilgenommen hatte. Danach hatten ihr Hang zum Alkoholkonsum und zu Schnittverletzungen zugenommen, und sie war etwa zwölf Jahre lang sehr suizidal gewesen. Während ihrer Behandlung bei mir faßte sie den Entschluß, Medizin zu studieren. Ich sagte ihr nicht, daß ich sehr skeptisch sei, ob sie im Alter von dreißig Jahren, ohne Highschool-Abschluß und nach jahrelangem starkem Kontrollverlust noch ein Medizinstudium schaffen könnte, sondern stellte mit ihr eine Liste aller Voraussetzungen für ein Medizinstudium zusammen. Wir unterteilten die Punkte auf der Liste in eine Anzahl kleinerer, eher erreichbarer Ziele, und ich half ihr, diese Ziele zu erreichen. Während Sie sich auf die Hochschulreife vorbereitete, wurde uns klar, daß sie sich noch kleinere Ziele setzen mußte. Dies führte dazu, daß wir Studienziele für jede Woche entwickelten. Sie erklärte mir immer wieder, sie sei zu dumm, sei verrückt, und werde dies alles niemals schaffen. Darauf erwiderte ich, tatsächlich wüßte ich nicht, ob sie es schaffen werde, aber ich glaubte an sie. Außerdem versicherte ich ihr, daß wir alle in der Schule Situationen erleben, in denen wir uns nicht besonders klug fühlen. Schließlich schloß sie eine Ausbildung zur medizinisch-technischen Assistentin ab und ist in diesem Beruf nun im Gesundheitsbereich tätig. Im Laufe der Zeit war ihr klar geworden, daß sie ein Medizinstudium nicht schaffen würde. Doch lernte sie aufgrund ihrer Bemühungen, Emotionen ohne Selbstinvalidierung zu tolerieren und sich kleine, erreichbare und verstärkbare Ziele zu setzen.

Helfen Sie dem Menschen, den Sie lieben, die Fakten zu überprüfen

Zur Selbstinvalidierung neigende Menschen müssen lernen, ihre eigenen emotionalen Erlebnisse zu ertragen. Man sollte bedenken, daß eine kritische Haltung sich selbst gegenüber oft durch Emotionen hervorgerufen wird. Die Emotion ist heftig, wird als schwierig erlebt, und wenn der Betroffene unter einer BPS leidet, invalidiert er die Emotion, indem er sie als falsch, schlecht oder ähnlich bezeichnet. Erleben BPS-Patienten etwas Übles, so wie es uns allen passieren kann, glauben sie, ausgerechnet ihnen passiere so etwas, weil sie »schlecht seien«. In solchen Fällen ist es oft nützlich, der geliebten Person zu helfen, sich die Tatsachen zu vergegenwärtigen. Das bedeutet *nicht*, daß man ihnen klar machen sollte, daß wir alle üble Dinge erleben. Vielmehr geht es darum, sich die in der konkreten Situation relevanten Fakten genau anzuschauen. Merken Sie sich folgende Leitlinien:

- *Bitten Sie die andere Person, genau zu beschreiben, was passiert ist, ohne den Tatsachen irgend etwas hinzuzufügen.* Es geht also nicht um »Berichte« in der Art von: »Ich bin so dämlich, und mir ist auf der Autobahn ein Reifen geplatzt. Ich habe es nicht verdient, mit Freunden ausgehen zu können.« Es geht vielmehr um etwas in folgender Art: »Ich fuhr auf der Autobahn. Es war 22.00 Uhr abends. Ich war mit Freunden essen. Während ich fuhr, platzte an meinem Wagen ein Reifen.«
- *Fragen Sie anschließend nach den Emotionen der anderen Person zum fraglichen Zeitpunkt.* Ich vermute, daß es beim Platzen eines Reifens Furcht war.
- *Validieren Sie die Emotion.* Jeder von uns hätte Angst, wenn ihm plötzlich am späten Abend ein Reifen platzte. Insbesondere gilt dies für Frauen. Das Platzen eines Reifens während der Fahrt ist eine gefährliche Situation.
- *Fordern Sie die andere Person auf, ihr Verhalten im betreffenden Moment zu beschreiben, ohne ihre Äußerung zu einer Interpretation eines größeren Zusammenhangs zu erweitern (z. B. wer sie als Person ist, wie andere sie sehen usw.).* Selbst nachdem Sie die Emotion validiert haben, entgegnen die meisten Menschen mit einer BPS sofort, sie hätten das, was passiert ist, selbst verschuldet. Und tatsächlich *könnte* der Besitzer des Wagens ja etwas mit dem Platzen des Reifens zu tun haben. Beispielsweise könnten die Reifen an seinem Auto alt und abgefahren gewesen sein, und man könnte ihn beim letzten Ölwechsel darauf hingewiesen haben, daß er neue Reifen braucht, was er dann aber auf einen späteren Zeitpunkt verschob. Oder ein Nagel steckte in dem Reifen, den er hätte entfernen müssen, was er aber versäumte. In solchen Fällen sollten Sie zulassen, daß sich die geliebte Person das fatale Verhalten zur Last legt, jedoch nicht, daß sie aus dem Versäumnis eigene Schlechtigkeit oder Unfähigkeit ableitet. Sie können dies erreichen, indem

Sie selbst sich strikt an die Fakten halten. Beispielsweise könnten Sie sagen: »Okay, du wußtest also, daß du den Nagel aus dem Reifenprofil entfernen mußtest. Einigen wir uns doch darauf, daß du das beim nächsten Mal unverzüglich tust, ja?«

- *Spielen Sie »Schallplatte mit Sprung« – und lassen Sie sich nicht dazu verleiten, über das Zutreffen oder Nicht-Zutreffen der Selbstkritik zu diskutieren.* Wenn die geliebte Person immer wieder darauf zu sprechen kommt, daß sie schlecht ist, dann wiederholen Sie einfach, daß sie wußte, daß sie den Reifen hätte wechseln sollen, aber lassen Sie sich nicht auf eine Diskussion darüber, ob sie dumm ist, ein.

Über den Umgang mit Scham

Um auf einen BPS-Patienten angemessen zu reagieren, müssen Sie sich ein wenig mit Scham auskennen. Unsere Kultur hat ein sehr unzureichendes Verständnis von Scham. Ich höre Therapeuten oft sagen, daß kein Mensch jemals Scham empfinden sollte; doch Scham ist entstanden, um unser Überleben zu ermöglichen. Für unsere in Stammesgemeinschaften lebenden Vorfahren war es sehr wichtig, alles zu vermeiden, was es ihnen unmöglich gemacht hätte, weiter in ihrem Stamm zu leben. Der Ausschluß aus der Stammesgemeinschaft war gleichbedeutend mit dem sicheren Tod durch Verhungern, Kälte oder Raubtiere. Indem die Scham zwang, individuelle Handlungen geheim zu halten, hinderte sie die einzelnen Stammesmitglieder, der Stammesgemeinschaft etwas zu offenbaren, das ihren Ausschluß aus dem Stamm zur Folge gehabt hätte.

Bei meiner Arbeit mit weiblichen Inhaftierten stellte ich fest, daß diese wegen der Verbrechen, die sie begangen hatten, starke Scham und Schuld empfanden (Emotionen, die auftreten, wenn unser Handeln unseren Werten widerspricht). Ich sagte diesen Frauen immer wieder, wenn sie aus dem Gefängnis entlassen würden, sollten sie ihre Scham nutzen, um ihre Straftaten vor Menschen, die sie nicht kannten, geheim zu halten. Wenn sie als neu Zugezogene in einem Viertel zu einer Party gingen und dort über ihre Straftaten und ihre Haftstrafen berichteten, würde man sie höchstwahrscheinlich sofort ausgrenzen. Dies könnten sie verhindern, indem sie ihre Scham nutzten, um ihre Geheimnisse nicht unnötig zu offenbaren.

Allerdings ist unsere Scham in den meisten Fällen nicht gerechtfertigt. In der Regel würden wir wegen der Geheimnisse, die wir erzählen könnten, kaum aus einem Stamm verstoßen. Beispielweise schaue ich mir gern Reality-TV-Sendungen an, hielt dies aber vor vielen Bekannten geheim, weil ich mich deswegen schämte. Ich glaubte, irgend etwas sei mit mir nicht in Ordnung, weil ich das tat. Irgendwann wurde mir klar, daß meine Scham nicht gerechtfertigt war. Die meisten Menschen würden mich nicht zurückweisen, wenn ich ihnen meine Vorliebe für Reality-TV eingestände.

Es ist sehr gut möglich, daß die Person, die Sie lieben, starke Scham empfindet. Manchmal liegt der Gedanke nahe, daß Menschen, die wiederholt problematische Verhaltensweisen praktizieren, deswegen kaum Scham und Schuld empfinden können. Denken Sie einmal darüber nach, wie die Person, die Sie lieben, sich verhält, wenn Sie mit ihr über bestimmte Themen zu reden versuchen. Schweigt sie in solchen Situationen, schaut auf den Boden oder wechselt das Thema, empfindet sie höchstwahrscheinlich Scham. Diese wird verstärkt, wenn die Person mit der BPS dem Zwang unterliegt, ihr eigenes Verhalten, ihre Emotionen und sogar ihre Scham zu kritisieren. Natürlich verstärkt dies alle Emotionen und zieht die betroffene Person in den Strudel der Emotionen zurück.

Die einzige Möglichkeit, die Wirkung von Scham zu verringern, besteht darin, die Person, die sich schämt, dazu zu bringen, über das, was ihre Scham verursacht hat, zu reden. Sie muß immer wieder darüber reden und dabei Blickkontakt zu Ihnen halten, damit die Scham abklingt. Während sie mit Ihnen spricht, dürfen Sie nichts tun, das als Zurückweisung aufgefaßt werden könnte. Deshalb dürfen Sie nicht von ihr wegschauen und über etwas, das sie sagt, nicht lachen. Ihr Gehirn muß lernen, daß sie wegen ihrer Verhaltensweisen oder Emotionen nicht »aus der Stammesgemeinschaft geworfen wird«. Im Laufe der Zeit wird ihre Scham nachlassen, aber wieviel Zeit das kosten wird und ob diese Exposition von Ihnen initiiert oder besser von einem Therapeuten betreut werden sollte, hängt von der Stärke der Scham und von dem Verhalten, das sie verursacht, ab. Mißbrauchsopfer beispielsweise brauchen in jedem Fall die Hilfe eines Therapeuten, um ihre Scham überwinden zu können.

Als ich daran arbeitete, meine Scham wegen meiner Vorliebe für Reality-TV zu überwinden, nahm ich ganz bewußt an Gesprächen über solche Shows teil. Ich trat dann zu allen Teilnehmern in Blickkontakt und arbeitete mich so zu einem Punkt vor, an dem ich stolz sagen konnte: »Ich LIEBE Reality-TV.« Als mir das gelang, nahm meine Scham ab.

Für den Menschen, den Sie lieben, ist die Situation, die ihre Scham schürt, oft wesentlich lebensverändernder als Reality-TV. Menschen mit einer BPS haben meist in der Vergangenheit Probleme gehabt und haben Verhaltensweisen entwickelt, die bei ihnen das Gefühl erzeugt haben, mit ihnen sei irgend etwas grundsätzlich nicht in Ordnung oder falsch. Wenn sie sich an ein früheres Erlebnis erinnern oder wenn sie in der Gegenwart mit einer Situation konfrontiert werden, die dem, was sie in der Vergangenheit erlebt haben, ähnelt, meldet sich bei ihnen wieder die Scham. Problematisch ist, daß die Scham, die von früheren Erlebnissen ausgeht, allmählich auf die Gegenwart übergreift und sich von Kontext zu Kontext ausbreitet. Noch einmal sei darauf hingewiesen, daß Scham infolge eines Traumas möglichst von einem Therapeuten behandelt werden sollte; dies sollte Sie aber nicht davon abhalten, einem Menschen, der Ihnen nahesteht, beim Auftauchen von Scham in der gegenwärtigen Situation zu helfen. Entscheidend ist dabei, daß Sie die Person dazu bringen, über das, was ihre *derzeitige* Scham auslöst, zu sprechen. Sie sollte immer wieder darüber sprechen, bis ihre Scham nachläßt. Nehmen wir beispielsweise an, die geliebte Person bewirbt sich für eine Arbeit, bekommt diese aber nicht. Sie möchte diesen Mißerfolg vor Ihnen geheim halten, weil sie sich deswegen schämt. Bitten Sie sie, Ihnen von dem Bewerbungsgespräch zu berichten und einzugestehen, daß sie die Arbeit nicht bekommen hat. Bringen Sie sie, wenn möglich, dazu, immer wieder darüber zu sprechen. Wenn sie sagt: »Ich bin dumm, weil ich das nicht weiß, aber ...«, dann fordern Sie sie auf, die Äußerung ohne die vorangestellte Invalidierung zu wiederholen. Will beispielsweise Ihre Schwester Ihnen etwas erzählen, sagt aber: »Ich kann nicht darüber reden. Es ist mir zu peinlich. Ich demütige mich selbst«, können Sie entgegnen: »Erzähl mir davon. Du kannst nur damit fertig werden, wenn du mir immer wieder davon erzählst, bis du es nicht mehr als demütigend empfindest, dies zu tun.«

Scham insbesondere und Selbstinvalidierung generell können bei Menschen mit einer BPS tief verwurzelt sein, und es kostet Zeit, etwas dagegen zu tun. Es lohnt sich aber, es zu versuchen, weil Selbstinvalidierung oft bewirkt, daß Menschen sich hilflos fühlen, obwohl sie es gar nicht sind und sich nicht so zu fühlen bräuchten. Wenn die Person, die Sie lieben, zur Selbstinvalidierung neigt, fehlt es ihr möglicherweise an den Fertigkeiten und der Zuversicht, die sie braucht, um Probleme lösen zu können, und dieser Mangel könnte als das, was *aktive Passivität* genannt wird, Form annehmen, ein Zustand, in dem die andere Person von Ihnen erwartet, daß Sie ihre Probleme für sie lösen. Kapitel 7 befaßt sich mit dieser weiteren Manifestation einer BPS.

Wie Sie einem Menschen, den Sie lieben, helfen können, Scham zu überwinden

1. Achten Sie darauf, wann Scham auftaucht. Dies ist oft daran zu erkennen, daß die betroffene Person wegschaut oder plötzlich das Gesprächsthema wechselt (»Hast du dir die Haare schneiden lassen?«).
2. Lassen Sie nicht zu, daß das Signal überdeckt wird. Wenn Sie über das Geschehen im Laufe des Tages sprechen und die geliebte Person plötzlich den Blickkontakt unterbricht, dann hören Sie nicht auf, über das, was geschehen ist, zu sprechen.
3. Verstärken Sie Scham nicht. Kommunizieren Sie nicht, daß die andere Person Scham empfinden »sollte« (sagen Sie nichts wie: »Wow, das war aber auch wirklich eine dämliche Antwort«).
4. Lassen Sie mit Ihren Bemühungen nicht nach, bis die Scham geringer wird. Wenn die geliebte Person weiß, daß Sie sich bemühen, die Scham nicht zu verstärken, können Sie sagen: »Glaubst du immer noch, daß mit dir irgend etwas nicht in Ordnung ist?« Falls die andere Person *nicht* weiß, daß Sie sich bemühen, ihre Scham nicht zu verstärken, sollten Sie weiter über das Thema reden, bis sie nicht mehr wegschaut und nicht mehr versucht, das Thema zu wechseln.
5. Bestärken Sie die Person dann, oder lassen Sie zu, daß sie das Thema wechselt.

KAPITEL 7

»Du mußt das für mich in Ordnung bringen!«

Haben Sie schon einmal ein Gespräch geführt, das folgendem Dialog ähnelte?

PAUL: Du mußt für mich zur Bank gehen. Mein Girokonto ist ein riesiges Chaos.
SUSAN: Paul, ich habe keine Zeit, um das für dich zu erledigen. Ich habe eine Konferenz, und in der Schule ist heute Elternsprechtag.
PAUL: Aber ich kann nicht hingehen. Ich komme einfach nicht dahinter, was ich falsch gemacht habe. Du mußt das für mich regeln. Wenn dir etwas an mir läge, würdest du es für mich tun.
SUSAN: Ich habe keine Zeit dafür.
PAUL: *(Seine Stimme wird immer lauter)* ICH KANN ES NICHT SELBST MACHEN! DU MUSST FÜR MICH ZUR BANK GEHEN; SONST ÜBERZIEHE ICH DAS KONTO EINFACH!

Natürlich hatte Susan in diesem Szenario letztlich das Gefühl, ihr bliebe gar nichts anderes übrig, als für Paul zur Bank zu gehen. Sie fürchtete die Folgen einer Kontoüberziehung und war davon überzeugt, daß Paul das Problem mit seiner Bank allein nicht würde lösen können. Sie war frustriert über ihn, die Situation und sich selbst, weil sie wußte, daß sie Paul durch ihren Gang zur Bank signalisierte, daß auch sie ihn für unfähig hielt, das Problem selbst zu lösen.

Wenn der Mensch, um den es Ihnen geht, sich schon ähnlich wie Paul verhalten hat, sind Sie wahrscheinlich ziemlich frustriert. Vielleicht haben Sie Ihrer Schwester oder Ihrem Sohn den Umgang mit einem immer wieder aufkommenden Problem erklärt, ohne daß Ihre Bemühungen gefruchtet hätten. Oder Sie wären grundsätzlich bereit, bei der Lösung von Problemen zu helfen, die bekanntermaßen für jeden auf sich gestellten Menschen schwer zu bewältigen sind ... wenn Ihr Verwandter Sie nur nett um Hilfe bitten würde, statt die Hilfe resolut zu fordern. Vielleicht liegen Sie auch nachts wach im Bett und versuchen herauszufinden, wie jemand, der so klug ist, sich in ein hilfloses Kind verwandeln kann, wenn das niemand erwarten würde. Manchmal quälen Sie sich vielleicht auch mit der Frage, ob die Person, die Ihnen so wichtig ist, Sie einfach nur ausnutzt, um selbst weniger Mühe zu haben.

Menschen, die sich wie Paul verhalten, praktizieren, was wir *aktive Passivität* nennen. In diesem Zustand bedient sich Ihr Verwandter eines passiven Problemlösungsstils. Aus Gründen, die etwas kompliziert sind, fühlt sich die geliebte Person unfähig, ein aktuelles Problem zu lösen, und fleht Sie deshalb an, den Job an ihrer Stelle zu erledigen. Menschen mit einer BPS verhalten sich nicht so, um sich Mühe zu ersparen, um sich Aufmerksamkeit zu sichern oder keine Verantwortung übernehmen zu müssen. Sie fühlen sich hinsichtlich dieser Art zu leben nicht gut – ganz im Gegenteil. Leider kann aktive Passivität sehr entfremdend wirken. Wie Susan müssen auch Sie zweifellos eine Menge eigene Verpflichtungen erfüllen. Und wie Susan fühlen Sie sich vermutlich oft zwiespältig: Sollten Sie diese zusätzliche Aufgabe auch noch übernehmen, um sich die Auswirkungen eines noch größeren Problems zu ersparen, falls dieses hier nicht gelöst wird? Oder sollten Sie »sich auf Ihre Rechte berufen« und darauf beharren, daß Ihr Partner selbst Verantwortung übernimmt (und dann die Daumen zu drücken, daß alles gut geht)? Wenn Sie sich bereiterklären, die Forderungen der geliebten Person zu erfüllen, könnte Ihr Groll zunehmen ... ebenso wie die Scham Ihres Verwandten. Verweigern Sie sich hingegen, können Sie von Selbstzweifeln und Schuldgefühlen (»War ich unfair und nicht liebevoll?«) sowie Sorgen geplagt werden, und die geliebte Person fühlt sich dann möglicherweise immer verzweifelter und verängstigter. Ist das Geschehen vom Muster aktiver Passivität geprägt, ist es wichtig, sich zu bemühen, das, was geschehen ist, zu verstehen. Andernfalls kann dieses Verhalten einen Keil zwischen Sie und den Menschen, den Sie lieben, treiben, und dieser Keil läßt sich möglicherweise nur schwer wieder entfernen.

Warum können Menschen mit einer BPS ihre Probleme nicht selbst lösen?

Diese Frage kann Ihnen den Schlaf rauben, weil aktive Passivität manchmal als sehr paradox erscheint. Menschen mit einer BPS sind mit ebenso hoher Wahrscheinlichkeit wie jeder andere Mensch von Natur aus intelligent; warum aber erwecken sie dann oft den Eindruck, es fehle ihnen an den grundlegenden Fähigkeiten, die für das Lösen von Problemen erforderlich sind? Vielleicht sind Sie sich sogar sicher, daß der Mensch, den Sie lieben, in Wahrheit über die Fertigkeiten und das Wissen verfügt, die er für die Lösung eines bestimmten Problems braucht, und Sie fragen sich, warum er trotzdem von seiner diesbezüglichen Unfähigkeit überzeugt ist. Vielleicht haben Sie von einem bestimmten Problem, das er hat, bisher noch nie etwas gehört; warum ist er dann plötzlich so begierig darauf, es auf der Stelle zu lösen, daß er bereit ist, Sie mit völlig unsinnigen Forderungen zu konfrontieren? Menschen, die sich dem gleichen Dilemma wie Paul gegenüber sehen, können auf zwei Arten in Schwierigkeiten kommen: dadurch, daß sie generell (oder im konkreten Fall) nicht wissen, wie sie bestimmte Probleme lösen könnten, und/oder dadurch, daß sie zu ihren Fähigkeiten, Probleme zu lösen, kein Vertrauen haben.

Mangel an Problemlösungsfähigkeiten

Die meisten Menschen verfügen über Fähigkeiten, Probleme zu lösen, und wir nutzen diese Fähigkeiten ständig, ohne daß wir das, was wir tun, als Lösen von Problemen bezeichnen. Nehmen wir beispielsweise an, Sie sollen in Ihrem Beruf ein Projekt betreuen. Dann entwickeln Sie zunächst eine Einschätzung: Welche Ziele verfolgen Sie? Was brauchen Sie, um diese Ziele zu erreichen? Welche Lösungsansätze könnten Ihnen weiterhelfen (Brainstorming)? Welche Möglichkeiten sind am aussichtsreichsten? Welcher Zeitplan ergibt sich aus Ihrem Lösungsansatz? Was könnte Sie hindern, Ihre Ziele zu erreichen? Wenn Sie diese Fragen beantworten, nutzen Sie Problemlösungsfähigkeiten.

Viele Menschen mit einer BPS haben sich nie die für die Lösung von Problemen notwendigen Fertigkeiten aneignen können. Vielleicht glauben Sie das nicht, weil der Mensch, den Sie lieben, in bestimmten Bereichen durchaus in der Lage ist, mit ziemlich komplexen Problemen fertig zu werden, oder weil der Betreffende Sie manchmal davon überzeugt, daß er mit etwas »klar kommt«, obwohl das nicht zutrifft (ein Problem, das unter dem Namen *scheinbare Kompetenz* bekannt ist und in Kapitel 8 erläutert wird), aber viele Menschen mit einer BPS haben die für die Lösung von Problemen notwendigen Fertigkeiten nie erlernt.

»Wie ist das möglich?«, werden Sie nun wahrscheinlich fragen. Viele Menschen erlernen Problemlösungsfertigkeiten so selbstverständlich, wie sie lernen, aus dem Bett aufzustehen und am Morgen ins Alltagsleben einzutreten. Manche Kinder erfassen intuitiv, wie sie sich einem Problem nähern müssen, um es lösen zu können. Und einige besonders kreative Zeitgenossen nutzen Problemlösungsstrategien in Teilen, weil sie das »große Bild« zu sehen vermögen und weil ihnen, wenn sie mit einem Problem konfrontiert werden, viele potentielle

Lösungen einfallen. Da die Fähigkeit, Probleme zu lösen, vom Augenblick unserer Geburt an entscheidend für unser Überleben ist, würdigen einige Schulen die Bedeutung dieser Fähigkeit, indem sie ihren Schülern ganz bewußt und in allen Einzelschritten Methoden des Lösens von Problemen beibringen, damit Kinder, die nicht mit entsprechendem Geschick geboren worden sind, diese Fertigkeiten schon sehr früh entwickeln.

Problemlösungsfertigkeiten bleiben Menschen mit einer BPS aus den gleichen Gründen verschlossen, die auch viele für BPS charakteristische Verhaltensweisen verursachen: aufgrund von emotionaler Dysregulation und Invalidierung. Vereinfachend könnte man sagen: Starke Emotionen beeinträchtigen oft die kognitiven Fähigkeiten. Wenn wir in der Lage sein wollen, ein Problem mit »klarem Kopf« zu durchdenken, meinen wir damit in der Regel, daß wir nicht wollen, daß unser Geist dabei von den durch starke Emotionen hervorgerufenen Handlungsdrängen beeinträchtigt wird. (Können Sie im aufgebrachten oder entsetzten Zustand rasch und selbstbewußt Ihre Möglichkeiten auflisten und analysieren, auf jemanden, der gerade einen Hundewelpen geschlagen oder Ihnen die Geldbörse entwendet hat, zu reagieren?) Wie in Kapitel 1 beschrieben wurde, kann emotionale Dysregulation eine kognitive Dysfunktion verursachen. Menschen, die in ihrem ganzen Leben hinsichtlich ihrer Emotionen sehr empfindlich waren, haben deshalb deutlich weniger Erfahrungen mit erfolgreichem Lösen von Problemen gesammelt. Weil ihr Geist mit anderen Dingen beschäftigt war, waren sie einfach nicht in der Lage herauszufinden, was beim Lösen von Problemen zum Ziel führt und was nicht. Ihre Emotionen haben sie möglicherweise oft dazu gebracht, sich für Möglichkeiten zu entscheiden, die *nicht* zum Erfolg führten.

> *Manchmal sind die Emotionen, die ein Mensch mit einem bestimmten Problem verbindet – meist Angst –, so stark, daß der Betreffende das Problem ignoriert, um emotionales Unbehagen zu vermeiden, bis das Problem schließlich so gewaltige Ausmaße angenommen hat, daß tatsächlich eine Intervention eines Außenstehenden erforderlich ist, und dieser Außenstehende sind möglicherweise oft Sie.*

Außerdem kann eine invalidierend wirkende Umgebung das Erlernen von Problemlösungsfertigkeiten beeinträchtigen. Für Menschen mit einer BPS kann es unmöglich sein, Probleme effektiv zu lösen, weil andere Mitglieder ihrer Familie ebenfalls unter Emotionsdysregulation gelitten haben. Oft sind auch beide genannten Faktoren im Spiel.

Stellen Sie sich einmal ein emotional empfindliches Kind vor, das wegen eines typischen Kindheitsereignisses verzweifelt ist, beispielsweise weil es sein Lieblingspielzeug verloren hat, weil dieses kaputtgegangen ist oder weil das Kind von anderen Kindern tyrannisiert oder gehänselt worden ist. Man könnte solch einem Kind verschiedene Möglichkeiten, mit dem Problem umzugehen, beibringen – beispielsweise das Spielzeug zu reparieren oder systematisch nach ihm zu suchen; sich die Hilfe eines zuverlässigen Erwachsenen zu sichern, um mit der Gemeinheit von Gleichaltrigen fertig zu werden, oder eine Möglichkeit des Umgangs mit verletzten Gefühlen zu finden. Doch wenn die Erwachsenen im Leben des Kindes dessen Emotionen als unerträglich oder nicht akzeptabel ansehen, können sie dem Kind voreilig »zur Hilfe« kommen. Oder sie schimpfen das Kind wegen seiner Reaktionen aus (»Hör' auf, wegen nichts zu weinen!«), versuchen, die Aufmerksamkeit des Kindes von der Lösung des aktuellen Problems abzulenken, um seine Emotionen um jeden Preis unter Kontrolle zu bringen, obwohl das Kind sie gar nicht kontrollieren kann. Manche Erwachsene haben selbst einen sehr starren Problemlösungsstil und kommunizieren dementsprechend, daß es zu jedem Problem nur eine Lösung gibt und daß »die« Lösung gefunden werden muß, womit sie dem Kind verwehren, verschiedene Lösungsansätze zu entdecken, zu analysieren und zu erproben und so die für seinen Zweck am besten geeignete zu finden. In manchen Umgebungen werden kreative Problemlösungsansätze bestraft, und den Familienmitgliedern wird manchmal sogar beschieden, sie seien »verrückt«, wenn sie glaubten, sie könnten etwas tun, oder sie würden dies niemals schaffen. In solchen Fällen lernen Kinder, daß es am besten ist, so zu tun, als sei alles in Ordnung; oder Kreativität sei keine Ressource; oder von ihnen wird erwartet, daß sie sich »raushalten« und andere ihre Probleme lösen lassen. Unter solchen Voraussetzungen werden sie erwachsen, ohne ihre Problemlösungsfertigkeiten vollständig entwickelt zu haben.

Interessant hinsichtlich der Rolle, die Emotionen spielen, ist, daß Kinder in bestimmten Umgebungen sogar Verstärkung erleben, weil sie ihre Emotionen eskalieren lassen. Sie werden ignoriert, wenn sie ruhig oder höflich und mit wenig Emotion fragen. Was geschieht, wenn ein Kind nicht gehört wird? Es erhebt dann seine Stimme und trägt sein Anliegen lautstark vor. Wird es dann weiter ignoriert, verstärkt es die Intensität seiner Forderung erneut. Wenn das Kind seine Forderungen sehr lautstark vorträgt, nicht besonders geschickt darin ist, sich zu verschaffen, was es sich wünscht, oder wenn seine Stimme fordernd klingt, gibt ihm die Umgebung, was es will, und es lernt so, daß es das

Gewünschte bekommt, wenn es seine Stimme erhebt und schrill und grob seine Forderungen vorbringt. So entwickelt es sich allmählich zu einem Menschen, der ohne darüber nachzudenken andere Menschen mit lauter, fordernder Stimme um Hilfe angeht.

Mangel an Selbstvertrauen

Automatisch Problemlösungsaktivitäten zu initiieren, wie viele Erwachsene es tun, erfordert nicht nur Kunstfertigkeit, sondern auch Selbstvertrauen. Einige Menschen mit einer BPS verfügen zumindest über teilweise entwickelte Problemlösungsfertigkeiten. Aber – *und das ist bei BPS oft der Fall* – selbst wenn sie eine gewisse generelle Vorstellung davon haben, wie sich ein Problem lösen läßt, ist ihnen doch völlig unklar, daß sie in der Lage sind, das zur Lösung des aktuellen Problems Erforderliche zu tun. Vielleicht sind sie in einer Umgebung aufgewachsen, die erfolglose Bemühungen grundsätzlich invalidiert hat; zu »gewinnen« war dort das einzige, was zählte. Vielleicht hat aber auch einfach nur niemand genug Aufmerksamkeit auf ihre Bemühungen gerichtet, weil alle glaubten, es reiche aus, wenn ein Kind versucht habe, etwas zu erreichen, und wenn sich die Dinge dann nicht nach Wunsch entwickelt hätten, dann – nun ja, »So geht es nun einmal im Leben«. Erlebnisse dieser Art können ein Kind, das Enttäuschung oder Scham intensiver erlebt als andere Kinder seines Alters, dazu bringen, sich wie ein »Verlierer« zu fühlen, der sich den Schmerz des Mißerfolgs in Zukunft besser erspart. Gleichzeitig könnte einem solchen Kind aber auch das Erlebnis der Reorganisation, das Lernen aus Fehlern und der Entwicklung mentaler Resilienz und Kreativität »erspart« bleiben.

Vielleicht wußte der Mensch, den Sie lieben, sogar einmal etwas über Problemlösungsmöglichkeiten, doch diese Fertigkeiten wurden nicht in neue Verhaltensweisen integriert, weil sie bei einem Versuch, ein Problem zu lösen, »versagten«. Manchmal wurde das Problem auf diese Weise sogar noch stärker oder zumindest nicht gelöst. Wenn ein Kind bei Versuchen, Probleme zu lösen, versagte und andere es kritisierten, weil es bei diesen Versuchen Fehler machte, könnte es dem Kind an Vertrauen mangeln, und Passivität könnte sich bei ihm ausbreiten. Dies könnte zur Folge haben, daß die betroffene Person nie die Überzeugung entwickelt, daß sie ihre Probleme selbst lösen kann.

An die Stelle des dazu erforderlichen Selbstvertrauens tritt der unerschütterliche Glaube, daß SIE das Problem lösen können. BPS-Patienten setzen in solchen Fällen oft alles daran, daß andere es übernehmen, ihre Probleme für sie zu lösen.

Sind interpersonale Fertigkeiten wichtig?

BPS-Patienten können beim Lösen von Problemen auch noch auf andere Weise behindert werden: durch Mangel an interpersonalen Fertigkeiten. In Kapitel 1 wurde »interpersonales Chaos« als einer von fünf Bereichen der Dysregulation bezeichnet, die Menschen mit einer BPS beeinträchtigen. Grundsätzlich können mangelnde Kenntnisse im Umgang mit anderen Menschen die Fähigkeit, Probleme zu lösen, in verschiedener Hinsicht behindern.

Erstens hat ein Mensch, der aufgrund von emotionaler Dysregulation in der Kindheit Kommunikationsprobleme hatte, von Erwachsenen möglicherweise nicht in ausreichendem Maße konstruktive Problemlösungsmethoden erlernt. Interpersonale Probleme könnten so bewirken, daß ein Erwachsener mit einer BPS nicht in ausreichendem Maße Problemlösungsfertigkeiten entwickelt hat.

Zweitens kann ein BPS-Patient, wenn er schwierige Beziehungen zu vielen anderen Menschen hat – vielleicht sogar infolge schlechter Entscheidungen, die zu lösende Probleme betrafen –, auftauchende Probleme generell zu vermeiden versuchen, weil er fürchtet, durch »Fehler« seinerseits irgend jemandes Zorn zu erregen.

Und *drittens* spielt eine Rolle, wie der Mensch, den Sie lieben, um Hilfe bittet – von Ihnen und von allen anderen, auf die er sich verläßt. Wie schon erwähnt, reagiert ein Erwachsener, der als Kind die »Nervensägenmethode« als einzige Möglichkeit kennengelernt hat, sich Hilfe bei der Lösung eines Problems zu beschaffen, wahrscheinlich auch heute laut, schrill und fordernd, wenn er Hilfe braucht – nicht weil er ein Rüpel ist, sondern weil er keine andere Möglichkeit kennt, sich Gehör zu verschaffen. Unglücklicherweise fühlt sich niemand zu besonderer Großherzigkeit animiert, wenn er so mit Forderungen konfrontiert wird. An anderer Stelle in diesem Buch wurden schon Geschichten beschrieben, die veranschaulichen, wie schwer es sogar für ausgebildete Therapeuten ist, in Situationen dieser Art offen und mitfühlend zu bleiben. Wenn mich ein Klient unerwartet anruft, sofort darauf beharrt, daß ich »sein Leben in Ordnung bringe«, und dann wütend und aggressiv wird, wenn ich versuche, die in Kapitel 4 beschriebene Fünf-Schritte-Methode anzuwenden, muß ich mich manchmal sehr bemühen, um ruhig bleiben und dem Betreffenden helfen zu können. (Erinnern Sie sich noch an die Beschreibung der Situation, in der ich nichts weiter tun konnte, um uns wieder in die Lage zu versetzen, das Problem einer Klientin objektiv zu betrachten, als selbst ruhig zu werden und sie dazu zu bringen, das gleiche zu tun?)

Falls Sie aufgrund solcher Forderungen eines Menschen, den Sie lieben, in Schwierigkeiten sind, könnte Ihnen das Wissen darum, was solchem Verhalten meist zugrunde liegt, nützlich sein. Abgesehen davon, daß Ihr Gegenüber glaubt, nur durch dieses Verhalten könne er sich Gehör verschaffen, kann er auch aus einem Zustand großer Angst heraus agieren. Wenn Menschen davon überzeugt sind, daß sie ein Problem selbst nicht lösen können, das nach ihrer Auffassung dringend gelöst werden muß, empfinden sie natürlich starke Angst oder Furcht.

Denken Sie bitte einmal einen Moment darüber nach, was Furcht bewirkt: Sie aktiviert Energie. Furcht bewirkt in der Regel, daß Menschen die Ursache der Furcht meiden: Sie fliehen vor Schlangen, meiden Spinnennetze, bewerben sich nicht um Jobs, wenn Sie ohnehin nicht glauben, daß sie diese bekommen. Angst und Furcht haben für das Überleben von Menschen immer eine wichtige Rolle gespielt. Würden wir uns nicht fürchten, wären wir kaum vor menschenfressenden Raubtieren geflohen. Allerdings beeinträchtigt starke Angst oder Furcht die Fähigkeit unseres Gehirns, Informationen zu verarbeiten und neuartige Lösungsansätze zu entwickeln. Wird bei einem Menschen, den Sie lieben, die Angst/Furcht stärker, leidet darunter die Fähigkeit des Betreffenden, Probleme zu lösen – die vielleicht ohnehin schon beeinträchtigt war. Die durch Angst oder Furcht aktivierte physiologische Energie ist dann zwar immer noch da, aber sie fließt in das Verhalten desjenigen, der Sie um Hilfe bittet, ein. Was bei eher normalem Erregungsniveau in Form von »Ich könnte wirklich deine Hilfe brauchen« zum Ausdruck käme, verwandelt sich unter dem Einfluß massiver Angst zu: »Du *mußt* mir einfach helfen!«

Wenn Menschen mit einer BPS von Ihnen fordern, ihre Probleme für sie zu lösen, versuchen sie nicht, sich ihrer Verantwortung für die Lösung ihrer Probleme zu entziehen, sondern dieses Verhalten ist ihr Versuch, ihre Probleme zu lösen. Ihre auf die Lösung ihrer Probleme zielende Aktivität besteht in diesem Fall darin, Sie zur Hilfe aufzufordern.

Nicht immer äußert sich aktive Passivität in Form nachdrücklicher Forderungen. Einige BPS-Patienten verfallen statt dessen in eine Haltung der Hilflosigkeit. Wenn jemand, den Sie lieben, dies tut, könnten Sie es als ebenso ärgerlich empfinden wie drängende Forderungen, nämlich dann, wenn Sie den Eindruck gewinnen, daß die Haltung des anderen nicht aufrichtig ist oder daß er versucht, Sie zu einer mitfühlenden Haltung zu nötigen, indem er bei Ihnen Schuldgefühle weckt. Auch hier gilt, daß Sie herausfinden müssen, was wirklich vor sich geht.

Oft treibt nämlich Scham Menschen zu hilflosem Verhalten. Falls ein Mensch mit einer BPS Sie ruhig, verschämt (und manchmal kindlich) um Hilfe bittet und dabei auf den Boden schaut, könnte die aktive Passivität des Betreffenden auf Scham basieren. BPS-Patienten fühlen sich nicht wohl angesichts ihrer mangelnden Fähigkeit oder ihres fehlenden Vertrauens in ihre Fähigkeit, Probleme selbst zu lösen. Außerdem kann die Scham, die sie empfinden, im Laufe der Zeit durch ihre Umgebung und ihre eigene Neigung zur Selbstinvalidierung verstärkt worden sein (siehe hierzu Kapitel 6). Die Hilflosigkeit kann auch verstärkt worden sein, weil Menschen in ihrer Umgebung ihre Probleme für sie gelöst haben, wenn sie sich in früheren Situationen hilflos fühlten.

Es ist belastend, wenn man das Gefühl hat, man müsse jederzeit damit rechnen, einen anderen Erwachsenen von dessen Problemen zu erlösen – alltäglichen ebenso wie außergewöhnlichen –, insbesondere wenn die Art, wie die andere Person Sie um Hilfe bittet, bei Ihnen oft den Wunsch weckt, die Hilfe zu verweigern. Wir alle wissen, daß interpersonales Verhalten dieser Art andere Menschen abstößt und ihre Bereitschaft zu helfen allmählich schmälert. Wenn Ihnen jedoch klar ist, daß dieser andere Mensch, der Ihnen wichtig ist, vielleicht nicht die gleichen Möglichkeiten wie andere hatte, daß ihm niemand beigebracht hat, an sich selbst zu glauben, und daß er nicht über die Kommunikationsfähigkeiten verfügt, die er heute brauchen würde, um auf akzeptable Weise um Hilfe bitten zu können, verstärkt das vielleicht Ihre Bereitschaft, anders als bisher auf aktive Passivität zu reagieren. Ist das bei Ihnen der Fall, gestehen Sie dem geliebten Menschen möglicherweise eine Chance zu, die Fertigkeiten zu entwickeln, die seine Problemlösungsfähigkeiten in Zukunft verbessern werden.

Verwechseln Sie aktive Passivität nicht mit passiver Aggression

Hannah hatte sich bereit erklärt, eine Babyparty für Ihre Schwester, Bethany, zu organisieren. Sie zögert aber die Planung hinaus, spricht nicht mit dem Bäcker, vergißt Einladungen zu versenden, ruft schließlich kurz vor dem vereinbarten Termin an und erklärt völlig verzweifelt, sie schaffe es nicht, und die Party müsse wohl abgesagt werden. Um ein völliges Desaster zu verhindern, besorgen Sie einen Kuchen, rufen die Gäste an, die Sie einladen wollen, und die Party wird ein Erfolg. Aber Sie sind ziemlich wütend auf Ihre Schwester, und während Sie innerlich grollen, denken Sie: »Sie ist so unglaublich passiv-aggressiv.«

Denken Sie einmal einen Augenblick lang darüber nach, was das bedeutet. *Passiv-aggressiv* ist ein altmodischer Begriff mit unklarer Bedeutung. Früher einmal wurde er als »Abwehrmechanismus« bezeichnet oder als Möglichkeit, durch unbewußtes Verhalten Angst zu verringern. Heute ist daraus ein Allerweltsbegriff geworden, dem ungefähr folgende Bedeutung zugeschrieben wird: »Du wolltest, was letztlich geschehen ist, aber du wolltest das nicht zugeben und nicht die Verantwortung dafür übernehmen, daß du dir dieses Resultat gewünscht hast.« Aber sind Sie der Meinung, daß Hannah sich in der beschriebenen Situation absichtlich so verhalten hat, um Ihnen zu schaden? Meinen Sie, sie hätte von Anfang an den Plan gehabt, Ihnen im letzten Moment die Verantwortung für die Party wieder vor die Füße zu legen? Nach meiner Auffassung wollte sie die Party zunächst wirklich organisieren und ihre Sache gut machen. Sie schaffte es aber nicht, die erforderlichen Schritte in die Wege zu leiten, und wahrscheinlich gab sie schließlich auf, weil Angst sie hinderte, das Notwendige zu tun. Als der Zeitpunkt der Party unaufhaltsam näherrückte, geriet sie in Panik. Sie hätte die Party auch absagen können, aber sie glaubte, Sie selbst könnten die ganze Angelegenheit noch in Ordnung bringen – und das taten Sie dann natürlich auch.

Leider glauben viele, denen ein Mensch mit einer BPS sehr wichtig ist, der Betreffende verhalte sich »passiv-aggressiv«, wenn er darum bitte, von einem Problem »erlöst« zu werden.

Ich persönlich glaube nicht, daß ein BPS-Patient so etwas absichtlich tut. Bezogen auf die Situation der Babyparty glaube ich, daß für Hannah ein sehr passiver Problemlösungsstil charakteristisch ist. Sie geht Probleme grundsätzlich nicht aktiv an, sondern vermeidet sie wahrscheinlich. Als sie anfangen will, die mit der Party zusammenhängenden Probleme zu lösen (Einladungen losschikken, mit dem Bäcker reden, Pläne schmieden), werden ihre Emotionen stärker, und ihre Alltagsfunktionsfähigkeit leidet darunter. Es ist unvermeidlich, daß sie scheitern wird. Vielleicht sagt sie die Party nur ab; wahrscheinlicher jedoch ist, daß sie andere zu Hilfsaktivitäten nötigt (entweder aggressiv [»Du hast mich in diese Lage gebracht; deshalb mußt du mir jetzt helfen!«] oder passiv [»Ich kann das einfach nicht. Es ist zuviel für mich.«]). Also helfen Sie ihr aus der Patsche, indem Sie das Problem für sie lösen. Leider »lernt sie« auf diese Weise nicht »ihre Lektion«, wie das bei jemand anderem der Fall sein könnte. Weil Hannah unter einer BPS leidet, bewirkt die Hilfe, die sie erhält, nur, daß sie sich noch stärker schämt als zu dem Zeitpunkt, als ihr klar wurde, daß sie es nicht schaffen würde, die Babyparty zu organisieren. Die Tatsache, daß man eine solche Party

Schritte zur Lösung von Problemen

Falls Sie es gewöhnt sind, Probleme eher automatisch zu lösen, sind Sie sich vermutlich nicht darüber im klaren, daß Sie dabei die im folgenden beschriebenen Schritte ausführen. Doch wenn Sie an das Lösen von Problemen auf die hier skizzierte Weise herangehen, können Sie möglicherweise besser verstehen, womit der Mensch, den Sie lieben, die größten Schwierigkeiten hat. Anschließend können Sie das sieben Schritte umfassende Verfahren aus Kapitel 5 benutzen, um an dem Aspekt zu arbeiten, mit dem die andere Person am schlechtesten zurecht kommt.

1. **Definieren Sie das Problem.** Was versuchen Sie im vorliegenden Fall zu lösen? Welche Ziele verfolgen Sie?
2. **Analysieren Sie das Problem.** Welche Fakten liegen dem Problem und/oder der problematischen Situation zugrunde?
3. **Entwickeln Sie Lösungsansätze.** Dies ist der Zeitpunkt für ein Brainstorming. Schließen Sie keine Ideen aus, die Ihnen lächerlich oder unrealistisch erscheinen.
4. **Wählen Sie einen Lösungsansatz aus.** Entscheiden Sie sich für einen unter den erwogenen Lösungsansätzen, von dem Sie annehmen, daß er am zuverlässigsten zum Ziel führt, das Problem löst und sich am realistischsten umsetzen läßt.
5. **Suchen Sie nach Fehlern, welche das Erreichen der Lösung behindern.** Was könnte dem Erreichen des Ziels im Wege stehen? Wie können Sie solche Hindernisse überwinden?
6. **Setzen Sie den Lösungsansatz in die Tat um.** Versuchen Sie, die Lösung zu erreichen.
7. **Evaluieren Sie die Lösung.** Ist die Lösung gelungen? Wenn nicht, dann wählen Sie aus der Liste, die Sie unter Punkt 3 zusammengestellt haben, einen anderen Ansatz, und realisieren Sie diesen.

innerhalb von 24 Stunden organisieren kann, verstärkte nur ihr Gefühl der eigenen Unzulänglichkeit. Sie hat nichts über das Lösen von Problemen gelernt, sie wird sich vor der nächsten Verpflichtung noch mehr scheuen, und wahrscheinlich wird sie sich so massiv invalidieren, daß ihre Emotionen sie daran hindern werden, angesichts einer neuen Aufgabe mit den Schritten des Problemlösungsprozesses auch nur zu beginnen. Hannah hat in der erlebten Situation hauptsächlich gelernt, daß *Sie* Probleme lösen können, sie selbst aber nicht.

Sie sind nicht verpflichtet, für einen Menschen, den Sie lieben, als Coach zu fungieren. Niemand würde von Ihnen verlangen, jemandem Problemlösungsstrategien beizubringen. Doch wenn Sie anders auf Hilfsbitten oder -forderungen reagieren, hat die andere Person vielleicht die Möglichkeit, solche Strategien ohne äußere Hilfe zu erlernen.

Wie man auf aktive Passivität reagieren sollte

Carmela glaubt nicht, daß sie die Probleme, die ihr Leben bestimmen, lösen kann. Im Moment ist die größte Herausforderung für sie, eine eigene Wohnung zu finden. Sie versucht mit allen Mitteln, Sie dazu zu bringen, das Problem für sie zu lösen. Doch weil Sie Ihre Zeit und Energie für andere wichtige Dinge brauchen, möchten Sie Carmela dazu bringen, sich die Wohnung selbst zu suchen. Sie halten das nicht für unlösbar, aber sie bleibt bei ihrer Überzeugung, daß sie es nicht schaffen kann. Sie ruft immer wieder bei Ihnen an, tut aber selbst nichts von dem, was man tun muß, um eine Wohnung zu finden; sie liest nicht einmal die Anzeigen, um passende Angebote zu finden. Mittlerweile nähert sich der Zeitpunkt, zu dem sie ihre momentane Unterkunft verlieren wird, und sie hat immer noch keine neue Bleibe gefunden. Wenn *Sie* ihr nicht helfen, wird sie obdachlos werden. Sie sind wütend, weil Carmela Sie in eine Zwangslage gebracht hat. Aber sie ist Ihre Tochter, und natürlich ist Ihnen nicht gleichgültig, wie es ihr geht. Sie wollen es nicht darauf ankommen lassen, daß sie plötzlich ohne Wohnung dasteht. Und Sie wollen sich auch nicht mit alldem abgeben, was zu erwarten wäre, wenn sie wieder zu Hause einzöge. Deshalb suchen Sie schließlich doch eine Wohnung für Ihre Tochter und unterzeichnen mit ihr zusammen den Mietvertrag. Sie fragen sich, wie lange diese 28-jährige Frau noch so abhängig von Ihnen sein wird und wann Sie endlich ein wenig Zeit für sich selbst finden werden.

Um herauszufinden, wie man am besten mit aktiver Passivität umgeht, müssen Sie sich zunächst folgende vier Fragen stellen:

1. Weiß der Mensch, den ich liebe, wirklich nicht, wie er das aktuelle Problem lösen kann?

2. Beeinträchtigen Emotionen seine Fähigkeit, die Lösung des Problems in Angriff zu nehmen?
3. Mangelt es ihm an Vertrauen darin, daß es ihm gelingen wird, die richtige Lösung zu wählen oder er diese Lösung auch umsetzen kann?
4. Habe ich ein Problem mit der Art, wie der andere um Hilfe bittet?

Sie können die Antworten auf die Fragen 1 und 2 eventuell erraten, wenn Sie die Person sehr gut kennen und wenn Sie schon viel Erfahrung mit ähnlichen Situationen haben. Hat die geliebte Person die Fähigkeit erkennen lassen, Probleme im allgemeinen oder diese spezielle Art von Problem zu lösen? Können Sie aufgrund dessen, was Sie über die Vorgeschichte der Person und über ihre momentane Körpersprache wissen, sagen, ob Furcht, Wut oder Scham ihre Fähigkeit, das aktuelle Problem zu verstehen und zu lösen, beeinträchtigt?

Bezüglich der Frage 3 könnte die geliebte andere Person explizit selbst einen Mangel an Selbstvertrauen eingestehen (»Ich weiß, daß ich diese drei Möglichkeiten habe, aber ich entscheide mich immer für das Falsche!«), oder Sie wissen aus Erfahrung, daß es ihr in der Regel am erforderlichen Selbstvertrauen fehlt.

Und nur Sie vermögen zu sagen, ob die Art, wie die andere Person um Hilfe bittet, bei Ihnen sofort den Impuls, sich zu weigern, auslöst. Bestimmte Arten von Forderungen oder Bitten bringen uns augenblicklich in Rage, wobei dies bei jedem Menschen andere Dinge sind – bis auf eine Formulierung, die fast jeden vergrault (siehe den folgenden markierten Absatz).

Sagt die Person, die Sie lieben: »Ich brauche es, daß du …«? Im Assertivitätstraining bringen wir unseren Klienten bei, diese Formulierung niemals zu benutzen, wenn sie Hilfe brauchen, weil irgend etwas daran jeden, der sie hört, dazu bringt, automatisch nein zu sagen.

Wenn Sie sich unsicher sind, wie Sie die vier Fragen beantworten sollen, müssen Sie mit der Person, die Sie lieben, eine kleine Begutachtung durchführen. Sie bittet Sie, ihr zu helfen, und Sie können ihr nur helfen, wenn Sie von ihr mehr Informationen erhalten. Die im folgenden beschriebene Explorationsmethode enthält Elemente des Fünf-Schritte-Prozesses aus Kapitel 4.

1. *Was genau ist das Problem? Was muß geschehen?*

Was Sie tun können: Wenn die andere Person das Problem oder das gewünschte Resultat nicht beschreiben kann, dann arbeiten Sie mit ihr daran, das Problem klar zu definieren. Steuern Sie im Laufe dieses Prozesses vorsichtig auf die Arbeit an der Suche nach einer Lösung hin. Bringen Sie ihr Problemlösungsmöglichkeiten bei (siehe hierzu den Kasten auf Seite 180), helfen Sie ihr herauszufinden, welche Schritte zur Lösung ihres spezifischen Problems erforderlich sind, und versuchen Sie, sie dazu zu bringen, sich auf einen Versuch einzulassen. Vergessen Sie nicht, bei jedem Schritt zu validieren (siehe hierzu Kapitel 3), wie schwierig dies alles für sie ist.

2. *»Fürchtest du dich davor, daß du nicht bewirken kannst, was nach deiner Meinung geschehen muß? … Bist du zu wütend auf diese Person, um effektiv handeln zu können? … Bist du zu verlegen, weil du dies tun mußt?«*

Was Sie tun können: Wenn dies das Problem ist, dann lassen Sie die andere Person die Fakten der Situation überprüfen. Oft beeinträchtigen Emotionen das Handeln, weil wir mit Emotionen wie mit Tatsachen umgehen. Wenn die andere Person beispielsweise Angst davor hat, mit ihrem Partner darüber zu sprechen, daß Sie ihr helfen, etwas in ihrer Wohnung zu reparieren, sollte sie sich die Fakten genau anschauen. Kann ihr Partner wirklich erledigen, was sie sich von ihm wünscht? Wird er sie wahrscheinlich physisch oder emotional schädigen, wenn sie ihn fragt? (Lautet die Antwort tatsächlich ja, sollte sie ihn nicht fragen.) Wird Paul in der Bankfiliale wirklich vor Scham sterben? Helfen Sie dem Menschen, den Sie lieben, zu erkennen, daß Emotionen nur Emotionen sind und daß sich das Problem trotzdem lösen läßt, indem Sie etwas sagen wie: »Ich weiß, daß du fürchtest, vor Scham zu sterben, aber das ist noch niemandem passiert. Du kannst zur Bank gehen, obwohl du dich schämst.« – »Ich weiß, daß du Angst davor hast, daß er nein sagen wird. Aber du kannst ihn fragen, obwohl du Angst hast.«

3. *»Glaubst du, daß du in der Lage bist, das Problem zu lösen?«*

Was Sie tun können: Dies ist schwierig. Der Mangel an Selbstvertrauen beruht wahrscheinlich auf einer langen Reihe von Mißerfolgen bei Problemlösungsversuchen. Wenn Sie dem geliebten Menschen sagen, daß Sie ihm vertrauen, hilft das zwar ein wenig, es reicht aber wahrscheinlich nicht aus. Tatsächlich stärkt nur das wiederholte erfolgreiche Lösen von Problemen das Selbstvertrauen. Bedenken Sie auch, daß Sie, wenn Sie nachgeben und Probleme für jemand anderen lösen, dessen Selbstvertrauen langfristig unterminieren. Besteht das Problem darin, zu einer Bank zu gehen oder jemanden anzurufen, können Sie anbieten mitzugehen; aber machen Sie der anderen Person dann unmißverständlich klar, daß sie selbst für sich sprechen muß. Falls es um ein Problem am Arbeitsplatz oder an einem anderen Ort, an den Sie sie nicht begleiten können, geht, können Sie ihr anbieten, mit ihr ein Rollenspiel über die Situation durchzuführen. Gestalten Sie dieses Rollenspiel möglichst realistisch. Dazu müssen Sie sich von ihr erklären lassen, wie ihr Kontrahent in der Situation reagieren könnte. DBT-Therapeuten spielen schwierige Situationen oft im Rollenspiel durch. Kürzlich stand für mich ein schwieriges Gespräch mit meiner Supervisorin bevor. Sie ist bekannt dafür, daß ihre Art zu reagieren oft Angst hervorruft. Ich war besorgt, daß ich vielleicht nicht in der Lage wäre, zu sagen, was zu sagen war; deshalb spielte ein Freund von mir (der meine Supervisorin kennt und weiß, wie sie wahrscheinlich reagiert) die Situation mit mir im Rollenspiel durch. So sah ich mich gezwungen, die Reaktionen meiner Supervisorin zu durchdenken, und war zum Zeitpunkt des Gesprächs zuversichtlicher, als ich es ohne diese Vorbereitung gewesen wäre.

4. *»Empfinde ich die Art, wie ich um Hilfe gebeten werde, als problematisch? Reagiere ich darauf umgehend mit dem Bedürfnis, nein zu sagen? Hätte ich in Kenntnis der Antworten auf die Fragen 1–3 das Gefühl, es sei angemessen zu helfen, sofern ich anders darum gebeten würde?«*

Was ich tun kann: Wenn Sie überzeugt sind, daß die Person, die Sie lieben, tatsächlich nicht weiß, wie sie das Problem lösen kann, daß ihre Emotionen eine objektive Analyse der Fakten behindern könnten und/oder daß ihr Impuls, das Problem zu lösen, durch Mangel an Selbstvertrauen gestoppt wird, was hindert Sie dann, ihr auf eine Weise zu helfen, die sie dazu anregt zu lernen, mit solchen Problemen in Zukunft ohne Hilfe von außen fertig zu werden? Falls Ihr natürliches Mitgefühl der geliebten Person gegenüber in dieser konkreten Situation fehlt, dann wahrscheinlich deshalb, weil sie Ihnen gesagt hat, daß Sie helfen MÜSSEN, und weil Sie das wie die meisten Menschen auf der Welt ablehnen. Wenn Sie so reagieren, sollten Sie sich fragen, ob Ihre reflexartige Reaktion – nein zu sagen – eher damit zusammenhängt, daß die Person, die Sie lieben, das Problem eigentlich allein lösen kann, oder eher mit ihrer Art, um Hilfe zu bitten. Oder anders ausgedrückt: Wenn die geliebte Person das Problem allein lösen sollte, dann vergeuden Sie nicht zuviel Zeit auf die Beschäftigung damit, wie sie bei Ihnen um Hilfe ersucht. Finden Sie besser möglichst schnell heraus, wie sich das Problem lösen läßt. Handelt es sich jedoch um ein Problem, an dessen Lösung Sie mitzuwirken bereit sind (weil es ein Problem ist, bei dessen Lösung jeder Mensch Hilfe braucht), und der interpersonale Stil des anderen bei Ihnen den Impuls, nein zu sagen, hervorruft, dann bitten Sie den geliebten Menschen, anders mit Ihnen zu reden. Das ist sehr schwer und führt fast immer zu einer Verstärkung der Emotionen. Sollten dadurch auch bei Ihnen die Emotionen stärker werden, wenden Sie sich am besten noch einmal den in Kapitel 4 beschriebenen Methoden zur Regulation der eigenen Emotionen zu.

Probieren Sie als nächstes die interpersonalen Fertigkeiten aus, die wir in der DBT für Situationen lehren, in denen Sie jemanden um etwas bitten wollen, das Sie sich von ihm wünschen. Letztlich wäre es sinnvoll, wenn die geliebte Person diese Fertigkeiten erlernen würde, aber wenn *Sie* diese benutzen, um auf den interpersonalen Stil des anderen einzugehen, werden Sie damit vielleicht Erfolg haben. Man kann sich diese Fertigkeiten mit Hilfe des Acronyms DEAR merken:

D – ***Describe***: Beschreiben Sie die Situation. Nennen Sie nur die Fakten.
E – ***Express***: Bringen Sie Ihre Gefühle und Meinungen über die Situation zum Ausdruck.
A – ***Assert***: Bekräftigen Sie Ihre Wünsche. Bitten Sie die geliebte Person um das, was Sie sich von ihr wünschen.
R – ***Reinforce/Reward***: Bestärken Sie die geliebte Person im voraus dafür, daß sie bereit ist, Ihnen zu geben, was Sie sich wünschen.

Wie würde dies konkret aussehen, wenn Sie mit dem Menschen, den Sie lieben, sprechen? Sie bräuchten dann möglicherweise zwei DEARs – das eine, um ihn zu bitten, die Art, wie er mit Ihnen redet, zu verändern, und das andere, um seine Bitte abzulehnen:

- *Eine Bitte um Hilfe ablehnen*

D: Paul, du hast mich gebeten, für dich zur Bank zu gehen, um das Chaos auf deinem Konto in Ordnung zu bringen.
E: Ich fühle mich nicht wohl dabei, mich mit deinem Geld zu beschäftigen, und ich finde außerdem, daß du das selbst in Ordnung bringen solltest.
A: Ich werde nicht für dich zur Bank gehen, aber ...
R: ... ich werde dir helfen herauszufinden, was genau du sagen mußt, wenn du dich jetzt mit mir hinsetzt und mir hilfst, die Situation, um die es geht, zu verstehen.

- *Mit jemandem darüber sprechen, wie er mit Ihnen redet*

D: Sarah: Du sagst, du brauchst meine Hilfe.
E: Wenn du mir mit so lauter Stimme sagst, was ich tun soll, habe ich keine

Lust, darauf einzugehen, auch wenn ich weiß, daß es sinnvoll wäre, dir zu helfen.

A: Würdest du mich noch einmal mit ruhiger und weniger urteilender Stimme darum bitten?

R: Wenn du dazu bereit bist, werde ich dir bei der Lösung deines Problems helfen.

Weil die Beziehung zu dem geliebten Menschen für Sie so wichtig ist, sollten Sie unbedingt daran denken, ihn zu validieren. Sie wissen natürlich, daß es schwer ist, Menschen, die Macht haben, um Hilfe zu bitten, und daß wir alle in bestimmten Situationen kein Selbstvertrauen haben. Wenn Sie Ihr Mitgefühl stärken müssen, bevor Sie ein Gespräch dieser Art führen, dann schauen Sie sich die entsprechenden Empfehlungen in Kapitel 4 noch einmal an.

Ich hatte einmal eine Klientin, die zwar eine Arbeit hatte, aber kurz davor stand, sie zu verlieren, weil sie ihre Vorgesetzte beschimpft und sich in ihrem Büro auch noch eine Schnittverletzung zugefügt hatte, wobei sie dort Blutspuren hinterlassen hatte. Als sie zu mir kam, wollte sie mich dazu bringen, ihrer Vorgesetzten zu erklären, daß diese sie unmöglich entlassen könnte. Natürlich konnte ich das nicht. Statt dessen versuchte ich, mit ihr Ideen für die Rückeroberung ihres Arbeitsplatzes zu entwickeln. Sie glaubte nicht, daß ihr das gelingen könnte, und sie wurde immer aufgebrachter, obwohl ich ihr versicherte, daß ich an sie glaubte und daß ich ihr bei der Suche nach einer Lösung zu helfen versuchen würde. Schließlich schlug sie mit der flachen Hand auf meinen Schreibtisch (und zwar so heftig, daß mehrere meiner Kollegen in den Raum stürzten, um sich zu vergewissern, daß ich nicht bedroht wurde) und brüllte: »Verdammt noch mal, Sie sollen mein Leben in Ordnung bringen, und zwar sofort!« Sie hatte unglaubliches Vertrauen zu mir und meinen Fähigkeiten und nicht das geringste Vertrauen zu sich selbst. Das machte sie aggressiv bei ihren Bemühungen, mich dazu zu bringen, ihr zu helfen. Ich mußte die Klientin ausreichend validieren, um ihre Emotionen zu beruhigen (»Sie haben Angst davor, diese Arbeit zu verlieren. Und Sie glauben nicht, daß Sie etwas tun können, damit das nicht passiert. Natürlich wünschen Sie sich, daß Ihnen in dieser Situation jemand hilft.«). Anschließend konnte ich mich der Arbeit an der Lösung der Probleme zuwenden (»Schauen Sie, Sie wissen – nicht wahr? –, daß es nichts bringen würde, wenn ich Ihre Vorgesetzte anriefe. Sie würde dann nur noch wütender auf Sie. Aber vielleicht können Sie ja etwas anderes tun.«).

Als ich meine Klientin besser kennenlernte, fand ich heraus, daß sie einmal mit einer Freundin ihrer Familie zusammengelebt hatte. Diese hatte sie aufgefordert, die gemeinsame Wohnung zu verlassen, weil sie sich von meiner Klientin ausgenutzt fühlte. Damals hatte meine Klientin nicht verstanden, was sie getan haben sollte. Nach ihrer Auffassung war sie zu dieser Frau sehr nett gewesen, was sie nach meiner Ansicht wohl auch gewesen war. Aber sie hatte ihre Freundin in einen Rechtsstreit, den sie ausfocht, verwickelt, und die Freundin hatte die emotionale Erregung nicht ertragen können, die meine Klientin jedesmal erfaßte, wenn sie hinsichtlich des Rechtsstreits etwas unternehmen mußte. Die Klientin hatte zu jener Zeit schlecht über gemeinsame Freunde geredet und darauf bestanden, daß ihre Freundin sich dieser Sichtweise anschloß. Sie hatte immer wieder darauf beharrt, daß die Freundin für sie Partei ergriffe, und sie hatte die Freundin beschimpft, wenn sie dazu nicht bereit gewesen war. Im Rahmen unserer Behandlung arbeiteten wir daran, die Beziehung zu dieser Freundin wiederherzustellen. Doch dazu mußte meine Klientin lernen, mit der Freundin nicht schlecht über ihre gemeinsamen Freunde zu reden und sich außerdem so zu verhalten, daß ihre Freundin bereit war, ihr zu helfen. Letztlich ging es für sie also darum, daß sie lernte, Probleme allein zu lösen und mit anderen Menschen so umzugehen, daß diese bereit waren, ihr zu helfen, wenn sie einmal Hilfe benötigte.

Verstärken von Bemühungen, Probleme zu lösen

Ich habe Ihnen einige Anregungen gegeben, die zeigen, wie Sie einem geliebten Menschen helfen können, Problemlösungsfertigkeiten zu entwickeln, wenn das Hauptproblem des Betreffenden ein Mangel an solchen Fertigkeiten ist. Außerdem habe ich Ihnen erläutert, wie Sie die Kommunikation mit einer geliebten anderen Person verbessern können, wenn Ihnen klar ist, daß es in bestimmten Situationen völlig legitim ist, um Hilfe zu bitten, und Sie trotzdem wütend, defensiv und mit Widerstand auf solch ein Gesuch reagieren, weil Ihnen die Art, wie Sie angesprochen wurden, nicht gefällt. Ist jedoch für die geliebte Person Mangel an Selbstvertrauen ein großes Problem, ist es auch wichtig, alle Versuche des anderen, Probleme zu lösen, zu verstärken – wenn auch nur so lange, wie Sie dazu authentisch und respektvoll und ohne den geringsten Anflug von Herablassung in der Lage sind. Damit meine ich nicht, daß Sie Mißerfolge ignorieren sollten. Im Gegenteil: Wenn Ihr 18-jähriger Sohn versuchen würde, sich selbst um seine Bankgeschäfte zu kümmern, und die Bank sich dann weigerte, ihm zu helfen, sollten Sie alles in Ihrer Macht Stehende tun, um herauszufinden, was das Problem verursacht hat und was geändert werden könnte. Natürlich sollten Sie in diesem Fall zunächst die Emotionen validieren, die Ihr Sohn angesichts dieses Resultats wahrscheinlich hat. Ebenso wichtig ist aber, daß Sie nichts validieren, was nicht angemessen war: eine dysfunktionale Entscheidung oder eine ineffektive Handlung, etwa davonzulaufen, während ein Angestellter der Bank mit Ihrem Sohn zu reden versuchte. Es kann sehr schwierig sein, in solchen Fällen das Richtige zu tun, aber so wie Kinder zu akzeptieren lernen müssen, daß nicht jeder in allem der Beste sein kann, ist es auch wichtig, Möglichkeiten zu finden, Bemühungen und alles, was gut gelaufen ist, zu verstärken und gleichzeitig bezüglich der Dinge, die weniger positiv waren, ehrlich zu bleiben (und auf Beschuldigungen zu verzichten). Viele Menschen mit einer BPS fühlen sich ohnehin inkompetent und schämen sich ihrer wahrgenommenen Inkompetenz, und wenn man diesem erworbenen Selbstbild entgegentritt und gleichzeitig die Emotionen des Betreffenden validiert, so öffnet man Menschen, denen das Selbstvertrauen fehlt, eine Tür zum Erlernen von Problemlösungsfertigkeiten, die normalerweise verschlossen bleibt.

Fördern der Emotionsregulation

Wenn Sie wissen, daß ein Mensch, den Sie lieben, Schwierigkeiten hat, ein Problem richtig zu erfassen und einen erfolgversprechenden Lösungsansatz zu entwickeln, weil seine Emotionen ständig sein Gehirn dominieren, müssen Sie den in den Kapiteln 4 und 5 beschriebenen Empfehlungen für die Emotionsregulierung besondere Aufmerksamkeit schenken. Ein »klarer Kopf« ist eine Voraussetzung für das Lösen von Problemen.

Für den Menschen, an dessen Wohl Ihnen so viel liegt, ist es wichtig, daß er lernt, Probleme zu lösen, und zwar nicht nur, um sein Alltagsleben zu verbessern und langfristige Ziele zu erreichen, sondern auch damit die negativen Begleiterscheinungen ständiger »Mißerfolge« nicht überhand nehmen. Kapitel 8 beschreibt das Phänomen der »scheinbaren Kompetenz«, ein für die Borderline-Persönlichkeitsstörung charakteristisches Verhalten, mit dessen Hilfe es einigen Betroffenen gelingt, der Notwendigkeit, Probleme zu lösen, völlig auszuweichen, indem sie so tun, als sei alles in bester Ordnung und als könnten sie mit allem, was ihnen begegnet, fertig werden, obwohl sie genau das in Wirklichkeit nicht können.

KAPITEL 8

»Die Situation ist zwar schrecklich ... aber mach' dir keine Sorgen: Ich werde alles wieder in Ordnung bringen.«

Katies Verlobter Matt wirkt sehr kompetent, wenn es um die Lösung von Alltagsproblemen geht. Für die meisten Menschen, die ihn kennen, gleicht er in dieser Hinsicht jedem anderen Erwachsenen: Er hat für den Segelclub, dessen Mitglied er ist, komplizierte Reisepläne ausgearbeitet. Er verhandelt im Büro, wenn es um schwierige Konflikte geht. Er manövriert sein SUV geschickt durch die Eisstürme, die das Gebiet, in dem er wohnt, jeden Winter heimsuchen. Aber Katie wird oft mit einem anderen Matt konfrontiert, der sie panisch anruft, weil er gebeten wurde, in einem Restaurant einen Tisch für ein Arbeitsessen zu reservieren, und der darauf beharrt, daß er das nicht kann. Katie ist in solchen Situationen fassungslos, weil sie weiß, daß er so etwas schon problemlos organisiert hat. Sie hat ihn nämlich ein paar Wochen vorher in einem neuen Restaurant zum Essen getroffen, wo er auf seinen Namen einen Tisch reserviert hatte. Als er sie nun auffordert, ihm zu helfen, obwohl sie selbst sich mitten in einer, wie sie meint, *wirklichen* Arbeitskrise befindet, versucht sie zuerst, ihn durch eine scherzhafte Bemerkung aus seinem Zustand herauszuholen: »Sehr komisch, Matt. Natürlich werde ich dir helfen. Greif mal in deine Tasche und hol' das kleine Dingsda mit den Tasten raus, das wir ›Handy‹ nennen. Und dann rufe Loretto's an, dein Lieblingsrestaurant, und bitte darum, um 19.00 Uhr einen Tisch für zwölf Personen zu reservieren.« Aber statt eines verständnisvollen Lachens folgt zunächst eine Totenstille, und nach einer Weile antwortet Matt mit dumpfer Stimme: »Oh, ja, das kann ich machen.« Dann legt er den Hörer auf. Katie fühlt sich immer noch ein wenig verwirrt, aber sie wendet sich wieder der Lösung ihrer eigenen Probleme zu. Als sie nach Hause kommt, wartet Matt schon auf sie. Er wirkt kreidebleich und erklärt ihr mit zitternder Stimme, er habe die Sitzordnung für das Essen einfach nicht zustande gebracht, und er werde seinen Job verlieren, wenn sie ihm nicht helfe.

Matt leidet unter einer BPS. Manchmal erleben Katie und andere, die ihn besonders gut kennen, daß er sich auf die soeben beschriebene Weise verhält. Wenn er wegen etwas um Hilfe bittet, das er nach Überzeugung der Angesprochenen allein erledigen kann, befindet er sich im Zustand der in Kapitel 7 beschriebenen *aktiven Passivität*. Wenn er als unbezweifelbare Tatsache darstellt und selbst glaubt, daß er eine bestimmte Aufgabe bewältigen kann, und dann demonstriert, daß er dies nicht kann, handelt es sich um das, was wir *scheinbare Kompetenz* nennen. Diese kann sich in verschiedenen Formen manifestieren, aber grundsätzlich handelt es sich um ein Muster, bei dem ein Mensch den Eindruck erweckt, er sei in der Lage, die Probleme, mit denen das Leben ihn konfrontiert, zu lösen, obwohl er das in Wahrheit *nicht* kann.

Natürlich kann dieses Verhalten für diejenigen, die dem Betreffenden nahestehen, aus den verschiedensten Gründen problematisch sein. Vielleicht verlassen Sie sich darauf, daß er bestimmte Aufgaben zuverlässig erledigt, stellen aber dann fest, daß er dies *nicht* tut. Vielleicht kommt es irgendwann zum Streit, weil Sie angenommen haben, Ihre Schwester oder Ihr Vetter könne etwas tun, obwohl die betreffende Person sich sicher war, daß sie dies nicht könne. Waren Sie sich schon einmal sicher, daß Sie einen Menschen mit einer BPS etwas Bestimmtes hatten tun sehen, und mußten dann feststellen, daß er das, was er Ihrer Meinung nach getan hatte, gar nicht konnte? Hatten Sie schon einmal das Gefühl, daß sich Ihr Erleben der Realität dramatisch vom Realitätserleben eines anderen Menschen unterschied? Ist es schon einmal vorgekommen, daß ein Mensch, den Sie lieben, Ihnen sagte, alles sei in bester Ordnung, obwohl es in Wahrheit in einem bestimmten Bereich seines Lebens sehr übel aussah?

In Kapitel 1 ging es darum, wie eine BPS das Gefühl vermitteln kann, man komme in einer Beziehung nicht mehr zurecht. Scheinbare Kompetenz kann bei der Entstehung von Gefühlen der Hilflosigkeit eine wichtige Rolle spielen. Sie glaubten, die Fähigkeiten eines geliebten Menschen zu kennen, und fragen sich nun, ob Sie sich etwas vorgemacht haben. Wer ist dieser Mensch, der in College-Kursen so gut abschneidet, sich aber in seiner Familie nicht wie ein Erwachsener verhalten kann? Wie ist es möglich, daß die Frau, die Sie lieben, soeben gedroht hat, aus Verzweiflung wegen des Scheiterns einer Beziehung etwas Schreckliches zu tun, obwohl sie Ihnen noch vor einer Stunde lächelnd erklärt hat, sie werde mit ihrer Freundin wegen ihres Streits reden und sich wegen ihres Anteils daran entschuldigen und sich außerdem vornehmen, sich in Zukunft diesem Menschen gegenüber, der für sie so wichtig ist, völlig anders zu verhalten?

Wie Matt zeigt auch Linda immer wieder ihre Fähigkeit, in ihrem beruflichen Umfeld mit sehr komplizierten interpersonalen Problemen umzugehen. Sie managed ein Team, dessen Mitglieder sehr gut mit ihr zurechtkommen. Aber wenn sie zu Hause ist, wird sie von Ängsten geplagt, ist depressiv und sieht sich außerstande, ihren Mann zu bitten, die banalsten Haushaltsarbeiten zu übernehmen. Ihr Groll wird immer stärker, weil er Arbeiten wie den Müll zur Tonne zu bringen, die Katze zu füttern oder den Rasen zu wässern, nicht erledigt. Was Linda in ihrem Beruf leicht fällt, scheint ihr zu Hause unmöglich zu sein.

Jordan sitzt in der Küche ihrer Mutter und berichtet ihr, sie habe gesehen, wie ihr Freund zwischen den Unterrichtsstunden ein anderes Mädchen geküßt habe; anschließend hätten beide Jordan gesehen und ihr direkt ins Gesicht gelacht. Sie beschreibt diese Szene mit monotoner Stimme und ausdruckslosem Gesicht, als läse sie eine langweilige Rede eines Autors aus dem 16. Jahrhundert vor. Sie wirkt, als interessiere sie gar nicht, was sie ihrer Mutter berichtet, obwohl ihre Worte in eine andere Richtung deuten. Sie scheint von dem, was sie ihrer Mutter erzählt, nicht berührt zu sein, obwohl ihre Worte etwas anderes vermuten lassen. Die Mutter reagiert minimal und entspricht dem stimmlichen Ausdruck der Tochter stärker als dem Inhalt der Geschichte, die sie erzählt. Später am gleichen Tag erfährt Jordans Mutter von ihrer anderen Tochter, daß es Jordan in Wahrheit sehr schlecht geht. Nachdem Jordan während eines Telefongesprächs mit ihrer Schwester eine ganze Flasche Wein heruntergestürzt hat, ruft sie ihre Mutter an und schimpft sie aus, weil sie ihrer Meinung nach ihr gegenüber ebenso grausam war wie ihr untreuer Freund und »dieses Flittchen«. Jordan glaubt, ihren Schock, ihren Kummer und die erlittene Demütigung klar kommuniziert zu haben. Ihre Mutter versteht nicht, wieso Jordan so ruhig auf sie habe wirken können, obwohl sie sich so schlecht fühlte, und warum ihre Tochter nicht verständlicher gemacht hat, wie katastrophal der Vorfall für sie war.

Kalis Tante ist erleichtert zu sehen, daß Kali mit ihrem Leben mittlerweile besser zurecht zu kommen scheint. Bei einer Grillparty am 4. Juli, dem Independence Day, wirkt sie entspannt und nicht so defensiv wie vorher. Sie scheint guter Dinge zu sein. Sie lächelt; sie lacht; sie neckt sie wie früher, aber nie mit einem Anflug von Gemeinheit. Sie wirkt ganz und gar nicht depressiv. Doch vier Stunden nach Verlassen des Hauses ruft Kali an und erklärt, sie sei entsetzlich depressiv, und ihre Tante habe nicht erkannt, wie depressiv sie sei, was sie in einen noch schlimmeren Zustand versetzt habe. Kali fühlt sich durch ihren Mangel an Sensibilität enttäuscht, und nun ist die Tante verwirrt, weil sie eine nach Auffassung ihrer Nichte offenkundige Realität nicht erkannt hat.

Scheinbare Kompetenz kann auf viele Arten zum Ausdruck kommen, und sie zu erkennen hilft Ihnen, die beste Art zu reagieren herauszufinden. Scheinbare Kompetenz kann verschiedenes beinhalten. *Erstens* kann ein Generalisierungsproblem vorliegen. Dies bedeutet, daß Sie verwirrt sind, weil die geliebte Person in einem bestimmten Kontext Verhaltensweisen zu nutzen vermag, die ihr in anderen Zusammenhängen nicht zugänglich sind. *Zweitens* können Sie die Situation unabsichtlich verkomplizieren, indem Sie die geliebte Person so behandeln, als verfüge sie über Fähigkeiten, die sie in Wahrheit nicht hat. *Drittens* kann die geliebte Person »Emotionen verbergen«, was zur Folge haben kann, daß Sie glauben, alles sei in bester Ordnung, obwohl Ihr Gegenüber in Wahrheit kurz davor steht zu explodieren. Und schließlich kann die andere Person in Ihrer Gegenwart in bester Laune sein und nach der Interaktion mit Ihnen zusammenbrechen. Wir werden uns diese verschiedenen Möglichkeiten nun genauer anschauen.

Ist die geliebte Person in der Lage, die Fähigkeit, etwas zu tun, zu generalisieren?

Säugetiere, und dazu zählen auch die Menschen, lernen Verhaltensweisen in einem bestimmten Kontext; dies wird *situationsspezifisches Lernen* genannt. Karen Pryor, eine Delphintrainerin, erklärt in ihrem sehr nützlichen Buch über die Beeinflussung von Verhalten (*Positiv bestärken – sanft erziehen*), daß Delphine einen Trick nicht von einem Wasserbecken in ein anderes mitnehmen. Deshalb muß ein Delphin, der in einem bestimmten Becken wunderbar trainiert wurde, erneut trainiert werden, wenn er später in ein anderes Becken gesetzt wird. Verhaltensweisen lassen sich nicht von einem Kontext (einer Umgebung) in einen anderen übertragen. Ein kleines Kind lernt vielleicht in der Schule, still zu sein, muß aber im Rahmen einer religiösen Feier das gleiche noch einmal lernen. Für das Kind ist der Kontext, in dem es still sein muß, der Klassenraum, der nicht mit dem Raum identisch ist, in dem religiöse Veranstaltungen stattfinden. Irgendwann kann das Kind vielleicht zwei unterschiedliche Umgebungen mit ein und demselben Verhalten in Verbindung bringen, weil beiden irgendein wichtiges Merkmal gemeinsam ist. Beispielsweise kann ein etwas älteres Kind herausfinden, daß es in einem Museum, wo ein Kurator einen Vortrag hält, still sein muß, weil andere Anwesende still sind und weil jemand vor einer Gruppe spricht, deren Mitglieder intensiv zuhören, oder in einem Konzert, weil die Zuhörer still sind und weil lautes Reden die übrigen Anwesenden hindern würde, die Musik zu hören. Ein noch älteres Kind wäre auch in der Lage herauszufinden, daß Stillsein in einer von Trauer geprägten Situation wie einem Begräbnis eine Art, Respekt zu zeigen, ist.

Abgesehen von den Schwierigkeiten, die alle Säugetiere damit haben, Verhaltensweisen aus einem bestimmten Kontext auf einen anderen zu übertragen, leiden Menschen mit einer BPS unter emotionaler und kognitiver Dysregulation, was Schwierigkeiten beim Generalisieren von Verhalten noch verstärkt. Jeder Mensch muß mentale Assoziationen entwickeln, um generalisieren zu können. Aber starke emotionale Erregungszustände machen es Menschen mit einer BPS fast unmöglich zu generalisieren. Forscher haben viele Untersuchungen darüber durchgeführt, wie Menschen neue Verhaltensweisen erlernen. Dabei haben sie herausgefunden, daß Verhaltensweisen, die an einem bestimmten Ort erlernt werden, nicht unbedingt auch anderswo wiederholt werden können. Bei Suizidgefährdeten und momentan Depressiven ist die Fähigkeit, Verhaltensweisen von einem Kontext auf einen anderen zu übertragen, deutlich verringert. Starke emotionale Erregungszustände machen es unwahrscheinlicher, daß die Betroffenen bestimmte Aufgaben ausführen können. Wenn der Mensch, den Sie lieben, sich zu Hause in einem regulierteren Zustand befindet als in seinem beruflichen Umfeld, wirkt er zu Hause vermutlich fähiger. Seine Stimmungslage beeinflußt wahrscheinlich seine Fähigkeit, Verhaltensweisen an verschiedenen Orten zu nutzen. Ist er zu Hause ängstlicher und depressiver, fällt es ihm zu Hause schwerer, sein Verhalten zu kontrollieren und seine Empfindungen auszudrücken.

Das Problem ist, daß die Menschen im Umfeld eines BPS-Patienten nicht damit fertig werden, daß bestimmte Verhaltensweisen in manchen Zusammenhängen klar erkennbar sind, in anderen hingegen nicht. Es ist leicht, über einen Menschen, den Sie lieben, etwas zu sagen wie: »Wenn Jim eine Meinungsverschiedenheit mit seinem Vater hat, ist er in der Lage, sich wieder zu beruhigen, aber wenn er anderer Meinung als ich ist, verliert er wirklich die Kontrolle.« In solchen Fällen urteilen betroffene Familienmitglieder leicht: »Er *will* sich gar nicht beherrschen.« Doch Wollen spielt hier möglicherweise gar keine Rolle. Es könnte sich einfach um völlig unterschiedliche Situationen oder um eine völlig andere Stimmung handeln. Oder andere Verstärkungen sind im Spiel.

BPS-Patienten scheinen mehr Schwierigkeiten mit der Generalisierung von Verhaltensweisen zu haben als andere Menschen, und zwar hauptsächlich weil – genau wie bei so vielen anderen ihrer Probleme – Emotionen ihr Lernvermögen beeinträchtigen. Starke emotionale Erregung kann nicht nur die Nutzung eines bereits erlernten Verhaltens verhindern, sondern auch, weitere Möglichkeiten der adäquaten Nutzung dieses Verhaltens zu erlernen. Ich kann im interpersonalen Umgang sehr geschickt sein und kenne alle Selbstbehauptungsfertigkeiten, die man braucht, um andere Menschen dazu zu bringen, Dinge für mich zu tun. Allerdings habe ich große Schwierigkeiten, Fluglinien dazu zu bringen, Dinge für mich zu tun, weil mir meine interpersonalen Fertigkeiten bei den Angestellten von Fluggesellschaften nicht viel nutzen. Gewöhnlich brauche ich diese Fertigkeiten, wenn Flüge ausfallen oder wenn etwas mich davon abhält, eine Reise anzutreten. In solchen Situationen sind Frustration und andere Emotionen bei mir sehr stark. Es geht nicht darum, daß ich dann nicht die richtigen Worte finde; nur gelingt es mir aufgrund meiner starken Erregung nicht, sie hervorzubringen. Und so lange ich es nicht schaffe, meinen Erregungszustand zu verändern, kann ich meine interpersonalen Fertigkeiten nicht vollständig nutzen und kann auch keine neue Methode des effektiven Umgangs mit Angestellten einer Fluggesellschaft erlernen. Um der Lösung dieses Problems näherzukommen, kann ich nur meine Wünsche vortragen, solange ich mich nicht in einem Zustand starker emotionaler Erregung befinde.

> *Wenn der Mensch, den Sie lieben, nicht in der Lage zu sein scheint, etwas in einem bestimmten Kontext zu tun, das er in einem anderen tun kann, ist der Grund dafür nicht, daß der Betreffende sich nicht genug Mühe gibt; vielmehr befindet sich dieses Verhalten nicht in seinem Verhaltensrepertoire für die spezifische Umgebung.*

Weil Menschen mit einer BPS so vollständig von Emotionen überwältigt werden können, kann es für sie schwieriger sein, eine einfache Aufgabe in einem Kontext zu bewältigen, in dem sie für viele andere Menschen weniger schwer zu bewältigen ist. Aus diesem Grund sind andere der Meinung, daß der Mensch mit der BPS eine solche Aufgabe bewältigen können müßte, und deshalb glauben sie dem Betreffenden nicht, wenn er behauptet, dies sei ihm nicht möglich. Ein Beispiel hierfür ist Linda. Viele Menschen würden sich von Kollegen zu eingeschüchtert fühlen, die den Wert ihrer Arbeit beurteilen, ihnen Anweisungen geben und im Büro das Sagen haben; hingegen macht ihr Vertrauen zu den Menschen, die sie lieben, es ihnen leicht, darauf zu bestehen, daß ihr Partner einen gerechten Anteil an den häuslichen Arbeiten übernimmt. Doch Linda, die wie viele BPS-Patienten fürchtet, verlassen zu werden, fühlt sich durch die potentielle Mißbilligung ihres Ehemannes stärker bedroht, als wenn ihre Kollegen im Büro ihr negativ gegenüberstehen.

Stimmungen werden zu einem Kontext

Die Situation von Menschen mit einer BPS wird noch zusätzlich dadurch verschlimmert, daß sie nicht nur Schwierigkeiten haben, Verhaltensweisen von einem bestimmten Kontext in einen anderen zu transferieren, sondern daß sie außerdem sehr stimmungsabhängig sind. Die Fähigkeiten, die ein Mensch, den Sie lieben, in einem bestimmten Kontext hat (beispielsweise hinsichtlich seines Umgangs mit seiner Beziehung zu Ihnen), verändern sich in Abhängigkeit von seiner aktuellen Stimmung.

Nehmen wir einmal an, Sie waren gestern mit Tasha zum Lunch, und sie befand sich bei diesem Anlaß in einer sehr friedlichen Stimmung. Sie sagte, sie habe gut geschlafen und habe das Gefühl, in ihrem Leben gehe es aufwärts. Tasha bat Sie um Ihre Meinung darüber, ob sie mit einem Mann ausgehen solle, den sie im Internet kennengelernt hatte. Sie rieten ihr, mit ihm am Telefon zu sprechen und sich erst danach mit ihm zum Lunch zu verabreden. Sie nahm Ihre Meinung zur Kenntnis und sagte, dies sei ein guter Rat, obwohl es nicht das war, was sie wirklich hatte hören wollen – sie hatte gehofft, Sie würden sagen, das klinge gut, und sie solle sich an den Burschen heranmachen.

Heute ruft Tasha Sie an und ist sehr aufgeregt. Sie spricht laut und schnell. Sie sagt, sie sei so begeistert, daß sie in der vorigen Nacht kaum habe schlafen können. Vor dem Zubettgehen habe sie eine eMail von dem Mann bekommen, den sie über das Internet kennengelernt habe, und dieser habe ihr vorgeschlagen, mit ihm über das Wochenende zu seinem Haus ans Meer zu fahren. Tasha will von Ihnen wissen, was Sie von der Sache halten, und Sie wiederholen, was Sie ihr schon am Vortag geraten haben. Daraufhin wird sie wütend und wirft Ihnen vor, sie sei Ihnen wohl egal, und Sie wollten wohl, daß sie ihr Leben allein verbringe. Gestern hatte sie sich Ihre Meinung anhören und sie akzeptieren können, auch wenn sie selbst die Situation anders sah. Heute ist es nicht so. Worin besteht der Unterschied? In der Stimmungslage. Möglicherweise waren Tashas Emotionen gestern gut reguliert, und heute ist sie wegen des bevorstehenden Treffens völlig aus dem Häuschen. Sie hat nicht geschlafen – was uns alle sensibler für Emotionen macht. Doch Tashas Fähigkeit, Ihr Feedback zu verarbeiten, hängt völlig von ihrer Stimmungslage ab. Der Rat, den Sie ihr gegeben haben, ist der gleiche geblieben, aber die Situation und ihre Emotionen haben sich verändert.

Natürlich haben wir alle Probleme mit Generalisierungen, und manchmal haben wir auch Probleme, weil sich unsere Emotionen und Stimmungen ungünstig auf unser Verhalten auswirken. Haben Sie schon einmal versucht, das

Rauchen aufzugeben? Wenn ja, gab es mit Sicherheit Orte, wo es Ihnen leichter fiel, nicht zu rauchen – vielleicht weil irgendwo das Rauchen ohnehin verboten war oder weil es ein Ort war, wo Sie sowieso nie geraucht hätten. Anderswo war es schwieriger, aber Sie hatten alternative Verhaltensmöglichkeiten (ein Armband drehen oder ein Pfefferminzbonbon lutschen), die ihren Zweck erfüllten. Dann besuchten Sie Ihre Freundin zu Hause. Die Freundin ist Raucherin, und Sie hatten mit ihr oft auf der Veranda gesessen und Zigaretten geraucht. In diesem Moment war plötzlich alles, was Ihnen normalerweise half, Ihrem Vorsatz treu zu bleiben, wie fortgeblasen. Sie hatten zwar immer noch das Armband und die Pfefferminzbonbons in der Tasche und waren auch immer noch genauso darauf aus, nicht mehr zu rauchen, aber nun funktionierte das alles nicht. Es war Ihnen nicht gelungen, die entsprechenden Verhaltensweisen von einer Umgebung auf eine andere zu übertragen.

Wenden wir uns nun der Wirkung Ihrer Stimmungslage auf das Bestreben, nicht zu rauchen, zu und nehmen einmal an, Sie hatten einen unangenehmen Tag und waren wütend und angeekelt. Dann besuchten Sie Ihre Freundin, die auf ihrer Veranda saß und rauchte. In solchen Situationen kann es passieren, daß Sie sich eine Zigarette anzünden, ohne auch nur eine Sekunde lang darüber nachzudenken. Oder Sie sagen sich: »Ach, zum Teufel« und zünden sich eine Zigarette an. Hätte Ihre Freundin nicht geraucht und hätte sie auch keine Zigaretten vorrätig gehabt, hätten vermutlich auch Sie nicht geraucht. Ihr Verhalten hängt vom Kontext (der Umgebung, der Verfügbarkeit) *und von Ihrer Stimmung* ab.

Zu wissen, daß diese Verbindung bei Menschen mit einer BPS noch stärker ist, sollte Sie ahnen lassen, was im Gange sein könnte, wenn die scheinbare Kompetenz eines Menschen verfliegt und der Betreffende Inkompetenz zeigt. In Matts Fall ging es eventuell nicht darum, daß er sich hinsichtlich seiner Fähigkeit, in seinem beruflichen Umfeld soziale Fertigkeiten anzuwenden, invalidierte. Seine Stimmung könnte an jenem Tag aus völlig anderen Gründen von Angst geprägt gewesen sein. Menschen, die nicht unter einer BPS leiden, können ihre Emotionen oft so regulieren, daß sie sich nicht auf andere Bereiche auswirken. Sie können dann Ihre Angst wegen einer medizinischen Untersuchung isolieren, so daß sie Ihre Fähigkeit, ein Restaurant auszuwählen, dort einen Tisch zu reservieren und sich keine übertriebenen Sorgen wegen Ihrer Wahl zu machen, nicht beeinträchtigt. Doch Matt wäre dazu vielleicht nicht in der Lage gewesen. Katie hätte möglicherweise nicht gewußt, in welcher Stimmung ihr Verlobter war, als er sie anrief, aber wenn sie diese Stimmung gekannt hätte, hätte das eventuell eine wichtige Rolle gespielt und ihr geholfen, anders zu reagieren.

Wenn Sie verwirrt und verzweifelt sind, weil ein Mensch, den Sie lieben, »plötzlich« unfähig ist, etwas zu tun, das Sie ihn vorher haben tun sehen, dann fragen Sie sich:

- Haben Sie ihn diese Fähigkeit jemals im momentanen Kontext nutzen sehen? Wenn nicht, kann der Grund der Unfähigkeit sein, daß er das betreffende Verhalten nicht generalisiert hat.
- Tangiert dieser Kontext bei dem geliebten Menschen eine emotionale Verletzlichkeit, die Ihnen bekannt ist?
- Wissen Sie, in welcher Stimmung sich der andere momentan befindet (ist er ängstlich, depressiv, überreizt, irritiert usw.?)?

Könnten Ihre Annahmen zur Invalidierung führen?

Eine zweite Möglichkeit, über die Sie nachdenken müssen, wenn die Fähigkeiten des Menschen, den Sie lieben, nicht stabil zu sein scheinen, ist die Existenz von Annahmen Ihrerseits, die der realen Situation nicht gerecht werden. Sind Sie sicher, daß die andere Person wirklich über die Fähigkeit verfügt, die Sie ihr zuschreiben? Manchmal *denken* wir, Menschen seien zu mehr in der Lage, als sie tatsächlich sind. Das kann daran liegen, daß wir ein Verhalten schon bei ihnen gesehen haben und daß wir deshalb glauben, sie könnten es wiederholen. Justine beispielsweise versucht, ihre Gewohnheit, sich Schnittverletzungen zuzufügen, aufzugeben. Für sie ist ein Streit mit Ihnen ein Auslöserreiz (der in der Regel bewirkt, daß sich die Situation so entwickelt, daß Justine sich etwas antut). Sie überwachen Justines finanzielle Situation. Das wollen Sie zwar eigentlich nicht, doch es erschien Ihnen als unumgänglich, weil sie immer wieder zuviel ausgab und sich dann hilfesuchend an Sie wandte. Nach Meinungsverschiedenheiten mit Ihnen über die Verwendung des Geldes nahm Justine mehrmals zu Selbstverletzungen Zuflucht. Vor einigen Wochen kam sie zu Ihnen und sagte, sie brauche Geld, das sie für den Kauf eines Autos zurücklegen wolle. Daraufhin schauten Sie sich mit ihr zusammen ihre regelmäßigen Ausgaben an und erklärten ihr, daß ihre finanzielle Situation nicht stabil genug sei, um den Kauf eines Autos ermöglichen zu können. Darauf reagierte Justine zwar enttäuscht, aber sie wurde mit der emotionalen Belastung fertig.

Ein paar Tage später kommt Justine zu Ihnen und bittet Sie um Geld für ein paar neue Stiefel. Weil Sie kurz vorher mit ihr die Diskussion wegen des Autos hatten, antworten Sie kurz angebunden. »Justine, du weißt, daß du dir das nicht leisten kannst. Ich werde dir keinen Scheck ausstellen.« Da sie die »schlechte« Nachricht wegen des Autos so gut verkraftet hatte, glauben Sie, sie werde bezüglich der Stiefel genauso gut mit der Ablehnung fertig werden. Aber das trifft nicht zu; sie regt sich sehr auf und fügt sich später abermals Schnittverletzungen zu. Was ist passiert? Wahrscheinlich sind es mehrere Dinge. Sie hatten angenommen, weil Justine einmal mit ihrer Enttäuschung fertig geworden sei – und das in einer nach Ihrer Einschätzung deutlich enttäuschenderen Situation –, könne sie auch hinsichtlich der Stiefel mit Ihrer Ablehnung fertig werden.

Doch nur weil Justine in einer bestimmten Situation in der Lage war, ihre Emotionen durch ihr Verhalten zu mäßigen, muß sie dies nicht wiederholen können. Vielleicht hat sie im Laufe des Tages mehrere Enttäuschungen erlebt. Vielleicht hat sie auch nicht geschlafen. Es gibt eine unüberschaubare Zahl von Faktoren, die sie hinsichtlich der Ablehnung ihres Wunsches, sich neue Stiefel zu kaufen, verletzlicher gemacht haben könnten. Einige davon haben etwas mit Generalisierungsschwierigkeiten zu tun, wie sie weiter oben beschrieben wurden.

Es geht nicht darum, daß Sie genau herausfinden können müssen, wie weit und tief die Kompetenz des geliebten Menschen auf einem bestimmten Gebiet reicht. Sie sollten vielmehr stets bereit sein, in Betracht zu ziehen, daß *scheinbare* Kompetenz nicht unbedingt mit *tatsächlicher* Kompetenz identisch ist. Deshalb sollten Sie, wenn der Mensch, der Ihnen so wichtig ist, nicht in der Lage scheint, etwas Bestimmtes zu tun, davon ausgehen, daß *er dies wahrscheinlich wirklich nicht kann, zumindest nicht im aktuellen Zusammenhang und zum betreffenden Zeitpunkt.* **Nehmen Sie niemals an, daß der Mensch, den Sie lieben, fähiger ist, als er tatsächlich ist.**

> *Der Anschein von Kompetenz entsteht oft, weil die Umgebung einen Menschen als kompetenter behandelt, als er tatsächlich ist.*

Wenn Sie die Person, die Sie lieben, für kompetenter halten, als sie selbst zu sein glaubt (oder tatsächlich ist), invalidieren Sie sie unabsichtlich. Sie vermitteln ihr dann, daß sie hätte tun können, was immer das betreffende Verhalten beinhaltete, »wenn du es wirklich gewollt hättest« – daß sie sich nicht intensiv genug bemüht hat oder versucht hat, »zu manipulieren« oder »Spielchen zu treiben«. Im Beispiel mit Justine hätte ein Familienmitglied wegen des

Falls Sie glauben, die Person, die Sie lieben, müßte etwas tun können, das sie vorher schon einmal getan habe, sollten Sie sich fragen:

- Woher will ich wissen, daß sie dies in praktisch jeder beliebigen Situation tun kann?
- Nehme ich an, daß sie »Spielchen treibt«, um mich zu bewegen, etwas für sie zu tun, das sie selbst tun könnte?

Falls Sie fest davon *überzeugt* sind, daß die Person, die Sie lieben, das Erforderliche tun kann, und falls Sie ihr Verhalten dann als manipulativ bewerten, wenn sie erklärt, sie könne das nicht, so zeigt das deutlich, daß Sie potentiell falsche, invalidierend wirkende Annahmen entwickelt haben.

Selbstzufügens von Schnittverletzungen leicht denken können, sie »treibe Spielchen«, um das Familienmitglied, das sie finanziell betreute, dazu zu bewegen, ihr neue Schuhe zu kaufen oder ihr zu gestatten, sie sich selbst zu kaufen. Wenn Sie sich noch einmal die beiden Aspekte vergegenwärtigen, mit denen wir uns weiter oben beschäftigt haben (Generalisierung und Stimmungsabhängigkeit), konnte Justine wahrscheinlich die Enttäuschung über die Schuhe nicht ertragen und/oder ihr Schlafmangel in Verbindung mit anderen Enttäuschungen bewirkte, daß sie nicht mit einer weiteren Enttäuschung fertig werden konnte. Das Problem bestand jedoch in diesem Fall darin, daß Justines Verwandte annahm, weil sie an einem bestimmten Tag eine bestimmte Enttäuschung habe ertragen können, könne sie fortan Enttäuschungen generell und immer ertragen.

Verbirgt die Person, die Sie lieben, Emotionen?

Scheinbare Kompetenz ist oft das Resultat des Verbergens von Emotionen. Menschen verbergen ihre Emotionen, wenn sie verhindern wollen, daß das, was sie emotional erleben, auf ihrem Gesicht oder an ihren Körperbewegungen zu erkennen ist. Eine Funktion von Emotionen ist, daß sie das, was wir erleben, anderen mitteilen und dadurch deren Verhalten beeinflussen. Beispielsweise kann man Wut in der Regel am Gesichtsausdruck (Stirnrunzeln), an nonverbalem Verhalten (verschränkte Arme, verkrampfte Hände) und am verbalen Ausdruck (schnelles Sprechen, laute Stimme und Wortwahl) erkennen. Menschen mit einer BPS hemmen oft automatisch das mit negativen Emotionen assoziierte nonverbale Verhalten. Das kann verschiedene Gründe haben:

1. Vielleicht haben sie als Kinder gelernt, daß man negative Emotionen nicht zeigt (oder nicht einmal hat).
2. Das Zurschaustellen negativer Emotionen wurde in ihrem Lebensumfeld immer wieder bestraft – manchmal weil das emotionale Verhalten unerträglich und völlig außer Kontrolle geraten war, und in anderen Fällen wegen des Fehlens jeder Art von emotionalem Verhalten.

Weil Menschen mit einer BPS wegen ihrer Emotionen oft in Schwierigkeiten geraten, trennen sie diese von ihrem Ausdruck. Sie verschließen sich (womit wir uns in einem späteren Kapitel beschäftigen werden), hemmen aber auch den natürlichen Ausdruck ihrer Emotionen oder versuchen dies zumindest. Das Resultat ist manchmal eine Inkongruenz zwischen dem emotionalen Erleben und dem äußeren Ausdruck der Emotionen. Im Verborgenen sind die Emotionen weiterhin da; nur wird ihnen der natürliche Ausdruck verwehrt. Deshalb kommt es vor, daß BPS-Patienten, die sehr wütend sind, trotzdem lachen; oder sie erklären Ihnen, obwohl sie traurig sind, überzeugend, es gehe ihnen gut, also das genaue Gegenteil dessen, was tatsächlich der Fall ist.

> *Emotionen zu verbergen ist keine »Manipulation« und kein Versuch, andere Menschen zu beeinflussen, sondern eine adaptive Reaktion auf frühere problematische Erlebnisse mit außer Kontrolle geratenen Emotionen.*

Haben Sie die Person, die Sie lieben, schon einmal sagen hören, ein Tag sei der schlimmste in ihrem ganzen Leben gewesen? Wenn sie Ihnen dann erzählt, was an jenem Tag geschah, klingt das, was Sie zu hören bekommen, in der Tat entsetzlich; allerdings blättert Ihr Gegenüber beim Erzählen in einer Zeitung, und sein Gesichtsausdruck paßt ganz und gar nicht zu dem angeblich »schlimmsten Tag meines Lebens«. Seine Stimme klingt nicht weinerlich oder schwach, und seine Gesichtsmuskeln wirken nicht angespannt. Sie wissen aus Erfahrung, wie dieser Mensch, den Sie lieben, sich verhält, wenn er wirklich einen schlechten Tag gehabt hat und völlig fertig ist; und weil es jetzt nicht danach aussieht, als ob er im nächsten Moment zusammenbrechen wird, reagieren Sie nicht auf

Wenn der Mensch, den Sie lieben, ein entsetzliches Erlebnis ohne jeden Emotionsausdruck beschreibt, sollten Sie sich fragen:

- Wie würde ich selbst (oder jemand anders) mich (sich) in dieser Situation fühlen. Falls Ihre Antwort »entsetzlich« lautet, sollten Sie auf den verbalen Ausdruck, nicht auf den fehlenden emotionalen Ausdruck vertrauen.
- Beschreiben Sie dem geliebten Menschen gegenüber die Differenz zwischen dem, was Sie sehen, und dem, was Sie hören, und fragen Sie ihn, was von beidem tatsächlich zutrifft.

ihn, als sei dies der schlimmste Tag seines gesamten bisherigen Lebens gewesen. Vielmehr orientiert sich Ihre Reaktion an der Tatsache, daß der andere in einer Zeitung blättert. Vielleicht äußern Sie etwas, das als unterstützend empfunden werden könnte, aber Sie schwingen sich nicht zu einer Erklärung auf wie: »Das ist ja SCHRECKLICH! Was könnten wir denn jetzt am besten tun?«, so wie Sie reagieren würden, wenn ein anderer Bekannter sich über seine schwierige Lage beklagt hätte. Das Problematische am Verbergen von Emotionen und daran, daß Sie auf die geliebte Person so reagieren, als wäre sie kompetenter, als sie sich momentan fühlt, ist, daß sie eventuell wirklich gerade einen der schlimmsten Tage ihres ganzen Lebens erlebt hat. Möglicherweise hat sie das Gefühl, ihr Leben sei völlig außer Kontrolle, sie fühlt sich suizidal und bringt dies Ihnen gegenüber nicht adäquat zum Ausdruck. Möglicherweise glaubt die Person, die Sie lieben, es reiche aus, zu beschreiben, was sie fühlt – statt es zu zeigen –, um die Stärke ihrer Emotion zu veranschaulichen. Vielleicht ist ihr nicht klar, daß Menschen automatisch eher auf den nonverbalen Ausdruck von Emotionen als auf ihren verbalen Ausdruck reagieren. Falls Sie gemäßigt oder lauwarm reagieren, wird sie eventuell wütend auf Sie oder verfällt in Hoffnungslosigkeit, weil sie den Eindruck hat, nicht einmal Sie verstünden, wie schlecht es tatsächlich um sie steht.

Gewinnt die Person, die Sie lieben, durch Ihre Unterstützung an Kompetenz?

Zu bedenken ist auch, daß Menschen mit einer BPS manchmal kompetenter wirken, als sie tatsächlich sind, wenn sie sich mit einem nährend und unterstützend wirkenden Menschen im gleichen Raum befinden. Therapeuten erleben dies ständig: Ein BPS-Patient scheint sich in einer Therapiesitzung gut zu entwickeln, aber später am gleichen Tag ruft er an und erklärt, er sei so verzweifelt über sein Leben, daß er sich umbringen werde. Sogar Therapeuten sind angesichts solcher Diskrepanzen ratlos: Warum hat der Patient dies seinem Therapeuten nicht in dessen Gegenwart gesagt? Die Antwort lautet: Das Thema war ihm nicht präsent, als er sich mit dem Therapeuten zusammen in einem Raum befand. Sobald die äußeren Merkmale der nährenden Umgebung nicht mehr gegenwärtig sind, kehren die belastenden Emotionen zurück. Der Patient fühlte sich in Gegenwart des Therapeuten ganz und gar nicht suizidal, aber entsprechende Gedanken und Gefühle tauchten nach der Therapiesitzung wieder auf.

> *Vergessen Sie nie, daß für Menschen mit einer BPS Beziehungen sehr wichtig sind.*

Menschen mit einer BPS brauchen andere Menschen. Sie sind nicht gern allein, und es geht ihnen in unterstützenden und liebevollen Beziehungen generell besser. Oft leiden sie unter einem Mangel an solchen Beziehungen. Wenn also ein Mensch eine liebevolle Beziehung zu Ihnen hat, besteht die Möglichkeit, daß seine Emotionen manchmal einfach deshalb besser reguliert sind, weil er mit Ihnen zusammen ist oder mit Ihnen redet. Ist er später wieder allein, überfällt ihn die Einsamkeit erneut, Verzweiflung fördernde Emotionen kehren zurück, und die Dysregulation breitet sich wieder aus. Weder Sie noch der BPS-Patient hat dann etwas falsch gemacht. Er fühlt sich nur aufgrund Ihrer liebevollen Präsenz besser.

Was Sie angesichts scheinbarer Kompetenz tun können

Sie haben die vielfältigen Merkmale scheinbarer Kompetenz nun separat kennengelernt; Sie müssen sich aber darüber im klaren sein, daß diese Merkmale auch in Kombination auftreten können. Ein Beispiel hierfür ist Leo. Er wirkt in bestimmten Zusammenhängen kompetenter, als er tatsächlich ist. Er arbeitet als Vertriebsleiter, und bei seinen Kollegen, die ihn witzig und charmant finden, ist er sehr beliebt. Sie wissen nicht, daß es ihn ungeheuer ängstigt, zur Arbeit zu gehen. Wenn die Angst ihn überfällt, versäumt er Termine mit Kunden und fälscht Berichte. Leo fürchtet, sein Vorgesetzter könnte in jedem Moment herausfinden, daß er vereinbarte Kundentermine versäumt hat. Weil er gut zu arbeiten scheint, erweitert sein Vorgesetzter sein Verkaufsgebiet. Das verstärkt natürlich Leos Angst, und seine Sorge, er könnte seine Arbeit verlieren, nimmt völlig Überhand. Sie ahnen zwar, was im Gange ist, er versichert Ihnen aber, er habe alles im Griff. Zu Hause gelingt es Leo sehr gut, Projekte selbst dann durchzuführen, wenn sie ihn ängstigen; deshalb sehen Sie keinen Grund zu der Annahme, er werde mit seiner Angst nicht fertig. Außerdem versichert er, alles sei bestens. Wenn Sie zu Hause mit ihm zusammen sind, wirkt er ruhig und erklärt Ihnen, er sei überzeugt, daß er es schaffen werde. Eines Tages kommt er nach Hause und gesteht Ihnen, er sei sicher, daß er seine Arbeit verlieren werde – aber er habe einen Plan. Leos Zuversicht wirkt stark, und er ermutigt Sie sogar. Da Sie selbst einen ziemlich anstrengenden Tag hinter sich haben, sind Sie erleichtert, von ihm zu hören, er habe alles unter Kontrolle. In der folgenden Woche verliert er tatsächlich seine Arbeit und ist völlig fertig. Aufgrund der Implikationen der Kündigung, aber auch weil Sie glaubten, er habe tatsächlich alles unter Kontrolle, sind auch Sie bestürzt. Als Sie ihn auf die Situation hin direkt ansprechen, wird er suizidal, weil er nicht glauben kann, daß Sie nicht gemerkt haben, wie besorgt und verängstigt er wegen seiner beruflichen Situation war. Natürlich haben nun Sie das Gefühl, die Kontrolle über Ihre Emotionen zu verlieren, weil Leo keine Arbeit mehr hat und weil Sie sich nicht mehr sicher sind, wie sie mit ihm kommunizieren können.

Das Wichtigste, was man bei scheinbarer Kompetenz tun muß, ist, sich die Verhaltensmuster zu merken. Wenn Ihnen klar ist, daß sich der Mensch, den Sie lieben, möglicherweise innerlich nicht so fühlt, wie er sich äußerlich gibt, wird Sie dies dazu bringen, Fragen wie die in den Kästen früher in diesem Kapitel formulierten zu stellen und sich zu hüten, Verhaltensweisen zu erwarten, die der andere möglicherweise gar nicht nutzen kann. Aber hüten Sie sich, ihn zu verurteilen oder zu denken, er habe Ihnen etwas »vorgetäuscht«. Scheinbare Kompetenz ist nicht das gleiche wie Vortäuschen, sondern sie tritt auf, wenn die Umgebung das Verhalten eines Menschen beeinflußt. (1) Mit Ihnen in einer unterstützenden und liebevollen Umgebung zusammen zu sein, kann die emotionale Reaktion des geliebten anderen auf seine Probleme verringern. (2) Er kann aus verschiedenen Gründen Emotionen und nonverbale Verhaltensweisen zeigen, die unter bestimmten Umständen inkongruent sind. (3) Die Verhaltensweisen des anderen wurden nicht von Kontext zu Kontext generalisiert. Er versucht nicht, Sie hereinzulegen, sondern benutzt im Laufe der Zeit entstandene Verhaltensweisen.

Benutzen Sie den Fünf-Schritte-Prozeß

Sie können auch den in Kapitel 4 beschriebenen Fünf-Schritte-Prozeß benutzen. Dies kann in Situationen wie derjenigen mit Tasha besonders gute Dienste leisten.

1. *Regulieren Sie Ihre eigenen Emotionen.* Da Sie annehmen, Tasha könne Ratschläge hören, die sie nicht hören wolle, ganz gleich, um welchen Kontext es sich handele, sind Sie natürlich frustriert oder wütend, wenn sie Ihnen gegenüber einen Wutausbruch bekommt, weil Sie ihr erneut den Rat gegeben haben, den sie noch gestern akzeptiert hat. Denken Sie daran, daß Tashas Verhalten stimmungsabhängig ist. Wenn Sie auf die Veränderung ihrer Stimmungslage von gestern auf heute achten, können Sie sich vor Augen führen, daß dies bedeutet, der Kontext hat sich verändert, und folglich könnte auch ihre Reaktion anders sein.
2. *Validieren.* Wenn Tasha explodiert, können Sie ihr mitteilen, daß Sie Verständnis dafür haben, daß sie diesen Rat nicht habe hören wollen und daß es sich entsetzlich anfühlen müsse zu hoffen, man habe jemanden gefunden, und dann bekomme man den Rat, den Betreffenden nicht zu schnell an sich heranzulassen.
3. *Fragen/Einschätzen.* Fragen Sie die andere Person, worüber sie selbst sich Sorgen macht: Warum hat sie Sie abermals nach Ihrer Meinung gefragt? Hat sie vielleicht selbst Zweifel? Wie könnte sie herausfinden, was zu tun klug wäre?
4. *Brainstorming/Troubleshooting.* Wenn sie Ihre Meinung hören will, weil sie sich eigentlich nicht sicher ist, was sie tun soll, können Sie ihr helfen, sich darüber klar zu werden, wie sie mehr über diesen Mann herausfinden und wie sie zu ihm in Kontakt treten kann, ohne ihre Sicherheit zu gefährden. Versuchen Sie zu erkunden, wie dies am besten zu gewährleisten ist.
5. *Verschaffen Sie sich Informationen über Ihre Rolle (falls Sie eine Rolle spielen) und darüber, was Sie planen können, sobald Sie über das Resultat informiert werden.* Will Tasha sich bei Ihnen rückversichern, während sie in die Tat umsetzt, wofür sie sich ohnehin entschieden hat, und möchte Sie dabei von Ihrem Feedback begleitet werden? Möchten Sie, daß Tasha mit Ihnen Kontakt aufnimmt, nachdem sie den Mann getroffen hat, damit Sie sich darüber informieren können, ob alles in Ordnung ist, und sie Ihnen über den Verlauf des Treffens berichten kann?

Machen Sie sich keine Illusionen über die Schwächen des geliebten Menschen, aber machen Sie ihn auch nicht schwächer, als er ist

Die Anwendung der fünf Schritte kann Mißverständnisse entschärfen, die durch scheinbare Kompetenz angeheizt werden. Aber vielfach müssen Sie sich auch dessen versichern, daß Sie wirklich verstehen, was der geliebte Mensch empfindet – weil das Verbergen von Emotionen so häufig durch scheinbare Kompetenz überdeckt wird. Sie dürfen den anderen deshalb einerseits nicht wie ein rohes Ei behandeln, aber andererseits auch keine unrealistischen Erwartungen hinsichtlich Ihrer Möglichkeiten, etwas zu bewirken, entwickeln. Wenn Sie den Eindruck gewinnen, daß der andere es nicht schafft, ein Verhalten von einer Situation auf eine andere zu übertragen, und Ihnen ist klar, daß er Sie über seine Verletzlichkeit vermutlich nicht ausreichend informiert, fördert dies bei Ihnen die Neigung, für die andere Person zu intervenieren und Dinge für ihn zu erledigen. Doch wenn Sie sich so verhalten, bestärkt das natürlich die Überzeugung des anderen, daß er selbst dazu nicht in der Lage ist. Außerdem schmälert es die Möglichkeit, Verhaltensweisen in neuen Zusammenhängen zu erproben, was der Generalisierung zugute käme.

Was also können Sie tun?

1. *Unterstellen Sie nicht von vornherein Kompetenz.* Damit meine ich nicht, daß Sie etwa keine enttäuschenden Nachrichten übermitteln sollten. Glauben Sie nicht, weil Sie ein bestimmtes Verhalten schon einmal beobachtet haben, werde dieses erneut auftreten. Und glauben Sie nicht, daß der Mensch, den Sie lieben, bestimmte Dinge tun kann, weil auch andere Menschen diese Dinge tun.
2. *Achten Sie auf ein ausgewogenes Verhältnis zwischen Intervenieren und Coaching.* Man kann leicht auf den Gedanken verfallen, weil BPS-Patienten Schwierigkeiten hätten, ihre Verhaltensweisen zu generalisieren, und weil Stimmungen und Emotionen stärker auf sie wirken als auf andere Menschen, sollten wir in ihrem Interesse intervenieren. Tatsächlich scheint es oft so, als wäre es für uns alle einfacher, wenn wir alle möglichen Dinge, die eigentlich Sache des geliebten Menschen wären, selbst in die Hand nehmen würden. Doch damit wäre die Botschaft verbunden, daß der Betreffende handlungsunfähig ist und nichts selbst regeln kann. Stellen Sie fest, ob die geliebte Person die erforderlichen Verhaltensweisen selbst ausführen und in der aktuellen Situation nutzen kann, bevor Sie darüber nachdenken, warum sie offenbar

etwas nicht tun kann, wovon Sie glaubten, sie sei dazu in der Lage. Bezogen auf die Situation, in der Justine Geld für neue Stiefel haben wollte, sollten Sie sich die Zeit nehmen festzustellen, ob Ihr Gegenüber die Nachricht ertragen kann, statt einfach damit herauszuplatzen, ohne sich vergewissert zu haben, ob sie Schwierigkeiten hat, die schlechte Nachricht zu ertragen.

3. *Denken Sie an die Wirkung von Stimmungen und Emotionen auf die Generalisierungsfähigkeit.* Wenn Sie mit dem Rauchen aufhören, bedeutet das möglicherweise, daß Sie gleichzeitig aufhören, eine Freundin zu besuchen und mit ihr auf ihrer Terrasse zu sitzen. Vielleicht wenden Sie sich dann auch nicht mehr an sie, wenn Sie einen sehr üblen Tag hinter sich haben. Zu Ihren Aufgaben als Familienangehöriger zählt auch, Generalisierungsprobleme zu erkennen, damit Sie nicht enttäuscht sind, wenn der Mensch, den Sie lieben, ein Verhalten nicht generalisiert. Dies hilft Ihnen, Ihr Erregungsniveau zu zügeln, und hält Sie von abschätzigen Gedanken über die geliebte Person ab. Für uns alle ist es leichter, wenn wir nicht denken, wir würden »manipuliert« oder mit uns würde »gespielt«.

Falls Sie sich sorgen, daß der Mensch, den Sie lieben, nur scheinbar kompetent ist, weil er seine Emotionen verbirgt, können Sie etwas sagen wie: »Du wirkst eigentlich nicht besonders aufgebracht wegen dieser Sache. Bist du tatsächlich nicht besonders aufgebracht? Oder bist du innerlich völlig fertig deswegen und sagst es mir nicht?« Sie können den anderen auch bitten, Ihnen zu sagen, was er in seinem Körper empfindet.

Nun können Sie effektiv auf eine echte Emotion reagieren statt darauf, wie der geliebte andere die Emotion präsentiert. Der entscheidende Aspekt scheinbarer Kompetenz, den man sich merken sollte, ist das *Scheinbare*. In bestimmten Situationen ist der geliebte Mensch tatsächlich kompetent. Für uns alle gibt es solche Situationen, und ein Teil dessen, was wir für Menschen, die wir lieben, tun, besteht darin, die Bereiche zu suchen, in denen sie kompetent sind, und diese auszubauen. Aber viele Menschen im Umfeld von BPS-Patienten behandeln diese, als seien sie in einem Kontext kompetent, in dem sie es nicht sind. Dadurch wird ihr Gefühl verstärkt, nicht verstanden zu werden oder so pathologisch zu sein, daß es unmöglich sei, sie zu verstehen, und es verstärkt ihre emotionale Dysregulation im betreffenden Augenblick. Und emotionale Dysregulation kann zu einer permanenten Krisensituation führen, wie das folgende Kapitel erklärt.

KAPITEL 9

»Warum passieren mir ständig so schreckliche Dinge?«

Sie verstehen Kristy nicht. Es scheint ihr einfach nicht zu gelingen, ihr Leben in Ordnung zu bringen. Sie hangelt sich von Krise zu Krise. Schließlich gelingt es ihr, den Job in einem Museum zu bekommen, den sie sich schon lange gewünscht hatte, aber dann läßt sie nach einem Einkaufsbummel, bei dem sie sich Kleider »mit genau dem richtigen künstlerischen Look« gekauft hat, einen Scheck platzen. Als das Personal des Geschäfts sie an ihrem Arbeitsplatz anruft und sich mit ihrem Chef verbinden läßt, ist ihr das so peinlich, daß sie drei Tage zu Hause bleibt, ohne sich krank zu melden. Daraufhin wird ihr gekündigt. Nachdem sie zwei Flaschen Wein getrunken hat, hinterläßt sie ihrem ehemaligen Vorgesetzten eine bedrohlich klingende Nachricht auf dem Anrufbeantworter, und dieser alarmiert die Polizei. Polizisten, die sie in ihrer Wohnung aufsuchen, erklärt sie, sie sei sehr aufgebracht gewesen, und ein Vorkommnis dieser Art werde sich nicht wiederholen. Sie wirkt so ruhig und vernünftig, daß die Polizisten sich erleichtert verabschieden. Doch nachdem sie aufgebrochen sind, begibt Kristy sich in ihr Badezimmer und fügt sich an den Oberschenkeln Schnittwunden zu. Dann ruft sie Sie an und erklärt, sie wolle sterben. Sie alarmieren einen Rettungsdienst, der sie in ein Krankenhaus einliefert. Sie fürchten, nach ihrer Entlassung sei es nur eine Frage der Zeit, bis sich die Situation erneut zuspitze.

Die Situation, in der Sie und Kristy sich befinden, beinhaltet das, was wir eine *permanente Krise* nennen. Vielleicht haben Sie sich an den Gedanken gewöhnt, Kristy genieße die ständige Unruhe in ihrem Leben. Es scheint keine Lücke zwischen Situationen zu geben, in denen sie Sie anruft und Sie bittet, ihr aus ihrem neuesten Schlamassel herauszuhelfen, und Situationen, in denen Sie die nächste Krise kommen sehen, die sich wie ein Gewitter zusammenbraut, bis die starke Anspannung Kristy wieder in einen suizidalen Zustand versetzt und sie in einer psychiatrischen Klinik landet.

Eine permanente Krise ist für Sie wie auch für Kristy sehr anstrengend. Kristy wird immer verzweifelter und ist sich immer sicherer, daß sie nichts richtig machen kann und daß Sie und alle anderen, die sich um sie kümmern, sie jeden Augenblick verlassen könnten. In Anbetracht dieser Situation fühlen Sie sich hilflos, frustriert und wahrscheinlich abwechselnd wütend und entsetzt. Vielleicht erreichen Sie sogar einen Punkt, an dem Sie es regelrecht fürchten, Kristy zu treffen, von ihr zu hören oder auch nur aus der Ferne über die neuesten Ereignisse in ihrem Leben informiert zu werden.

Falls Sie diesen Punkt erreicht haben, muß ich Ihnen zunächst erklären, daß *einige der Krisensituationen, in welche die Person, die Sie lieben, gerät, nicht von ihr selbst verursacht worden sind.* BPS-Patienten haben oft entsetzliche körperliche Probleme. Es gibt eine bestimmte Kombination von Problemen, auch »depressive Fünf« genannt – Kiefergelenkserkrankung (TMJ), Migräne, Fibromyalgie, Reizdarm und interstitielle Zystitis –, die bei Menschen mit einer BPS häufig auftreten, ebenso wie *Myasthenia gravis* und rheumatoide Arthritis. Körperlicher Schmerz und physisches Unbehagen machen uns alle anfälliger für die Wirkung von Emotionen, und wie Sie sich vermutlich vorstellen können, machen diese physiologischen Beschwerden die Situation eines emotional sehr sensiblen Menschen noch schwieriger und die Entstehung weiterer Krisensituationen wahrscheinlicher. Körperliche Beschwerden wie die genannten können zudem Streß im finanziellen und beruflichen Bereich sowie in Beziehungen verursachen, was zu durch diese sekundären Probleme verursachten Krisen führen kann.

Leider sind BPS-Patienten besonders empfindlich für körperliches Unbehagen und reagieren sehr stark emotional darauf, weshalb sie ständig über ihre Beschwerden reden. Aufgrund ihrer scheinbaren Kompetenz können sie ihren körperlichen und emotionalen Schmerz beschreiben, ohne daß erkennbar wird, wie schlecht sie sich fühlen. Deshalb zweifeln andere Menschen an der Echtheit ihrer Beschwerden und fragen sich, was die Betreffenden dazu motiviert, über dieselben zu reden. Natürlich können dadurch die Spannungen zwischen anderen Menschen und dem BPS-Patienten samt seinem den »depressiven Fünf« zugeordneten körperlichen Problem erheblich verstärkt werden. Und manchmal läßt dies bei Beobachtern den Verdacht aufkommen, daß die beschriebenen physischen Probleme gar nicht existieren oder zumindest stark übertrieben dargestellt werden. Falls auch Sie diesen Verdacht haben, möchte ich Ihnen hiermit versichern, daß Fibromyalgie, rheumatoide Arthritis, Reizdarm und Myasthenia gravis als »echte« Diagnosen gelten und es eher unwahrscheinlich ist, daß die Person, die Sie lieben, ihren körperlichen und emotionalen Schmerz übertreibt.

Menschen mit einer BPS leiden auch häufig unter psychischen Problemen wie Depression, Angst und Posttraumatischer Belastungsstörung. Wahrscheinlich ist es gut vorstellbar, daß diese psychischen Probleme Menschen unter noch stärkeren Streß setzen, weil sie es ihnen erschweren, ihren Alltagspflichten nachzukommen. Zusätzlicher Streß erhöht die Wahrscheinlichkeit des Eintretens von Krisen, was die geliebte Person nicht verschuldet hat.

Kristy beispielsweise leidet unter starken Migräneanfällen. Jimmy, Ihr jüngerer Bruder, steht abgesehen von seiner BPS auch stark unter Druck. Jimmy hat es in seinem Leben sehr schwer gehabt. Schon in der Highschool hatte er ständig Probleme und pflegte Umgang mit den »falschen« Leuten. Zu Hause hatte er oft Konflikte mit seinen (und ihren) Eltern und verschwand nach Auseinandersetzungen mit ihnen oft tagelang. Nach dem Schulabschluß meldete er sich zum Militärdienst. Bei seiner Rückkehr aus dem Krieg wurden bei ihm PTBS und BPS diagnostiziert, und er wurde aus dem Militärdienst entlassen. Jimmy erlebt Flashbacks, wenn er laute Geräusche hört, bekommt aber nur bei einer Baufirma Arbeit. Jedes Geräusch auf einer Baustelle löst bei ihm sofort Flashbacks aus, mit der möglichen Folge, daß er seinen Arbeitsplatz verlassen muß. Statt aber wegen seiner Probleme Hilfe zu suchen (er verweigert sich jeder Behandlung), bevorzugt er eine Bar, wo er seine Schmerzen im Alkohol zu ertränken versucht. In der Bar wird er leicht in Handgreiflichkeiten verwickelt und hat deshalb schon einige Nächte in Haft verbracht. Die lokale Polizei hat ihn gewarnt, er müsse mit einer Verurteilung rechnen, wenn er noch einmal in eine Auseinandersetzung verwickelt werde. Sie sehen kommen, daß diese Situation allmählich eskalieren wird, und wissen, daß eine Haftstrafe praktisch unvermeidbar ist. Als Sie mit Jimmy zu reden versuchen, explodiert er. Es scheint unmöglich, ihn vor der drohenden Katastrophe zu bewahren.

> *Die Gefahr von Krisen wird größer, wenn ein Mensch mit einer BPS zusätzlich unter körperlichen und/oder (weiteren) psychischen Problemen leidet.*

So wie bei Jimmy bahnen sich Krisen bei BPS-Patienten oft allmählich an. Aufgrund ihrer emotionalen Verletzbarkeit und ihrer Reaktivität ist ihre anfängliche emotionale Reaktion auf ein Problem oft extrem stark. Und bevor ihre Emotionen dann auf ein erträglicheres Niveau sinken können, passiert etwas, das eine neue Krise auslöst. Man kann natürlich sagen, daß das Geschehen im Leben wie Ebbe und Flut ständig im Wandel ist – schwierige Situationen entstehen mit einer gewissen Regelmäßigkeit. Emotional nicht besonders sensible Menschen sind meist in der Lage, mit vielen Herausforderungen des Alltagslebens irgendwie fertig zu werden; oder sie können sich zumindest schnell genug von einem belastenden Erlebnis erholen, um nicht von der nächsten anbrandenden größeren Welle umgeworfen zu werden. Aber wie Sie nun wissen, reagieren Menschen mit einer BPS emotional stärker, und der Einfluß ihrer Emotionen hält deutlich länger an. Wenn sie noch vom letzten Schlag taumeln, während der nächste sie schon zu treffen droht, entsteht wahrscheinlich eine größere Krise. Und wenn sie, wie viele BPS-Patienten, nicht gelernt haben, Probleme geschickt zu lösen (siehe hierzu Kapitel 7), kann ihre Reaktion auf einen der Schläge, die das Leben uns allen verpaßt, unzulänglich sein, wodurch es zu einer noch umfassenderen Krise kommt. Weil sie nicht über ausreichende interpersonale Fertigkeiten verfügen (siehe Kapitel 7), ist der Umgang von BPS-Patienten mit Menschen, die entweder zur Entstehung der Krise beigetragen haben oder die helfen könnten, sie zu lösen, nicht besonders nützlich, und ihre Emotionen werden noch stärker. Gewöhnlich trifft der BPS-Patient eine Anzahl von Entscheidungen, die das Problem nicht lösen, sondern noch verschlimmern.

Zuerst starb Daves Bruder an einem Herzinfarkt, was niemand erwartet hatte. Da er völlig gesund gewirkt hatte, waren seine Eltern bestürzt. Ein paar Tage nach dem Begräbnis des Bruders erfuhr Dave, daß das Unternehmen, für das er arbeitete, seinen Betrieb einstellen und er seine Arbeit verlieren würde. Daraufhin fing er an zu trinken, um Schmerz und Furcht zu bekämpfen. Als seine Frau ihn wegen seines starken Alkoholkonsums anbrüllte, hielt er sich einen Revolver an den Kopf und wurde deshalb in ein Krankenhaus eingeliefert.

Laura liebte Handtaschen, und viele Internetshops wußten, daß sie Handtaschen liebte, und schickten ihr deshalb ständig Angebote für angeblich besonders »günstige« Designer-Handtaschen. Sie konnte diesen Versuchungen nicht widerstehen und kaufte sich über zwanzig Designer-Handtaschen, was ihre Kreditkarten-Limits völlig ausschöpfte. Dann mußte ihr Auto wegen eines Schadens in die Werkstatt, aber sie hatte kein Geld für die Reparatur. Deshalb sah sie keinen anderen Ausweg mehr als den Suizid.

Jill hatte große Schwierigkeiten. In ihrem Leben nahm der Streß derart Überhand, daß sie nicht mehr ein noch aus wußte. Ihre Söhne waren in der Adoleszenz. Sie mußten wegen ihrer sportlichen und sonstigen außerschulischen Aktivitäten ständig irgendwohin gefahren werden. Ihr Mann hatte einen Job, der erforderte, daß er die meisten Wochen des Jahres unterwegs war. Deshalb fühlte Jill sich sowieso schon sehr einsam; dann zog auch noch ihre beste Freundin fort.

Jill war vom Streß völlig erschöpft und hatte das Gefühl, sie bräuchte eine Pause, in der sie all dies hinter sich lassen könnte. Also stieg sie ins Auto und fuhr zum nächsten Flughafen, um von dort irgendwohin zu fliegen. Nachdem sie am Flughafen ihr Auto geparkt hatte, fühlte sie sich völlig überfordert und verzweifelt. Sie nahm eine Schachtel Medikamente aus ihrer Handtasche und nahm sie mit einer Flasche Wasser ein.

Auf einen Impuls hin handeln: Ursache oder Wirkung?

In Kapitel 1 habe ich das Verhalten als einen der fünf Bereiche der Dysregulation im Falle einer BPS aufgelistet und impulsives Verhalten als eine der Formen, welche die Dysregulation annehmen kann, bezeichnet. Von denjenigen, die einen Menschen mit dieser Störung lieben, hört man häufig: »Was hast du dir (dabei) *gedacht*?« – als ob die an einer BPS leidende Person einen angenehmen Tag erlebt hätte und plötzlich auf die Idee gekommen sei, etwas Verrücktes zu tun, ohne darüber nachzudenken, welche Folgen dies in der Zukunft für sie haben könnte. Tatsächlich kommt es oft vor, daß Menschen, die sich permanent in einem Krisenzustand befinden, auf das *reagieren*, was *schon geschieht*. Sie befinden sich mitten in einer überwältigenden Krise und praktizieren in vielfältiger Form impulsives Verhalten, um die Krise zu beenden. Suizidales Verhalten, Selbstschädigung, Trunksucht, Klinikbesuche, Weglaufen – alle diese sogenannten impulsiven Handlungen zielen darauf ab, eine aktuelle Krise zu beenden, ganz gleich, ob deren Gegenstand ist, daß Kristy ihren Job verliert oder daß Jimmy Flashbacks von Kampfsituationen erlebt. Dem geliebten Menschen mit der BPS ist nicht klar, daß Verhaltensweisen, die eigentlich Krisen beenden sollen, oft selbst Krisen hervorrufen. Der Betroffene weiß nur, daß er etwas tun muß – und zwar schnell –, um sich von seinem Schmerz und seinem inneren Aufruhr zu befreien.

Nach einer Selbstverletzung eine Klinik aufzusuchen unterbricht für Kristy tatsächlich die Krise. Eine Gefängnisstrafe könnte für Jimmy die Krise beenden. Die Emotionen klingen ab, der Betroffene gewinnt Distanz zu den übrigen in die Krise Involvierten, und Sozialarbeiter leiten nützliche Interventionen ein. Alle diese Konsequenzen sind für den Menschen, den Sie lieben, positiv. Leider wird Kristy nach ihrer Entlassung aus dem Krankenhaus wegen der Kosten, die sie dort verursacht hat, mit einer erheblichen finanziellen Belastung fertig werden und zu allem Überfluß wegen ihres Fernbleibens von der Arbeit einen

Verdienstausfall verkraften müssen; und diese finanzielle Belastung wird zum Ausgangspunkt der nächsten Krise (oder führt vielleicht zur Fortsetzung der ersten, falls auch bei der Krise vor dem Klinikaufenthalt finanzielle Probleme eine Rolle spielten).

Natürlich werden Sie immer noch wissen wollen, warum die geliebte Person nicht vorhersehen konnte, daß eine Maßnahme, die zwar ein Problem löst, aber gleichzeitig ein neues erzeugt, nicht die beste Wahl ist. Ich habe schon in früheren Kapiteln darauf hingewiesen, daß BPS-Patienten kognitive Probleme haben, insofern es ihnen beispielsweise schwerfällt, aufmerksam zu sein, wenn eine Emotion Gedanken verdrängt, und daß es ihnen außerdem an den Fertigkeiten fehlt, die zur Lösung von Problemen erforderlich sind. Emotionen, die Krisen befeuern, sind sehr stark und vermitteln ein Gefühl des Kontrollverlusts. Sie werden später in diesem Kapitel sehen, daß Emotionsregulation und das Lösen von Problemen gute Möglichkeiten sind, das Land der permanenten Krise zu verlassen.

> *Der Weg, der aus der permanenten Krise führt, ist wahrscheinlich eine Kombination aus Emotionsregulation und der Nutzung von Problemlösungsfertigkeiten.*

Doch wenn impulsive Handlungen sowohl das Resultat einer Krise als auch deren Ursache sind, ist es manchmal schwierig herauszufinden, wo Sie eingreifen können und eine Chance haben, den Teufelskreis zu durchbrechen. Stellen Sie sich vor, Ihre Frau erhielt eines Tages eine Mitarbeiterbeurteilung, die sie beunruhigte, und ging daraufhin an ihren Schreibtisch zurück, schrieb einen Kündigungsbrief und verließ ihren Arbeitsplatz. Als sie Ihnen am Abend zu Hause erzählte, was sie getan hatte, reagierten Sie aufgebracht, und es kam zu einer verbalen Auseinandersetzung. Daraufhin stürmte Ihre Frau aus dem Haus, suchte eine Bar auf, betrank sich und schlief mit einem anderen Mann. Dadurch wurde der Streß in Ihrer Ehe noch größer, und weil sie ihre Arbeit verloren hatte, wurde Ihre gemeinsame finanzielle Situation noch angespannter. Ihre Frau wurde nach diesem Abend von starken Gefühlen der Scham und Reue geplagt und machte sich eifrig daran, sich um eine neue Arbeit zu bemühen. Doch schon bald langweilte sie sich dabei, und statt die Arbeitssuche fortzusetzen, fand sie Gefallen daran, sich mit Möglichkeiten einer lukrativen Geldanlage zu beschäftigen, um schnell zu Geld zu kommen – wodurch sie allerdings den größten Teil Ihrer Rücklagen aufs Spiel setzte. Als Sie ihr gegenüber daraufhin wütend wurden, kam es zu einer erneuten Auseinandersetzung, in deren Verlauf sie ins Badezimmer verschwand und eine Medikamentenüberdosis einnahm. Sie mußten den Rettungsdienst rufen, und Ihre Frau wurde in eine Klinik gebracht. Allerdings war Ihnen nicht klar, daß sie versäumt hatte, die Krankenversicherung für Arbeitslose zu beantragen (»Weil ich an meinem Arbeitsplatz zu wütend war, um mich damit herumschlagen zu können«). Deshalb war keine Versicherung für ihren Klinikaufenthalt zuständig, und Sie sitzen nun auf 30 000 Dollar an Krankenhauskosten. Und Sie haben nicht den geringsten Grund zur Hoffnung darauf, daß sich die Situation bessern wird, wenn Ihre Frau aus der Klinik entlassen wird.

Wenn sich die Krise festgesetzt hat

Vielleicht wissen Sie aus persönlicher Erfahrung, daß es oft besonders schwierig ist, sich aus einer schon chronisch gewordenen Krisensituation zu befreien. Einige Menschen, die es nicht schaffen, ihre Konsumgewohnheiten zu verändern, weil sie dann einen liebgewonnenen Lebensstil aufgeben müßten, bleiben in einer finanziellen Katastrophe gefangen. Andere verändern jahrelang ihre Eßgewohnheiten nicht, obwohl sie ihretwegen gesundheitliche Probleme haben und manchmal sogar in Notfallsituationen geraten. Und wieder andere ertragen entsetzliche Partnerschaften, obwohl sie von ihren Partnern wiederholt körperlich oder verbal mißhandelt wurden.

Ihre Tochter ist mit einem Mann verheiratet, der sie ständig beschimpft und ihr vorhält, sie werde es nie zu etwas bringen. Er »erlaubt« ihr nur eine Teilzeitarbeit, und sie hat keine spezialisierte Ausbildung, sondern nur einen unspezifischen Schulabschluß. Ihre Tochter hat große Angst davor, sich gegen ihren Mann zur Wehr zu setzen. Sie glaubt (und hat damit wahrscheinlich Recht), daß sie ihren Mann nicht verlassen kann, weil sie ohne ihn finanziell nicht überlebensfähig wäre. Sie hat erwogen, sich durch Online-Kurse gewisse Qualifikationen anzueignen, kann es sich aber finanziell nicht leisten. Und so wird sie immer depressiver. Sie könnten ihr Geld geben, damit sie ihren Mann verlassen kann, aber als Sie ihr im Vorjahr Geld gegeben hatten, damit sie einen Konkurs abwenden konnte, hatten Sie ihr klar gesagt, daß Sie ihr kein Geld mehr geben würden. Kürzlich hat sie Ihnen anvertraut, sie sei schwanger. Sie glaubt, wenn sie ein Kind bekomme, würden alle ihre Probleme gelöst. Sie hingegen sind sich sicher, daß das Kind ihre Probleme noch vergrößern wird; aber Ihre Tochter nimmt Ihre Einwände nicht ernst. Wenn Sie sie beobachten, ist das für Sie so, als würden Sie ein Zugunglück in Zeitlupe kommen sehen. Sie sehen die negativen Konsequenzen, die im Anmarsch sind.

Schlechtes Urteilsvermögen in Verbindung mit schlechten Problemlösungsfähigkeiten

In den meisten Fällen haben Menschen mit einer BPS nicht die Absicht, die Lawine des Krisenverhaltens in Bewegung zu setzen, die letztlich zur Katastrophe führt. Weil sie zu impulsivem Verhalten neigen und kaum über Problemlösungsfertigkeiten verfügen, treffen sie ungünstige Entscheidungen. Die infolge dessen entstehenden Schwierigkeiten sind oft ein Resultat schlechten Urteilsvermögens, das durch schlechte Voraussetzungen für die Lösung von Problemen noch verschärft werde.

Bella ist fünfzig Jahre alt, und ihre Neigung zu suizidalem Verhalten wird häufig durch finanzielle Schwierigkeiten und Beziehungsstreß angeheizt. Sie hat eine Arbeit, die angemessen bezahlt wird, aber weder eine Krankenversicherung noch eine nennenswerte Altersrücklage. Sie lebt von Gehaltsscheck zu Gehaltsscheck, was hauptsächlich mit ihren Konsumgewohnheiten zusammenhängt. Sie trinkt jeden Abend eine Flasche Wein und raucht täglich ein bis zwei Packungen Zigaretten. Geld, das sie übrig behält, gibt sie für Wochenenden in schönen Hotels und für Besuche in New York City aus. Kürzlich hat sie in Zusammenhang mit einer Scheidungsvereinbarung 25 000 Dollar erhalten. Aber statt mit diesem Geld ihr Auto abzubezahlen oder es für die Miete zurückzulegen, hat sie beschlossen, an einer Kreuzfahrt teilzunehmen und sich eine Schönheitsoperation zu gönnen. Sie ist nicht der Meinung, daß es für sie besser wäre, ihre Rechnungen zu bezahlen und Geld für Notfälle zurückzulegen. Zwar hat sie ihr nahestehende Menschen wegen der Schönheitsoperation nach ihrer Meinung gefragt, aber wenn diese nichts von ihren Plänen halten, ignoriert sie die Einwände. Natürlich hält sie sich mit Kritik an den Empfehlungen nicht zurück und belastet so ihre Beziehungen. Sie ist fest davon überzeugt, daß sie sich besser fühlen wird, wenn sie jünger aussieht. Ihr ist auch nicht klar, daß sie sich mit ihren Emotionen ihrer gescheiterten Ehe wegen nicht auseinandersetzen will. Mehrere ihrer engsten Freunde haben erklärt, daß sie ihr nicht mehr helfen werden, wenn sie ihr Geld weiter leichtfertig ausgibt. Bella beurteilt ihre aktuelle finanzielle Situation und die Probleme, mit denen sie in Zukunft konfrontiert werden könnte, nicht realistisch. Sie plant, erneut einen Mann zu heiraten, der ihr helfen wird, wenn sie finanzielle Unterstützung braucht.

Ich hatte einmal eine Klientin, die eines Tages in ein Lebensmittelgeschäft ging, um für ihre Kinder etwas zu essen zu kaufen und die von dort mit einem Mann nach Hause kam, der in der Abteilung für Milchprodukte arbeitete. Im Leben dieser Klientin gab es viele aktuelle Stressoren. Sie lebte von Sozialhilfe, litt unter einer sehr schmerzhaften Gelenkerkrankung und war finanziell, emotional und körperlich nicht in der Lage, für ihre Kinder zu sorgen. Ihre Töchter lebten bei ihrem Vater, und sie hatte nur das Recht, sie zwei Wochen im Jahr zu sehen. Wenn die Kinder sie besuchten, war sie völlig überwältigt von dem für sie mit der Versorgung ihrer Töchter verbundenen Streß. Als sie das Lebensmittelgeschäft betrat, hatte sie den Mann in der Abteilung für Milchprodukte noch nie gesehen. Sie fing ein Gespräch mit ihm an und stellte fest, daß er gerade seine Frau verlassen hatte und nicht wußte, wo er bleiben sollte. Nach nicht einmal einer halben Stunde hatte sie ihm angeboten, zu ihr zu ziehen, obwohl ihre beiden Kinder gerade zu Besuch waren. Zwei Wochen später hatte die Klientin ihr Besuchsrecht völlig verloren, weil sich herausgestellt hatte, daß der Mann ein Sexualstraftäter war, der versucht hatte, eine ihrer Töchter zu mißbrauchen. Als die Polizei in die Wohnung kam, um den Mann festzunehmen, und gleichzeitig ein Mitarbeiter des Jugendamtes die Kinder mitnahm, reagierte meine Klientin extrem aufgebracht und floh in ihrem Auto. Weil sie emotional so stark erregt war, verursachte sie einen Verkehrsunfall. Der Fahrer des anderen Wagens mußte in einem Krankenhaus auf der Intensivstation behandelt werden. Daraufhin kam meine Klientin wegen all der Probleme, die sie »aus heiterem Himmel getroffen« hatten, ins Grübeln. Sie unternahm einen Suizidversuch, der fast »glückte«, und wurde daraufhin in eine Klinik eingeliefert. Als sie wieder zu einer Therapiesitzung zu mir kam, brauchte ich sehr viel Zeit, um ihr klarzumachen, daß die Probleme, mit denen sie konfrontiert worden war, in vielen Fällen durch ihre eigenen Verhaltensweisen verursacht worden waren.

Natürlich hatte die Frau nicht die Absicht gehabt, ihre Kinder zu verlieren, einen Sexualstraftäter mit nach Hause zu nehmen oder in einen Zustand so starker Dysregulation zu verfallen, daß ein Suizidversuch die Folge war. Sie hatte schlicht die Kontrolle über ihr Verhalten verloren und impulsiv einen Mann, den sie zufällig kennenlernte, mit zu sich nach Hause genommen. Als ich davon hörte, legte ich ihr dringend nahe, ihn nicht bei sich wohnen zu lassen, zumindest so lange nicht, wie ihr Töchter noch bei ihr wohnten (ich wußte zu diesem Zeitpunkt noch nicht, daß es sich um einen Sexualstraftäter handelte). Als sie meine

Praxis verließ, war sie fest davon überzeugt, daß sie es schaffen werde, den Mann aufzufordern, ihre Wohnung zu verlassen; doch später berichtete sie mir: »Er sah mich mit seinen wunderschönen blauen Augen an«, und daraufhin habe sie es nicht über sich gebracht, ihn zum Gehen aufzufordern. Ihr war zwar intuitiv der Gedanke gekommen, er sei vielleicht doch stärker an ihrer Tochter als an ihr selbst interessiert, aber sie hatte dies ignoriert und sich auf die Aussicht konzentriert, nicht allein zu sein und die Zeit mit einem neuen Mann zu genießen.

Die Ereignisfolge resultierte aus einer Kette impulsiver Entscheidungen und aus dem Ignorieren von Tatsachen, was sowohl für meine Klientin als auch für ihre Töchter katastrophale Folgen hatte. Vor diesen Geschehnissen war sie von Stressoren überwältigt gewesen. Das Gefühl, von physischen oder emotionalen Anforderungen oder von Lebensproblemen (Ereignissen, auf die man keinen Einfluß hat) überwältigt zu werden, ist gewöhnlich der Vorbote von Krisenverhalten. Das Gefühl, dem Geschehen nicht gewachsen zu sein, und emotionale Dysregulation hatten die Entscheidungsfähigkeiten meiner Klientin beeinträchtigt. Menschen in einer Krisensituation ignorieren häufig intuitive Einsichten und konzentrieren sich statt dessen auf Ereignisse, die ihren emotionalen Schmerz oder Streß zumindest lindern. Deshalb hatte meine Klientin ein Warnsignal in ihrem Kopf ignoriert, das sie auf das Interesse des Mannes an ihrer Tochter aufmerksam gemacht hatte. Obwohl sie mich in dieser Zeit anläßlich einer Therapiesitzung traf und ich mit ihr einen Plan entwickelte, setzte sie diesen nicht um. Bei Menschen in einem Krisenzustand passiert so etwas sehr oft. Ein BPS-Patient ist nicht in der Lage herauszufinden, wie er ein aktuelles Problem lösen kann, und/oder er ignoriert Lösungsmöglichkeiten. Dieses Ignorieren bringt Außenstehende auf die Idee, die Betroffenen *wollten* das Fortbestehen der Krise oder »liebten« die Krise. Tatsächlich fühlen sie sich von der Krise überwältigt (die Klientin sah sich nicht in der Lage, den Mann aufzufordern, ihre Wohnung zu verlassen, weil die Art, wie er sie anschaute, sie dazu brachte, ihr Vorhaben aufzugeben). Sie glauben nicht, daß sie das Problem lösen oder einen entsprechenden Plan in die Tat umsetzen können.

Wie Sie während einer permanenten Krise helfen können

Wenn Sie versucht haben, der geliebten Person in einem krisenfördernden Zustand zu helfen, wurden Sie wahrscheinlich enttäuscht und ängstigen sich deshalb nun um die Betreffende. Vielleicht haben Sie versucht, ihr verschiedene

Entscheidungsalternativen aufzuzeigen, und sie hat Ihnen versichert, sie werde eine von diesen in die Tat umsetzen. Aber im entscheidenden Augenblick hat sie dann eine völlig andere, emotionale und impulsive Entscheidung getroffen. Vielleicht haben Sie mit ihr am Telefon gesprochen, als sie gerade dabei war, ihre Kündigung zu schreiben, und Sie konnten sie nicht dazu bringen, ausdrücklich zu erklären, daß sie eine andere Lösung suchen werde.

Sie sehen den Autounfall kommen. Sie erkennen, daß die Geschwindigkeit des Autos und die Bewegungen des Menschen, den Sie lieben, am Steuer zwangsläufig zu einem Zusammenstoß führen werden. Sie versuchen zwar, die Fahrerin dazu zu bringen, ihren Fahrstil zu verändern, aber sie hört Sie nicht. Oder sie hört Sie zwar, glaubt aber, es sei kein Problem, sich anders zu verhalten. Sie schauen zu, wie die geliebte Person einen Unfall verursacht und ihr Auto dann brennt. Sie sind wütend und niedergeschlagen, weil unterschiedliche Varianten des gleichen Verhaltens immer wieder vorkommen.

Ermutigen Sie den Menschen, den Sie lieben, sich um professionelle Hilfe zu bemühen

Zum Glück bringen eben solche Verhaltensmuster Menschen mit einer BPS oft dazu, sich auf eine Behandlung einzulassen. Allerdings begeben sie sich leider meist erst dann in Behandlung, wenn sie einen solchen Unfall erlebt haben. Auch wenn Sie alles in Ihrer Macht Stehende tun – ob Sie nun physisch intervenieren oder sich »den Mund fusselig reden« –, bevor eine Krise eingetreten ist, sind alle Ihre Bemühungen vergeblich. Erst nach Eintreten der Krise haben Sie die Möglichkeit, dem geliebten Menschen zu helfen, indem Sie ihm eine wirksame Behandlung seiner BPS empfehlen. Beschreibungen geeigneter Behandlungsmethoden und Hinweise auf entsprechende Behandlungen finden Sie in Kapitel 13.

Nehmen Sie jede Gelegenheit wahr, um dem geliebten Menschen zu helfen, seine Emotionen zu regulieren

Mark zeigt ein sehr schlechtes Urteilsvermögen. Er hat seinem Arbeitgeber gekündigt, er hat eine Frau kennengelernt, die Sie als sein erwachsenes Kind nicht gutheißen, und er hat vor, diese Frau zu heiraten. Er redet über Pläne, in die Karibik zu ziehen und seinen Lebensunterhalt durch abendliches Glücksspiel im Casino zu verdienen. Während er diese Pläne umzusetzen beginnt, reagieren Sie und andere Menschen aus seinem Umfeld negativ darauf, indem Sie ihn anflehen, vernünftig zu werden, ihm vorwerfen, er verhalte sich dumm und verantwortungslos, an seine Liebe zu Ihnen appellieren, indem Sie erklären, Sie ertrügen es nicht, sich seinetwegen so sorgen zu müssen, verbunden mit der Drohung, sich von ihm und seiner zukünftigen Frau abzuwenden, wenn er seine Pläne wirklich in die Tat umsetze. Mark wird aufgrund dieser Reaktionen immer aufgebrachter, und der interpersonale Druck auf ihn wird ungeheuer stark. Er reagiert darauf, indem er verkündet, er werde in den USA bleiben und sich umbringen. Inzwischen ist er damit beschäftigt, sein Haus zu verkaufen und seine Freundschaften zu beenden. Auch verbringt er immer mehr Zeit in Bars und fährt von dort im betrunkenen Zustand mit dem Auto nach Hause. Sie erwarten das Schlimmste.

Was könnten Sie und Marks übrige Freunde und Verwandte anders machen? Es mag schmerzhaft sein, es sich klarzumachen, aber möglicherweise wird es Ihnen nicht gelingen, den rasenden Zug, in dem Mark sich befindet, zu stoppen. Sie könnten aber, mit einer seiner zweifelhaften Entscheidungen konfrontiert, die in Kapitel 4 beschriebenen fünf Schritte anwenden. Das bedeutet, daß Sie alles in Ihrer Macht Stehende tun, um Ihre eigenen Emotionen zu regulieren, damit diese Marks Emotionen nicht noch verstärken. Anschließend können Sie ihn, wenn er sich überwältigt fühlt, fragen, was dieses Gefühl bei ihm bewirkt und was er tut oder zu tun vorhat, um damit fertig zu werden, und schließlich können Sie ihn dazu zu bringen versuchen, über Verhaltensalternativen nachzudenken. Fragen Sie ihn, ob er in früheren Situationen auf das gleiche Bedürfnis anders reagiert hat. Helfen Sie ihm, die in Kapitel 7 beschriebenen Schritte des Problemlösungsprozesses zu vollziehen. Wenn er sich nicht darauf einläßt, Alternativen zu erforschen, haben Sie zumindest daran gearbeitet, Ihre eigenen Emotionen zu kontrollieren, und das kommt Ihnen selbst in jedem Fall zugute. Nach alldem können Sie spezielle Maßnahmen ergreifen, um mit dem Unvermeidlichen fertig zu werden, wenn Mark sich wiederholt jeder Revision seiner Entscheidungen und einem förderlicheren Umgang mit seinen Bedürfnissen und Wünschen verschließt.

Lernen Sie, Ihr eigenes Leiden zu ertragen

Mitanzusehen, wie ein Mensch, der einem sehr wichtig ist, zielsicher auf eine Katastrophe zusteuert, ist so extrem belastend, daß viele Menschen alles daransetzen, um die Katastrophe, die sie kommen sehen, zu verhindern. Vielleicht haben Sie dem Betreffenden viel Geld geliehen, um zu verhindern, daß er in große Schwierigkeiten gerät, obwohl Sie sich das eigentlich nicht leisten konnten.

Vielleicht haben Sie Anwaltshonorare übernommen, ein neues Auto besorgt oder eine psychiatrische Behandlung bezahlt, weil die Krankenversicherung die Kosten nicht übernahm. Das Problematische an solchen Entscheidungen ist, daß sie, auch wenn Sie sie nicht impulsiv treffen, auch Sie in eine permanente Krise hineinziehen. Dies ist nicht nur Ihnen gegenüber unfair, sondern die Notwendigkeit, sich dann ständig mit eigenen Problemen zu befassen, macht es Ihnen auch unmöglich, dem geliebten Menschen anders als durch finanzielle Zuwendungen zu helfen. Und wenn das eintritt, kann die Krise für Sie und für die andere Person lange anhalten. Deshalb ist aus meiner Sicht die wichtigste der Möglichkeiten, einem geliebten Menschen in einer anhaltenden Krise zu helfen, daß wir selbst lernen, Leiden zu ertragen.

Um Leiden ertragen zu können, müssen wir unsere eigenen Emotionen regulieren, was in Kapitel 4 ausführlich erläutert wird. Es reicht aber nicht, nur Maßnahmen zu ergreifen, um die eigenen Emotionen im gegenwärtigen Augenblick zu mildern, indem man beispielsweise Eis in der Hand hält, wie es in Kapitel 4 empfohlen wird. Sie sollten sich außerdem vornehmen, Dinge zu tun, die Ihnen helfen, sich selbst zu beruhigen und täglich – oder zumindest so oft wie möglich – eine ruhige Geisteshaltung zu fördern. Widmen Sie sich mentalen und körperlichen Aktivitäten, die Ihnen helfen, die Aufmerksamkeit anderen Dingen zuzuwenden. Wir nennen dies *Sich-Ablenken*. Tun Sie etwas, wobei Sie Ihre Aufmerksamkeit trainieren können (beispielsweise ins Kino gehen, einen Freund anrufen, ein Puzzle zusammensetzen). Versuchen Sie, in der belastenden Situation einen Sinn zu finden oder etwas daraus zu lernen. Führen Sie Atemübungen nach entsprechenden Anleitungen aus. Sie werden das Problem nicht lösen; Sie müssen nur den Augenblick durchstehen, ohne etwas zu tun, das die Situation noch verschlimmert. Mit anderen Worten müssen Sie mit dem Zustand des Überwältigtwerdens genauso umgehen, wie Sie sich wünschen, daß der Mensch, den Sie lieben, selbst mit dem Gefühl, überwältigt zu werden, umgeht.

> *Es ist okay, von der Lösung des Problems zunächst abzusehen und sich abzulenken, um mit dem eigenen Leiden im gegenwärtigen Augenblick fertigzuwerden.*

Schauen Sie auf Kapitel 4 zurück, und üben Sie sich weiter im Akzeptieren. Denken Sie daran, daß Sie akzeptieren müssen, was ist, wenn Sie verhindern wollen, daß Ihr Leiden durch Hoffnungslosigkeit so verstärkt wird, daß Sie das Gefühl haben, Sie müßten *irgend etwas* tun, unabhängig davon, ob es das Problem, das im Zentrum der Krise steht, löst und ob es *für Sie* letztlich gut ist.

Und schließlich können Sie einige der im folgenden beschriebenen Empfehlungen nutzen, um dem Menschen, den Sie lieben, zu helfen, das impulsive Verhalten zu vermeiden, das ihn in Krisensituationen versetzt. Sie können während einer solchen Krise Ihre innere Weisheit kontaktieren, und Sie können sich ablenken, um nicht vom Leid überwältigt zu werden.

Erkennen Sie die Fähigkeiten des geliebten Menschen

Leiden und Sorgen sind wahrscheinlich nicht die einzigen emotionalen Reaktionen auf permanente Krisensituationen, die Sie bei sich beobachten können. Viele Menschen schwanken zwischen Furcht davor, was dem geliebten Menschen zustoßen könnte, und Wut über das Chaos, dem sie sich immer wieder ausgesetzt sehen. Oft ist Wut das Resultat ständigen Bemühens, dem anderen beizubringen, wie er Verhalten, das zu Krisen führt, vermeiden kann, und der frustrierenden Erfahrung, daß er Ihre guten Ratschläge ignoriert. Ihr Rat fällt mit hoher Wahrscheinlichkeit auf unfruchtbaren Boden, wenn *Sie* zwar sehen können, daß sich der andere in einer Krise befindet oder kurz vor deren Ausbruch steht, er selbst dies aber nicht erkennt. Mark hielt sein Vorhaben für vernünftig, weil eine Frau, die er neu kennengelernt hatte, ihn darin bestärkte, wohingegen seine Familienangehörigen wußten, daß es der direkte Weg in die Katastrophe war. Die Angst davor, von dieser neuen Freundin verlassen (und aufgrund dessen für »wertlos« gehalten) zu werden, hinderte Mark daran zu erkennen, daß sein Vorhaben zielsicher in eine Katastrophe führte.

So wie Bella bitten manche BPS-Patienten um Rat, wenn sie kurz vor einer impulsiven Entscheidung stehen. Sie sollten in solchen Fällen von der Annahme ausgehen, daß die Betreffenden Ihre Antwort hören wollen. Falls sie Ihren Rat anschließend nicht beherzigen, sollten Sie sie deswegen nicht verurteilen. Manchmal suchen Menschen Rat, weil sie andere wissen (oder durch Gedankenlesen herausfinden) lassen möchten, wie schlecht sie sich fühlen. Vielleicht wünschen sie sich eine Bestätigung dessen, daß sie es »verdienen«, eine Kreuzfahrt zu unternehmen, oder daß das, was sie zu tun beabsichtigen, eine kluge Entscheidung ist. Oft erscheinen Ihre Ratschläge einem BPS-Patienten so lange als plausibel, wie Sie mit ihm zusammen sind; wenn Sie dann später beide wieder getrennter Wege gehen, melden sich bei ihnen die Stressoren und Emotionen erneut, und das Krisenverhalten kehrt zurück.

Kathy hatte über das Internet einen Mann kennengelernt, der von sich behauptete, er sei Millionär. Er schickte ihr Bilder aus »fremden Ländern«, auf denen er meist ein T-Shirt mit dem Namen des betreffenden Landes trug, doch diese Bilder konnten durchaus auch in seinem Wohnzimmer aufgenommen worden sein. Kathy reservierte mehrmals Flüge, um ihn zu treffen, aber er sagte die Termine jeweils im letzten Augenblick ab, weil er angeblich in einen Regenwald in Südamerika reisen müsse, wo es keine Telefonverbindung gebe (natürlich schickte er ihr von eben diesem Ort aus eine SMS). Einmal flog Kathy tatsächlich zum Wohnort des Mannes und verbrachte dort einige Tage in einem Hotel, bis er ihr schließlich mitteilte, er sei geschäftlich unterwegs und könne sie deshalb nicht treffen.

Als Kathy mich nach meiner Meinung über diesen Mann fragte, sagte ich ihr, mir sei jeder verdächtig, der sich auf einer Website anmelde, auf der man gefragt werde, ob man Millionär sei, ohne daß diese Angaben überprüft würden, und ich machte mir Sorgen, weil sie sich Flugtickets kaufe und er sie dann auffordere, diese Flüge wieder zu annulieren. Ich bat sie, sich mit mir zusammen Gedanken über die gesamte Situation zu machen, und daraufhin gelang es ihr festzustellen, daß der Mann mit hoher Wahrscheinlichkeit ein Betrüger war. Als sie später wieder in ihrem Apartment allein war, überkam sie das Gefühl, ihr Alleinsein nicht ertragen zu können. Sie hielt den Kontakt zu dem Mann auch weiter aufrecht, nachdem er ihr gestanden hatte, er sei verheiratet, weil es ihr lieber war, über das Internet Kontakt zu einem verheirateten Mann zu haben, als völlig allein zu sein. Viele der dysfunktionalen Entscheidungen, die Menschen mit einer BPS in Beziehungen treffen, basieren auf ihrer Unfähigkeit, Alleinsein zu ertragen.

Rekapitulieren Sie noch einmal einige wichtige Empfehlungen aus Kapitel 8:

- *Nehmen Sie nicht an, daß der Mensch, den Sie lieben, kompetent ist* – daß er diese Krise hätte vermeiden können. Kathy mag in ihrem Beruf gute Arbeit leisten und den Eindruck erwecken, daß sie ihr Leben im Griff hat, aber sie kann ihr Alleinsein nicht ertragen, insbesondere wenn andere Stressoren ihr Unbehagen noch verstärken.
- *Achten Sie auf ein ausgewogenes Verhältnis zwischen Interventionen und Coaching.* Ständiges Intervenieren laugt Sie aus, hält Sie in Ihrer eigenen permanenten Krise gefangen, und der geliebte Mensch lernt nicht, Probleme ohne die impulsiven Handlungen zu lösen, die immer wieder neue Krisen verursachen. Versuchen Sie herauszufinden, über welche Fähigkeiten der andere tatsächlich verfügt. Wenn er es einfach nicht schafft, Selbstinvalidierungen

zu unterlassen, oder wenn er in starken Emotionen verharrt, so sehr Sie sich auch damit abmühen mögen, seine Emotionen zu beruhigen, sollten Sie eine Situation kurz nach solchen Begegnungen nutzen, um auf den eventuellen Nutzen professioneller Hilfe hinzuweisen. (Wenn Sie dies in der Hitze des Augenblicks versuchen, führt es wahrscheinlich zu nichts.) Üben Sie sich auch weiter darin, die Unfähigkeit der geliebten Person, bestimmte Dinge zu tun, zu akzeptieren – das Empfinden von Wut erschöpft nur Ihre Energie und untergräbt Ihre Gesundheit noch stärker, als die bestehenden Krisen es ohnehin schon tun.

Manchmal besteht das Menschlichste, was Sie tun können, darin, der geliebten Person zu helfen, indem Sie intervenieren. Zu diesem Zweck können Sie die stärksten Stressoren identifizieren und dann eine Möglichkeit finden, deren Wirkung zu verringern. Vielleicht laden Sie Bella ein, mit Ihnen ein Wochenende am Meer zu verbringen, statt daß sie viel Geld für eine Kreuzfahrt ausgibt. Jemand, der meiner Klientin nahesteht, könnte sie fragen, ob sie mit deren Kindern ins Kino gehen soll, um ihr die Möglichkeit zu geben, sich ein wenig von ihrem Streß zu erholen. Wenn Sie etwas tun wollen, um einem geliebten Menschen zu helfen, dann schauen Sie sich an, wo sich seine Stressoren befinden, und versuchen Sie, etwas zu tun, um deren Wirkung zu lindern. Wenn Sie später etwas tun, um die Folgen von Krisenverhalten zu verändern, können Sie dieses ungewollt verstärken. Denken Sie darüber nach, was den anderen für Krisenverhalten anfällig macht (Einsamkeit, finanzielle Belastungen, gesundheitliche Probleme), und setzen Sie an diesen Punkten mit einer Intervention an.

Drei Möglichkeiten, Weisheit zu fördern

Menschen wie Kathy, die sich in einer Krise befinden, derer sie nicht einmal gewahr sind, bitten oft um Rat und tun anschließend, was sie auch ohne den Rat getan hätten. Dies ist eine Art, in eine *unablässige* Krise zu geraten. Wie ich bereits sagte, besteht manchmal die einzige Möglichkeit, den Teufelskreis zu unterbrechen, darin, den Crash abzuwarten und dann alles zu tun, um den geliebten Menschen dazu zu bringen, sich einer Behandlung zu unterziehen. Das bedeutet jedoch nicht, daß Sie sich weigern sollten, Ihre Meinung zu äußern, wenn Sie darum gebeten werden. Es bedeutet vielmehr, daß Sie auf eine Bitte um Rat auf eine Weise eingehen können, die eine positivere Wirkung haben könnte.

1. *Helfen Sie der geliebten Person, zu ihrer »inneren Weisheit« in Kontakt zu treten.* Was wir in der DBT »innere Weisheit« (»*wise mind*«) nennen, ist eine Synthese von Emotion und Vernunft. Die innere Weisheit kann sowohl zu Beginn einer Krise als auch, wenn die Krise stärker wird, genutzt werden. Man könnte denken, es gehe darum, den geliebten Menschen dazu zu bringen, die Emotionen auszuklammern und sich ausschließlich auf den Verstand zu verlassen. Das wäre für einen besonders emotionalen Menschen allerdings sehr schwer. Ihn aufzufordern, beim Entscheidungsprozeß die Emotionen völlig auszuklammern, könnte so invalidierend wirken, daß er die Möglichkeiten, die sich daraus ergeben, gar nicht in Betracht zöge. Besser wäre es deshalb wahrscheinlich, ihn an einen Punkt zu bringen, an dem er selbst auf den Gedanken käme, sich mit seinen Emotionen und der logischen Lösung eines Problems zu befassen.

   Es gibt verschiedene Möglichkeiten, zur inneren Weisheit in Kontakt zu treten. In den meisten Fällen geht es darum, zu atmen und der inneren Weisheit »zuzuhören«, statt über die Probleme »nachzudenken«. Probieren Sie es einmal aus, um den Unterschied zu begreifen: Atmen Sie ein und aus. Verändern Sie den Atem nicht, um ihn zu vertiefen, sondern atmen Sie ganz natürlich. Stellen Sie sich beim Einatmen eine Frage über etwas, das Sie beunruhigt. Beim Ausatmen lauschen Sie dann, um die Antwort auf Ihre Frage zu hören. Denken Sie nicht über die Antwort nach, sondern hören Sie einfach zu. Manchmal hören Sie vielleicht nichts. Fahren Sie trotzdem mit der Übung fort. Früher oder später taucht in Ihrem Geist eine Antwort auf, die Sie dann hören werden. Dies ist gewöhnlich die Weisheit Ihrer Lösung. Das Problem besteht natürlich darin, daß wir oft zwar wissen, wie die Antwort unserer inneren Weisheit lautet, uns aber nicht danach richten. Bei Menschen mit einer BPS ist das häufig der Fall. Vergessen Sie nie: Wenn die Person, die Sie lieben, sich dafür entscheidet, nicht entsprechend zu handeln, können Sie möglicherweise nichts anderes tun, als zu versuchen, das Leiden, das Sie verspüren, zu ertragen. Sie können aber auch zwei andere Optionen ausprobieren.

2. *Führen Sie eine Für-und-Wider-Analyse durch.* Ein Beispiel für diese Technik haben Sie schon in Kapitel 4 (s. Seite 118) kennengelernt. Bei einer solchen Analyse geht es darum, sich alle Seiten des Problems gründlich anzuschauen. Die Klientin in unserem Beispielfall weiter oben hätte ich aufgefordert zu erforschen, was für die Fortsetzung des Kontakts mit dem Mann und was dagegen spräche sowie auch was dafür spräche, nicht mehr mit ihm zu reden,

und was dagegen spräche, dies nicht mehr zu tun. Auf den ersten Blick könnte man denken, daß das, was für die Fortsetzung des Kontakts zu dem Mann spricht, und das, was gegen die Beendigung des Gesprächs mit ihm spricht, ein und dasselbe sei. Aber tatsächlich werden die entsprechenden beiden Listen unterschiedlich ausfallen, wenn sie vollständig sind. Bitten Sie den geliebten Menschen nach dem Ende der Übung, einen Schritt zurückzutreten und sich die »weise« Lösung anzuschauen. Da es nicht um eine quantitative Erfassung der Für- und Gegen-Argumente geht, brauchen Sie die Antworten nicht zu zählen; besser halten Sie nach den Antworten mit der größten Stärke und Weisheit Ausschau. Es folgt ein Beispiel für die Für- und Wider-Argumente Kathys, die ihren Kontakt zu dem verheirateten »Millionär« betreffen.

	Kontakt erhalten	**Kontakt beenden**
Für	Jemanden zum Reden haben Nicht einsam Nicht gelangweilt Er könnte seine Frau verlassen	Er wird seine Ehe nicht gefährden Keine Schuldgefühle Ich werde später nicht verletzt Ich fühle mich besser in meiner Haut
Gegen	Ich lerne keine anderen Männer kennen Seinetwegen wird mir das Herz brechen Schuldgefühle, weil er verheiratet ist Schuldgefühle, weil ich ihn verletze	Habe niemanden, mit dem ich reden kann Kein »Rausch« wegen eines neuen Mannes Werde mich später einsam und gelangweilt fühlen

Obwohl die Listen ungefähr gleich lang sind, zeigen die Für-und-Gegen-Argumente, daß es für Kathy besser wäre, den Kontakt zu dem Mann zu beenden.

3. *Fragen Sie einfach, was zu tun besonders weise wäre.* Wenn sich die geliebte Person in einer DBT-Behandlung befindet, kennt sie die Terminologie, und Sie können sie fragen: »Was sagt Ihnen Ihre innere Weisheit?« Sie können aber auch fragen: »Was wäre in diesem Fall das Klügste, das Sie tun können?« Wie ich festgestellt habe, wissen Menschen erstaunlicherweise sogar in der Hitze des Augenblicks meist korrekt zu sagen, worin eine weise Entscheidung

bestände. Aber noch einmal sei hier darauf hingewiesen, daß es für uns alle oft sehr schwer ist, der Weisheit zu folgen.

Helfen Sie dem Menschen, den Sie lieben, bessere Möglichkeiten, sich abzulenken, zu finden

Einer der Gründe dafür, daß sich BPS-Patienten in einer permanenten Krise befinden, ist, daß es ihnen schwerfällt, negative Ereignisse in ihrem Leben zu ertragen. Sie sind solchen Ereignissen gegenüber emotional verletzlich, und ihre Lebensgeschichte hat sie gelehrt, daß sie nicht nur in Reaktion auf sie Schmerz erleben, sondern daß dieser Schmerz auch als inakzeptabel und beschämend abgetan wurde. Deshalb weiß die geliebte Person möglicherweise, daß es klug wäre, sich für eine bestimmte Alternative zu entscheiden, daß sie zu dieser Entscheidung aber nicht in der Lage ist, weil das für sie eine negative Folge haben könnte. Kathy müßte sich dann möglicherweise mit ihrer Einsamkeit auseinandersetzen. Sie müßte sich dann eingestehen, daß sie getäuscht wurde. Wenn eine Schwierigkeit auftaucht, möchten Menschen mit einer BPS fliehen oder dem Problem bzw. der belastenden Emotion aus dem Weg gehen. Wir alle haben manchmal diesen Impuls. Wenn ihr geliebtes Haustier stirbt, ziehen Sie es möglicherweise vor, nicht zu trauern, weil Trauer schmerzt. Aber Sie gehen durch die Trauer, weil Sie wissen, daß Sie gar keine andere Möglichkeit haben und daß Sie es überleben werden. BPS-Patienten glauben, ihre Trauer würde sie überwältigen; sie glauben tatsächlich, sie würden die Trauer nicht überleben, und tun deshalb alles, was in ihrer Macht steht, um nicht trauern zu müssen. Auch Kathy könnte sich so verhalten, weil sie es vermeiden will, sich einsam oder töricht zu fühlen.

Ich erkläre meinen Klienten, daß der Drang, sich von negativen Ereignissen im eigenen Leben zu entfernen, das Problem ist, weil ihre Versuche, sich Linderung zu verschaffen, oft so problematisch sind. Die Lösung ist ziemlich einfach, erfordert aber viel Übung, wenn Menschen mit einer BPS sie anwenden wollen: Sie müssen sich ungefährliche Möglichkeiten, sich abzulenken, suchen. Wir tun viele Dinge dieser Art, ohne wirklich darüber nachzudenken:

- ein Buch lesen
- im Kino einen Film anschauen
- fernsehen
- einen Freund besuchen
- ehrenamtlich tätig sein
- Sudoku-Rätsel lösen
- stricken
- ein Zimmer anstreichen
- das Haus reinigen

Alle diese Möglichkeiten können Sie dem Menschen, den Sie lieben, vorschlagen, damit er sich daran gewöhnt, sich von negativen Ereignissen abzulenken, wenn er den Drang zu fliehen verspürt. Legen Sie ihm ans Herz, alles, was er tut, mit größtmöglicher Aufmerksamkeit zu tun, denn das hilft ihm wirklich. Das Problem für BPS-Patienten ist, daß es ihre emotionalen Probleme nicht langfristig löst, sich abzulenken. Denn wenn sie mit der ablenkenden Aktivität aufhören, stellt sich das Leiden erneut in voller Stärke ein. Machen Sie den Betreffenden darauf aufmerksam, daß dies passieren kann, aber sagen Sie ihm auch, daß das Ablenken eine zeitweilige Linderung bewirkt, so wie ja auch der Besuch einer Bar und der dortige Konsum von Alkohol nur zeitweilige Linderung verschafft. Allerdings haben das Anstreichen eines Zimmers und die Arbeit für wohltätige Zwecke praktisch keine negativen Folgen.

Längerfristig müssen Menschen mit einer BPS lernen, aktiv Probleme zu lösen. Sich abzulenken lindert Emotionen immer nur zeitweilig. Aber oft helfen die Ablenkung und die innere Weisheit, die Emotionen so weit zu verringern, daß die Anwendung von Problemlösungsmethoden möglich wird. Sobald dies eingetreten ist, können Sie dem geliebten Menschen helfen, die in Kapitel 7 beschriebenen Problemlösungsstrategien anzuwenden.

Bei nicht nachlassenden Krisensituationen müssen die Betroffenen eine Möglichkeit finden, die Krise zu beenden. BPS-Patienten versuchen, ein Verhalten anzuwenden, das zur Beendigung der Krise führt (beispielsweise in Form eines Suizidversuchs), oder sie verschließen sich völlig. Wir bezeichnen die beiden genannten Möglichkeiten als *gehemmtes Trauern (inhibited grieving)*, und damit beschäftigen wir uns im nächsten Kapitel.

KAPITEL 10

»Alles in bester Ordnung – mir geht es gut!«

Sarahs Reaktionen verwirren Sie. Manchmal scheint sie gar nicht zu empfinden, wie schlecht es ihr geht. Und doch wissen Sie, daß sie gelegentlich von Verzweiflung überwältigt wird, weil ihr Leben nicht ihren Wünschen entspricht. Sie sehen regelrecht, wie sie sich verschließt, wenn sie nach Ihrer Meinung Emotionen zeigen müßte. Sie pendelt zwischen dem Taumeln von Krise zu Krise und völliger Emotionslosigkeit.

Der starke Ausdruck von Emotionen spiegelt oft, wie Menschen mit einer BPS überwältigende Emotionen empfinden. Doch wenn jemand seit Jahren starke Emotionen empfindet, tritt manchmal eine andere Art von Verhalten zutage. In der Regel haben BPS-Patienten schwere Verluste erlebt. Manchmal haben sie Menschen verloren, die für sie wichtig waren. Und oft verlieren sie das Gefühl, ihr Leben unter Kontrolle zu haben. Das für ihr Leben oft typische Chaos kann dazu führen, das sie sogar in Zusammenhängen Verluste empfinden, in denen diese gar nicht eingetreten sind. Menschen wie Sarah können das Gefühl haben, sie hätten einen Verlust erlitten, wenn sie sich kritisiert, abgelehnt oder übersehen fühlen. Sie reagieren gleichermaßen auf reale wie auf nur wahrgenommene Verluste sehr negativ. Wenn sich Verlusterlebnisse in ihrem Leben häufen, entwickeln sie das Gefühl, ihr Leben sei von Trauer bestimmt. Eine Häufung von Verlusten kann zwei unterschiedliche Arten von Auswirkungen haben:

1. *Menschen mit einer BPS werden für Verluste besonders sensibel.* Wenn wir eine bestimmte negative emotionale Reaktion immer wieder erleben, werden wir in der Regel für das ursächliche Ereignis sensibilisiert. Wenn Sie bei jeder Begegnung mit einem großen schwarzen Hund gebissen werden, reagieren Sie nach einer Weile beim Anblick eines schwarzen Hundes mit starker Angst. So ergeht es auch Menschen mit einer BPS, wenn sie glauben, sie würden einen Verlust erleben. Aufgrund ihrer besonderen Sensibilität reagieren sie sehr stark auf einen realen oder wahrgenommenen Verlust. Manchmal

überwinden BPS-Patienten den Verlust eines Haustiers nicht, was den meisten Menschen zumindest mit der Zeit gelingt. Oder wenn der BPS-Patient der Meinung ist, Sie hätten ihm in einer bestimmten Situation »den Rücken frei halten« müssen, er aber findet, daß Sie sich nicht entsprechend verhalten haben, reagiert er möglicherweise, als hätte er einen schrecklichen Verlust erlitten.

2. *Menschen mit einer BPS verarbeiten Verluste nicht.* Wenn sich die Verluste häufen, werden sie manchmal so sehr von Traurigkeit überwältigt, daß sie ihre Verlusterlebnisse nicht mehr verarbeiten. Wenn dann ihr Haustier stirbt oder ihre Ehe endet, zeigen sie keine emotionale Reaktion auf den Verlust. Wissenschaftliche Untersuchungen haben gezeigt, daß BPS-Patienten ebenso wie Menschen mit einer posttraumatischen Belastungsstörung (PTBS) oft schon sehr früh viele signifikante Verluste erlebt haben. Und aufgrund ihrer angeborenen besonderen emotionalen Sensibilität erholen sich junge Menschen, die später eine BPS entwickeln, nicht von diesen Verlusterlebnissen. Zeit und Erfahrung in Verbindung mit unzureichenden Entscheidungsfähigkeiten verstärken die Verlustempfindungen und die daraus resultierende Trauer allmählich. Dieses langfristig entstehende Muster von Trauer und Traurigkeit wird so beherrschend, daß die Betroffenen Verlusterlebnisse gar nicht mehr verarbeiten und statt dessen ganz generell aufhören, Emotionen zu empfinden.

Überwältigende Traurigkeit in Verbindung mit dem Vermeiden von Emotionen

Das Problem ist, daß Menschen mit einer BPS überwältigende Traurigkeit empfinden *und* es vermeiden, Emotionen zu erleben. Wir alle, und das gilt auch für Menschen mit einer BPS, wissen, daß wir über Emotionen nur hinwegkommen können, indem wir ihren Ausdruck zulassen. Doch BPS-Patienten fürchten sich aufgrund ihrer besonderen emotionalen Sensibilität und weil ihr Leben häufig von Traurigkeit und Trauer geprägt ist, oft vor Emotionen. Deshalb versuchen sie das Erleben von Emotionen zu verhindern. Kommt es dann in ihrem Leben zu den im Grunde unvermeidlichen Verlusterlebnissen, können sie ihre Trauer über den erlittenen Verlust nicht ertragen und reagieren deshalb darauf, indem sie vermeiden zu trauern. Sie werden Situationen erleben, in denen der geliebte Mensch mit der BPS auf einen Verlust völlig emotionslos zu reagieren scheint. Häufig besteht die Reaktion aber auch in einer Art Pendeln zwischen extremer emotionaler Erregung (Weinen usw.) und striktem Vermeiden jedes Emotionsausdrucks.

> *Menschen mit einer BPS pendeln häufig zwischen dem Ausdruck extremer Traurigkeit und dem völligen Fehlen jedes Emotionsausdrucks, obwohl sie höchstwahrscheinlich Trauer empfinden.*

Möglicherweise versucht die geliebte Person mit der BPS, ihren Emotionen durch impulsive Verhaltensweisen zu entkommen – indem sie sich betrinkt, sich Schnittverletzungen zufügt oder davonläuft. Dies entspricht dem im vorigen Kapitel beschriebenen Muster der unablässigen Krise. Es kann aber auch sein, daß sie ihren Emotionen zu entkommen versucht, indem sie sich emotional abschottet. Zum Pendeln zwischen extremer emotionaler Erregung und völligem Abschalten jeder emotionalen Empfindung kommt es, weil, wie schon erklärt wurde, die unterdrückte Emotion zwangsläufig »explodiert«, sobald sie dann doch zum Ausdruck gelangt. Menschen mit einer BPS häufen unterdrückte Verlusterlebnisse an. Allmählich wird es dann immer schwieriger, die damit verbundenen Emotionen zu vermeiden; sie verstärken dann andere emotionale Erlebnisse, und dadurch nimmt die Dynamik des zyklischen Ablaufs immer stärker zu.

Die Überzeugung, daß negative Emotionen niemals enden werden

Der Mensch, den Sie lieben, widersetzt sich dem Erleben belastender Emotionen möglicherweise, weil er glaubt, diese Emotionen würden nie enden. Als mein Stiefvater starb, war ich sehr traurig. Ich hatte aber schon vorher Verluste erlebt. Mein Vater war gestorben, als ich zwanzig Jahre alt war. Den Verlust meines Vaters zu betrauern war für mich sehr schwer, aber ich trauerte, und deshalb endete meine Trauer schließlich. Dadurch lernte ich, daß ich trauern konnte, ohne in der Trauer zu ertrinken. Beim Tod meines Stiefvaters hatte ich aufgrund des vorangegangenen Trauererlebnisses gelernt, daß ich trauern konnte und daß die Traurigkeit nicht für immer bestehen bleiben würde, und deshalb war ich bereit, sie zu erleben. Menschen mit einer BPS fehlt diese Erfahrung. Sie haben erlebt, daß sie in einer Flutwelle von Emotionen gefangen waren, die sie zu ertränken drohte. Deshalb mußten ihnen die Folgen von Trauer als nie endend und katastrophal erscheinen.

Viele BPS-Patienten berichten mir, sie hätten das Gefühl, in ihrem Inneren befinde sich nichts als eine Anhäufung von Emotionen. Sie sehen sich als ein unentwirrbares Knäuel von Emotionen. Sie fürchten, ihre Emotionen nicht mehr stoppen zu können, wenn sich das Garnknäuel erst einmal abzuwickeln beginnt. Ich hatte viele Klienten mit einer BPS, die mir erzählten, wenn sie erst einmal zu weinen anfingen, würden sie nie mehr damit aufhören. Manchmal brauchen sie eine negative Emotion nicht einmal zu erleben, um das Gefühl zu bekommen, sie würden darin ertrinken.

Wegen ihrer Sensibilität gegenüber Emotionen lernen BPS-Patienten schon sehr früh, daß ihre Emotionen sehr leicht außer Kontrolle geraten können. Wissenschaftler haben herausgefunden, daß Traurigkeit und Trauer von BPS-Patienten als besonders unkontrollierbar empfunden werden. Deshalb erklären wir ihnen, wenn wir ihnen im Rahmen der DBT Emotionsregulationsfertigkeiten beibringen, daß ihre Störung bewirken kann, daß sie phobisch auf Emotionen im allgemeinen und speziell auf Trauer reagieren. Bei einigen von ihnen kann jede negative Emotion einen vollständigen Shutdown verursachen. In der DBT bezeichnen wir diese Reaktion als *gehemmtes Trauern (inhibited grieving).*

Wie erkennt man gehemmtes Trauern?

Wenn die Person, die Sie lieben, Emotionen vermeidet, können Sie gehemmtes Trauern bei ihr an verschiedenen Anzeichen erkennen. Impulsives Verhalten zeigt oft, daß jemand versucht, sich Emotionen völlig zu verschließen. Außerdem kann man gehemmtes Trauern am Fehlen jedes Gesichtsausdrucks und jedes körpersprachlichen Ausdrucks, den man in Zusammenhang mit der betreffenden Emotion erwarten würde, erkennen.

Fehlender Gesichtsausdruck und fehlender emotionsbezogener körpersprachlicher Ausdruck

Wenn ein Mensch seine Trauer unterdrückt, wirkt sein Gesicht in der Regel ausdruckslos, und er läßt keine Emotion erkennen. Es gibt kein Anzeichen für die Emotionen, die man in der betreffenden Situation bei ihm erwarten würde – ähnlich wie Sie sich über Sarahs scheinbaren Mangel an Emotionen gewundert hätten, wenn Sie wüßten, daß die Situation bei ihr eigentlich ein Gefühl der Verzweiflung hervorrufen müßte.

Alle Emotionen sind mit bestimmten universellen Formen physiologischen Ausdrucks verbunden. Wenn Sie ein Kätzchen in einen Kindergarten in der Ukraine bringen, sehen Sie auf den Gesichtern der Kinder die gleichen Emotionen wie in einem Kindergarten auf den Fidschi-Inseln. Kinder überall auf der Welt würden beim Anblick des Kätzchens lächeln und ihre Freude durch Sprünge zum Ausdruck bringen. Ihre Augen würden groß werden und strahlen. Sie würden auf Sie zu laufen. Es wäre deutlich erkennbar, daß sie glücklich sind. Sie könnten diese Emotion benennen, sich mit den Kindern hinsetzen und ihnen beibringen, dieses Gefühl als Glück zu bezeichnen. Und wenn Sie das Kätzchen wieder mitnähmen, würden die Kinder in der Ukraine und auf den Fidschi-Inseln ebenfalls die gleiche Emotion zum Ausdruck bringen: Sie würden die Stirn runzeln oder weinen. Sie würden Wörter benutzen, die Traurigkeit ausdrücken (»Bitte, nimm es uns doch nicht weg!«). Auf den Gesichtern der Kinder wäre dann Traurigkeit zu erkennen, und Augen und Mund nähmen einen bedrückten Ausdruck an. Traurigkeit kommt gewöhnlich in Form von Weinen zum Ausdruck. Weil die physiologische Erregung abnimmt, verlangsamen die Kinder ihre Bewegungen, was beispielsweise dazu führen kann, daß ihre Füße über den Boden schleifen, statt daß sie wie vorher umherspringen. Dies alles zeigt, daß wir die Traurigkeit eines Menschen normalerweise erkennen können.

Hemmt die Person, die Sie lieben, ihre Trauer, läßt sie entweder gar keine Emotion erkennen oder zeigt eine Emotion, die mit dem Erlebten nichts zu tun hat. Sie verbirgt also, was sie tatsächlich empfindet. Fragen Sie einen Menschen, der gehemmte Trauer erlebt, was er bezüglich eines bestimmten Ereignisses empfindet, sagt er: »Ich empfinde gar nichts.« Er wirkt weder traurig, noch gesteht er seine Traurigkeit ein. Dies ist etwas anderes als »scheinbare Kompetenz«, die daran zu erkennen wäre, daß die betroffene Person sagte: »Ich fühle mich traurig«, aber weder traurig aussähe noch so klingen würde. Die Behandlung gehemmten Trauerns muß zum Ziel haben, daß der Mensch, den Sie lieben, tatsächlich Traurigkeit *erlebt*. Bei der Behandlung scheinbarer Kompetenz hingegen geht es darum, den geliebten Menschen dazu zu bringen, die Trauer adäquat *auszudrücken*.

Ein Unterschied zwischen gehemmtem Trauern und scheinbarer Kompetenz ist, daß die Betroffenen im ersten Fall ihre Traurigkeit gar nicht ausdrücken oder anerkennen und im zweiten Fall Traurigkeit zwar verbal ausdrücken, aber keine nonverbalen Anzeichen dafür erkennen lassen.

Wie Menschen Trauern zu hemmen versuchen

Menschen mit einer BPS, die ihre Traurigkeit und Trauer unterdrücken, können ihre Emotionen auf zwei Arten zu unterdrücken versuchen: indem sie es vermeiden, die Emotion innerlich zu erleben, und indem sie die äußeren Anzeichen für die Emotion vermeiden.

Das innere Erleben der Emotion vermeiden

Wenn der geliebte Mensch seine Trauer hemmt, zeigt er entweder keinerlei Emotionen oder eine Emotion, die nichts mit dem auslösenden Erlebnis zu tun hat – beispielsweise Lächeln, obwohl Ihnen klar ist, daß das, was soeben passiert ist, ihn normalerweise traurig machen müßte. Diese Reaktion, mit der wir uns im folgenden noch eingehender beschäftigen werden, ist nicht vergleichbar mit dem inkongruenten oder gedämpften emotionalen Ausdruck, um den es in Kapitel 8 ging. Zeigt ein Mensch mit einer BPS scheinbare Kompetenz, erlebt er wahrscheinlich die Emotion, läßt dies aber äußerlich nicht erkennen oder bringt es nicht adäquat zum Ausdruck. Wir nennen dies *Maskieren einer Emotion*. Beim gehemmten Trauern hingegen erlebt der Betroffene die Emotion gar nicht. Manchmal ist ihm bewußt, daß er seine Traurigkeit und Trauer unterdrückt, aber dies kann auch so automatisch geschehen, daß ihm nicht einmal klar ist, daß er es vermeidet, die Emotion zu erleben.

Vermeidet jemand, eine Emotion innerlich zu erleben, tut er das normalerweise nicht willentlich, sondern hat im Laufe der Zeit gelernt, es automatisch zu tun. Bei vielen Menschen ist das Unterdrücken von Traurigkeit fast zu einem Reflex geworden. Wenn Sie jemals erlebt haben, daß das Gesicht eines geliebten Menschen, mit dem Sie redeten, plötzlich völlig starr wurde und jeden emotionalen Ausdruck verlor, könnte der Betreffende eine Emotion gehemmt haben, ohne sich darüber im klaren gewesen zu sein.

In anderen Fällen vermeiden BPS-Patienten das innere Erleben von Emotionen absichtlich. Der Mensch, den Sie lieben, kann zwar nicht verhindern, daß sein Haustier stirbt, aber wenn ihn deshalb Traurigkeit befällt, vermeidet er diese. Ich hatte Klienten, die sagten: »Ich lasse Traurigkeit nicht zu. Sobald ich sie spüre, verschließe ich mich ihr.« Wenn Menschen ausgehen und sich betrinken, um nicht zu Hause mit einer Emotion allein sein zu müssen, vermeiden oder hemmen sie die Emotion absichtlich.

Allerdings kann es auch sein, daß ein BPS-Patient, der die Emotionen, die Sie von ihm in einer bestimmten Situation erwarten würden, nicht zum Ausdruck bringt, diese Emotionen maskiert, wie in Kapitel 8 erläutert wurde. Er zeigt dann entweder eine Emotion, die mit dem, was er tatsächlich empfindet, nichts zu tun hat, oder er zeigt gar keine Emotion (so wie ein Schiedsrichter in einer Fernseh-Spielshow). Woran können Sie den Unterschied zwischen dem Maskieren einer Emotion und dem Vermeiden einer Emotion erkennen? Stellen Sie sich den Unterschied zwischen einem Menschen, der sich bei der Beerdigung eines geliebten Elternteils »um die Organisation kümmert«, und jemandem vor, der während der Feier fast katatonisch wirkt oder der gar nicht anwesend ist, sondern in der nächsten Bar sitzt und sich betrinkt, um die in ihm aufkommende Trauer möglichst wirksam zu vermeiden.

Dissoziation

Manchmal wird der Mensch, den Sie lieben, Ihnen erklären, mit ihm sei »alles in Ordnung«, und es gebe keine Probleme. Sogar anläßlich von Situationen wie Beerdigungen, in denen andere Menschen Emotionen zeigen, hemmen Menschen mit einer BPS oft ihre Trauer und wirken gar nicht traurig. Der Grund kann sein, daß die Betreffenden während der Hemmung ihrer Trauer manchmal dissoziieren. Dissoziation ist im Grunde nichts anderes als das Sich-Verschließen gegenüber einer Emotion durch Abtrennen des Bewußtseins von ihr. Wir alle dissoziieren. Tagträumen ist eine schwache Form von Dissoziation. Ebenso verhält es sich, wenn wir auf einer vertrauten Strecke »auf Autopilot« autofahren und wenn wir uns an den Rückweg von einem Lebensmittelgeschäft absolut nicht erinnern können, wie ich schon in Kapitel 1 beschrieben habe. Das Bewußtsein trennt sich dabei eine Weile vom Körper und von den Emotionen. Bei starker Dissoziation kann die betroffene Person weiter voll funktionsfähig bleiben, aber auch stundenlang einfach dasitzen und nichts tun. Menschen können im Zustand der Dissoziation nicht den gegenwärtigen Augenblick erleben. Traumatisierte dissoziieren manchmal, wenn ihr Trauma durch auftauchende Hinweisreize gefährlich nahe rückt.

Es gibt viele Gründe für eine Dissoziation, doch das wichtigste, was sie über diesen Zustand wissen müssen, ist, daß Menschen, die sich in ihm befinden, keine Emotionen erleben. Natürlich sammeln sich die Emotionen oft an, sie werden nicht erlebt, und sie treten später in Form einer extremen Krise zutage. Oft neigen BPS-Patienten zu impulsivem Hochrisikoverhalten, weil sie hoffen, dadurch ihren Emotionen entkommen zu können. Während sie zwischen die Krise verstärkenden und impulsiven Verhaltensweisen, die helfen, Emotionen zu vermeiden, schwanken, werden ihre Emotionen und die mit diesen verbundenen Probleme immer stärker.

Wechsel zu einer anderen Emotion

Manchmal meiden Menschen eine Emotion, indem sie eine andere Emotion erleben. Wenn Sie schon einmal sehr traurig waren und dann wütend wurden, ist Ihnen dann aufgefallen, daß die Wut angenehmer und besser zu ertragen war als Traurigkeit? Sie haben in dieser Situation gelernt, daß Wut Ihnen hilft, Traurigkeit zu vermeiden. Stellen Sie sich nun vor, daß der Mensch mit einer BPS, den Sie lieben, sehr wütend ist. Manchmal hängt Wut mit einem auslösenden Ereignis zusammen. Jemand beschimpft ohne erkennbaren Grund Ihre Schwester, und sie wird daraufhin wütend. In vielen anderen Fällen fungiert die Wut als Abschottung gegen noch unangenehmere Emotionen. Möglicherweise hat der Mensch, den Sie lieben, in seinem Beruf ein Problem oder steht kurz vor dem Verlust seines Arbeitsplatzes. Trauer über einen solchen Verlust wäre eine sehr verständliche Emotion. Wenn der Betreffende nach Hause kommt und Ihnen von seiner Situation berichtet, ist er sehr wütend auf seine Kollegen und Vorgesetzten. Die Wut kann natürlich auch eine primäre Reaktion auf die Kündigung sein, aber sie könnte durchaus die Funktion erfüllen, die Trauer über den bevorstehenden Verlust der Arbeit fernzuhalten.

Wenn Sie glauben, daß der geliebte Mensch tatsächlich Traurigkeit empfindet, es aber durch Wut oder eine andere Emotion vermeidet, dies zu spüren, dann sollten Sie die Traurigkeit validieren. Aber sagen Sie nicht einfach, die andere Person erlebe tatsächlich Traurigkeit und zeige statt dessen Wut. Dies würde invalidierend wirken und wahrscheinlich zu einer emotionalen Explosion führen. Sagen Sie statt dessen etwas wie: »Wenn mir das passierte, würde ich mich sehr traurig fühlen«, und beobachten Sie dann die Reaktion auf diese Äußerung. Manchmal führt es einen Menschen zu seiner Emotion, wenn eine Situation als normal beschrieben wird. Es kann aber auch sein, daß er Ihnen widerspricht, indem er sagt: »Nun, das bist du, aber *ich* bin nicht traurig. Ich bin wütend.« Streiten Sie nicht. Wenn Sie das Gefühl haben, daß die andere Person für das, was Sie sagen, offen ist, können Sie darüber reden, wie beängstigend und überwältigend Traurigkeit wirken kann. Sagen Sie ihr, daß Sie sie nicht verlassen werden und sie folglich nicht in ihrer Trauer ertrinken wird.

Vermeiden der äußeren Signale, die Traurigkeit hervorrufen

Der Mensch, den Sie lieben, könnte auch ein äußeres Signal vermeiden, das bei ihm Traurigkeit hervorruft, wenn er versucht, das Trauern zu hemmen. Bei den Signalen kann es sich um Ereignisse handeln, die Traurigkeit auslösen. Durch Vermeiden von Situationen, die Traurigkeit hervorrufen, kann die geliebte Person versuchen, ihre Umgebung so zu beeinflussen, daß sie nicht in Gefahr kommt, eine negative Emotion zu erleben. Ich hatte einmal eine Klientin, die sich nach einer Beziehung zu ihrem Vater sehnte, der sich von der Familie getrennt hatte. Sie litt in vielerlei Hinsicht darunter, keine Beziehung zu ihm zu haben. Doch wenn er sie einlud, ihn zu besuchen, lehnte sie dies jedesmal ab. Menschen aus ihrem Umfeld warfen ihr vor, sie »wolle, daß es ihr schlecht gehe«, aber tatsächlich war das genaue Gegenteil der Fall. Sie fürchtete sich so sehr davor, daß die Beziehung zu ihrem Vater scheitern und sie den Vater erneut verlieren würde, daß sie sich nicht dazu durchringen konnte, ihn zu besuchen.

Möglicherweise werden Sie feststellen, daß der Mensch, den Sie lieben, Orte, Menschen oder Dinge meidet, die für ihn mit Erlebnissen der Trauer und des Verlustes verbunden sind. Eine andere Klientin von mir besuchte keine Synagoge, weil ihr Großvater Rabbi gewesen und gestorben war. Um die verständliche Trauer nicht zu erleben, die beim Anblick eines Rabbi in einer Synagoge in ihr aufkommen würde, stellte sie ihre Synagogenbesuche völlig ein. Weil sie die Gottesdienste mied, isolierte sie sich immer stärker und empfand deshalb noch mehr Traurigkeit und darüber hinaus Schuld (weil sie ihre religiösen Pflichten nicht erfüllte) und Scham. Diese Emotionen mußte sie natürlich ebenfalls vermeiden, weshalb sie sich freitagsabends, wenn ihre Familie beim Sabbat-Essen saß, betrank und bis zum Samstagabend, wenn die religiöse Woche endete, mit dem Trinken nicht mehr aufhörte. Als ihre Familie versuchte, mit ihr über die Situation zu reden, erstarrte ihr Gesichtsausdruck, und sie weigerte sich zu sprechen. Ihre Mutter glaubte, sie sei nur launisch und unkooperativ. Doch tatsächlich ging es ihr darum, die Emotionen, die sie verspürte, zu vermeiden. Sie befand sich in einem Teufelskreis, da sie Umgebungssignale zu vermeiden suchte, die bei ihr Traurigkeit hervorgerufen hätten; doch dadurch entstanden weitere negative Emotionen, die sie ebenfalls vermeiden mußte, was ihre Familie zu neuen Fragen veranlaßte, die wieder neue negative Emotionen hervorriefen, welche die Klientin ebenfalls vermeiden mußte. So schraubte sich die Spirale immer höher. Natürlich konnte dies nicht ewig so weitergehen. Andere

Familienmitglieder besuchten sie, um herauszufinden, was mit ihr los war. Daraufhin sperrte sie sich in ihr Schlafzimmer ein, konsumierte eine Überdosis und landete auf der Intensivstation eines Krankenhauses.

Was man bei gehemmtem Trauern tun kann

Als Familienmitglied können Sie das gehemmte Trauern eines Menschen, den Sie lieben, wahrscheinlich nicht »behandeln«. Wenn der geliebte Mensch sich verschließt, ist Validierung die beste verfügbare Strategie.

Validieren Sie die Emotion, die die geliebte Person wahrscheinlich erlebt – und validieren Sie, wie belastend es ist, sie zu erleben

Validieren Sie die Emotionen, welche der Mensch, den Sie lieben, erleben muß, und validieren Sie, wie hart es ist, sie zu erleben. Die DBT erkennt an, daß extreme emotionale Reaktionen eines Therapeuten einen BPS-Patienten von einem Extrem ins andere treiben können. Dies gilt auch für Menschen, die einen BPS-Patienten lieben. Wenn also die geliebte Person eine Scheidung durchlebt und Ihnen klar ist, daß sie nicht die Trauer empfindet, die sie verspüren müßte, um mit dem erlittenen Verlust fertig zu werden, und daß sie sich jeden Abend betrinkt, müssen Sie Ihre eigene emotionale Reaktion mäßigen. Wenn Sie wegen der Situation der anderen Person extrem traurig werden und dies ihr gegenüber zum Ausdruck bringen, kann sie sehr impulsiv reagieren, um die Emotion zu vermeiden, und so die Krise perpetuieren. Reagieren Sie andererseits auf ihre Situation nicht mit »echter« Traurigkeit, invalidieren Sie ihr Empfinden von Traurigkeit, und/oder sie denkt, daß sie überreagiert, und bewegt sich in Richtung Impulsivität und Selbstinvalidierung.

Die Hoffnung stärken

Als Zweites müssen Sie bei der geliebten Person die Hoffnung darauf stärken, daß sie ihre momentane Traurigkeit überwinden kann. Ganz gleich, durch welchen Verlust die aktuelle Krise ausgelöst wurde, es ist möglich, darüber hinwegzukommen. Wenn die geliebte Person bereit ist, können Sie ihr Lösungen anbieten, die ihr helfen, ihr Leben in der Gegenwart so neuzugestalten, daß sie das Verlorengegangene anerkennt. Sagen Sie etwas wie: »Ich weiß, daß es sich so anfühlt, als wäre seit dem Ende Ihrer Ehe nichts mehr so, wie es war. So ist es tatsächlich. Ihr Leben hat sich sehr verändert. Kann ich Ihnen helfen herauszufinden, was Sie jetzt tun können, um ein neues Leben zu beginnen und Ihr altes Leben trotzdem zu respektieren?« *Erinnern Sie sich an den Fünf-Schritte-Prozeß aus Kapitel 4.* Wenn der Mensch, den Sie lieben, anfängt, offen mit Ihnen zusammen zu trauern, dann helfen Sie ihm, die Emotion zuzulassen, statt sie zu vermeiden. Bezieht sich die Trauer auf den Verlust eines anderen Menschen, dann fordern Sie den Menschen, den Sie lieben, auf, Ihnen seine Erinnerungen an den Betreffenden mitzuteilen, während er die Emotion erlebt. Fängt er dann an, sich zu verschließen, dann fragen Sie ihn, was er in seinem Körper spürt. **Emotionen sind körperliche Empfindungen. Wollen Sie eine Emotion erleben, dann fragen Sie sich, was Sie in Ihrem Körper spüren, und achten Sie auf diese Empfindungen.**

Sie sind der Hüter der Hoffnung für einen Menschen,
der glaubt, seine Traurigkeit werde nie enden.

Akzeptieren Sie Ihr Gefühl der Erleichterung über den mangelnden emotionalen Ausdruck

Hat sich die geliebte Person in einem permanenten Krisenzustand befunden, empfindet man manchmal eine gewisse Erleichterung, wenn sie sich allen Emotionen verschließt. Gestehen Sie sich in solch einem Fall ein, daß Sie sich erleichtert fühlen. Allerdings sollte Ihnen auch klar sein, daß das Hemmen von Emotionen für niemanden von uns eine wirklich sinnvolle Form der Bewältigung ist, sondern ein aus dem Kummer geborener Versuch einer Lösung.

Bemühen Sie sich um eine Expositionstherapie

Die einzige Möglichkeit, gehemmtes Trauern zu überwinden, besteht darin, Emotionen tatsächlich zu erleben. Doch wie Sie wissen, meiden BPS-Patienten Ereignisse, die Emotionen aktivieren, sowie auch die Emotionen selbst. In der Verhaltenstherapie gibt es eine Technik, die *Exposition* genannt wird und bei der es darum geht, sich emotionalen Signalen auszusetzen. Diese Technik kann Menschen mit einer BPS helfen, Emotionen wie Trauer und Traurigkeit zu erleben, statt sie zu vermeiden. Expositionsverfahren sind sehr kompliziert und schwer umzusetzen, und ich werde gar nicht erst versuchen, sie Ihnen beizubringen. Wenn der Mensch, den Sie lieben, in seinem Leben ein Trauma erlebt hat, sollten Sie ihn unbedingt dazu bringen, sich auf eine Therapie bei jemandem einzulassen, der Expositionsbehandlungen durchzuführen gelernt hat.

Allerdings sollten Sie sich darüber im klaren sein, daß es nicht das gleiche ist, jemanden zum Erleben von Emotionen zu bringen, wie ihn dazu zu bringen, »seine Gefühle herauszulassen«. Ich höre im Fernsehen häufig Psychologen zu Menschen sagen, sie müßten »alles herauslassen«, als wäre die Emotion ein »es«, das irgendwo im Inneren der Person eingesperrt ist und befreit werden muß. Da ich Behavioristin bin, entspricht das nicht dem, was ich für richtig halte. Es gibt keine Beweise dafür, daß das »Hochwürgen« der Trauer aus dem ganzen bisherigen Leben jemals bewirkt hätte, daß sich jemand besser gefühlt hätte. *Tatsächlich kann genau dies bewirken, daß Menschen mit einer BPS sich schlechter fühlen und daß ihre Neigung zu suizidalem Verhalten verstärkt wird.* Letztlich geht es darum, dem Menschen, den Sie lieben, zu helfen, Emotionen, die sich in seinem Leben manifestieren, vollständig zu erleben, damit sie sich nicht ansammeln und längerfristig mehr Kummer verursachen. Bieten Sie Validierungen an, bringen Sie Hoffnung zum Ausdruck. Vergeben Sie sich, wenn Sie sich erleichtert fühlen, weil der geliebte Mensch den Ausdruck starker Emotionen eine Weile neutralisiert, und versuchen Sie, ihn dazu zu bringen, sich von einem Fachkundigen helfen zu lassen. In Teil 3 dieses Buches finden Sie Hilfe für den Umgang mit Ihren eigenen Emotionen und später für die Suche nach professionellem Beistand, der wirklich etwas zu verändern vermag.

TEIL 3

Der Umgang mit einer Krise, und wie man Hilfe bekommt

KAPITEL 11

Über den Umgang mit eigenen schwierigen Emotionen

In jeder Beziehung erleben wir die gesamte Skala der Emotionen. Menschen, die BPS-Patienten lieben, berichten oft, daß sie im Umgang mit den Betreffenden (ob Eltern, Kindern, Geschwistern oder Partnern) starke Emotionen erleben. Der kommunikative Austausch zwischen Menschen wird je nach Interaktionsart und emotionalem Erregungsgrad intensiviert oder geschwächt. Wenn ein Arbeitskollege auf Sie wütend ist und sich Ihnen gegenüber unfreundlich verhält, reagieren Sie darauf wahrscheinlich mit einer Emotion, und dieses Erlebnis bewirkt, daß Sie sich in Ihrer nächsten Interaktion mit dem Kollegen anders verhalten, als Sie es ohne diesen Vorfall getan hätten: Vielleicht sind Sie vorsichtiger als vorher und jederzeit darauf gefaßt, wütend oder defensiv zu reagieren. Sie können auch bei Ihrer nächsten Begegnung mit jemandem, der mit dem Vorfall, bei dem Ihr Kollege Sie angriff, nichts zu tun hat, emotional empfindlicher und proaktiver reagieren. Solche Transaktionen schaukeln sich gewöhnlich bis zum Ende eines Arbeitstages hoch, und am nächsten Tag sieht wieder alles anders aus. Niemand von uns handelt in einem Vakuum.

Erinnern Sie sich nun einmal an eine Situation, in welcher der Mensch, den Sie lieben, sehr emotional geworden ist. Wurde aufgrund der emotionalen Erregung des anderen auch Ihre emotionale Erregung stärker? Haben Sie auf seine Wut mit Wut reagiert? Wenn ja, hat Ihre Wut die Erregung der anderen Person natürlich verstärkt, was sich wiederum auf Ihren eigenen Erregungszustand ausgewirkt hat usw. Und wie war es danach? Waren Sie wütend auf sich selbst oder auf die andere Person? Hatten Sie Schuldgefühle wegen Ihres Verhaltens oder – falls Sie Vater oder Mutter des geliebten Menschen sind – fühlten Sie sich schuldig wegen Dingen, die Sie früher einmal getan hatten und die nach Ihrer Meinung zu den aktuellen Problemen der geliebten Person oder zu ihrer BPS-Diagnose beigetragen haben könnten? Vielleicht fürchteten Sie, etwas gesagt oder getan zu haben, das die Ursache für das destruktive Verhalten des anderen oder für einen Suizidversuch gewesen sein könnte. Oder Sie waren verzweifelt und traurig darüber, daß das Leben des Menschen, den Sie lieben, und Ihr eigenes Leben nicht verlaufen sind, wie Sie es sich vorgestellt hatten.

Es ist völlig normal, ein ganzes Spektrum von Emotionen zu erleben, wenn man es mit einem Menschen zu tun hat, der wirklich leidet. Würde der geliebte Mensch unter einer unheilbaren Krankheit leiden, würden Sie dieses Emotionsspektrum wahrscheinlich akzeptieren; unsere Kultur erschwert es uns jedoch, Verhaltensweisen als normal zu verstehen, wenn es um Menschen mit einer psychischen Krankheit und einer Verhaltensstörung geht. Ich habe mich schon früher in diesem Buch mit Wut und Traurigkeit beschäftigt, weil diese bei den individuellen Interaktionen mit einem BPS-Patienten und unmittelbar nach solchen Interaktionen so häufig eine Rolle spielen – und weil nicht regulierte Wut sowohl im Augenblick des Geschehens als auch später für beide Beteiligte schädlich sein kann. In Kapitel 4 wurde erklärt, wie man Mitgefühl, Akzeptieren und die Technik des *gegenteiligen Handelns* nutzen kann, um mit solchen im Grunde normalen Reaktionen fertig zu werden. Doch wenn Sie sich schon lange um einen Menschen mit einer BPS kümmern, lauern im Hintergrund auch noch andere Emotionen, die insbesondere dann stärker werden, wenn Sie sich permanent mit Krisen befassen müssen und sich verzweifelt fragen, wo dies enden wird. Die Emotionen, die ich hier meine, sind Schuldgefühle, Furcht und Verzweiflung, und wir werden uns in diesem Kapitel mit ihnen befassen.

> *Es ist ebenso normal, ein Spektrum von Emotionen zu empfinden, wenn ein geliebter Mensch an einer Verhaltensstörung leidet, wie wenn jemand, der Ihnen nahesteht, unter einer schweren körperlichen Krankheit leidet.*

Die Falle ungeprüfter Schuldgefühle

Schuld ist die Emotion, die wir erleben, wenn wir etwas getan haben, das gegen unseren eigenen Moralkodex oder unsere Wertvorstellungen verstößt. Das Gefühl der Schuld weckt in uns den Wunsch, Schaden, den wir verursacht haben, wiedergutzumachen; diese Wiedergutmachung ist der Emotion mit Namen Schuld als Aktivität zuzuordnen. Wenn ein Kind seine Mutter verstimmt, malt es ein Bild für sie oder bringt ihr eine Blume, um die Atmosphäre zu verbessern. Wenn Sie in einem Warenhaus jemandem auf die Füße treten, fühlen Sie sich einen Augenblick lang schuldig und sagen dann zu der Person, der Sie Schmerz zugefügt haben könnten: »Tut mir leid«, um sich zu entschuldigen. Schuldgefühle halten uns davon ab, Dinge zu tun, die anderen weh tun könnten, und wenn sie in einem angemessenen Verhältnis zu unserem Verhalten und zu den äußeren Umständen stehen, ist dies eine sehr effektive Emotion.

Menschen mit einer BPS haben oft völlig unverhältnismäßige Schuldgefühle. Sie fühlen sich entweder wegen allem und jedem schuldig und nehmen alle Schmerzen und alles Unrecht der Welt auf ihre Schultern, weil sie glauben, sie hätten all dies verursacht – das erlebe ich sehr oft bei BPS-Patienten –, oder sie fühlen sich nur sehr selten schuldig, weil ihnen nicht klar ist, wieviel Schmerz andere ihretwegen empfinden. Eine Therapie für BPS-Patienten hat unter anderem zum Ziel, sie dazu zu bringen, ihre Schuld zu verstehen, was die Neigung zum Selbsthaß und zur Selbstinvalidierung verringert. Wenn sich der Mensch, den Sie lieben, in einer Therapie befindet, arbeitet er wahrscheinlich an Schuld und ihrer nächsten Verwandten, der Scham, mit der wir uns schon früher in diesem Buch ausführlich befaßt haben.

Schuld ist bei denjenigen, die Menschen mit einer BPS besonders nahestehen, ebenso verbreitet wie bei den BPS-Patienten selbst. Und sie kann bei beiden gleich schädlich wirken, hauptsächlich weil sie häufig nicht untersucht wird. Wenn Menschen sich schuldig fühlen, versuchen sie oft, ohne nachzudenken Wiedergutmachung zu leisten, so automatisch, wie wenn man in einem Ladengeschäft jemandem auf den Fuß getreten ist. Und wenn die Schuld, die Sie empfinden, bei Ihnen sogleich auch Scham hervorruft, könnten Sie das Schuldgefühl zu unterdrücken und über den Vorfall hinwegzugehen versuchen, ohne in irgendeiner Form eine Wiedergutmachung zu leisten. Beide Reaktionsweisen können problematisch sein, wenn man sie bei Menschen mit einer BPS anwendet.

Bei Schuldgefühlen kann man zwischen gerechtfertigten und ungerechtfertigten unterscheiden. Wird das Gefühl der Schuld nicht untersucht, bleibt unklar, um welche der beiden Arten von Schuldgefühlen es bei Ihnen geht, und dies zu wissen ist wichtig für Sie, weil es über Ihre wahrscheinliche Reaktion entscheidet. Sind Ihre Schuldgefühle ungerechtfertigt, und Sie verhalten sich trotzdem so, als wären sie gerechtfertigt, leisten Sie eventuell eine für Sie selbst nicht förderliche Wiedergutmachung. Stellen sich Ihre Schuldgefühle hingegen als gerechtfertigt heraus, und Sie versuchen nicht, Wiedergutmachung zu leisten, könnten Sie eine Chance versäumen, Ihrer Kommunikation mit der geliebten Person eine positive Richtung zu geben.

Es mag als nicht leicht erscheinen zu erkennen, ob Schuldgefühle gerechtfertigt sind, aber wenn Sie den Unterschied zwischen gerechtfertigten und ungerechtfertigten Schuldgefühlen definieren können, ist es nicht schwer, die empfundene Schuld zu untersuchen, um herauszufinden, um welche von beiden Arten von Schuld es sich handelt. Bei gerechtfertigten Schuldgefühlen geht es um Schuld von der Art, die entsteht, wenn Sie durch Ihr Verhalten gegen Ihre eigenen Wertvorstellungen und moralischen Grundsätze verstoßen haben. Wenn Sie beispielsweise eine Verabredung zum Lunch mit einem Freund versäumt haben und ein für Sie wichtiger Wert darin besteht, Verabredungen grundsätzlich nicht zu versäumen, ist es wahrscheinlich gerechtfertigt, daß Sie sich schuldig fühlen. Aber woran erkennen Sie, daß Schuldgefühle *nicht* gerechtfertigt sind? Stellen Sie sich diese Schuldgefühle als ungerechtfertigt vor – als Schuld, die Sie empfinden, obwohl Sie nichts getan haben, was gegen Ihre eigenen Wertvorstellungen oder Ihre ethischen Grundsätze verstößt.

Versuchen, etwas wieder gut zu machen, obwohl es gar nicht erforderlich ist

Ich habe oft erlebt, daß Menschen, die einen BPS-Patienten lieben, auf ungerechtfertigte Schuldgefühle reagieren – zu ihrem eigenen Schaden, zum Schaden des BPS-Patienten und zum Schaden ihrer gemeinsamen Beziehung. Haben Sie schon einmal versucht, die Situation eines geliebten Menschen mit einer BPS zu verbessern oder sich gegen einen vermeintlichen Angriff auf ihn zur Wehr zu setzen? Vielleicht haben Sie in dieser Situation etwas getan, das seinen Zweck erfüllte und mit Ihren Moralvorstellungen vereinbar war, sich aber danach trotzdem schuldig gefühlt. Einmal angenommen, Ihre Tochter ruft Sie um 23.00 Uhr an einem Dienstagabend in betrunkenem Zustand an. Sie sagt, sie wolle mit Ihnen über Ihre Kindheit reden, aber sie kann keinen klaren Gedanken fassen, und ihr Emotionsausdruck ist offensichtlich vom Alkoholrausch bestimmt. Sie versuchen ihr klarzumachen, was Ihnen zu weit geht, und legen den Telefonhörer auf. Anschließend fühlen Sie sich wegen Ihres Verhaltens schuldig. Sie vergegenwärtigen sich, wie einsam sie sich fühlen muß, in was für einem emotionalen Aufruhr sie sich befindet und daß Sie es »ihr schuldig sind«, mit ihr über ihre Kindheit zu reden. In Reaktion auf dieses Schuldgefühl können Sie zwei Dinge tun:

1. Sie können Ihre Tochter zurückrufen und mit ihr zu reden versuchen, obwohl sie sich am nächsten Tag wahrscheinlich gar nicht mehr an das Gespräch erinnert (und durch Ihren Anruf verstärken Sie wahrscheinlich ihr Muster »Trinken und Anrufen«).

2. Wenn sie beim nächsten Gespräch etwas braucht, das Sie ihr eigentlich nicht geben können, geben Sie ihr nach, obwohl Sie wissen, daß es nicht klug oder nützlich ist. Sie handeln aus einem ungerechtfertigten Schuldgefühl heraus.

Ich habe einmal mit einer Frau gearbeitet, die mit ihrem Mann Streit hatte, dann ins Bad ging, um sich dem Streit zu entziehen und ein Bad zu nehmen – eine Reaktion, die ich als *funktionales Verhalten* bezeichnen würde, weil es sich um eine positive, nützliche Art der Reaktion auf ein beunruhigendes Ereignis handelt. Doch als sie im Badezimmer war und dort den Schrank öffnete, um ein Schaumbad herauszunehmen, sah sie darin Ibuprofen, nahm eine Überdosis davon und landete in einer psychiatrischen Klinik. Während ihres Aufenthalts in der Klinik nahmen sie und ihr Mann an einigen Therapiesitzungen teil, und meine Klientin sagte zu ihrem Mann, sie hätte niemals die Überdosis eingenommen, wenn sie nicht vorher gestritten hätten.

Nach ihrer Entlassung aus der Klinik erwartete sie zu Hause ein Dutzend Rosen, und ihr Mann kochte einige Tage lang das Essen und hielt das Haus in Ordnung. Danach entwickelte sich natürlich alles allmählich wieder zum vorherigen Zustand zurück. Ihr Mann reinigte nicht mehr das Haus und kochte nicht mehr, und die Rosen verwelkten. Bei der nächsten Meinungsverschiedenheit mit ihrem Mann suchte meine Klientin abermals das Bad auf und konsumierte erneut eine Medikamentenüberdosis. Wieder kaufte der Mann ihr Blumen und änderte eine Zeitlang sein Verhalten. Als ich ihn fragte, warum er dies tue, sagte er, er fühle sich schuldig, weil seine Frau in eine Klinik habe aufgenommen werden müssen. Er glaubte, dies sei seine Schuld, und er müsse dafür sorgen, daß sich die Situation bessere. Ich fragte ihn, ob er sich wegen der Meinungsverschiedenheit zwischen ihnen schuldig fühle. Er antwortete, er wisse, daß es in jeder Beziehung Meinungsverschiedenheiten gebe und daß er sie weder angebrüllt noch verflucht noch irgendwie bedroht habe (was sie bestätigte). Er fühlte sich nicht wegen des Streits schuldig, sondern weil sie infolge dessen zur stationären Behandlung in eine Klinik aufgenommen wurde.

> *Ungerechtfertigte Schuldgefühle belasten Ihr Verhalten dem geliebten Menschen gegenüber. Das Gefühl der Schuld bleibt bestehen, behindert Sie beim Treffen von Entscheidungen und quält Sie.*

Mit meiner Hilfe erkannte er, daß seine Schuldgefühle nicht gerechtfertigt waren und daß sein Verhalten aufgrund ungerechtfertigter Schuldgefühle (wegen der

Rosen, des Kochens und des Hausputzes) das Verhalten seiner Frau verstärkten und ihre Neigung zur Suizidalität und dazu, sich aufgrund dessen stationär behandeln zu lassen, intensivierten. Wir arbeiteten daran, daß er, wenn er während eines Streits etwas sagte, weswegen er sich schuldig fühlte, sich dafür entschuldigte, daß er seiner Frau aber, wenn sie wieder eine Überdosis konsumieren würde, keine Blumen kaufen und auch sein Verhalten nicht verändern würde, wenn sie aus der Klinik nach Hause käme. Dies fiel dem Mann sehr schwer. Er fühlte sich schlecht, wenn sie in einer Klinik behandelt wurde. Wir mußten für ihn einen eigenen Therapeuten suchen, der ihm beibrachte, keine Blumen zu kaufen und die Schuldgefühle zu ertragen, die er bekam, weil er nicht versuchte, die Dinge kurzfristig »in Ordnung zu bringen«. Ein Großteil dieser Arbeit konzentrierte sich darauf, ihm vor Augen zu führen, daß seine Verhaltensänderungen die Dinge längerfristig »in Ordnung bringen« würden. Wir arbeiteten daran, daß der Mann andere Emotionen bezüglich des Verhaltens seiner Frau erlebte – Traurigkeit, Furcht und Frustration – und daß sein eigenes Verhalten nicht die Ursache für die Suizidversuche der Frau war. Außerdem mußte er lernen, die stationären Behandlungen seiner Frau hinzunehmen, ohne sich zu Wiedergutmachungsaktivitäten genötigt zu sehen. Nach einiger Zeit hörte seine Frau auf, Überdosen zu konsumieren, und brauchte deshalb auch nicht mehr stationär behandelt zu werden.

Ein wichtiger Aspekt bezüglich der Verstärker ist, wie in diesem Buch schon früher erläutert wurde: Die Tatsache, daß das Verhalten des Ehemannes das suizidale Verhalten meiner Klientin verstärkte, bedeutet nicht, daß sie *absichtlich* Suizidversuche unternahm, um Rosen zu bekommen und ihren Mann zu Verhaltensänderungen zu veranlassen. Verstärker entfalten ihre Wirkung oft, ohne daß wir uns derselben bewußt sind. Bis meine Klientin und ihr Mann die Verstärker identifizierten, wußten beide nicht, daß diese Einfluß auf das Verhalten hatten. So wirken Verstärker. Manchmal wissen wir, worin sie bestehen (beispielsweise arbeiten wir, um bezahlt zu werden), in anderen Fällen nicht.

Sind Ihre Schuldgefühle gerechtfertigt?

Der Mann, dessen Situation ich gerade beschrieben habe, erlebte wegen des suizidalen Verhaltens seiner Frau ungerechtfertigt Schuldgefühle. Es war nicht besonders schwer für ihn herauszufinden, daß er nichts getan hatte, was nicht mit seinen Werten im Einklang stand. Um Ihre Schuldgefühle zu untersuchen, können Sie sich einfach fragen, ob Sie mit Ihrem Verhalten gegen Ihre eigenen

Wertvorstellungen verstoßen haben. Falls Sie nicht genau wissen, worin Ihre persönlichen Wert- oder Moralvorstellungen bestehen, sollten Sie ein wenig recherchieren. Wenn Sie einer Religion angehören oder einer spirituellen Praxis nahestehen, sollten Sie sich anschauen, was die betreffende Lehre befürwortet und mißbilligt. Falls Sie sich keiner Religion verbunden fühlen, können Sie im Internet nach Moralkodizes suchen. Es gibt Websites, die Ihnen herauszufinden helfen, welche Werte Ihnen besonders wichtig sind. Beispielsweise gibt es eine sehr interessante Website mit Namen *www.universalbehaviorcode.com*, auf der zehn Bereiche moralischen Verhaltens aufgeführt werden, wozu Dinge wie »keinen Schaden anrichten«, »die eigene Familie lieben« und »andere Menschen respektieren« zählen. Die meisten Wertesysteme – ob mit einer religiösen Praxis verbunden oder nicht – haben Gemeinsamkeiten, insofern sie sich mit den negativen Folgen von Verhaltensweisen beschäftigen, um zu verhindern, daß andere Menschen dadurch geschädigt werden.

Die meisten Leser werden sich nicht noch einmal gründlich mit ihren Moral- und Wertvorstellungen beschäftigen müssen, um herauszufinden, was diese beinhalten. In der DBT (die schon früher vorgestellt wurde und die in Kapitel 13 ausführlicher erläutert wird), bringen wir unseren Klienten ein Konzept bei, das wir *wise mind* (in diesem Buch als »innere Weisheit« übersetzt) nennen. Dabei handelt es sich um die Fähigkeit, intuitiv auf innere Wissensressourcen zurückzugreifen. In Kapitel 9 habe ich Möglichkeiten erläutert, einen Menschen, den Sie lieben, dazu zu bringen, seine innere Weisheit zu nutzen, um die Wahrscheinlichkeit zu verringern, daß seine Entscheidungen zu Krisen führen. Um selbst zur inneren Weisheit in Kontakt zu treten, können Sie sich, nachdem Sie eingeatmet haben, fragen: »Habe ich etwas getan, das gegen meine eigenen Wertvorstellungen verstößt?« und dann in sich hineinhorchen. Setzen Sie dies so lange fort, bis Sie eine Antwort erhalten haben. Sogar Therapeuten, die in der DBT ausgebildet sind, haben zu ihrer Überraschung festgestellt, daß Menschen mit einer BPS treffsicher und problemlos antworten können, wenn sie sich fragen, welche Werte für ihre innere Weisheit wichtig sind. Auch Sie können dies.

Wie man mit ungerechtfertigten Schuldgefühlen umgehen sollte

Wenn Ihnen auffällt, daß Sie sich schuldig fühlen, und Sie feststellen, daß diese Schuldgefühle nicht gerechtfertigt sind, was können Sie dann tun, falls die bloße Tatsachenfeststellung nicht zur Auflösung der ungerechtfertigten Schuldgefühle führt? Sie können Ihre Schuldgefühle verringern, indem Sie mehrfach das

Verhalten wiederholen, das bei Ihnen Schuldgefühle hervorruft, oder – so im weiter oben beschriebenen Fall des Ehemanns – indem Sie das betreffende Verhalten immer wieder *nicht* praktizieren. Wenn Sie es immer wieder vermeiden, sich in die Situation zu bringen, derentwegen Sie sich schuldig fühlen, nehmen die Schuldgefühle nach einer Weile ab. Der Ehemann in der obigen Geschichte mußte sich wiederholt dem Drang widersetzen, ungerechtfertigte Sühnehandlungen auszuführen, bevor sein Geist zur Kenntnis nahm, daß er die Suizidalität seiner Frau auch ertragen konnte, ohne zu versuchen, ihren Ausbruch durch Blumengeschenke, die Zubereitung eines festlichen Abendessens und freiwillige Hausreinigung zu verhindern. Natürlich war das nicht leicht, denn als er mit diesen »Wiedergutmachungshandlungen« aufhörte, wurden seine Schuldgefühle eine Zeitlang dramatisch stärker. Wir haben uns schon früher mit jenem Phänomen beschäftigt, das Psychologen *Löschungstrotz (extinction burst)* nennen – was beinhaltet: Wenn Sie ein Verhalten ändern, um eine Emotion, die Sie nicht spüren wollen, zu löschen oder zumindest zu verringern, wird die Emotion zunächst stärker, bevor sie abnimmt. Auf diese Art verstärkt Ihr Gehirn ein Signal, das Sie bisher in deutlich geringerer Stärke gehört haben. Erst wenn Sie den Drang, das betreffende Verhalten zu praktizieren, permanent ignorieren, ebbt die Emotion allmählich ab. Tun Sie das nicht, lösen sich Ihre Schuldgefühle nicht auf, und Sie können in Ihrer Beziehung keine positive Wirkung erzielen. Achten Sie statt dessen auf das lautere Signal und praktizieren Ihr Wiedergutmachungsverhalten (Blumen kaufen), wenn die Schuldgefühle das erhöhte Niveau erreichen, werden die Schuldgefühle stärker, und es wird schwerer, sie zu verringern. Das Signal eines noch unangenehmeren Niveaus von Schuld zu ignorieren ist schwer, aber die Steigerung hängt mit einer Wellenbewegung zusammen, die das Schuldgefühl zunächst zunehmen, und später abnehmen läßt.

Als ich einmal Justizvollzugsbeamte in der Anwendung dieses Konzepts unterrichtete, bat ich sie um ein Beispiel, und der Leutnant, ein ehemaliger Stabsfeldwebel und innerhalb des Gefängnisses ein Vorbild an Anstand und geradlinigem Verhalten, sagte, er wolle sich an Samstagen College-Football-Spiele anschauen können, fühle sich aber schuldig, wenn er das tue. Als wir über gerechtfertigte und ungerechtfertigte Schuldgefühle sprachen, sagte er, seine Schuldgefühle wegen seines Bedürfnisses, sich an Samstagen Football-Spiele anzuschauen, seien nicht gerechtfertigt. Er arbeitete während der ganzen Woche sehr hart und erledigte seine häuslichen Pflichten, bevor er sich die Spiele anschaute. Es gab für ihn also keinen Grund, sich schuldig zu fühlen. Ich erklärte ihm, er könne seine Schuldgefühle überwinden, wenn er sich jeden Samstag

Football-Spiele anschaue, bis die Schuldgefühle nachließen. Wenn er sich zum Anschauen der Football-Spiele hinsetze, würden die Schuldgefühle zunächst zunehmen, und er würde dann den Drang verspüren, mit dem Anschauen der Spiele aufzuhören; aber er *müsse* dann unbedingt damit fortfahren. Gegen Ende der Football-Saison waren seine Schuldgefühle verschwunden. Als ich ihn einige Jahre später zufällig noch einmal traf, erzählte er mir, er sei immer noch in der Lage, sich Football-Spiele anzuschauen, ohne von Schuldgefühlen geplagt zu werden.

Natürlich ist es schwieriger, Schuldgefühle zu überwinden, die einen geliebten Menschen betreffen. Das liegt teilweise daran, daß in solchen Fällen auch Angst im Spiel ist. Denken Sie einmal an die letzte Situation zurück, in der Sie etwas für einen geliebten Menschen getan haben, wovon Ihnen intuitiv klar war, daß es ihm entweder kurz- oder langfristig nicht helfen würde. Waren Schuldgefühle für Sie einer der Gründe, es zu tun? Falls Sie versucht haben, Ihr Handeln zu unterbinden, was ist dann als nächstes geschehen? Hatten Sie Angst davor, daß der geliebte Mensch einen Suizidversuch unternehmen, in eine Klinik eingewiesen werden oder wieder mit Drogenkonsum beginnen würde? Sie können sich in einem Teufelskreis aus Angst und Schuldgefühlen verfangen, der Sie völlig erschöpfen und die Situation des Menschen, den Sie lieben, letztlich noch verschlechtern kann. Diese beiden Emotionen können so eng miteinander verflochten sein, daß ich mich später in diesem Kapitel noch einmal gründlicher mit Angst und Furcht befassen werde.

Probleme der Eltern von Kindern mit einer BPS

Eltern und andere an der Erziehung von Kindern Beteiligte, die eine BPS entwickeln, werden oft von dem Gefühl verfolgt, sie hätten die Störung verursacht. Bevor Sie weiterlesen, möchte ich Ihnen versichern, daß ich Ihnen nicht die Schuld an der BPS eines Menschen, den Sie lieben, zuschreibe. Nach meiner Meinung entsteht eine BPS durch das besonders ungünstige Zusammentreffen zahlreicher Variabler, biologischer und anderer, die alle die Entwicklung der Störung begünstigen. Sie können die Probleme, unter denen Ihr Kind leidet, nicht Ihrem Einfluß zuschreiben. Selbstbeschuldigungen helfen niemandem weiter. Falls Sie trotzdem von Ihrer Schuld überzeugt sind, empfehle ich Ihnen, sich in Kapitel 2 noch einmal anzuschauen, wie eine BPS nach derzeitigem Kenntnisstand entsteht. Das ist ein sehr komplizierter Vorgang. Viele Menschen, die unter dieser Störung leiden, sind in sehr netten, normalen Familien aufgewachsen, die immer nur das Beste für ihre Kinder wollten. Trotzdem glauben viele, wenn mit ihren Kindern etwas nicht in Ordnung sei, sei das ihre Schuld. Weil Wissenschaftler heute viele neue Erkenntnisse über Neurobiologie und Gehirnentwicklung bei BPS-Patienten herausfinden, halten wir die physiologische Grundlage des Problems für besonders wichtig und sind der Auffassung, daß es um ein Zusammenwirken der biologischen Grundlagen mit der Umgebung geht. Zu bedenken ist außerdem, daß wir alle Dinge tun, die andere Menschen invalidieren, auch wenn das nicht unsere Absicht ist. Wir können nicht wissen, ob der Mensch, den Sie lieben, eine BPS entwickelt hätte, wenn Sie in jeder Hinsicht oder auch nur in einigen Bereichen anders gehandelt hätten. Wir arbeiten mit unseren unter einer BPS leidenden Klienten sehr intensiv daran zu akzeptieren, daß ihre Eltern bzw. primären Bezugspersonen wirklich das Beste getan haben, was sie mit ihren Möglichkeiten in der Kindererziehung hätten tun können.

Sie mögen das Gefühl haben, es könne niemals schaden, großzügig zu sein, wenn man versuche, eventuelle Fehler bei der Erziehung der eigenen Kinder (oder Enkel, wenn Sie die Kinder ihrer Kinder aufgezogen haben) auszugleichen. Vielleicht glauben Sie, Sie fühlten sich besser, wenn Sie alles in Ihrer Macht Stehende täten – weil es Ihren Nachkommen helfen könnte. Ungerechtfertigte Wiedergutmachungsversuche können jedoch dazu führen, daß Sie im Umgang mit den Betreffenden ineffektiver werden, und genau das kann verhindern, daß Ihr Kind einige Auswirkungen einer BPS überwindet.

Manchmal versuchen Familienangehörige ihr Leben lang, den Schaden, den sie anderen Familienmitgliedern in der Vergangenheit zugefügt haben, wiedergutzumachen. Wir alle haben andere durch unsere Handlungen verletzt. In den meisten Fällen war das nicht beabsichtigt, und wenn unser Handeln auf Schuldgefühlen statt auf Weisheit basiert, ohne daß wir uns darüber im klaren sind, ist das problematisch. Ich habe erlebt, daß Eltern ihren Kindern Geld oder Autos schenkten und ihnen die Miete bezahlten oder die Kosten für stationäre Behandlungen übernahmen, weil sie sich wegen Handlungen in der Zeit, als ihre Kinder noch sehr jung waren, schlecht fühlten. Wegen eigener Schuldgefühle versuchten sie, ihre jugendlichen oder erwachsenen Kinder zu »reparieren«. In bestimmten Situationen ist es zweifellos sehr wirksam, jemandem zu helfen, aber übertriebene Hilfsbereitschaft kann Menschen auch lähmen und bei ihnen das Gefühl, unzulänglich zu sein, verstärken. Wenn Menschen unter Schuldgefühlen leiden, intervenieren sie oft zugunsten von Angehörigen mit einer BPS und verstärken dadurch ungewollt suizidales Verhalten und andere problematische Verhaltensweisen.

Liz stammte aus einer sehr wohlhabenden Familie. Als Kind hatte sie einen jüngeren Bruder gehabt, der unter einem Gehirntumor litt. Natürlich kam ein großer Teil der finanziellen und emotionalen Ressourcen der Familie der Pflege dieses Jungen zugute. Liz war in ihrer Kindheit viel allein, weil ihre Eltern so oft mit dem kranken Bruder unterwegs waren, der in den verschiedensten Kliniken im Nordosten der USA behandelt wurde. Als Erwachsene verfügte Liz nur über eine schwache Emotionsregulation und über geringe interpersonale Fertigkeiten und war chronisch suizidgefährdet. Einen großen Teil ihrer Zwanziger verbrachte sie in psychiatrischen Privatkliniken. Wenn sie aus solch einer Klinik entlassen wurde, besorgten ihre Eltern ihr ein wunderschönes Apartment, verbunden mit der Erwartung, daß sie sich eine Arbeit besorgen und die Therapie fortsetzen würde. Wegen ihrer extremen emotionalen Sensibilität verlor sie immer wieder ihre Arbeit, und/oder brach ihre Therapie ab. Ihre Eltern zahlten weiter für ihren Unterhalt. Liz wurde immer depressiver, bis schließlich ein erneuter Suizidversuch erfolgte und sie anschließend wieder in eine Klinik eingewiesen wurde.

Therapeuten hatten den Eltern des Mädchens wiederholt gesagt, sie müßten aufhören, Bedingungen festzulegen, die ihre Tochter ohnehin nicht erfüllen könne. Doch dazu sahen sich die Eltern nicht in der Lage; sie fühlten sich sehr schuldig, weil sie sich in Liz' Kindheit und Jugend so wenig um ihre Tochter hatten kümmern können. Durch ihre Großzügigkeit versuchten sie, ihre Schuldgefühle zu lindern und Liz ein erfreulicheres Leben zu ermöglichen, aber das mißglückte. Sie machten Liz das Leben noch schwerer, und ihre Schuldgefühle wurden noch stärker. Eigentlich war den Eltern klar, daß sie ihrer Tochter nicht sonderlich helfen konnten, aber ihre Schuldgefühle machten es ihnen unmöglich, sich funktionaler zu verhalten. Schließlich setzten wir eine Sitzung mit der ganzen Familie an. In deren Verlauf berichteten die Eltern, was sie getan zu haben glaubten, das Liz als Kind und später als junge Erwachsene womöglich verletzt hatte. Sie sagten nicht, daß sie sich nicht um ihren Sohn hätten kümmern müssen (das wäre unangemessen gewesen), aber sie entschuldigten sich wegen der Umstände und weil es ihnen nicht gelungen war, eine Möglichkeit zu finden, mehr mit Liz zusammen zu sein oder Liz mitzunehmen, wenn sie in den Nordosten hatten fahren müssen. Anschließend erklärten sie ihrer Tochter, sie fühlten sich wegen ihres aktuellen Anteils am Stärkerwerden ihres suizidalen Verhaltens schuldig.

Ungerechtfertigte Schuldgefühle beeinträchtigen die Wirksamkeit aller Ihrer Bemühungen, dem Menschen, den Sie lieben, zu helfen, sich zu verändern.

Liz arbeitete gemeinsam mit ihren Eltern daran, eine realistischere Form der Unterstützung zu entwickeln. Ihre Eltern gaben ihr monatlich einen Scheck, mit dem sie ein weniger luxuriöses Apartment mieten und ihre Grundbedürfnisse erfüllen konnte. Wenn sie mehr Komfort wünschte, mußte sie dafür arbeiten. Außerdem erklärten sie ihr, sie würden nicht mehr für Aufenthalte in Privatkliniken aufkommen, sondern ihr einen guten Therapeuten bezahlen. Im Falle einer erneuten stationären Behandlung müsse sie sich mit dem lokalen staatlichen Krankenhaus zufrieden geben oder, falls sie arbeite und eine Krankenversicherung habe, mit der Klinik Vorlieb nehmen, die ihre Krankenversicherung ihr zuweise. Auch die gesetzliche Zuzahlung für die Klinik müsse sie selbst aufbringen. Meines Wissens ist Liz nie mehr stationär behandelt worden. Eine Weile hatte sie Schwierigkeiten mit Arbeitgebern und damit, ihre finanzielle Situation zu regeln, aber ihre Eltern achteten darauf, daß sie sich strikt an die Regeln hielt, die sie festgelegt hatten. Als die Schuldgefühle der Eltern abnahmen, normalisierte sich auch das Verhalten von Liz.

Vielleicht ist Ihnen an der obigen Geschichte aufgefallen, daß sowohl die Eltern als auch ich (und Liz) der Auffassung waren, die Schuldgefühle der Eltern seien gerechtfertigt gewesen. Die Eltern hatten Liz den Schaden, den sie durch deren häufige Abwesenheit erlitten hatte, nicht *absichtlich* zugefügt, aber das änderte nichts an der Tatsache, *daß* ein Schaden eingetreten war. Problematisch war für Liz' Eltern nicht, daß sie aufgrund von ungerechtfertigten Schuldgefühlen Wiedergutmachung zu leisten versuchten, sondern daß sie sich *zu Recht* schuldig fühlten, wenn Liz ihre Verpflichtungen bezüglich der Vereinbarung nicht erfüllte und sie sich gezwungen sahen, die für diesen Fall als Konsequenzen festgelegten Maßnahmen in die Wege zu leiten.

Was ist, wenn Ihre Schuldgefühle gerechtfertigt sind?

So wie bei Liz' Eltern resultieren die meisten Schuldgefühle, die als gerechtfertigt erscheinen, aus unabsichtlichen Schädigungen. Wenn Sie sich dies immer wieder vergegenwärtigen, könnte es Ihnen ermöglichen, erforderliche Wiedergutmachung zu leisten, statt wie Liz' Eltern völlig übertrieben zu reagieren. Wenn Ihnen klar wird, daß ein Teil Ihres Verhaltens nicht Ihren persönlichen Wertvorstellungen entsprach und den Menschen, den Sie lieben, in irgendeiner Hinsicht schädigt oder geschädigt hat, müssen Sie zunächst herausfinden, welcher Schaden entstanden ist. Wenn Sie jemandem in einem Ladengeschäft auf den Fuß treten, besteht der verursachte Schaden eventuell darin, daß Sie den Fuß der anderen Person verletzt haben. Wenn Sie die emotionale Sensibilität Ihres Kindes in dessen Kindheit ignoriert haben, haben Sie vielleicht Dinge gesagt wie: »Hör' auf zu weinen. Es gibt keinen Grund zu weinen.« Oder: »Du mußt einfach aufhören, dein Herz auf der Zunge zu tragen.« Wie hat das dem Kind geschadet? Hat es deshalb das Gefühl entwickelt, seine Emotionen seien falsch, oder weil es geweint habe, sei mit ihm etwas nicht in Ordnung? Denken Sie darüber nach, was genau Sie getan haben, welche Absicht dem zugrunde lag und (in den meisten Fällen) welche unbeabsichtigten Konsequenzen Ihr Verhalten hatte. Um Schuldgefühle beurteilen zu können, muß man zwischen gerechtfertigten und ungerechtfertigten unterscheiden können. Dies ermöglicht erst, Wiedergutmachung zu leisten, ohne von Schuldgefühlen überwältigt zu werden, und verhindert, daß Sie völlig ungerechtfertigte Wiedergutmachung leisten. Der Mann, der jedesmal sein Verhalten veränderte, wenn seine Frau eine Medikamentenüberdosis konsumiert hatte, handelte aufgrund ungerechtfertigter Schuldgefühle so, und nachdem ihm klar geworden war, daß sein Handeln unabsichtlich das suizidale Verhalten seiner Frau verstärkte, gelang es ihm, dieses Verhalten zu unterbinden. Die Eltern von Liz hatten ihrem kranken Sohn helfen wollen; sie hatten nie beabsichtigt, ihre Tochter zu verletzen. Nachdem ihnen dies klar geworden war, fiel es ihnen leichter, sich an die Regelungen zu halten, die sie für den Umgang mit ihrer Tochter im Erwachsenenalter festgelegt hatten. Eltern eines untröstlich reagierenden Kindes fordern dieses möglicherweise auf, nicht zu weinen, weil sie es im betreffenden Augenblick dazu bringen wollen, mit dem Weinen aufzuhören, und weil sie ihre eigenen Emotionen schonen und so wieder Ruhe im Haus einkehren lassen wollen. Sie beabsichtigen nicht, dem Kind die Entwicklung der Fähigkeit zur Emotionsregulierung zu erschweren oder ihm die Überzeugung zu vermitteln, es sei falsch oder ein Zeichen von Schwäche, wenn man weine. Falls Sie fürchten, als Eltern unabsichtlich solche Konsequenzen gefördert zu haben, hilft es Ihnen, sich für diese Auswirkungen Ihres Handelns zu entschuldigen, während Sie sich vergegenwärtigen, daß dies nicht Ihre Absicht war.

> *Selbst gerechtfertigte Schuldgefühle sind oft übertrieben, wenn Sie sich vor Augen führen, daß Sie nie vor hatten, Schaden anzurichten.*

Sobald Sie sich über das Verhalten im klaren sind, das die »gerechtfertigten« Schuldgefühle oder Schuldgefühle aufgrund von Verletzungen Ihrer Wertvorstellungen verursacht hat, können Sie sich um Wiedergutmachung bemühen.

Bei den meisten in der Vergangenheit liegenden Verhaltensweisen erfordert eine Wiedergutmachung, daß Sie dem geliebten Menschen erklären, was Sie getan haben und was in Ihren Augen die Folgen Ihres Tuns sind, und daß Sie sich für Ihr Verhalten entschuldigen. Manchmal können Sie etwas konkret tun, um Wiedergutmachung zu leisten, aber im Falle von Handlungen, die lange zurückliegen, können Sie sich oft nur entschuldigen.

Sie sollten der geliebten Person auch die Möglichkeit geben, auf Ihre Wiedergutmachungsbemühungen zu reagieren. In der DBT nennen wir dies »würdevoll die Konsequenzen akzeptieren«. Vielleicht wird der andere wütend oder erklärt, eine bloße Entschuldigung reiche ihm nicht. Aber selbst wenn das, was Sie als Entschuldigung anbieten, dem Betroffenen nicht reicht, kann es Ihre Schuldgefühle verringern. Der nächste Schritt besteht darin loszulassen.

Susan hatte ihre Tochter ein Jahr lang vom Eintritt in das erste Schuljahr zurückgehalten. Sie hatte damals gute Gründe dafür gehabt. Sie hatte geglaubt, ihr Mann werde versetzt, und die Familie müsse in einen anderen Bundesstaat umziehen. Letztlich kam es doch nicht zum Umzug. Deshalb war die Tochter bei ihrer Einschulung im folgenden Jahr größer als die übrigen Kinder der ersten Klasse, weshalb diese sich über das Mädchen lustig machten (eine unbeabsichtigte Konsequenz). Susan hatte sich wegen dieser Entscheidung immer schuldig gefühlt, und sie kam zu der Überzeugung, ihre Schuldgefühle seien gerechtfertigt, da sie ihrer Tochter – wenn auch unabsichtlich – Schaden zugefügt hatte. *Man beachte: Entscheidend ist, daß das, was geschehen war, nicht beabsichtigt war.*

Als Susan und ihre Tochter eines Tages über etwas, das mit ihrem Schulbesuch zusammenhing, sprachen, erklärte Susan der Tochter, wie die Entscheidung damals zustande gekommen war, und sie sagte, es tue ihr mittlerweile leid, ihre Tochter von der Schule ferngehalten zu haben, weil sie deshalb später Probleme bekommen habe. Die Tochter reagierte darauf sehr emotional und hielt ihrer Mutter vor, wie schwerwiegende Folgen die eine Entscheidung für sie gehabt habe. Ich arbeitete mit Susan daran, sich klar zu machen, daß sie in dem ihr möglichen Maße Wiedergutmachung geleistet hatte, und wir überlegten gemeinsam, wie sie ihre Tochter bezüglich dessen, was sie erlebt hatte, validieren könnte. Allerdings empfahl ich ihr, sich dabei von ihren Schuldgefühlen zu lösen. Dies war ein längerer Prozeß. Hätte die Tochter nicht so stark emotional reagiert, wären Susans Schuldgefühle möglicherweise sofort verringert worden. Doch jedesmal wenn die Tochter wieder auf die Entscheidung zu sprechen kam, loderten die Schuldgefühle der Mutter wieder auf. Susan wollte sich aber nicht noch einmal entschuldigen, weil sie annahm, dies werde ihre Tochter ein weiteres Mal in emotionalen Aufruhr versetzen. Deshalb validierte sie die Sicht ihrer Tochter, vergegenwärtigte sich, daß sie sich bereits entschuldigt hatte, und arbeitete weiter daran, sich von ihren eigenen Emotionen zu lösen. Nach vielen Bemühungen fiel Susan auf, daß sie sich nicht mehr schuldig fühlte, wenn ihre Tochter wieder einmal zu ihr sagte, sie sei eine schlechte Mutter, weil sie sie nicht früher in die Schule hatte gehen lassen.

Es liegt mir fern, Ihnen zu empfehlen, sich mit dem geliebten Menschen zu einem langen Gespräch hinzusetzen und mit ihm bis ins letzte Detail zu besprechen, was im Laufe der Jahre passiert ist und weswegen Sie sich schuldig fühlen. Menschen mit einer BPS werden mit einem emotional sehr intensiven Gespräch oft nicht fertig. Andererseits sollten Sie einen Menschen, den Sie lieben, auch nicht so behandeln, als ob man ihn nur mit Samthandschuhen anfassen könnte. Wenn in Ihrer Beziehung zu ihm immer wieder ein bestimmtes Thema auftaucht, dessentwegen Sie gerechtfertigte Schuldgefühle haben, sollten Sie sich um Wiedergutmachung bemühen. Menschen mit einer BPS sprechen mit denjenigen, die ihnen nahestehen, oft über Dinge, die ihre Familie ihrer Meinung nach bei ihnen »falsch gemacht« hat. Leider finden solche Gespräche oft in einem anklagenden Ton statt, und die Gesprächspartner geraten dabei oft in die Defensive.

Nach meinen Erfahrungen können jedoch beide Beteiligte sehr von solchen Gesprächen profitieren, wenn es den Familienangehörigen gelingt, einen regulierten emotionalen Zustand aufrechtzuerhalten (siehe hierzu Kapitel 4) und das Gespräch nicht abbrechen zu lassen. Auf diese Weise kann der BPS-Patient validiert und können die Schuldgefühle der Familienangehörigen verringert werden. Wenn die Person mit der BPS einem Menschen, der ihr nahesteht, von einer Erinnerung, einer Emotion oder einem Erlebnis berichtet, und dies wird völlig negiert (»Das ist nicht passiert«) oder bagatellisiert (»Warum machst du soviel Aufhebens davon?«), führt dies bei der Person mit der BPS oft zu einer Verstärkung der Emotionalität und Suizidalität.

Allerdings sollten Sie, wie schon in Kapitel 3 erläutert wurde, nie etwas validieren, das eigentlich nicht valide ist. Ich hatte einmal eine Erinnerung an etwas, das meine Mutter mir erzählt hatte, als ich etwa sechs Jahre alt gewesen war. Wie es bei sehr jungen Menschen und bei längeren Zeiträumen leicht vorkommt, wurde die Erinnerung allmählich sehr kompliziert. Als ich in den Zwanzigern war, fragte ich meine Mutter, warum sie mir eine so wilde Geschichte erzählt hatte. Dann erklärte ich ihr, was sie mir meiner Meinung nach gesagt hatte. Sie war verblüfft. Natürlich hatte sie von dem, was ich mir zusammengereimt hatte, nie irgend etwas gesagt. Sie fühlte sich entsetzlich, weil ich ihre Worte so lange mit mir herumgeschleppt hatte. Aber sie negierte nicht völlig, was ich ihr berichtet hatte. Sie schilderte mir ihre eigene Erinnerung an das Ereignis und was sie ihrer sechsjährigen Tochter weshalb zu erklären versucht hatte – und sie validierte, wie beängstigend es für mich gewesen sein müsse, das, was sie gesagt hatte, so zu verstehen, wie ich es verstanden hatte. Daß sie das, was ich gehört zu haben glaubte, und dessen Konsequenzen für mich anerkannte, beruhigte mich und verhinderte, daß sich meine Mutter wegen ihres Verhaltens schuldig fühlte.

Effektiver Umgang mit Schuldgefühlen

1. Notieren Sie sich die Verhaltensweisen, derentwegen Sie sich schuldig fühlen.
2. Stellen Sie fest, ob das, was Sie getan haben, gegen Ihre eigenen Wertvorstellungen verstößt.
3. Wenn Ihre Handlungen gegen Ihre Wert- oder Moralvorstellungen verstoßen haben, dann beschreiben Sie diese konkret.
4. Listen Sie die beabsichtigten und unbeabsichtigten Konsequenzen Ihres Verhaltens für den Menschen, den Sie lieben, auf.
5. Versuchen Sie, für Ihr Verhalten Wiedergutmachung zu leisten, wenn das Schuldgefühl gerechtfertigt ist.
6. Lassen Sie Reaktionen des geliebten Menschen auf Ihre Bemühungen um Wiedergutmachung zu.

Mit Angst leben

Wenn Sie einen Menschen mit einer BPS lieben, brauche ich Ihnen nicht zu erklären, was Angst ist. Sie kann sich in einem Spektrum von relativ harmlosen Sorgen (»Ist er heute zur Arbeit gegangen?« – »Verspürt er den Drang, Drogen zu konsumieren?«) bis hin zu extrem starker, überwältigender Furcht (»Ist er tot?« – »Ist er irgendwo und steht kurz davor, sich umzubringen?«) manifestieren. Im Rahmen meiner Darstellung werde ich die Wörter *Furcht, Besorgnis* und *Angst* als Synonyme verwenden, weil sie alle auf die gleiche primäre Emotion zurückzuführen sind: Angst. Es gibt in Ihrem Zusammenleben mit dem an einer BPS leidenden Menschen Zeiten, in denen Sie keine starke Angst verspüren, und Situationen, in denen Sie darauf warten, daß das Telefon klingelt und man Ihnen entsetzliche Nachrichten mitteilt. Angst kann Menschen körperlich krank und handlungsunfähig machen.

Sich selbst beruhigen

Eine Möglichkeit, mit Ihrer Anfälligkeit für Angst fertig zu werden, besteht in der Nutzung der früher in diesem Buch beschriebenen Selbstfürsorge-Fertigkeiten. Wissenschaftler entdecken immer wieder neue negative Auswirkungen anhaltender Angst: Sie führt zu Erhöhungen des Kortisol-, Glukose- und Adrenalinspiegels. Wenn diese chemischen Stoffe länger verstärkt ausgeschüttet werden, können sie Magen-Darm-Probleme, Herzprobleme, Diabetes, Fettleibigkeit, Nebennieren- und Hypophysenprobleme verursachen. Angst und Furcht wirken erschöpfend. Ich weiß, daß es schwierig ist, sich selbst dazu zu bringen, sich keine Sorgen zu machen und keine Angst zu haben, wenn es einem geliebten Menschen so schlecht geht, daß er völlig verzweifelt ist. Natürlich machen Sie sich in solchen Situationen Sorgen. Aber gerade dann ist es wichtig, den eigenen Körper zu beruhigen und ihn täglich mit den in Kapitel 4 beschriebenen Methoden zu behandeln, um den Auswirkungen der Angst entgegenzuwirken.

Ungebändigte Angst führt zu Vermeiden

Abgesehen von den körperlichen Reaktionen auf anhaltende Angst und Furcht können diese Emotionen Ihre Fähigkeit, mit dem geliebten Menschen zurechtzukommen, stark einschränken. Furcht weckt den Wunsch, dem Verursacher des Gefühls aus dem Weg zu gehen. Manchmal bewirkt sie, daß Sie den Betreffenden meiden wollen. Ich kenne viele Angehörige von Menschen mit einer BPS, die ihre Beziehung zu dem Kranken beendet haben, weil sie die mit dem Kontakt verbundene Unsicherheit nicht mehr ertragen konnten. Sie hatten das Gefühl, daß der geliebte Mensch im metaphorischen (und manchmal auch im wörtlichen) Sinne an einem Abgrund stand, und sie konnten die Angst nicht ertragen, die es bei Ihnen verursachte, mit dem anderen am Abgrund zu stehen. Letztlich müssen Sie selbst entscheiden, wie Sie mit solchen Situationen umgehen, und wenn Sie sich auf die beschriebene Weise zurückziehen, werde ich Sie deshalb ganz bestimmt nicht verurteilen. Es gibt Situationen, in denen Familienangehörige physisch so belastet (weil sie die weiter oben genannten körperlichen Probleme bekommen) und emotional erschöpft sind, daß sie sich entweder zeitweise aus der Beziehung zurückziehen oder diese beenden müssen. Falls eine Pause möglich ist, empfehle ich eine Art Urlaub von der Beziehung, statt sie sofort zu beenden. Ich kenne seit langem eine Frau mit einer BPS, die auch zu Alkoholexzessen neigt. Kürzlich durchlebte sie eine Phase, in der sie viel trank und mich und andere Menschen, mit denen ich sie bekannt gemacht hatte, immer wieder anrief und dann am Telefon weinte oder uns beschimpfte. Nach einer Weile merkte ich, daß ich etwas Abstand von ihr brauchte. Der Zweck eines solchen »Beziehungsurlaubs« ist, den Kontakt nicht endgültig abbrechen zu müssen, was durchaus passieren kann, wenn es nicht gelingt, die Anrufe und das damit verbundene Verhalten eine Weile zu stoppen. Ich hielt mich dabei an die etwas weiter unten beschriebenen Schritte. Die Frau war sehr verletzt und aufgebracht, weil ich diese Pause für mich beanspruchte. Sie war auch nicht bereit, inzwischen mit dem Trinken aufzuhören. Und sie fragte mich, wann ich wieder erreichbar sei. Ich antwortete, ich würde sie anrufen, sobald sie mich eine Zeitlang nicht im alkoholisierten Zustand angerufen habe und ich mich in ihrer Gesellschaft wieder wohl fühlen würde. Ich versicherte ihr meine Zuneigung, validierte, daß die Unterbrechung des Kontakts ihre Gefühle verletze, und brachte meine Hoffnung zum Ausdruck, daß unsere Beziehung in Zukunft wieder gedeihe. Ich kann so etwas nur eine begrenzte Zahl von Malen tun, bevor ich die Beziehung beenden muß, aber ich lege solche Pausen in der Hoffnung ein, die Beziehung zu retten.

Falls Sie eine Auszeit von einer Beziehung in Erwägung ziehen, müssen Sie sich eventuell darüber klar werden, was für und was gegen die Aufrechterhaltung der Beziehung spricht, und Sie müssen sich mit Ihren Werten beschäftigen, um herauszufinden, ob Sie wegen der Schritte, die Sie in der Beziehung zu tun gedenken, gerechtfertigte Schuldgefühle erleben werden.

Ineffektives Verhalten aus Angst

Angst kann Ihr Verhalten auch dann bestimmen, wenn Sie die besten Absichten verfolgen. Falls Sie feststellen, daß Sie Dinge tun, von denen Sie wissen, daß sie ineffektiv sind, sollten Sie sich fragen, welche Emotion Sie unmittelbar vor dem betreffenden Verhalten empfunden haben. Wir handeln oft aus Angst ineffek-

Sich eine Auszeit von einer Beziehung nehmen oder die Beziehung beenden

1. Führen Sie eine Für-und-Wider-Analyse durch (sich eine Auszeit nehmen vs. sich keine Auszeit nehmen/die Beziehung beenden vs. die Beziehung nicht beenden), und verwenden Sie dazu die graphische Darstellung in Kapitel 4 (s. S. 118).
2. Teilen Sie der anderen Person Ihr Vorhaben mit, sich eine Auszeit von der Beziehung zu nehmen oder die Beziehung zu beenden. Wenn möglich, können Sie dem geliebten Menschen eine Chance geben, ihr Verhalten zu verändern (»Wenn ____________ sich nicht ändert, muß ich mir eine Auszeit nehmen«).
3. Vergegenwärtigen Sie sich und teilen Sie der geliebten Person mit, daß dies in Ihrem eigenen wohlverstandenen Interesse ist, aber nicht unbedingt im Interesse der anderen Person.
4. Bringen Sie Ihre Hoffnung zum Ausdruck, daß eine Auszeit der Beziehung gut tun und sie verbessern wird.
5. Teilen Sie der geliebten Person mit, woran Sie selbst erkennen werden, wann die Auszeit enden kann.

tiv. Familienmitglieder kapitulieren vor ihren Angehörigen, weil sie sich davor fürchten, was geschehen könnte, wenn sie dies nicht täten.

Lily hatte eine schwierige Beziehung zu ihrer Partnerin Mona, die unter einer BPS litt. Lily wünschte sich, die Beziehung zu erhalten, machte sich aber große Sorgen, weil Mona Drogen konsumierte und sich regelmäßig Schnittverletzungen zufügte. Mona war emotional oft sehr aufgebracht und drängte Lily dann, nicht zur Arbeit zu gehen, sondern zu Hause bleiben und sich um sie zu kümmern. Aber Lily wollte sich nicht frei nehmen, und sie lief Gefahr, wegen zu vieler Fehlzeiten ihre Stelle zu verlieren. Doch wenn Mona wieder einmal sehr aufgebracht war und Lily sich auf den Gang zur Arbeit vorbereitete, wuchs ihre Angst davor, daß Mona sich in ihrer Abwesenheit etwas antun könnte. Weil Lily diese Angst nicht ertragen konnte, blieb sie schließlich doch zu Hause, und zwar nicht, weil sie bei Mona bleiben wollte, sondern weil sie auf diese Weise ihre Angst lindern konnte. Aus Angst und weil sie nicht zulassen wollte, daß ihre Partnerin allein bliebe, ging sie nicht zur Arbeit.

Lily bestätigte mir freimütig, ihr sei klar, daß sie durch ihr Zuhausebleiben Monas gesteigerte Emotionalität verstärkte, aber sie wäre andernfalls nicht mit ihrer Angst fertig geworden. Natürlich konnte ich ihr nicht zusichern, daß Mona keine Drogen konsumieren und sich nicht schneiden würde, während sie ihrer Arbeit nachginge. Ich konnte ihr nur vorhalten, daß Mona sich im Laufe der Zeit noch häufiger schneiden und noch mehr Drogen konsumieren würde, wenn Lily weiterhin wegen ihr zu Hause bliebe. Lily mußte Mona immer und immer wieder zu Hause zurücklassen, um zur Arbeit zu gehen. Wenn Mona sich dann schnitt oder wenn sie Drogen konsumierte, mußten die beiden Partnerinnen ertragen, was dies zur Folge hatte. Ich war mir sicher, daß die Neigung, sich Schnittverletzungen zuzufügen und Drogen zu konsumieren, im Laufe der Zeit zurückgehen würden, wenn beides nicht mehr durch Lilys Zuhausebleiben verstärkt würde. Außerdem war ich mir sicher, daß mit jeder Situation, in der Mona sich nicht schneiden und keine Drogen konsumieren würde, Lilys Angst ein wenig abnehmen würde. Meine Hypothese lautete, daß sowohl die problematischen Verhaltensweisen von Mona als auch die Angst von Lily allmählich nachlassen würden.

Sich um die eigene Angst kümmern, indem Sie sich um die geliebte andere Person »kümmern«

Eine zuverlässige Methode, Angst zumindest zeitweise zu neutralisieren, besteht darin zu versuchen, alles, was die Person mit der BPS angeht, unter Kontrolle zu halten oder in Ordnung zu bringen. Ich habe schon erlebt, daß Partner oder Angehörige von Menschen mit einer BPS alle Messer aus dem Haus entfernten, Schränke mit Vorhängeschlössern unzugänglich machten, die Vollmacht für Bankkonten übernahmen und die Betreffenden morgens anriefen, um sie zu wecken. Die Betreffenden übernehmen alle möglichen Aktivitäten, weil sie sich davor fürchten, was geschehen könnte, wenn sie dies nicht täten. Sie »kümmern sich« um den geliebten Menschen und gleichzeitig um ihre eigene Angst.

Dieses Verhalten ist aus verschiedenen Gründen problematisch. Wenn Sie Verantwortung für einen Menschen mit einer BPS übernehmen, ohne sich darüber klar zu sein, unter welchen Voraussetzungen und zu welchem Zeitpunkt Sie sich aus dieser Rolle wieder zurückziehen wollen – indem Sie beispielsweise jemandem, der nach dem Konsum einer Drogenüberdosis stationär behandelt wurde, die Medikamente geben, die er braucht, bis er wieder stabiler ist –, besteht für Sie die Gefahr, aus dieser »Managerrolle« nicht mehr herauszukommen. Indem Sie sich um den geliebten Menschen auf diese Weise kümmern, verstärken Sie dessen Gefühl, nicht für sich selbst sorgen zu können. Ihre Angst wird so nie gelindert werden; Sie können sie nur verringern, indem Sie loslassen und Ihrem Gehirn so die Chance geben zu lernen, daß die Katastrophe, die Sie befürchten, nicht eintreten wird. In Kapitel 12 werden wir uns damit beschäftigen, daß die Gefahr einer Schädigung tatsächlich real besteht, wenn Sie dort, wo Sie am wenigsten von Emotionen bestimmt und am weisesten sind, glauben, der Mensch, den Sie lieben, sei in akuter Gefahr. An diesem Punkt intervenieren Sie zugunsten des anderen und tun alles Erforderliche, um ihn am Leben zu erhalten. Das Problem ist, daß Sie dadurch Ihre eigene Angst verstärken. Wenn die Gefährdung der anderen Person geringer wird, müssen Sie sich erneut mit Ihrer Angst auseinandersetzen.

Der Teufelskreis von Angst und Schuldgefühlen

Angst und Schuldgefühle schaukeln einander hoch, wenn Sie aufhören, das Leben des geliebten Menschen zu kontrollieren, oder wenn Sie alle seine Probleme lösen. Zu wissen, daß Sie und der geliebte Mensch von einigen oder allen Ihren Interventionen profitieren werden, wirkt wenig erleichternd, falls Sie sich davor fürchten, welche Folgen es haben wird, wenn Sie ihm Aufmerksamkeit, Geld oder Unterstützung entziehen. Wenn Sie dann um 3.00 Uhr morgens keine Anrufe mehr annehmen, reagiert die geliebte Person sehr emotional darauf. Und aufgrund dieser Reaktion tauchen bei Ihnen Schuldgefühle auf. Sie wissen zwar, daß Ihre Schuldgefühle nicht gerechtfertigt sind, fürchten sich aber vor der Intensität der emotionalen Reaktion des anderen und nehmen deshalb doch wieder Anrufe an. Anschließend fühlen Sie sich schuldig, weil Sie nicht getan haben, was Sie, wie Ihnen klar war, hätten tun müssen, und Sie fürchten, Krisenverhalten verstärkt zu haben. So geht es immer weiter, weil wir Menschen mit einer BPS für zu empfindlich halten, als daß sie etwas ertragen könnten, das verändert, was sie gelernt haben. Ihre Vorgeschichte mit der geliebten anderen Person kann Ihnen auch Angst davor einjagen, sich klar abzugrenzen oder das eigene Verhalten zu verändern. Die emotionale Sensibilität von BPS-Patienten weckt bei anderen Menschen die Sorge, daß das, was sie sagen werden, mißverstanden oder übertrieben wichtig genommen werden könnte.

Bobbys Eltern sorgten sich, ihr Sohn könnte sich etwas antun. Wenn er emotional aufgebracht war, rammte er sich Gabeln in die Arme. Er lebte bei seinen Eltern und war wegen seiner häufigen Fehlzeiten in Gefahr, vom College verwiesen zu werden. Bobbys Mutter ging nicht zur Arbeit, weil sie versuchen wollte, ihn aus dem Bett zu treiben und zu seinen College-Kursen zu schicken. Sie war wütend und verärgert darüber, daß sie dies tun mußte. Doch als sie versuchte, damit aufzuhören, fühlte sie sich »wie eine schlechte Mutter«, weil sie ihrem Sohn nicht half. Sie fürchtete, er werde von der Schule verwiesen werden und deshalb nie im Leben Erfolg haben. Bobby und seine Eltern hatten sehr unterschiedliche Vorstellungen über das Äußere von Menschen. Sie kleideten sich sehr konservativ, und Bobby trug am liebsten ständig extrem weite Hosen und Baseball-Kappen. Seine Hemden verbargen die zahlreichen Wunden von Selbstverletzungen nicht. Jedesmal wenn seine Eltern mit ihm über seine äußere Erscheinung zu reden versuchten, kam es zum Streit, und Bobby kleidete sich danach in den Augen seiner Eltern noch absonderlicher und/oder fügte sich Schnittverletzungen zu. Deshalb hörten die Eltern schließlich auf, mit ihm über wichtige Dinge zu sprechen, was sich auch auf die Tatsache bezog, daß sein Verweis vom College kurz bevorstand, obwohl er eigentlich Medizin studieren wollte. Sie empfanden starke Schuldgefühle, weil sie glaubten, ihn in der Vergangenheit zu Selbstverletzungen »getrieben« zu haben, und sie fürchteten, wenn sie ihm etwas sagen würden, das die Schule betraf, könnte das katastrophale Folgen haben.

Wir setzten eine Therapiesitzung mit der ganzen Familie an, und ich forderte alle Teilnehmer auf, über die tatsächlich bestehenden Probleme zu sprechen. Die Eltern erklärten Bobby, ihnen gefalle seine Art, sich zu kleiden, nicht, und sie würden sich nie an seinen Kleidungsstil gewöhnen; aber sie würden in Zukunft nicht mehr versuchen, ihn zu verändern. Wir alle waren jedoch übereinstimmend der Meinung, daß sie nicht damit aufhören könnten, über die Schule zu reden, und daß er morgens aufstehen und zum College gehen müsse, wenn er weiter bei seinen Eltern wohnen und von ihnen finanzielle Unterstützung erhalten wolle. Nachdem dies klargestellt worden war, beruhigten sich die Emotionen aller Anwesenden, und wir konnten uns mit Dingen wie der Entwicklung eines Kursplans befassen, der es Bobby erleichterte, an den Kursen teilzunehmen. Als er danach das erste Mal erneut morgens nicht aufstand, geriet seine Mutter wieder so stark in Panik wie vorher. Natürlich verspürte sie den Drang, zu Hause zu bleiben, ihn aus dem Bett zu zerren und ihn dazu zu drängen, zum College zu gehen. Doch weil ihr bewußt war, daß sie mit Bobby bestimmte Regeln darüber vereinbart hatte, wann und wie sie ihm helfen werde, konnte sie nicht zu Hause bleiben; doch das rief bei ihr starke Angst hervor. Wie im Fall von Schuldgefühlen ist es auch in solchen Fällen wichtig, dem Drang, in das alte Verhalten zurückzufallen, nicht nachzugeben, weil das die Angst nur langfristig festigt.

Bobbys Mutter hatte die in Kapitel 9 beschriebenen Methoden zur Verbesserung der Streßtoleranz erlernt und sie benutzt, um zur Arbeit zu gehen, nachdem sie Bobby mehrmals ermahnt hatte, endich aufzustehen und sich auf den Weg zum College zu machen. Schließlich stand er tatsächlich auf und ging zum College. Wenn er an einem Tag zu spät zum Unterricht gekommen war, riefen seine Eltern nicht mehr wie bisher den Professor an, sondern forderten Bobby auf, ihn selbst anzurufen und mit ihm wieder ins Reine zu kommen. Das letzte, was ich von dieser Familie hörte, war, daß Bobby auf dem Weg zum Medizinstudium war. Die Universität war für ihn und seine Eltern eine ziemliche Herausforderung, aber da sie alle sich Mühe gaben, ihre Emotionen unter Kontrolle zu bringen, schaffte Bobby es, sein Leben in den Griff zu bekommen. Nachdem Bobby angefangen hatte, sich zu bemühen, mit seinen Eltern an einem Strang zu ziehen, tauchte er erstaunlicherweise eines Tages in Khaki-Hosen und einem Business-Hemd in meiner Praxis auf. Als ich ihn fragte, was passiert sei, antwortete er, er sei zu der Überzeugung gekommen, es sei an der Zeit für ihn, sich wie ein Arzt zu kleiden.

Das Vorliegen einer echten Gefahr einschätzen

Wenn Sie sich mit Ihrer Angst und Furcht befassen, sollten Sie sich fragen, ob eine echte Gefahr besteht – also nicht nur etwas, das Sie für eine Gefahr halten, sondern eine echte, reale Gefahr. Die Gefahr kann Ihr eigenes Leben oder das Leben eines Menschen, den Sie lieben, betreffen, aber auch Ihre oder seine Gesundheit und Ihr oder sein allgemeines Wohlbefinden. Meist ist das Vorliegen einer Gefahr für das Leben oder die Gesundheit ziemlich leicht herauszufinden. Schwerer zu erkennen sind Gefahren, die das allgemeine Wohlbefinden betreffen. Versuchen Sie auf die bereits erläuterte Weise, Ihre innere Weisheit zu kontaktieren und sich zu fragen, ob Ihre Intervention längerfristig dem Wohl des geliebten Menschen dient oder ob sie dazu führen wird, daß Sie selbst sich im Hier und Jetzt besser fühlen. Besteht tatsächlich eine Gefahr, und sind schwerwiegende Folgen zu befürchten, sollten Sie intervenieren. Nutzen Sie Ihre Angst, um sich zu motivieren und zu mobilisieren, um dem geliebten Menschen zu helfen und die Angst zu verringern. Existiert die Gefahr nur in Ihrer Vorstellung oder sind die zu erwartenden Folgen unwesentlich, sollten Sie sich dem zuwenden, was bei Ihnen Angst weckt: Führen Sie das Gespräch, Teilen Sie Ihre Grenzen mit, oder verzichten Sie auf die Intervention, selbst wenn Sie diese wirklich ausführen wollen.

Eine der Schwierigkeiten beim Umgang mit Menschen, deren Verhalten völlig außer Kontrolle geraten ist – die suizidal sind, sich selbst Verletzungen zufügen, Drogen konsumieren –, besteht natürlich darin, daß Sie sich bei den Betreffenden immer sagen können, daß das Leben, die Gesundheit oder das Wohlbefinden des geliebten Menschen in Gefahr ist. Die Möglichkeit einer solchen Schädigung besteht ständig. Vergegenwärtigen Sie sich möglichst die Unmittelbarkeit der Gefahr im Gegensatz zu einer längerfristigen potentiellen Gefahr. Wenn Sie beispielsweise einen Menschen, den Sie lieben, heute durch Zahlung einer Kaution aus einem Gefängnis holen, mag das Ihre Angst bezüglich seiner Gesundheit im Gefängnis kurzfristig verringern, aber es kann auch kriminelle, dysfunktionale Verhaltensweisen des Betreffenden verstärken, die weitere Verhaltensprobleme nach sich ziehen (und somit bei Ihnen längerfristig mehr Angst erzeugen).

Der Umgang mit Angst, die sich auf das Verhalten eines geliebten Menschen bezieht, und das Bemühen, sich klug zu verhalten, vermittelt manchmal das Gefühl, man hätte eine Axt über dem Kopf. Natürlich gibt es, wie bereits erwähnt, keine Garantien, und deshalb halte ich es für unverzichtbar, sich um Unterstützung zu bemühen, wenn Sie als jemand, der einen Menschen mit einer BPS liebt, Entscheidungen treffen und mit Emotionen fertig werden müssen.

Über den Umgang mit Verzweiflung

Eine letzte Emotion, die in Ihrem Leben mit einem unter BPS leidenden Menschen eine Rolle spielen kann, ist Verzweiflung. In der DBT sagen wir oft, daß Menschen mit einer BPS lernen müssen, mit ihrer überwältigenden Traurigkeit darüber fertigzuwerden, daß ihr Leben nicht so verlaufen ist, wie sie es sich gewünscht hätten. BPS-Patienten verfügen in erstaunlichem Maße über Mitgefühl, Leidenschaft, Kreativität und ein großes Spektrum von Emotionen. Wegen ihrer besonderen Sensibilität und ihrer Unfähigkeit, ihre Emotionen, Verhaltensweisen und Beziehungen zu regulieren, verläuft ihr Leben oft chaotisch. Sie verlieren Freunde, Jobs und Chancen. Viele meiner Klienten haben mir gesagt, sie seien eines Tages im Alter von fünfzig Jahren aufgewacht und hätten gerade erst damit begonnen, zu leben zu lernen – sie hätten ungeheuer viel versäumt und seien von Verzweiflung erfüllt. Sobald sie in einer Therapie Fortschritte zu machen beginnen, melden sich bei ihnen Hoffnungslosigkeit und suizidales Verhalten zurück, weil sie angesichts ihres »vergeudeten Lebens« Trauer empfinden.

Diese herzzerreißende Reaktion spiegelt sich im Verhalten der Familienangehörigen. Wenn Sie als Angehöriger einen solchen Menschen beobachten, werden seine Kämpfe und Qualen und die oft tragischen Folgen seines Verhaltens Sie kaum unberührt lassen. Erhält der Betreffende keine Hilfe, fällt er leicht in den Abgrund der Hoffnungslosigkeit. Daß sich sein Leben verändern kann, ist für ihn schwer zu erkennen. Sie selbst denken darüber nach, was hätte sein können. Wenn der geliebte Mensch Hilfe erhält und sich seine Situation bessert, ist es schwer, nicht an all die Dinge zu denken, die anders sein könnten, wenn er früher Hilfe erhalten hätte.

Das Wichtigste, was Sie tun können, ist, Ihre Traurigkeit zu beobachten und zu beschreiben (siehe hierzu Kapitel 4). Beschreiben Sie Ihre Gedanken (»Ich denke darüber nach, daß sie nie in der Lage sein wird, für sich selbst zu sorgen«) und Emotionen (»Ich empfinde Trauer und fühle mich einsam, weil ich zu meiner Tochter nicht die Beziehung habe, die ich gern hätte«). Schaffen Sie eine Balance zwischen dem Zulassen und dem Loslassen Ihrer Emotionen, damit Sie nicht von ihnen überwältigt werden. Wenn Sie Emotionen erleben, dann tun Sie das voll und ganz.

Etwas loszulassen – und das gilt insbesondere für Emotionen – ist leichter gesagt als getan. Beginnen Sie damit, indem Sie sich jedesmal, wenn Sie daran denken, sagen: »Ich werde dies loslassen.« Richten Sie Ihre Gedanken, Emotionen und Verhaltensweisen anschließend auf etwas anderes. Nutzen Sie ablenkende Möglichkeiten der Selbstberuhigung.

Aber schätzen Sie diese Erlebnisse nicht gering. Sie sind wichtig, und wenn Sie sie ständig verdrängen oder unterdrücken, werden sie immer stärker und tauchen später wieder auf. Achten Sie auf sie, und lehnen Sie sich ein wenig in sie hinein. Beschreiben Sie, wo in Ihrem Körper Sie sie spüren. Lassen Sie die Emotionen steigen und fallen wie Wellen. Versuchen Sie nicht, sie größer zu machen, als sie tatsächlich sind (Sie können mir getrost glauben, daß sie dann immer noch stark genug sind). Versuchen Sie nicht, sie abzutun oder zu leugnen. Nutzen Sie die in Kapitel 4 beschriebenen Fertigkeiten im Akzeptieren, und erkennen Sie Ihre Emotionen als einen Teil von Ihnen an. Wenn Sie intensiver an Ihrer Achtsamkeit arbeiten wollen, können Sie sich im kontemplativem Gebet üben oder mit Meditation beschäftigen oder eine Achtsamkeitsübung ausprobieren. Viele Menschen nehmen heute an Achtsamkeitsseminaren teil, um sich einige Tage dieser Übungsart zu widmen. Die Achtsamkeitspraxis setzt keine bestimmte religiöse Überzeugung voraus und kann sogar völlig areligiös praktiziert werden, wenn man entsprechend dazu angeleitet wird.

Ob Sie mit dem geliebten Menschen über Ihre Traurigkeit sprechen sollten, hängt ab vom Entwicklungsstand ihrer Fähigkeit, Emotionen zu ertragen, weiterhin vom Zustand Ihrer Beziehung zueinander und vom Sinn und Zweck des Gesprächs. Manchmal möchten Menschen mit einer BPS darüber reden, wie enttäuscht sie von ihrem Leben sind. Es kann auf sie sehr validierend wirken, wenn Sie sagen, daß Sie einige der Emotionen, die sie erleben, kennen und sogar selbst erleben. Allerdings verstehen einige BPS-Patienten solch eine Validierung als einen Versuch, zu Ihnen in Konkurrenz zu treten (»Willst du damit sagen, daß es dir dreckiger geht als mir?«), oder klarzustellen, daß sie sich wirklich hoffnungslos fühlen und daß offenbar auch Sie jede Hoffnung auf eine Besserung ihres Zustandes aufgegeben haben. Noch einmal sei darauf hingewiesen, daß es oft von Nutzen ist, sich Unterstützung von außen sowie Hilfe bei dem Bemühen zu sichern, etwas mitzuteilen, das so unbeständig ist wie Ihre Enttäuschung und Trauer um einen geliebten Menschen.

Sie können zwar viel tun, um mit Emotionen wie Schuldgefühlen, Angst und Verzweiflung fertig zu werden, doch läßt sich kaum bestreiten, daß der enge Kontakt zu einem Menschen mit einer BPS uns alle mit besonders schwierigen Gefühlen und potentiell fatalen Ereignissen konfrontieren kann. Trotz intensivster Bemühungen bezüglich der Selbstregulation und der adäquaten Interaktion mit der geliebten Person und manchmal auch trotz entsprechend intensiver Bemühungen letzterer müssen sich BPS-Patienten oft mit Verhaltensweisen wie Suizid und Selbstschädigungen auseinandersetzen. Dies ist das Thema des nächsten Kapitels.

KAPITEL 12

Selbstschädigungs- und Suizidtendenzen verstehen und über eine stationäre Behandlung entscheiden

Sie haben soeben etwas über die schwierigsten Emotionen gelesen, mit denen Menschen konfrontiert werden, denen jemand mit einer BPS besonders am Herzen liegt. Wahrscheinlich ruft kein Thema mehr Angst und Verzweiflung hervor als das Gespenst des Suizids und andere selbstschädigende Verhaltensweisen. Weil es bei einer BPS um unausweichliche Realitäten geht, werde ich diesem Thema ein ganzes Kapitel widmen. Zunächst werde ich versuchen, Ihnen dieses sehr aufwühlende und beängstigende Verhalten verständlicher zu machen. Anschließend werde ich Ihnen für den Umgang mit den Selbstschädigungstendenzen des Menschen, den Sie lieben, den besten Rat geben, den ich anzubieten habe, einen Rat, der sowohl auf den Resultaten wissenschaftlicher Studien als auch auf klinischer Erfahrung basiert.

Was liegt selbstschädigendem und suizidalem Verhalten zugrunde?

Etwa 75 Prozent aller BPS-Patienten unternehmen im Laufe ihres Lebens einen Suizidversuch. Leider ist dieser in acht bis zehn Prozent der Fälle erfolgreich, und je mehr Kriterien für das Vorliegen einer BPS ein Patient erfüllt, um so höher ist das Suizidrisiko. Als jemand, der einen Menschen mit einer BPS liebt, müssen Sie sich darüber im klaren sein, daß Ihre Angst, der Betreffende könnte versuchen sich umzubringen oder bringe sich tatsächlich um, aufgrund der vorliegenden wissenschaftlichen Untersuchungen klar als berechtigt bestätigt wird. Und weil suizidales Verhalten auf andere Menschen so beängstigend wirkt, zweifeln Sie möglicherweise an Entscheidungen, die Sie treffen, oder tun Dinge, die Sie normalerweise nicht tun würden, um sicherzugehen, daß der gefährdete geliebte Mensch am Leben bleibt.

Letztlich ist das Wichtigste für Sie, daß der Mensch, den Sie lieben, am Leben bleibt. Wenn Sie sich nicht sicher sind, was Sie tun sollen, und wenn Sie fürchten, daß eine der Entscheidungsmöglichkeiten, die Ihnen offenstehen, mehr Risiken beinhaltet als eine andere, ist es wichtig, im Zweifelsfall auf der sicheren Seite zu bleiben. Ich werde Ihnen zwar im folgenden viele Informationen über suizidales Verhalten und Empfehlungen für den Umgang damit sowie über Entscheidungen hinsichtlich stationärer Behandlungen geben, aber Sie sollten stets bedenken: Sie kennen und lieben diesen Menschen, und wenn Sie sich wirklich sorgen, daß er sich in einer bestimmten Situation umbringen könnte, ist es wichtiger als alles andere, ihn am Leben zu erhalten.

Was ist der Unterschied zwischen suizidalem und selbstschädigendem Verhalten?

Zunächst sollten wir klarstellen, was bestimmte Begriffe beinhalten. Selbstschädigende Verhaltensweisen oder nicht-suizidale selbstschädigende Verhaltensweisen sind beispielsweise das Sich-selbst-Zufügen von Schnittverletzungen, Verbrennungen, Kratzverletzungen oder Schlägen und das Trinken giftiger Substanzen wie Bleichmittel. Zwischen 60 und 80 Prozent der Menschen mit einer BPS – je nach wissenschaftlicher Studie – neigen zu irgendeiner Art von selbstschädigendem Verhalten. Bei selbstschädigendem Verhalten ist keine Absicht, sich umzubringen, im Spiel. Menschen, die selbstschädigendes Verhalten praktizieren, ist irrigerweise immer wieder unterstellt worden, es handle sich um einen »Hilfeschrei« oder ein »Aufmerksamkeitsbedürfnis«. Manchmal genießen Menschen nach nicht-suizidalem Verhalten tatsächlich besondere Aufmerksamkeit, wodurch das betreffende Verhalten natürlich verstärkt wird, mit der Folge, daß es im Laufe der Zeit zunimmt. Da Psychologie und Neurobiologie jedoch mittlerweile mehr über selbstschädigendes Verhalten herausgefunden haben, wissen wir heute, daß der Hauptgrund für Selbstschädigungen die Emotionsregulierung ist.

Die meisten von uns können sich schwer vorstellen, daß sich einige Menschen besser fühlen, wenn sie sich Schnittverletzungen zufügen. Denken Sie einmal an einen für Sie besonders schrecklichen Tag zurück. An diesem Tag ging tatsächlich alles schief, was hätte schief gehen können. Ihre Emotionen (Wut, Frustration, Ekel, Angst, Scham und Schuld) wurden im Laufe des Tages immer stärker. Als Sie am Abend nach Hause kamen, taten Sie etwas: Sie machten einen langen Dauerlauf, tranken ein Glas Wein, nahmen ein heißes Bad, spielten mit Ihren Haustieren, kochten sich etwas oder reinigten die Wohnung. Durch diese Aktivitäten beruhigten sich Ihre Emotionen, und Sie fühlten sich besser, obwohl Ihnen klar war, daß Sie am nächsten Tag wieder in die gleiche Situation kommen würden. So ergeht es Menschen, die zu selbstschädigendem Verhalten neigen. Obwohl sie die besten Absichten haben, sich nicht wieder zu schneiden (oder etwas anderes nicht zu tun, das typisch für ihre Art der Selbstschädigung ist), bauen sich Ihre Emotionen immer stärker auf. Schneiden sie sich dann, werden die Emotionen gelindert. Manchmal brauchen sie nur an das Schneiden zu denken, um ihre Emotion abzuschwächen. Sie fühlen sich dann erleichtert, und sie werden mit ihren Emotionen wieder fertig. Wenn Menschen sich selbst Schnittverletzungen zufügen, um Linderung zu empfinden, ist es für uns als Verwandte oder enge Freunde schwierig, sie dazu zu bringen, mit dem Schneiden aufzuhören, weil es ihnen so gut hilft. Deshalb wirkt es im Laufe der Zeit massiv verstärkend. Wie Menschen, die Drogen konsumieren, um mit ihren Emotionen fertig zu werden, kämpfen auch Menschen, die ihre Emotionen durch selbstschädigendes Verhalten zu regulieren versuchen, in schwierigen Situationen mit »Rückfällen«.

Die falsche Vorstellung, selbstschädigendes Verhalten sei in Wahrheit suizidales Verhalten, wird durch die Statistik angeheizt: Neunzig Prozent der BPS-Patienten, die sich selbst schädigen, begehen letztlich keinen Suizid; aber die Tatsache, daß zehn Prozent tatsächlich durch einen Suizid sterben, verleitet einige zu dem falschen Schluß, Selbstschädigungen und Suizid-Versuche seien ein und dasselbe Verhalten. Was wir solchen Statistiken entnehmen *können*, ist, daß Menschen, die zu Selbstschädigungen neigen, suizidgefährdet sind.

> *Selbstschädigendes Verhalten ist nicht das gleiche wie ein Suizid; aber Menschen, die zu Selbstschädigungen neigen, sind suizidgefährdet.*

Zum **suizidalen Verhalten** zählen das Erwägen eines Suizids (suizidale Gedanken) wie auch die Planung und Ausführung eines Suizids. Manchmal führen suizidale Verhaltensweisen allmählich ins Verderben. Oft beginnen sie damit, daß der BPS-Patient **darüber nachdenkt, sich umzubringen.** Viele empfinden schon aufgrund ihres Nachdenkens über einen Suizid eine gewisse Linderung ihrer emotionalen Belastung. Löst sich die Situation oder die Emotion, welche die suizidalen Gedanken fördert, nicht auf, geht das suizidale Verhalten in eine Art **Planungsphase** über, in der viele der Warnzeichen, mit denen sich der nächste Abschnitt beschäftigen wird, auftreten. Der BPS-Patient kauft sich dann die Mittel, die er braucht, um sich umzubringen (eine Waffe, Pillen, Alkohol für den Konsum der Pillen). Vielleicht schreibt er auch Briefe, ändert sein Testament, trifft juristische Vorbereitungen auf den Tod (Verfassung einer Vorsorgevollmacht für den Anwalt, Verfügung bezüglich der Unterlassung von Wiederbelebungsmaßnahmen). Auch die Planung eines Suizids kann lindernd wirken. Chronisch suizidale Menschen berichten, die Planung ihres Todes helfe ihnen, sich besser zu fühlen. Obwohl Psychotherapeuten und Psychiater gewöhnlich recherchieren, was zur Planung des Vorhabens getan wurde, gibt es auch impulsive Suizidversuche, denen keine Planung vorausgeht. Man könnte sagen, daß in solchen Fällen alle Schritte zwischen dem ersten Gedanken an einen Suizid und dem eigentlichen Suizidversuch übersprungen werden. Mit impulsiven Suizidversuchen dieser Art werden wir uns später eingehender beschäftigen.

Zu den **Suizidversuchen** zählen Handlungen, die tatsächlich zum Tod der Betreffenden führen. *Entscheidend bei Suizidversuchen ist die Absicht zu sterben.* Ich höre immer wieder Äußerungen wie: »Er hat nicht genug Pillen eingenommen, um zu sterben; folglich wollte er das auch gar nicht.« Hatte der Betreffende jedoch tatsächlich vor zu sterben, antworte ich darauf: »Zum Glück hat er nicht so viele Pillen eingenommen, daß er daran gestorben ist, denn er wollte tatsächlich sterben.« Ich lese nichts in Suizidverhalten hinein. Wenn der Betreffende sterben wollte, handelte es sich um einen Suizidversuch, zwar um einen fehlgeschlagenen, aber eben doch um einen Suizidversuch.

Warnzeichen

Viel Aufmerksamkeit wird der Kenntnis der Warnzeichen für bevorstehendes suizidales Verhalten geschenkt (Verschenken von Besitztümern, Schreiben von Suizidankündigungen, Anzeichen für einen Energieschub). Ich empfehle, sich über diese Anzeichen zu informieren, auch wenn die wichtigsten Hilfsorganisationen für Suizid-Gefährdete mit den Anzeichen nicht in allen Fällen einverstanden sind. Die Anzeichen, die von allen anerkannt werden, sind beispielsweise auf der Liste des *National Institute of Mental Health* (NIMH) vermerkt.

Langfristige Risikofaktoren für Suizid

- frühere Suizidversuche
- Vorkommen von suizidalem Verhalten in der Familie
- leicht verfügbare Suizidmöglichkeiten
- Kenntnis von »Suizidvorbildern« (Berichten über Suizide in den Medien)
- Probleme in der Ehe/Partnerschaft, im Beruf oder in Freundschaften
- permanentes Gefühl, Außenseiter zu sein
- gesundheitliche Probleme
- körperliche Schmerzen
- Angst
- Hoffnungslosigkeit
- Starrheit im Denken
- Schlaflosigkeit
- starke und anhaltende innere Unruhe

Impulsives suizidales Verhalten

Auch wenn es als entmutigend erscheinen mag, ist es trotzdem wichtig zu wissen, daß die meisten Gefährdeten zwar unmittelbar vor Suizidversuchen Warnzeichen erkennen lassen, einer Untersuchung zufolge aber etwa 30 Prozent derjenigen, die einen fast tödlichen Suizidversuch unternehmen, kürzer als fünf Minuten darüber nachgedacht hatten und keinerlei Anzeichen in Form von Rückzugsverhalten, verstärkter Hoffnungslosigkeit oder dergleichen erkennen ließen. Erschreckend viele Menschen neigen zu impulsivem suizidalem Verhalten. Die einzige Möglichkeit, etwas über dieses herauszufinden, besteht darin zu wissen, was bei ihnen suizidales Verhalten erleichtert oder wahrscheinlicher macht. Einige dieser Faktoren, so genannte *langfristige Risikofaktoren*, sind im Kasten oben aufgeführt. Allerdings ist zu bedenken, daß auch dies nur Aspekte sind, welche die Gefahr suizidalen Verhaltens erhöhen. Falls diese Risikofaktoren bei einem Menschen, den Sie lieben, vorliegen, sollten Sie auf jedes Ereignis achten, das der Betreffende als schlechte Nachricht auffassen könnte – z. B. den Verlust einer beruflichen Position, das Ende einer Beziehung –, weil solch ein Ereignis für den Betroffenen der sprichwörtliche Strohhalm sein kann, der dem

Kamel den Rücken bricht. ***Falls so etwas eintritt, sollten Sie mit der Situation Vertraute und eventuell involvierte Behandler sofort informieren.***

Die ansteckende Wirkung von Suiziden

Einer der im Kasten auf Seite 271 aufgeführten langfristigen Risikofaktoren, ist die Existenz von »Suizidvorbildern«. Ein wichtiger Risikofaktor für suizidales Verhalten ist das, was Fachleute *Contagion* (»Ansteckung«) nennen. Zwar diskutieren Wissenschaftler noch darüber, ob suizidales Verhalten tatsächlich ansteckend wirken kann, aber diejenigen unter uns, die sich mit Risiko suizidalen Verhaltens beschäftigen, untersuchen nach vollendeten Suiziden sehr genau das Verhalten suizidgefährdeter Klienten. Kommt es in einer Gruppe zu einem Suizid, folgen häufig weitere. In meiner Heimatstadt brachte sich einmal ein Jugendlicher durch Selbstverbrennung um. Innerhalb von zwei Wochen hatten vier andere Jugendliche es ihm nachgemacht.

Findet ein Suizid in den Medien starke Beachtung, folgen fast unvermeidlich weitere Suizide. Als der Modeschöpfer Alexander McQueen sich erhängte, kam es innerhalb von zwei Wochen in einem kleinen Gebiet in Großbritannien zu fünf weiteren Suiziden durch Erhängen. Immer wenn eine »Berühmtheit« tatsächlich oder vermeintlich einen Suizid begangen hat – beispielsweise Kurt Cobain oder Heath Ledger (der durch einen Unfall ums Leben kam) –, berichten viele suizidgefährdete Menschen über eine Verstärkung ihres Suiziddrangs. Klienten mit einer BPS berichten mir immer wieder, in der Öffentlichkeit bekannt werdende Suizide verstärkten ihre Gefühle der Hoffnungslosigkeit, der Wut und des Zweifels an ihrer Fähigkeit, ein lebenswertes Leben aufzubauen. Allerdings wirken solche Ereignisse eher nicht wie eine Art »Erlaubnis«, sich umzubringen, wie manche glauben. Klienten mit einer BPS haben mir berichtet, ein Suizid, der in den Medien starke Beachtung finde, verstärke die Intensität und Häufigkeit ihrer eigenen suizidalen Gedanken. Solange meine Klienten mir dies immer wieder bestätigen, werde ich, wenn ein Suizid in der Öffentlichkeit bekannt wird, meine suizidgefährdeten Klienten weiter sehr genau im Auge behalten.

Suizid als Lösung eines Problems

Suizidale und nicht-suizidale selbstverletzende Verhaltensweisen sind maladaptive Problemlösungsversuche. Im Jahre 2010 haben sich Menschen aufgrund der damaligen wirtschaftlichen Probleme umgebracht, weil sie ihre Arbeit verloren oder nach einer Kündigung keine neue Arbeit gefunden hatten. Statt nach anderen Möglichkeiten zu suchen, ihr Problem der Arbeitslosigkeit zu lösen, sahen sie den Suizid als einzig mögliche Lösung an. Auch glaubten sie, sie seien eine Belastung für ihre Familie und könnten dies nur durch ihren Tod ändern.

Oft sagen BPS-Patienten: »Das Problem ist, daß ich suizidgefährdet bin.« *Aber suizidgefährdet zu sein ist nicht das ursächliche Problem, sondern lediglich ein Versuch, das Problem zu lösen.* Menschen mit einer BPS sehen suizidales Verhalten häufig als die einzige Möglichkeit, ihre Probleme zu lösen und ihrem Elend zu entkommen. Sie möchten ihr Leiden beenden. Doch wenn das Suizidverhalten oder die Selbstschädigung erst einmal in das Verhaltensrepertoire eines Menschen Eingang gefunden haben, bleiben beide für immer eine Option. Ich erkläre Menschen mit einer BPS und ihren Familien, daß dies dem Alkoholkonsum in seiner Funktion als Problemlösungsmöglichkeit ähnelt – beispielsweise in Form des Sich-Betrinkens nach einem schwierigen Arbeitstag. Selbst wenn der Betreffende den Alkoholkonsum später wieder aufgibt und er irgendwann seit zwanzig Jahren nach harten Arbeitstagen nicht mehr getrunken hat, kann ihm nach einem schweren Tag immer noch der Gedanke kommen, auf dem Nachhauseweg an einem Getränkeladen zu halten und sich ein Six-Pack Bier mitzunehmen. *Wenn Menschen in der Vergangenheit suizidal waren und insbesondere wenn ihnen Gedanken an einen Suizid eine gewisse Erleichterung verschafft haben, können sie sehr leicht anläßlich der Wiederholung bestimmter Ereignisse und Emotionen, die bei ihnen schon einmal Suizidgedanken ausgelöst haben, erneut über einen Suizid nachzudenken beginnen.* In einer Therapie versuchen wir, solchen Menschen viele andere Verhaltensmöglichkeiten (oder Problemlösungsansätze) beizubringen. *Trotzdem sollte man sich darüber im klaren sein, daß die Möglichkeit, die eigenen Probleme durch Suizid zu lösen, nie mehr völlig aus dem Bereich des Möglichen verschwindet, wenn sie erst einmal aufgetaucht ist.*

> *Obwohl der Suizid letztlich nicht von Problemen und Schmerzen zu befreien vermag, sollte man im Auge behalten, daß er als Option immer präsent bleiben wird, nachdem er zu einem Bestandteil des Repertoires an »Lösungen« eines Menschen geworden ist.*

Auch wenn man es kaum glauben mag, besteht für Menschen mit einer BPS ein Problem, das suizidale und selbstschädigende Verhaltensweisen zu lösen vermögen, darin, daß diese Verhaltensweisen belastende Emotionen durchaus zu lindern helfen. Chronisch suizidale Menschen sowie jene, die zu selbstschädigendem Verhalten neigen, berichten häufig, es helfe ihnen, sich besser zu fühlen, wenn sie über Suizidversuche oder andere selbstschädigende Verhaltensweisen (Selbstzufügen von Schnittverletzungen oder Verbrennungen usw.) nachdächten oder wenn sie solche Aktivitäten planten und in die Tat umzusetzen versuchten.

Katie besuchte die Mittelstufe der Highschool und fügte sich fast jede Woche Schnittverletzungen zu, beabsichtigte aber nicht, sich umzubringen. Sie war eine sehr gute Schülerin und sehr perfektionistisch veranlagt. Sie entwickelte wegen der Schule große Angst, die im Laufe der Woche jeweils stärker wurde. Ihre Fähigkeit, sich auf die schulische Arbeit zu konzentrieren, ließ dann nach – was natürlich ihre Angst weiter verstärkte mit der Folge, daß ihre Konzentrationsfähigkeit noch mehr nachließ – ein Teufelskreis. Wenn sie sich dann tief in die Oberschenkel schnitt, wurde ihre Schulangst sofort deutlich schwächer, und sie konnte sich wieder auf die Schularbeit konzentrieren und gewohnt gute Leistungen erbringen.

Leslie fühlte sich sehr einsam. Sie lebte in einem anderen Bundesstaat als ihre Eltern und hatte nur wenige Freunde. Ihre Einsamkeit wurde am Wochenende stärker, und sie unternahm mehrmals jeweils am Wochenende Suizidversuche. Sie sagte, sie habe versucht, sich umzubringen, um sich nicht mehr einsam zu fühlen (ein Problemlösungsversuch). Aber ihr war auch aufgefallen, daß die Suizidversuche zu einer Art »Reset« ihrer negativen Emotionen führten, wodurch sie sich emotional ein wenig beruhigte.

Negative Verstärkung: Eine Art der Problemlösung, die selbst Probleme erzeugt

Aus diversen wissenschaftlichen Untersuchungen geht hervor, daß einige Menschen eine Linderung überwältigender Emotionen erleben und sich besser fühlen, indem sie nur an Suizid *denken*. Stacy Shaw Welch hat eine Studie durchgeführt, in der sie chronisch suizidale Probanden (bei denen ständig eine gewisse Suizidalität besteht) mit imaginativen Szenarien konfrontierte, in denen sie entweder infolge eines Unfalls oder einer Krankheit starben, wobei ihre physiologische und damit auch ihre emotionale Erregung abnahm. Zur Zeit wird noch untersucht, welche physiologischen Gründe es dafür gibt, daß suizidales und selbstschädigendes Verhalten Emotionen zu regulieren und lindernd zu wirken vermag, aber geklärt ist schon, *daß* diese Verhaltensweisen entsprechend wirken.

Dieses Phänomen wird *negative Verstärkung* genannt. Es beinhaltet, daß suizidales Verhalten aversive oder unangenehme Emotionen bzw. Situationen auflöst. Denken Sie an das unerträgliche Summen, Piepsen oder Klingeln, das Ihr Sicherheitsgurt im Auto ertönen läßt, wenn Sie ihn nicht anlegen. Wird der Gurt befestigt, endet das unerträgliche Geräusch, was die Bereitschaft verstärkt, den Gurt anzulegen. Suizidales und selbstschädigendes Verhalten gebietet dem Schmerz Einhalt, verstärkt aber gleichzeitig das schädigende Verhalten und erschwert so, es wieder aus dem Verhaltensrepertoire eines Menschen zu entfernen. Die Untersuchung von Welch hat gezeigt, daß einige Menschen sich den Augenblick des Todes nur vorzustellen brauchen, um ihre negativen Gefühle und Gedanken zu neutralisieren.

Suizid als Ausdruck von Schmerz

Und schließlich kann suizidales und selbstschädigendes Verhalten auch dazu dienen mitzuteilen, wieviel Schmerz ein Mensch empfindet. Wie in Kapitel 1 erklärt wurde, empfinden suizidale Menschen unglaublich starken Schmerz. Manchmal werden andere aus dem Umfeld eines Leidenden aufgrund des Schmerzes aktiv, in anderen Fällen nicht. Manchmal bemerken die Verwandten und Freunde des BPS-Patienten dessen Schmerz nicht, entweder weil sie diesen einfach nicht wahrnehmen oder weil sie der permanenten Suizidgefahr gegenüber immunisiert sind. Und wie schon in Kapitel 8 erklärt wurde, ist der BPS-Patient manchmal auch nicht in der Lage, anderen die Stärke seines Schmerzes verständlich zu machen. Suizidales Verhalten kann andere Menschen darauf aufmerksam machen, wie schlecht es einem BPS-Patienten geht.

Menschen mit einer BPS haben im Laufe der Jahre den Ruf entwickelt, sie benutzten suizidale und selbstschädigende Verhaltensweisen, um »Aufmerksamkeit auf sich zu ziehen«. Oft wird ihnen unterstellt, sie unternähmen Pseudo-Suizidversuche, hätten also eigentlich gar nicht vor, sich umzubringen, sondern wollten nur erreichen, daß andere ihnen Aufmerksamkeit schenken. Diese Theorie ist aus zwei Gründen problematisch. Meiner Erfahrung nach wird suizidales Verhalten nie als Versuch, die Aufmerksamkeit auf sich zu ziehen, initiiert. Vielmehr nehmen Menschen in der Regel zu suizidalem Verhalten Zuflucht, weil sie sich aufrichtig eine Linderung der Tragik und der starken Emotionen wünschen, die ihr Leben prägen.

Bill hatte sich von seinem Partner entfremdet. Beide lebten seit über einem Jahr »zeitweilig« getrennt. Bill wollte sich wieder mit ihm versöhnen und war bereit, alles Notwendige zu tun, um die Probleme in der Beziehung zu lösen. Eines Abends nach einem schwierigen Abschied von den gemeinsamen Kindern, die weiterhin bei seinem Partner wohnten, ging Bill nach Hause, konsumierte ein nicht mehr ganz volles Glas Schlaftabletten und eine halbe Flasche Bourbon und landete später in der Notaufnahme. Bills Partner wurde kontaktiert, weil er in Bills Papieren noch als die in Notfällen zu kontaktierende Person genannt wurde. Als der Partner in die Notaufnahme kam und Bill in seinem schlechten Zustand sah, fing er an zu weinen, hielt Bills Hand und versprach, mit ihm an einer Versöhnung zu arbeiten. Einige Wochen später nahm seine Versöhnungsbereitschaft allmählich wieder ab. Bill traf seinen Partner immer seltener, und er verfiel wieder der Hoffnungslosigkeit. Dann unternahm er einen weiteren Suizidversuch, und sein Partner kam abermals in die Klinik. Im Laufe der Zeit wurde das Suizidverhalten stärker, weil Bills Gehirn (ohne daß ihm dies klar war) anfing, suizidales Verhalten mit Veränderungen des Verhaltens seines Partners zu assoziieren. Das bedeutet jedoch nicht, daß Bill Suizidversuche unternahm, um die Aufmerksamkeit seines Partners auf sich zu ziehen. Vielmehr hatte sein Gehirn gelernt, suizidales Verhalten mit Veränderungen des Verhaltens seines Partners zu assoziieren. Wenn der emotionale Schmerz besonders stark wurde, verfügte Bill über einen Verstärker für suizidales Verhalten, und die Aufmerksamkeit, die dieses Verhalten ihm einbrachte, verstärkte die Wahrscheinlichkeit, daß er das Verhalten auch benutzen würde. Noch einmal sei darauf hingewiesen, daß dies nicht beinhaltet, daß Bill suizidales Verhalten mit der Absicht praktizierte, von seinem Partner »Aufmerksamkeit zu bekommen«.

Manchmal werden suizidale Verhaltensweisen mit der Aufmerksamkeit anderer Menschen assoziiert – Familienangehörigen, Freunden, den Krankenschwestern und Pflegern in der Notaufnahme. Suizidales Verhalten kann im Laufe der Zeit durch die Aufmerksamkeit anderer verstärkt werden und kann diese zu Hilfsangeboten veranlassen oder die Aufmerksamkeit anderer aktivieren. Das bedeutet jedoch nicht, daß der Mensch, den Sie lieben, »Aufmerksamkeit sucht«. Der Unterschied zwischen beidem mag subtil sein, er ist aber sehr wichtig. Wenn Sie glauben, es gehe darum, Aufmerksamkeit auf sich zu ziehen, könnten Sie in einer Situation, in der ein Mensch, den Sie lieben, suizidgefährdet ist, verurteilend und strafend reagieren. Letztlich helfen Urteile weder Ihnen noch dem geliebten Menschen noch Ihrer gemeinsamen Beziehung. Urteile verringern Ihre Möglichkeiten, im Umgang mit dem geliebten Menschen adäquat zu handeln, und am Ende verhalten Sie sich dem anderen gegenüber invalidierend.

Potentielle Verstärker suizidalen Verhaltens

Dinge, die unbeabsichtigt suizidales Verhalten verstärken können:

- Häufiger oder länger mit einem geliebten Menschen sprechen
- Freundlicher oder liebenswürdiger sein
- Ein Verhalten wiedergutmachen oder sich dafür entschuldigen, wenn Sie dies normalerweise nicht tun
- Den geliebten Menschen nach einem Suizidversuch in der Klinik oder in der Notaufnahme besuchen
- Irgendeine Ihrer Verhaltensweisen unmittelbar nach einem Suizidversuch in einer Weise verändern, die der geliebte Mensch zu erreichen versucht hat (stärkere Unterstützung, Abstandnehmen von Forderungen, mit denen Sie die andere Person konfrontiert haben)
- Jugendliche könnten den Rückzug Ihrer Zeit und Aufmerksamkeit als verstärkend empfinden (im Gegensatz zu anderen, die dies als strafend empfinden könnten)

Andere Faktoren, die suizidales Verhalten verstärken können:

- Durch das Verhalten eine emotionale/physiologische Entlastung oder Linderung erzielen
- In eine Klinik gehen, um eine »Auszeit« von Stressoren zu bekommen
- Nicht mit den Anforderungen des Alltagslebens leben zu müssen, wenn sie als überwältigend empfunden wurden (nicht arbeiten zu müssen, sich nicht um den Haushalt, die Haustiere, die Kinder, den Partner kümmern zu müssen)

Falls Sie sich sorgen, Sie könnten suizidales Verhalten verstärken oder Sie könnten das tun, was in der Terminologie der Zwölf-Schritte-Programme als »ermöglichen« suizidalen Verhaltens bezeichnet wird, sollten Sie sich einen Therapeuten suchen, der Ihnen hilft, andere Möglichkeiten zu erkennen und Ihr Verhalten zu ändern, oder Sie sollten Treffen einer Zwölf-Schritte-Gruppe besuchen. Versuchen Sie nicht, die Verstärker zu verändern, ohne vorher mit einem Fachmann gesprochen zu haben und ohne gegebenenfalls den Therapeuten des geliebten anderen zu kennen.

Was Sie tun können, wenn der Mensch, den Sie lieben, suizidal ist

Es gibt zwei Arten von Suizidalität: chronische und akute.

Chronische Suizidalität ist langfristige Suizidalität. Chronisch suizidale Menschen empfinden häufig Linderung, wenn sie suizidale Gedanken entwickeln. Sie haben manchmal ständig passive Suizidgedanken: Beispielsweise wünschen sie sich, sie wären tot, oder sie möchten am liebsten am nächsten Morgen nicht mehr aufwachen, oder es ist ihnen gleichgültig, ob sie bei einem Verkehrsunfall ums Leben kommen. Suizid spielt im Leben von chronisch suizidalen Menschen permanent eine Rolle. Die Möglichkeit des Suizids ist für sie ständig präsent, und gewöhnlich unternehmen sie im Laufe ihres Lebens zahlreiche Suizidversuche.

Akute Suizidalität ist eine Reaktion auf extreme und/oder überwältigende Stressoren, die zu der Absicht führen, sich umzubringen. Akut suizidale Menschen gelten als stärker gefährdet als chronisch suizidale. Oft bleiben Menschen chronisch suizidal, bis die Stressoren in ihrem Leben sie überwältigen und sie in einen akut suizidalen Zustand versetzen. Falls der Mensch, den Sie lieben, im Grunde »immer« suizidal ist, handelt es sich um chronische Suizidalität. Natürlich können chronisch suizidale Menschen akut suizidal werden; deshalb ist es nicht sinnvoll, ihre chronische Suizidalität zu invalidieren oder anzunehmen, daß sie sich niemals umbringen würden.

Sinn und Hoffnung fördern

Das Beste, was Sie tun können, wenn der Mensch, den Sie lieben, chronisch suizidal ist, besteht darin, ihm zu einem Leben zu verhelfen, das nicht zum Suizid führt. Menschen, die Beziehungen haben, in denen sie bestärkt werden, und die sich Aktivitäten widmen, die sie selbst als sinnvoll empfinden, bringen sich gewöhnlich nicht um. Suizidal werden meist diejenigen, die wichtige Beziehungen und von ihnen als bedeutsam empfundene Aktivitäten verloren oder nie gekannt haben.

Oft ist es eine Hilfe, wenn Sie Hoffnung für den geliebten Menschen hegen, obwohl dieser selbst dazu nicht in der Lage ist. Es ist wichtig, daß Sie Hoffnung entwickeln, ohne das aktuelle Erleben des Betreffenden zu invalidieren. Statt zu sagen: »Die Situation wird sich schon wieder bessern«, was den Betreffenden zwingen kann, mittels suizidaler Verhaltensweisen zu kommunizieren, daß er nicht an eine irgendwann eintretende Besserung glaubt, sagen Sie besser etwas wie: »Ich weiß, daß du momentan keine Hoffnung hast. Es ist schwer, Hoffnung zu entwickeln, aber ich habe trotzdem die Hoffnung, daß du es schaffen wirst. Wirst du zulassen, daß ich für dich hoffe?«

Validieren Sie den Schmerz und die Hoffnungslosigkeit, und setzen Sie dem etwas entgegen, indem Sie ausdrücken, daß Sie selbst Hoffnung haben.

Kommunizieren Sie, welche Wirkung es hätte, die andere Person zu verlieren

Bei chronischem (wie auch bei akutem) suizidalem Verhalten nützlich ist auch, zu beschreiben, welche Wirkung der Suizid des geliebten Menschen auf Sie und Ihre Familie hätte. Oft glauben Suizidgefährdete, den Menschen, die ihnen nahestehen, ginge es ohne sie besser – sie seien für ihre Familie eine Last. Um Klienten die Konsequenzen eines Suizids für ihre Kinder vor Augen zu führen, erklären wir ihnen oft, einer der Risikofaktoren für Suizide bestehe darin, daß ein anderes Familienmitglied einen Suizid geschafft habe. Einem geliebten Menschen mitzuteilen, was dessen Suizid für Sie und andere ihm Nahestehende bedeute, oder es in einem Brief zu beschreiben, kann nützlich sein. Doch wenn Sie sich dazu entschließen, sollten Sie die Dinge auch wirklich beim Namen nennen, statt sich in beschönigende Umschreibungen zu flüchten. Benutzen Sie Formulierungen wie *»Selbstmord«*, *»dich umbringen«* und *»dein Tod«*, und beschreiben Sie sehr konkret, was der Suizid des Betreffenden für Sie bedeuten würde. ***Aber tun Sie dies nicht, falls die geliebte Person sehr wütend auf Sie ist, weil sie sich dann möglicherweise umbringt, um Ihnen zu zeigen, wie wütend sie ist.***

Was Sie tun sollten, wenn ein Mensch, den Sie lieben, Ihnen erklärt, er habe vor, sich umzubringen

Wenn der BPS-Patient, den Sie lieben, entweder unter vier Augen oder am Telefon zu Ihnen sagt, er wolle sich umbringen, und insbesondere wenn er Ihnen genau beschreibt, wie er dies zu tun beabsichtigt, sollten Sie umgehend seinen

Therapeuten kontaktieren. Unabhängig von der Art der Therapie gibt es keinen Suizidspezialisten, der glaubt, man könne suizidales Verhalten während der regulären Therapiezeiten behandeln. Die meisten Suizidversuche werden abends, an Wochenenden oder an Feiertagen ausgeführt, also nicht während der regulären Arbeitszeit der behandelnden Therapeuten. Falls Sie einen gewissen Einfluß auf den geliebten Menschen haben, sollten Sie ihm empfehlen, sich einen Therapeuten zu suchen, der bereit ist, Anrufe außerhalb der regulären Sprechzeiten anzunehmen. Legen Sie dem Betreffenden nahe, in suizidalen Krisen den Therapeuten anzurufen, mit ihm zu besprechen, was zu tun ist, und Sie später noch einmal anzurufen, um Sie über die weitere Entwicklung der Situation zu informieren. Wenn Sie die geliebte Person bitten, Sie nach der Kontaktaufnahme zum Therapeuten noch einmal anzurufen, zeigen Sie dadurch Ihre Besorgnis und Ihre fürsorglichen Empfindungen und daß Sie von ihm erwarten, daß er Kontakt zu einem Therapeuten aufnimmt und mit ihm spricht. Falls der BPS-Patient keinen Therapeuten hat und Sie in einer suizidalen Krise anruft, sollten Sie zur lokalen Krisenklinik Kontakt aufnehmen, einen mobilen Kriseninterventionsdienst einschalten (falls Ihre lokale psychiatrische Klinik darüber verfügt) und falls nichts von alldem möglich ist, sollten Sie die Notrufnummer anrufen.

Wie Sie auf eine suizidale Handlung reagieren sollten

Falls die geliebte Person Sie anruft und schon eine suizidale Handlung ausgeführt hat, sollten Sie herausfinden, was sie getan hat. Hat sie Tabletten eingenommen, müssen Sie feststellen, welche es waren, wie viele sie geschluckt hat und wie lange dies her ist. Falls sie sich Schnittverletzungen zugefügt hat, müssen Sie klären, wo, wie tief und ob sie blutet. Hat sie getrunken oder Drogen konsumiert? Wenn ja, was hat sie getrunken, welche Drogen hat sie eingenommen, wieviel hat sie getrunken oder wieviel hat sie konsumiert? Falls sie bei klarem Verstand ist und nicht in akuter Gefahr zu sein scheint, sollten Sie ihr empfehlen, ihren Therapeuten anzurufen. Ist sie nicht klar oder scheint nicht in der Lage, Dinge selbst zu erledigen, sollten Sie die Notfallambulanz rufen. Berichten Sie den Rettungshelfern alles, was Sie über ihre Aktivitäten wissen. In einigen Fällen baten mich Notfallhelfer, die ich anrief, meinen Klienten am Telefon zu halten, weil sie verhindern wollten, daß er sich setzte oder hinlegte. In diesen Fällen blieb ich zusammen mit dem Klienten am Telefon, um dafür zu sorgen, daß er bei Bewußtsein blieb.

Was für und was gegen eine stationäre Behandlung spricht

Über stationäre Behandlungen von BPS-Patienten ist viel diskutiert worden. Viele Jahre lang galt bei suizidalem Verhalten eine stationäre Behandlung in einer psychiatrischen Klinik als zwingend notwendig. Im Jahre 1993, als ich anfing, Menschen mit einer BPS zu behandeln, waren viele meiner Klienten schon zwanzig bis dreißig Mal stationär behandelt worden, die Behandlungen in Notfallkliniken, die nicht zu einer stationären Behandlung führten, nicht eingeschlossen. Wenn Klienten erklärten, sie seien suizidgefährdet, wurden sie in der Regel sofort in eine Klinik aufgenommen, insbesondere wenn sie die Kriterien für eine BPS erfüllten. Man glaubte damals, ein Aufenthalt in einer psychiatrischen Klinik sei die einzige Möglichkeit, BPS-Patienten am Leben zu erhalten. Doch viele Kollegen, die mit Klienten arbeiteten, die eine stationäre Behandlung hinter sich hatten, waren schon damals der Auffassung, daß Klinikaufenthalte die Situation von Menschen mit einer BPS eher noch verschlechterten. Im Jahre 1991, als ich daran beteiligt war, Patienten aus einer staatlichen psychiatrischen Institution zu entlassen (es gab zwei Wellen der Schließung staatlicher psychiatrischer Kliniken in den USA und der Entlassung aller, die keine institutionelle Betreuung benötigten, nämlich in den 1970er und den 1980er Jahren), erfüllten über 80 Prozent der Patienten, die nach Auflösung der Einrichtungen weiter in einer Klinik blieben, die Kriterien für eine BPS. Sozialarbeiter der Einrichtungen erzählten, als sie versucht hätten, BPS-Patienten auf die Entlassung aus der Klinik vorzubereiten, seien einige aus den Fenstern der Gebäude gesprungen oder hätten Rasierklingen und Glasscherben verschluckt. Damals war von Mitgliedern des Klinikpersonals immer wieder zu hören: »Kliniken verschlechtern den Zustand von BPS-Patienten so stark, daß es nicht möglich ist, sie zu entlassen.«

Im Jahre 2002 berichteten Garlow, D'Orio und Purselle in der Zeitschrift *Psychiatric Services*, die Verringerung der Bettenzahl in psychiatrischen Kliniken der USA habe nicht zu einem Anstieg der Suizidfälle geführt, was einige vorher befürchtet hatten. Die Verlagerung der Behandlung aus den Kliniken in ambulante Einrichtungen hatte somit nicht zu einem Anstieg der Suizidhäufigkeit geführt. Mehrere kürzlich durchgeführte Untersuchungen haben gezeigt, daß stationäre Behandlungen kein effektives Mittel zur Verringerung der Suizidgefahr sind.

Eine der Hypothesen darüber, weshalb die DBT so wirksam suizidales Verhalten bei Patienten mit einer BPS verringert, lautet, dieser Ansatz sorge dafür, daß die Betroffenen nicht in eine Klinik aufgenommen werden müßten. DBT-

Therapeuten lehnen aus verschiedenen Gründen stationäre Behandlungen ab. Es gibt keine gesicherten Erkenntnisse darüber, daß Klinikaufenthalte Patienten helfen, im Alltagsleben außerhalb psychiatrischer Institutionen Veränderungen zu erreichen oder auch nur am Leben zu bleiben. Je nach zu Rate gezogener Studie ist davon die Rede, daß fünf bis sechzehn Prozent aller Suizide in psychiatrischen Institutionen begangen werden. Die größte Gefahr für suizidgefährdete Patienten ist die Zeit unmittelbar nach ihrer Entlassung aus einer stationären Behandlung, und 37 Prozent der Männer sowie 57 Prozent der Frauen, die Suizid begehen, waren vorher in stationärer Behandlung. Es gibt zweifellos viele Möglichkeiten, diese Daten zu bewerten, aber klar ist wohl, daß eine stationäre Behandlung suizidales Verhalten nicht auflöst. Therapeuten und Familienangehörige befürworten häufig eine stationäre Behandlung, weil sie annehmen, der BPS-Patient werde erst wieder entlassen, wenn sein suizidales Verhalten unter Kontrolle gebracht sei. Das ist aber nicht der Fall. Wir lassen Patienten oft in Kliniken aufnehmen, weil wir fürchten, sie werden sich umbringen, wenn wir sie nicht in stationäre Betreuung bringen.

Doch wann empfiehlt es sich, die stationäre Behandlung eines BPS-Patienten zu befürworten? Ein *erster* Grund hierfür ist, daß das suizidale Verhalten immer wieder auftritt, daß der Betroffene physisch und emotional sehr verstört ist (er leidet unter Schlaflosigkeit, Angst, starker Erregung und/oder sehr starker Wut oder extremer Hoffnungslosigkeit) und nicht versprechen kann, daß er sich nicht umbringen wird. In solchen Fällen würden Fachleute, die den aktuellen Forschungsstand kennen, eine akute (ein- bis fünftägige) stationäre Behandlung empfehlen. Sinn und Zweck einer solchen Maßnahme ist, dem Patienten zu ermöglichen, ein wenig zu schlafen, seine Angst abzubauen und ihn soweit möglich von Gegenständen, mit denen er seinen Plan in die Tat umsetzen könnte, fernzuhalten. Falls Sie glauben, daß sich der Mensch, den Sie lieben, in solch einem Zustand befindet, sollten Sie sich um diese Art von Hilfe bemühen. Versuchen Sie auf keinen Fall, selbst mit der Sache »fertig zu werden«.

Eine *zweite* Situation, in der man eine stationäre Behandlung erwägen sollte, ist, daß Sie selbst mit Ihrer Weisheit am Ende sind und die Person, die Sie lieben, sich in akuter Suizidgefahr befindet. Oft dauern suizidale Krisen bei BPS-Patienten Tage oder Wochen. In dieser Zeit sind viele von uns, denen der Mensch mit der BPS am Herzen liegt, in die Krise involviert. Möglicherweise wendet sich der geliebte Mensch mehrfach hilfesuchend an Sie, und Sie verbringen mehr Zeit als sonst mit ihm. Wahrscheinlich bieten Sie ihm so viel Unterstützung an, wie Sie können, und das ist natürlich ziemlich anstrengend. DBT-Therapeuten orientieren sich an Richtlinien für stationäre Behandlungen, und eine von diesen besagt, daß das System, das sich um den BPS-Patienten kümmert, im Laufe einer suizidalen Krise gelegentlich eine Pause braucht. Deshalb befürworten wir für einen BPS-Patienten einen kurzen Klinikaufenthalt, wenn das Unterstützungssystem so strapaziert ist, daß ein Burnout droht.

Und schließlich und *drittens* habe ich festgestellt, daß ein kurzer (ein- bis fünftägiger) Klinikaufenthalt einem BPS-Patienten manchmal eine Möglichkeit eröffnet, die Krise zu beenden. Für Menschen mit einer BPS und insbesondere wenn diese sich in einer nicht nachlassenden Krise befinden (siehe Kapitel 9), gibt es kein Ende der Krise. Ineffektive Entscheidungen führen zu problematischen Konsequenzen und noch impulsiverem Verhalten. Ein kurzer Klinikaufenthalt ermöglicht dann, die problematischen Verhaltensweisen zu beenden. Im Grunde erhalten die stationär Behandelten durch ihren Klinikaufenthalt eine »zweite Chance«. Wenn sie danach wieder entlassen werden, müssen sie sich immer noch mit den Folgen ihrer früheren impulsiven Verhaltensweisen auseinandersetzen, aber sie sind dem Teufelskreis der einander verstärkenden Emotionen und Verhaltensweisen entkommen. Allerdings empfehle ich dies nicht oft, weil dadurch ein »Zweite-Chance«-Verhalten verstärkt werden kann; aber manchmal hat es sich als nützlich erwiesen, nach einer Möglichkeit zu suchen, eine Krise durch einen Klinikaufenthalt zu beenden.

Vicky hatte Probleme mit ihrer Partnerin. Sie fürchtete, ihre Beziehung könnte enden. Sie hatte in letzter Zeit jeden Abend ihre Mutter angerufen, um mit ihr über die Beziehung zu reden, und schließlich hatte ihre Mutter gesagt, sie könne es nicht mehr ertragen, ständig Negatives über die Partnerin zu hören, und sie fürchte, daß sie, wenn sich die beiden nicht trennen würden, auf all den negativen Informationen sitzen bleibe, über die Vicky ihr berichtet habe. Irgendwann ging Vicky nach einem sehr anstrengenden Arbeitstag auf einen Drink in eine Bar. Nach mehreren Drinks schlief sie mit einer Frau, die sie in der Bar kennengelernt hatte. Nach dieser Nacht außer Haus und dem Sex mit einer anderen Frau fürchtete sich Vicky, nach Hause zu gehen und mit ihrer Partnerin konfrontiert zu werden. Deshalb kehrte sie in die Bar zurück und ging auch nicht zur Arbeit. Das setzte sich über mehrere Tage fort. Als ihr klar wurde, daß sowohl ihre berufliche Position als auch ihre Beziehung in großer Gefahr waren, wurde sie zunehmend suizidal. Irgendwann rief sie ihre Mutter an und erklärte, sie werde sich umbringen. Aber sie ging nicht zurück in ihre Wohnung, ging auch nicht zur Arbeit und lebte in Hotels und Bars. Allmählich ging ihr das Geld aus, und sie wußte immer noch nicht, wie sie mit ihrer Partnerin und ihrem Vorgesetzten reden sollte. Schließlich wurde sie für drei Tage in eine psychiatrische Klinik eingewiesen. Während dieses Klinikaufenthalts nahm sie an einer Alkoholentziehungskur teil und fing an, darüber nachzudenken, wie sie ihre Beziehungen wiederherstellen könnte. Vicky verlor zwar ihre Arbeit, weil sie so lange unentschuldigt gefehlt hatte, aber es gelang ihr, ihre Beziehung zu retten. Der Klinikaufenthalt ermöglichte ihr, ihr problematisches Verhalten zu überwinden. Nach ihrer Entlassung aus der Klinik mußte sie zu ihrer Partnerin nach Hause zurückkehren und ihr Leben reorganisieren. In der Zeit unmittelbar nach ihrer Entlassung aus der Klinik galt sie als stark suizidgefährdet, und ich als ihre Therapeutin verstärkte meinen Kontakt zu ihr, um ihr zu helfen, Entscheidungen bezüglich ihres Umgangs mit ihrem Leben zu treffen und sie zu unterstützen.

Sich selbst helfen

Wenn Sie einen Menschen mit einer BPS lieben, und dieser hat suizidale Perioden, erleben Sie wie auch alle anderen Menschen in seiner Umgebung starken Streß. Wie stark Sie sich in solch einem Fall engagieren können, hängt im Grunde davon ab, was Sie ertragen können. Manche Familienangehörige können mit längeren Krisenperioden umgehen, wohingegen andere nicht in der Lage sind, anhaltende suizidale Verhaltensweisen zu tolerieren. Ich persönlich befürworte, dem geliebten Menschen zu helfen, wenn (1) Ihnen klar ist, daß dies im Bereich der von Ihnen selbst gesteckten Grenzen möglich ist, (2) wenn Sie infolge Ihres Engagements nicht in die Gefahr eines Burnout geraten, (3) wenn das, was Sie tun, im wohlverstandenen Interesse des geliebten Menschen ist, und (4) wenn es wirklich keine anderen Möglichkeiten gibt – d. h.: Wenn Sie nicht aktiv werden, kommt es mit hoher Wahrscheinlichkeit tatsächlich zu einer Katastrophe. Im nächsten Kapitel werden wir uns damit befassen, daß es zweifellos schwierig und beängstigend ist, mit jemandem zusammenzuleben, der suizidal ist, und/oder diesen Menschen zu lieben. Außerdem empfehle ich Ihnen dringend, sich einen Therapeuten zu suchen. Jemand, der sich in der Erforschung und Behandlung von Suizid gut auskennt, kann Sie in Ihren Bemühungen, einem geliebten Menschen zu helfen, unterstützen und anleiten.

KAPITEL 13

Der Weg zu einer Behandlung und zu Unterstützungsangeboten

In ihrem Manual für Dialektisch-behaviorale Therapie, der Therapieform, die ich benutze, um Menschen mit einer Borderline-Persönlichkeitsstörung zu helfen, sagt Marsha Linehan, daß »Therapeuten, die Menschen mit einer Borderline-Persönlichkeitsstörung behandeln, Unterstützung brauchen.« Das gleiche gilt nach meiner Auffassung für alle, die einen Menschen mit einer BPS lieben. Sie brauchen Unterstützung. Wie in diesem Buch immer wieder erläutert wird, ist es oft schwer, mit den eigenen Emotionen fertig zu werden und angesichts überwältigender Emotionen und manchmal auch beängstigender Verhaltensweisen eines BPS-Patienten, den Sie lieben, kluge Entscheidungen zu treffen. Eine weitere wichtige Überzeugung von DBT-Praktikern ist, daß ihre Klienten »das Beste tun, wozu sie in der Lage sind.« Die zitierten Äußerungen sind mittlerweile mehr als 15 Jahre alt. In den letzten Jahren haben einige Experten geäußert, daß sie auch für Familien gelten. Ich persönlich bin mir sicher, daß *wir alle* das Beste tun, was wir tun können. In jedem Augenblick unseres Lebens tun wir, wozu wir am besten in der Lage sind, das Beste, was uns in einem bestimmten Augenblick möglich ist. Das bedeutet nicht, daß wir unter anderen Umständen nicht auch eine klügere oder bessere Entscheidung hätten treffen können. Aber in keinem Fall würden wir uns dazu verleiten lassen zu sagen: »Ich werde das hier jetzt absichtlich vermasseln.«

Es ist überaus wichtig, sich diese Überzeugung zu vergegenwärtigen, wenn der Mensch, den Sie lieben, Probleme hat und Sie zu der Auffassung neigen, daß er sein Leben absichtlich ruiniert. Aber niemand ruiniert sein Leben absichtlich. Wir alle lavieren uns durch, so gut wir können. Ein Grund, der Menschen mit einer BPS dazu bringen kann, sich in eine Therapie zu begeben, ist, daß sie dort nützlichere Verhaltensweisen erlernen können und infolgedessen weniger Katastrophen erleben werden. Das gleiche gilt für diejenigen, die einen BPS-Patienten lieben. Sie tun in jedem Augenblick das Beste, was Ihnen in Ihrer eigenen aktuellen Situation und mit Hilfe der momentan verfügbaren Mittel möglich ist, um mit Ihrem eigenen Leben und der Situation des BPS-Patienten, den Sie lieben, fertig zu werden. Sie sollten sich immer wieder vor Augen führen: *Sie tun das Beste, was Sie momentan tun können.* Außerdem sollten Sie sich »in der Hitze des Gefechts« klar machen, daß auch der Mensch, den Sie lieben, das unter den gegebenen Umständen Bestmögliche tut. Sich dies zu vergegenwärtigen trägt zur Emotionsregulation bei. Allerdings löst es nicht das Problem, daß Menschen nicht über die für die Änderung ihres Verhaltens notwendigen Fertigkeiten verfügen. In diesem Kapitel beschäftigen wir uns mit Möglichkeiten der Behandlung für den Menschen, den Sie lieben, sowie mit Hilfsangeboten für Sie selbst.

> *Sie sollten sich immer wieder vor Augen führen, daß Sie das Beste tun, was Ihnen möglich ist – und daß der Mensch mit der BPS, den Sie lieben, dies ebenfalls tut.*

Die erste naheliegende Möglichkeit, dem Menschen, den Sie lieben, zu helfen, seine Probleme zu lösen, besteht darin, ihn dazu zu bringen, sich wegen seiner BPS und/oder wegen eventuellen suizidalen Verhaltens auf eine geeignete Therapie einzulassen. Doch da sich dieses Buch in erster Linie an Sie wendet, werde ich mich zuerst mit Ressourcen befassen, die Sie für sich selbst nutzen können.

Ressourcen, die Ihnen Hilfe und Unterstützung sichern

Sie könnten sich schrecklich einsam fühlen, wenn Sie versuchen, das Beste für sich selbst und für einen Menschen mit einer BPS, der Ihnen nahesteht, zu tun. Dies gilt insbesondere, weil sich viele Menschen, die alle Kriterien für eine BPS-Diagnose erfüllen, nicht in einer Therapie befinden. Entweder weigern sie sich, mit einer Therapie zu beginnen, oder sie haben schon eine oder mehrere Therapien abgebrochen (oder wurden von ihrem Therapeuten vor die Tür gesetzt). Bevor die evidenzbasierten Behandlungsmethoden entwickelt wurden, die ich in der zweiten Hälfte dieses Kapitels beschreibe, erhielten BPS-Patienten in der Psychiatrie entsetzliche Behandlungen – und ich muß leider gestehen, daß dies auch heute noch passieren kann. Therapeuten können ebenso wie Menschen, die BPS-Patienten nahestehen, angesichts dieser Störung in Abgründe der Verzweiflung und Ineffektivität fallen. Es ist sehr wohl möglich, daß der Mensch, den Sie lieben, solche schlechten Erfahrungen in der Psychotherapie und Psychiatrie gemacht hat und sich deshalb jetzt weigert, sich erneut auf eine Behandlung einzulassen. Machen Sie deshalb auf keinen Fall den Fehler, ihn zu einer solchen Behandlung zu zwingen zu versuchen. Wird jemand zu einer Therapie gezwungen, ist das ganze Unternehmen von vornherein zum Scheitern verurteilt. DBT-Praktiker nehmen Klienten nicht gegen deren Willen zur Behandlung an. **Wenn der Mensch, den Sie lieben, keine Behandlung will, dann gehen Sie zur Behandlung.**

Viele DBT-Programme bieten heute Gruppen für »Freunde und Familienangehörige« an. Diese Gruppen setzen nicht voraus, daß der Mensch, den Sie lieben, sich selbst in einer DBT oder einer anderen Behandlung befindet. Und es geht in solchen Gruppen auch nicht darum, über die Probleme von BPS-Patienten zu diskutieren, sondern Sie erlernen dort Fertigkeiten, die Sie brauchen, um Ihre eigenen Emotionen zu regulieren, um belastende Situationen besser zu ertragen, um sich im interpersonalen Umgang effektiv zu verhalten und um aufmerksam zu sein. Solche Fertigkeiten helfen Ihnen im Umgang mit dem geliebten Menschen, sie unterstützen Sie aber auch bei der Entwicklung eines eigenen ausgewogenen Lebensstils. Die Gruppen kommen in einem Zeitraum von sechs Monaten zusammen, und Sie müssen im Rahmen dieser Arbeit Hausaufgaben erledigen und Übungen ausführen. Es handelt sich nicht um eine »Therapie«, sondern um einen Kurs, in dem Sie neue Verhaltensweisen kennenlernen und üben. Familienangehörige und Freunde von BPS-Patienten, die an solchen Gruppen teilgenommen haben, berichten, das Erlernen der Fertigkeiten habe ihnen geholfen, mit den Leidenden, die ihnen nahestehen, besser zurechtzukommen.

In früheren Kapiteln habe ich erwähnt, daß Achtsamkeit ein wichtiger Bestandteil der DBT und anderer psychotherapeutischer Behandlungsansätze ist. Achtsamkeit bezeichnet eine Art, das Leben in seiner Fülle zu erleben und jeden Augenblick so zu akzeptieren, wie er ist. Familienangehörige und Freunde von BPS-Patienten berichten, daß es ihnen hilft, sich regelmäßig der Achtsamkeitsübung zu widmen. Diese ist nicht zwingend mit einer bestimmten religiösen Praxis verbunden. Es gibt Achtsamkeitskurse in den verschiedensten Zusammenhängen. Jon Kabat-Zinn hat eine Behandlung entwickelt, die unter dem Namen *Mindfulness-based Stress Reduction* bekannt geworden ist, und entsprechende Kurse werden in vielen Ländern angeboten.

Wie in Kapitel 12 erläutert wurde, sind viele Menschen mit einer BPS aktiv suizidal, erleben suizidale Perioden oder haben in der Vergangenheit Suizidversuche unternommen. Allerdings wird für andere BPS-Patienten Suizid nie zu einem Problem. Der Suizidprävention widmen sich spezielle Organisationen.

Falls Sie sich nicht an eine Hilfsorganisation wenden wollen, sollten Sie sich einen Therapeuten suchen, der sich mit der BPS auskennt. Am besten fragen Sie Therapeuten, an die Sie sich wenden, ganz direkt, ob sie schon einmal Patienten mit einer BPS behandelt haben. Jeder Therapeut wird in seiner Ausbildung mit den Besonderheiten der BPS bekannt gemacht, aber zwischen dem Kennenlernen der Problematik im Rahmen einer Ausbildung und der eigenen Erfahrung mit der Behandlung dieses Krankheitsbildes besteht ein himmelweiter Unterschied. Weil Sie aufgrund Ihrer eigenen Situation oder wegen derjenigen des Menschen, den Sie lieben, in einer Defensivhaltung gefangen sein können, sollten Sie genau auf die Ausdrucksweise des Therapeuten achten. Neigt er zu verurteilenden Bemerkungen, wenn er über den BPS-Patienten spricht? Stellen Sie ihm auch Fragen darüber, wie sich eine BPS im Laufe der Zeit entwickelt. Beschuldigt er den Patienten oder seine Eltern und andere wichtige Bezugspersonen? Fragen Sie ihn auch, wie er Sie unterstützen will. Empfiehlt er Ihnen, die Beziehung zu dem Kranken zu beenden? Leider wird die BPS immer noch stigmatisiert, und es gibt nach wie vor Therapeuten, die Familienangehörigen empfehlen, ihre Beziehung zu BPS-Patienten zu beenden. Fragen Sie den Therapeuten auch, ob er sich mit Ihrer Art, Ihre Emotionen und Handlungsdränge zu regulieren, befassen wird oder ob er sich in erster Linie für Ihre Kindheit interessiert. Manche Therapeuten glauben, sie könnten Ihnen helfen, mit einem BPS-Patienten umzugehen, indem Sie sich mit Ihren Kindheitsproblemen befassen. Informieren Sie sich unbedingt über die Ausbildung und die Referenzen eines Therapeuten, bevor Sie sich dafür entscheiden, seine Hilfe in Anspruch zu nehmen. Ihre Krankenversicherung wird wahrscheinlich keine Kosten übernehmen, wenn Sie wegen Ihrer Probleme im Umgang mit einem geliebten Menschen einen Therapeuten aufsuchen, aber die fachkundige Unterstützung eines Therapeuten lohnt sich wahrscheinlich trotzdem für Sie. Es ist wichtig, daß Sie unterstützt und ermutigt werden und auf fachkundigen Rat zurückgreifen können, wenn sich der BPS-Patient, den Sie lieben, extrem problematisch verhält.

Behandlungen für Menschen mit einer Borderline-Persönlichkeitsstörung

Weil bei so vielen der Interaktionen mit dem Menschen, den wir lieben, starke Emotionen im Spiel sind, kann es schon quälend sein, nur entscheiden zu müssen, ob man ihm anbieten soll, in seinem Interesse zu intervenieren oder ihm zu helfen, einen geeigneten Therapeuten zu finden. In manchen Fällen müssen Sie sogar erwägen, sich ohne die ausdrückliche Erlaubnis des Betroffenen an Fachleute zu wenden. Manchmal wirkt es schon beängstigend, nur darüber nachzudenken, ob es ratsam ist, ihn direkt auf seine Probleme anzusprechen. Und wie erwähnt ist es durchaus möglich, daß er bereits abgelehnt hat, sich einer Behandlung zu unterziehen. Läßt er hingegen die Bereitschaft, sich helfen zu lassen, erkennen – oder zeigt sich irgendwann, daß sich seine Einstellung geändert hat –, können Sie ihm erklären, welche Erkenntnisse über die Wirksamkeit verschiedener Therapieangebote vorliegen.

Die Dialektisch-behaviorale Therapie (DBT)

Ich selbst praktiziere DBT, und ich kann diesen Ansatz nur empfehlen, weil nur für diese Behandlungsart dokumentiert ist, daß ihre Anwendung suizidales Verhalten um mehr als 50 Prozent zu verringern vermag. Natürlich sollten wir einen noch deutlich besseren Wert als einen 50-prozentigen Rückgang der Suizidgefahr anstreben, aber die DBT wird auch in dieser Hinsicht ständig weiterentwickelt. Sie geht von der Prämisse aus, daß Menschen, die in ihrem Leben bedeutsame Beziehungen pflegen und sich Aktivitäten widmen, die sie als sinnvoll empfinden, keine Suizidversuche unternehmen. Demnach brauchen Menschen, um weniger suizidal zu sein, ein Leben, das ihnen als lebenswert erscheint. Ich habe noch nie jemanden kennengelernt, der sagte: »Ich habe Menschen, die ich liebe und die mich lieben, eine Arbeit, die mir Freude macht, und Hobbys, die mich erfüllen, und ich möchte sterben.« Menschen werden suizidal oder wenden sich problematischen Verhaltensweisen zu, weil sie nicht glauben, daß es in ihrem Leben Liebe und einen Sinn gibt, weil sie oft in überwältigender Verzweiflung gefangen sind und weil sie keine Hoffnung haben, daß in ihrem Leben in Zukunft etwas Positives geschehen wird. Menschen mit einer BPS setzen alles daran, schmerzhaften Emotionen zu entkommen. Die DBT kann dem Menschen, den Sie lieben, helfen, seine Emotionen zu regulieren, die Realität so zu erleben, wie sie ist, zerbrochene Beziehungen wiederherzustellen und im Sinne seiner eigenen Ziele aktiv zu werden. Die DBT erreicht dies durch Anleitung zum Erlernen neuer Verhaltensweisen, die helfen, mit Streß besser fertig zu werden, Emotionen zu regulieren, Achtsamkeit zu entwickeln und Beziehungen zu pflegen. DBT-Praktiker schließen mit Klienten einjährige (manchmal auch sechsmonatige) Verträge ab, und es finden wöchentlich zwei Termine – eine Einzeltherapie und ein Skills-Training in der Gruppe – statt. Außerdem wird den Klienten die Möglichkeit geboten, ihren Einzeltherapeuten außerhalb der Therapiestunden anzurufen, um in Krisensituationen (auch ohne Ihre Hilfe) Unterstützung zu bekommen. Seit dem Jahre 2011 erhalten DBT-Praktiker in den USA eine staatlich anerkannte Zulassung. Informationen über die DBT im deutschsprachigen Raum erhalten Sie bei *http://www.dachverband-dbt.de.*

Mentalisierungsbasierte Therapie

Auch andere Therapien wurden auf ihre Wirkung bei BPS hin untersucht und erscheinen als vielversprechend. Allerdings wirkt keine auf suizidales Verhalten so überzeugend wie die DBT, und keine ist so gründlich erforscht worden. Ich gebe im folgenden einen kurzen Überblick über diese Ansätze, der nicht als umfassende Information über die Behandlungsmethoden gedacht ist, sondern zeigen soll, welche anderen Behandlungsmöglichkeiten es neben der DBT gibt. Die *Mentalisierungsbasierte Therapie* (MBT) war ursprünglich eine 18-monatige teilstationäre Behandlung, wird aber mittlerweile manchmal in Form eines zweijährigen Programms mit integrierter Gruppen- und Einzeltherapie angeboten. Mentalisierung ist eine Bezeichnung für die Fähigkeit, die eigenen Emotionen, Gedanken und Bedürfnisse ebenso zu sehen wie die der Menschen in unserer Umgebung, zu verstehen, wie Emotionen und Bedürfnisse sich auf die eigenen Handlungen und die Handlungen anderer Menschen auswirken, und die Fähigkeit, beides voneinander zu unterscheiden.

Beispielsweise fragt Jane ihren Mann David, ob sie in einem bestimmten Kleid dick aussieht. David antwortet, in diesem Aufzug wirke sie »um die Hüften etwas breit«. Daraufhin setzen beide ihre Vorbereitungen für eine Party fort. Dort hat David das Gefühl, daß Jane ihn meidet, wodurch er sich verletzt fühlt. Auf dem Heimweg geraten beide in einen Streit, der dazu führt, daß Jane sich zu Hause bis zur Besinnungslosigkeit betrinkt. Die Mentalisierungsfähigkeit beinhaltet auf diese Situation bezogen, daß David sich mit potentiellen Erklärungen für Janes Verhalten befassen kann (er hat ihre Gefühle verletzt; sie wollte nicht wissen, was er wirklich dachte, sondern wünschte sich nur eine Bestätigung dafür, daß sie gut aussehe), und daß Jane sich mit potentiellen Erklärungen für Davids Verhalten auseinandersetzen kann (er war in Eile und nahm sich nicht die Zeit für einen einfühlsameren Kommentar; er wußte nicht, daß Jane sich das Kleid gerade erst gekauft hatte). Wenn David und Jane sich vom Geschehen hätten distanzieren können, wäre es vermutlich gar nicht zu dem Streit im Auto auf dem Nachhauseweg gekommen. Die MBT postuliert, daß BPS-Patienten nicht mentalisieren können, weil sie in einer problematischen Situation aufgewachsen sind. Sie versucht, ihnen zu helfen, im Rahmen einer Gruppentherapie und mittels Interaktionen mit einem Einzeltherapeuten das Mentalisieren zu erlernen. Informationen über entsprechende Angebote finden Sie im Internet.

Schemafokussierte Therapie

Die *Schemafokussierte Therapie* (SFT) oder *Schematherapie* hat verschiedene Behandlungsansätze integriert (die kognitive Therapie, die Verhaltenstherapie, die Objektbeziehungstherapie und die Achtsamkeitsbasierte Therapie). Nach Auffassung der SFT sind die Probleme von Menschen mit einer BPS durch problematische Schemata (Muster der Beziehung zu sich selbst und anderen) in der Kindheit entstanden und haben sich im Laufe ihres Lebens weiterentwikkelt. Ziel der SFT ist, BPS-Patienten davon abzubringen, dysfunktionale Verhaltensweisen zu pflegen, und die problematischen Schemata zu modifizieren, die durch schädigende Kindheitsbeziehungen entstanden sind. Die SFT nutzt »eingeschränktes Nachbeeltern« und arbeitet an der Beziehung zwischen Klient und Therapeut, am Leben des Klienten außerhalb der Therapie und an seiner Kindheit. Sie erfordert mindestens eine Therapiesitzung wöchentlich über drei Jahre. Es gibt eine einzige randomisierte kontrollierte Studie (solche Studien sind der »Goldstandard« der Psychotherapieforschung), in der die SFT mit der *Übertragungsfokussierten Therapie* verglichen wird, jedoch nicht mit den beiden am häufigsten bei dieser Störung genutzten Behandlungsarten, DBT und MBT. Informationen über Schematherapie-Angebote sind im Internet leicht zu finden.

Übertragungsfokussierte Psychotherapie

Die *Übertragungsfokussierte Psychotherapie* (ÜFP) ist wie die MBT ein psychoanalytisch orientierter Ansatz. Wie DBT und MBT ist auch sie stark strukturiert. Sie basiert auf Otto Kernbergs Objektbeziehungstherapie. Die ÜFP sieht die BPS als Resultat einer biologisch bedingten Anfälligkeit in Verbindung mit einer Umgebung, die den BPS-Patienten daran hindert, sich von anderen zu unterscheiden oder soziale Signale adäquat zu verstehen, was bewirkt, daß er »unreife Abwehrmechanismen« entwickelt, etwa eine so genannte »omnipotente Kontrolle« (der Versuch, andere Menschen in übertriebener Weise zu kontrollieren, weil man glaubt, diese versuchten, einen selbst um jeden Preis zu kontrollieren), Abspaltung (die Unfähigkeit, »gute« und »böse« Anteile in sich selbst und in anderen zu integrieren) und Projektion (die eigenen unerwünschten Eigenschaften einem anderen Menschen zuzuschreiben), was zu dysfunktionalen Verhaltensweisen, Paranoia und Ängsten im interpersonalen Umgang führt. Die ÜFP vertritt die Auffassung, daß starke, unaufgelöste negative Emotionen die Fähigkeit eines Menschen mit einer BPS behindern, seine Erlebnisse von denjenigen anderer Menschen klar zu trennen. Die ÜFP nutzt die Beziehung zum Therapeuten, *Übertragungsbeziehung* genannt, als Hilfsmittel zum Erkennen dysfunktionaler Verhaltensweisen, die dann verändert werden können.

MBT, SFT und ÜFP werden nicht so häufig genutzt wie die DBT und sind auch nicht so gut erforscht wie letztere, sondern befinden sich im Stadium der Entwicklung und Erforschung. Entscheidend ist jedoch in jedem Fall, einen Therapeuten zu finden, der eine gut erforschte BPS-Behandlung durchführen kann und der (mittels Referenzen, Testergebnissen oder Belegen für eine Supervision durch Experten) überzeugend darlegen kann, daß er die betreffende Behandlung *genau so* durchführt, wie sie gedacht und mit wissenschaftlichen Mitteln als wirksam bestätigt worden ist. Wenn Sie keinen BPS-Spezialisten finden, empfehle ich Ihnen, sich nach einem kognitiv-behavioral orientierten Therapeuten umzuschauen (und sich auch bei diesem an Referenzen zu orientieren).

Am besten wäre es, wenn Sie selbst *und* der BPS-Patient, den Sie lieben, sich Unterstützung suchen und in eine Behandlung begeben. Behandlungsansätze für diese Störung werden ständig neu entwickelt und getestet. Die Stigmatisierung von Menschen mit einer Borderline-Persönlichkeitsstörung spielt in der heutigen Gesellschaft immer noch eine wichtige Rolle, verschwindet aber in Fachkreisen allmählich. Als ich anfing, Menschen mit einer BPS zu behandeln, weigerten sich noch viele Therapeuten, Patienten auch nur diese Diagnose zu stellen, weil sie der Ansicht waren, dies verurteile die Betreffenden zu einem entsetzlichen Leben und zu einer schrecklichen psychiatrischen Behandlung. Damals gab es noch keine wirksamen Behandlungen für Probleme dieser Art. Anläßlich einer Konferenz über die BPS, an der ich kürzlich teilnahm, erklärte einer der wichtigsten Vertreter der heutigen Psychiatrie, diese Störung könne heute als »behandelbar« eingestuft werden, und man sei inzwischen bereit, sie zu erforschen. Obwohl sicherlich noch viel Arbeit vor uns liegt, erscheint mir die Bemerkung dieses Fachmannes als Beleg dafür, daß Menschen mit einer BPS und ihre Angehörigen und Freunde heute Grund zur Hoffnung haben.

Ressourcen

Bücher

Chapman, A., & Gratz, K. (2007). *The borderline personality disorder survival guide.* Oakland: New Harbinger.

Fruzzetti, A. E. (2006). *The high conflict couples.* Oakland: New Harbinger.

Hall, K., & Cook, M. (2011). *The power of validation: Arming your child against bullying, peer pressure, addiction, self-harm and out-of-control emotions.* Oakland: New Harbinger.

Hoffman, P. D., & Steiner-Grossman, P. (2008). *Borderline Personality Disorder.* Philadelphia: Haworth Press.

Hollander, M. (2008). *Helping teens who cut.* New York: Guilford Press.

Koerner, K. (2012). *Doing dialectical behavior therapy.* New York: Guilford Press; dt. (2013). *Praxisbuch DBT.* Weinheim: Beltz.

Linehan, M. M. (1993). *Cognitive-behavioral treatment of borderline personality disorder.* New York: Guilford Press; dt. (1996). *Dialektisch-Behaviorale Therapie der Borderline-Persönlichkeitsstörung.* München: CIP-Medien.

Linehan, M. M. (1993). *Skills training manual for treating borderline personality disorder.* New York: Guilford Press; dt. (1996). *Trainingsmanual zur Dialektisch-Behavioralen Therapie der Borderline Persönlichkeitsstörung.* München: CIP-Medien.

Miller, A. L., Rathus, J. H., & Linehan, M. M. (2007). *Dialectical behavior therapy for suicidal adolescents.* New York: Guilford Press.

Porr, V. (2010). *Overcoming borderline personality disorder.* New York: Oxford University Press.

Pryor, K. (2002). *Don't shoot the dog!: The new art of teaching and training* (3. Aufl.). Dorking: Interpet Publishing.

Van Gelder, K. (2010). *The Buddha and the borderline: My recovery from borderline personality disorder through dialectical behavior therapy, Buddhism and online dating.* Oakland: New Harbinger.

DVDs von Guilford Publications:

Linehan, M. M. (2006). *Treating Borderline Personality Disorder: The Dialectical Approach.* New York: Guilford Press.

Linehan, M. M. (2006). *Understanding Borderline Personality Disorder: The Dialectical Approach.* New York: Guilford Press.

DVDs von Behavioral Tech

Chaos to Freedom (four videos on crisis skills, radical acceptance, and mindfulness)(2003). Seattle: Behav. Tech.

DBT at a Glance: An Introduction to Dialectical Behavior Therapy (2009). Seattle: Behav. Tech.

Opposite Action: An Adaptation from the Deaf Perspective (2006). Seattle: Behav. Tech.

Opposite Action: Changing Emotions You Want to Change (2000). Seattle: Behav. Tech.

Practicing Radical Acceptance (2007). Seattle: Behav. Tech.

Literaturverzeichnis

American Psychiatric Association. (2000). *Diagnostic and statistical manual of mental disorders* (4th ed., text rev.). Washington: Author.

Bateman, A., & Fonagy, P. (2004). *Psychotherapy for borderline personality disorder.* Oxford: Oxford University Press; dt. (2008). *Psychotherapie der Borderline-Persönlichkeitsstörung.* Gießen: Psychosozial.

Garlow, S. et al. (2002). The relationship of restrictions on state hospitalizations and suicides among emergency psychiatric patients. *Psychiatric Services, 53,* 1297–1300.

Giesen-Bloo, J. et al. (2006). Outpatient psychotherapy for borderline personality disorder: A randomized trial of schema-focused therapy versus transference-focused therapy. *Archives of General Psychiatry, 63*(6), 649–658.

Gunderson, J. G., & Hoffman, P. D. (2005). *Understanding and treating borderline personality disorder.* Washington: American Psychiatric Press.

Joiner, T. E. (2005). *Why people die by suicide.* Cambridge: Harvard University Press.

Joiner, T. E. (2010). *Myths about suicide.* Cambridge: Harvard University Press.

Linehan, M. M. (1993). *Cognitive-behavioral treatment of borderline personality disorder.* New York: Guilford Press; dt. (1996). *Dialektisch-Behaviorale Therapie der Borderline-Persönlichkeitsstörung.* München: CIP-Medien.

Linehan, M. M. (1993). *Skills training manual for treating borderline personality disorder.* New York: Guilford Press; dt. (1996). *Trainingsmanual zur Dialektisch-Behavioralen Therapie der Borderline-Persönlichkeitsstörung.* München: CIP-Medien.

Linehan, M. M. (1997). Validation and psychotherapy. In: A. C. Bohart & L. S. Greenberg (Hrsg.), *Empathy reconsidered.* Washington: American Psychological Association.

Linehan, M. M. (2001). *Opposite action: Changing the emotions you want to change* (dialectical behavior therapy skills training video). Seattle: Behavioral Tech, LLC.

Miller, A. L. et al. (2007). *Dialectical behavior therapy for suicidal adolescents.* New York: Guilford Press.

Pryor, K. (2002). *Don't shoot the dog!: The new art of teaching and training* (3. Aufl.). Dorking: Interpet Publishing.

Swann, W. B., Jr., & Read, S. J. (1981). Self-verification processes: How we sustain our self-conceptions. *Journal of Experimental Social Psychology, 17,* 351–372.

Thomas, A., & Chess, S. (1977). *Temperament and development.* New York: Brunner/Mazel.

Welch, S. S. et al. (2008). Emotional responses to self-injury imagery among adults with borderline personality disorder. *Journal of Consulting and Clinical Psychology, 76,* 45–51.

Yeomans, F. E. et al. (2002). *A primer of transference-focused psychotherapy for the borderline patient.* Northvale: Jason Aronson.

Stichwortverzeichnis

Über die Autorin

Shari Y. Manning, Ph. D. arbeitet als Therapeutin in privater Praxis. Sie war Präsidentin/CEO der Organisationen *Behavioral Tech* und *Behavioral Tech Research,* die von Marsha M. Linehan gegründet wurden und Ausbildungen in Dialektisch-behavioraler Therapie anbieten. Dr. Manning hat sich seit 1993 auf die Behandlung von Klienten mit Borderline-Persönlichkeitsstörung spezialisiert. Sie lebt in Columbia, South Carolina.

Robert Scaer

Das Trauma-Spektrum

Verborgene Wunden und die Kraft der Resilienz

Mit Vorworten von Peter A. Levine & Stephen W. Porges

Übersetzt von Theo Kierdorf & Hildegard Höhr

352 Seiten, Klappenbroschur, mit Lesezeichen

»Ein überragendes Meisterwerk von einer der führenden Persönlichkeiten im Bereich der Traumatologie. In seinem kreativen Buch vertritt Dr. Scaer überzeugend die These, daß Traumata (von den Bindungstraumata der Kindheit über die ›kleinen‹ Traumata des Alltagslebens bis hin zu den omnipräsenten soziokulturellen Traumata) auf Gehirn, Geist und Körper wirken und dadurch lebenslang Gesundheit und Krankheit beeinflussen. Dieses erstaunliche Buch ist nicht nur für Psychotherapeuten, Allgemeinmediziner und Neurologen von Interesse, sondern für alle, die sich für neueste Erkenntnisse bezüglich der tieferen traumarelevanten Mechanismen interessieren.« — ALLAN N. SCHORE

»Das Buch eines Genies, das in den nächsten 50 Jahren für die Erforschung traumabezogener Krankheiten wegweisend sein wird.«

— ROBERT H. TINKER

G. P. PROBST VERLAG
Lichtenau/Westfalen

Bessel van der Kolk

Verkörperter Schrecken

Traumaspuren in Gehirn, Geist und Körper und wie man sie heilen kann

Übersetzt von Theo Kierdorf & Hildegard Höhr

496 Seiten, Klappenbroschur, mit Lesezeichen

Dieses Buch erschließt ein faszinierendes neuartiges Verständnis der Ursachen und Folgen von Traumata und schenkt jedem, der die zerstörerische Wirkung eines solchen Erlebnisses kennengelernt hat, Hoffnung und Klarheit. Bessel van der Kolk, der seit über 30 Jahren in den Bereichen der Forschung und der klinischen Praxis an vorderster Front aktiv ist, beschreibt in seinem Buch, daß das Entsetzen und die Isolation im Zentrum eines jeden Traumas buchstäblich Gehirn und Körper verändern.

»*Das Buch* Verkörperter Schrecken *ist von atemberaubendem, geradezu epischem Ausmaß, ein Grundlagenwerk, geschrieben von einem der wichtigsten Pioniere der Erforschung und Behandlung von Traumata.*«

— Peter A. Levine

»*Dr. van der* Kolks *Meisterwerk.*« — Judith Herman

»*Das Buch markiert einen Wendepunkt im Traumaverständnis, und es wird in der Psychiatrie und in der gesamten Kultur als der Punkt in Erinnerung bleiben, an dem die Auswirkungen traumatischer Ereignisse und unserer Bemühungen, ihre Wirkung zu leugnen, in ihrem ganzen Ausmaß erkannt wurden.*«

— Richard Schwartz

G. P. PROBST VERLAG
Lichtenau/Westfalen

Bruce M. Hyman & Cherry Pedrick

Arbeitsbuch Zwangsstörungen

Wie Sie sich von zwanghaftem Verhalten befreien können

Übersetzt von Theo Kierdorf & Hildegard Höhr

424 Seiten, Klappenbroschur, mit Lesezeichen

Das »Arbeitsbuch Zwangsstörungen« hat bereits unzähligen Menschen mit Zwangsstörung geholfen, sich von ihren unangenehmen Symptomen zu befreien und die Hoffnung wiederzuerlangen, daß auch sie ein produktives Leben führen können. Das Arbeitsbuch kann Betroffenen helfen, (a) mit Hilfe von Selbsteinschätzungswerkzeugen ihre Symptome und deren Schwere einzuschätzen, (b) mit Hilfe von kognitiv-behavioralen Selbsthilfewerkzeugen und -techniken eine Genesungsstrategie zu entwickeln und umzusetzen, und (c) die erzielten Fortschritte zu erhalten und zukünftige Rückfälle zu vermeiden.

Das »Arbeitsbuch Zwangsstörungen« zählt mit mehr als 150 000 verkauften Exemplaren im englischsprachigen Raum zu den gefragtesten Titeln zu dieser Thematik.

»Es gibt zwar viele Selbsthilfebücher für Menschen, die unter einer Zwangsstörung leiden, aber nur wenige, die so umfassend und nützlich sind wie das von Hyman und Pedrick. Es ist all jenen, die unter dieser schmerzhaften Störung leiden und davon genesen wollen, dringend zu empfehlen.«

— Fred Penzel, Ph. D.,
Leiter der Western Suffolk Psychological Services in Huntington/NY

G. P. PROBST VERLAG
Lichtenau/Westfalen